근대 서양인의 조선 다크투어와 욕망의 파레시아

이 저서는 2019년 대한민국 교육부와 한국학중앙연구원(한국학진흥사업단)의
한국학대형기획총서사업의 지원을 받아 수행된 연구임(AKS-2019-KSS-1230001)

# 근대 서양인의
# 조선 다크투어와 욕망의 파레시아

이준영

국학자료원

# 책을 내면서

　본 저작은 2019년부터 3년간 수행한 한국학중앙연구원 대형 기획 총서 지원사업인『근대 조선 다크투어리즘과 계몽의 파레시아』의 연구 성과 중 하나로『근대 서양인의 조선 다크투어와 욕망의 파레시아』를 총서로 엮은 것이다. 본래 취지는 개항기 조선을 둘러싸고 서구 열강들의 이해관계가 거미줄처럼 얽혀 있는 치열하고 혼란스러웠던 시기에 서양인들이 조선에서 생활하거나 여행하면서 보았던 다양한 체험을 통하여 미처 스스로 밝히지 못했던 그들만의 파레시아를 담아보려는데 있었다.

　다시 말해 본 저작은 개항기 서양인이 남긴 여행기(저서, 일기, 보고서 등)를 연구 대상으로 삼아 그들이 조선을 여행하면서 보았던 다양한 체험을 통하여 그들만의 파레시아(속내＝연민, 동정, 오리엔탈리즘 등)를 드러내는데 기본적인 목적을 두었다. 그것을 통하여 궁극적으로 개항기 조선을 여행한 서양인들의 언술에 나타난 피상적인 조선에 대한 관심과 연민, 그리고 동정심의 이면에 작동하던 다양한 정치적 경제적 수단화, 오리엔탈리즘의 실상을 복원하고자 하였다.

　처음 대형 기획 총서 지원사업에 선정되었을 때 무척 기뻤다. 하지만

연구를 할수록 그들만의 속내 즉, 파레시아를 찾아낸다는 것이 어렵다는 것을 느꼈고, 시간이 지나감에 따라 부담감은 상당히 무겁게 다가왔다. 더구나 왜 다크투어인지를 개념적으로 정립하고 나름의 설명을 더하는 것이 쉽지 않은 작업이었다.

사실 개항기 당시 조선은 천주교 전래를 비롯하여 서구세력들이 들어오기 시작하면서 외세와의 마찰이 생겨 나기 시작하였다. 또한 조선 내에서도 갑신정변, 동학농민운동, 청일전쟁, 명성황후 시해 사건, 단발령, 아관파천, 러일전쟁 등이 일어나 조선은 극도로 혼란스럽고 격동의 시기였다. 이러한 시기에 조선으로 건너온 서양인들은 직·간접으로 다크투어리즘을 체험하게 된 것이다. 그들이 이러한 체험들을 통하여 무슨 생각을 하고 있었는지 그들의 파레시아를 들여다 보려고 애썼다.

그동안의 연구들은 주로 조선을 여행한 서양인들의 기록을 통해 그들의 눈에 비친 조선의 생활상, 문화 등을 주로 연구해 왔다. 하지만 본 책에서는 거기서 한 걸음 더 나아가 그들이 무엇을 보았는가에 그치지 않고, 그들이 조선에서 무엇을 느끼고 추구하고자 했는지에 대한 깊은 내면의 심중을 이해하는데 주안점을 두고자 하였다. 문제는 그런 내면의 심중을 이해하기 어렵다는 것이다. 그들은 비록 조선에 대한 풍습, 문화, 생활양식 등을 묘사하였고, 사건만을 나열하고 있어 외면적인 것만 드러내고 있을 뿐 좀처럼 자신의 속내를 드러내지 않았다는 점이다. 그래서 본 저작은 그들의 진솔한 내면을 찾아서 각 자료에 담긴 감탄사, 조사까지도 놓치지 않으려고 읽고 또 읽으며 애썼다.

마지막으로 이 책을 내는데 많은 분들이 도움을 주셨다. 무엇보다 우리 총서팀으로 지난 5년을 동고동락한 이철우, 김용하, 김인호 교수님께 감사드린다. 특히 책을 쓰면서 고민이 있을 때마다 같이 고민해 주시고 방향을 잃지 않게 지도를 해 주신 김인호 교수님께 특히 감사의 인사를 전한다. 그리고 항상 응원을 아끼지 않고 해 주신 역사학부 박순준, 선우성혜, 김예슬 교수님들에게도 감사의 말씀을 드린다. 책을 쓰는 동안 집안일과 아이들을 돌보아 준 남편과 엄마의 바쁨을 알고 묵묵히 자신의 일을 알아서 잘해준 우리 아이들에게도 감사의 마음을 전한다. 마지막으로 이 책을 내는데 흔쾌히 동의해 주신 도서출판 국학자료원 정구형 대표님과 임직원께도 깊은 감사의 인사를 드린다.

2024년 1월 1일

엄광산 기슭에서 저자 이준영

# 목차

# Ⅰ. 서문

## 근대 서양인의
## 다크투어와 그 파레시아

## 1. 왜 연구해야 하는가

1860년 이후 조선에는 천주교 포교를 빌미로 서양인들이 들어오기 시작하였다. 그리고 1876년 강화도 조약 이후에는 서세동점(西勢東漸)의 시대 상황과 조선의 문호개방(門戶開放) 과정에서 많은 서양인들이 조선을 발견하고 여행을 하였다. 서양인들은 조선에서 새로운 형식의 투어 즉, 시찰, 순례, 포교활동, 유람 등을 통해 조선의 문물을 접하면서 새로운 경험을 하였다. 그리고 각기 여행기를 남김으로써 당대 조선인의 생활상을 이해하는데 크게 기여하였다. 또한 이러한 기록은 서양인들에게 조선을 알리는 데 크게 기여하였을 뿐만 아니라, 현재까지도 그들에게 한국 인식의 원형을 형성하는데 중요한 기반이 되었다.

이러한 경험을 통해 서양인들의 지적 산물과 근대 조선에서 전통적인 산물이 어떻게 '만남'을 이루는지를 이해하고 이를 토대로 그들이 조선을 바라보는 파레시아가 무엇인지 탐구하는데 중요하다. 그렇기에 여행이 갖는 의미를 분석하는 일은 단순한 여행기나 일정의 소개가 아니라 주체와 대상의 교류이며 각자의 파레시아를 포함한 '대화'나 '생각'이다. 이를 위해 서양인의 여행 기록들을 분석하여 그들이 내포하는 파레시아(=속내)를 발견하고 해석하여 근대 조선과 조선인에 관한 문화접변의 현상과 관점을 복원하는 일이 중요하다. 서양과 조선의 만남을 '투어리즘'이라는 하나의 렌즈로 대상화함으써 동서양 만남을 객관적으로 드러내고자 하였다. 따라서 서양인의 조선에 대한 투어리즘의 다양한 양상 중에서도 대다수 다크 투어리즘 속에서 조선을 바라보았다.

다크투어리즘이란 어두운 역사를 가진 장소 혹은 죽음이나 재난과 관련된 장소를 방문하는 것을 말한다. 이와 같이 죽음이나 재난과 관련된 장소를 방문하는 관광현상이 이미 오래전부터 지속되어 왔다. 고대 그리스인들이나 로마인들은 고대 이집트 왕들의 무덤인 피라미드를 자주 방문(Smith & Croy, 2005; 199)하였다. 현대에 이르러서는 많은 사람들이 2001년 9·11 테러 사건의 현장인 그라운드 제로(Ground Zero)나 중국 쓰촨 성의 지진 발생 지역을 방문하고 있다. 또한 우리나라 DMZ가 세계적인 관광명소로 부각되고 있는 현상도 이러한 흐름 중 하나라고 할 수 있다.[1]

조선 사회는 개항기 전후로 정치적 어두운 역사를 전개되었다. 서양의 문물과 조선의 전통적 가치관의 충돌은 천주교의 전래였다. 천주교는 종교로서가 아니라 학문이나 서양의 문물로써 받아들여졌다. 서양문물과 전통적 가치관의 충돌은 천주교 박해로 이어졌다. 이로써 1839년에 프랑스 신부 및 3명의 궁녀를 포함한 200여 명의 신도를 처형한 사건이 일어났다. 또한 1876년 일제에 의해 불평등조약을 체결한 이후로 조선은 열강의 간섭과 내부적 갈등으로 혼란스러운 암흑의 시대를 겪었

---

1) 한숙영·박상곤·허중욱, 2011, 「다크 투어리즘에 대한 탐색적 논의」, 『관광연구저널』 25, 한국관광연구학회, 6쪽.

다. 1884년 갑신정변, 1894년 동학 농민 운동, 1894년 청·일전쟁, 1895년 명성황후 시해 사건, 1895년 단발령, 1896년 아관파천, 1904년 러·일전쟁 등 조선은 다크투어리즘의 다양한 배경이 속에 놓이게 되었다.

본 저작에서는 다크투어리즘을 특정 사건이 발생한 장소, 위협지역 등으로 한정적으로 특정 짓기보다는 개항기 이후 조선에서 일어난 전쟁, 정변, 콜레라로 인한 죽음, 폭동, 일제와 대한제국 사이의 갈등 등 모든 어두운 역사적 전개 속에서 현장에서 경험, 또는 전해 들으면 이야기 등 모든 것을 다크투어리즘에 포함시키고자 한다. 이에 본 저작에서는 현재 통용되는 다크투어리즘이 지닌 범용화된 개념을 넘어선 것이다.

사실 개항기 당시 서양인이 조선에 건너와서 조선의 혼란스럽고 격동의 현장을 직·간접으로 체험하는 그 자체가 바로 다크투어였다고 본다. 왜냐하면 그 모든 서양인의 여행기는 저물어가는 조선에 대한 아련한 동정과 연민이 담겨 있었을 뿐만 아니라 격동하는 제국주의 국가 간의 경쟁 속에서 자국의 이익이 될 수 있도록 효과적으로 조선을 요리하는 길을 모색하는데 혈안이 되어 있었던 것도 사실이었기 때문이다. 불쌍한 조선만큼 불측한 동기로서 조선을 바라보고 조선을 요리하고, 겉으로는 그럴듯한 연민을 더하던 모습 그 자체가 다크투어 그 자체였다. 그동안의 연구들은 주로 조선을 여행한 서양인들의 기록을 통해 그들의 눈에 비친 조선의 생활상과 문화 등을 주로 연구해 왔다. 하지만 본 저작에서는 거기서 한 걸음 더 나아가 그들이 무엇을 보았는가에 그치지 않고, 그들이 조선에서 무엇을 느끼고 추구하고자 했는지에 대한 깊은 내면의 심중을 이해하는데 주안점을 두고자 하였다.

본 저작에서는 개항기 조선에 온 인물을 10명을 국가별, 직업별로 나누어 분석하고자 한다. 이렇게 분류하여 분석한 이유는 국가별로 그리고 다양한 직업에서 암울하고 혼란스러운 조선을 바라보는 관점도 다를 것이며, 직업별로 그들이 추구하는 파레시아가 다를 것으로 생각하였기 때문이다. 그래서 국가별, 직업별로 그들의 기행문과 견문록을 분석하여 그것을 수행한 주체가 보여준 '그들만의 파레시아'를 비교 분석해 보고자 한다. 이를 통해 조선에 건너온 서양인들이 보여준 다크 투어리즘의 실증적인 모습을 찾고자 한다.

따라서, 본고에서는 서양인들이 조선에서 여행하고, 생활하면서 업무를 진행해 가는 과정 속에서 자신의 솔직한 감정과 자신의 마음에 품은 모든 것을 파레시아로 규정하고자 한다. 개항기 조선을 둘러싸고 서구 열강들의 이해관계가 거미줄처럼 얽혀 있는 치열하고 혼란스러웠던 시기에 서양인들이 조선을 여행하면서 보았던 다양한 체험을 통하여 미처 스스로 밝히지 못했던 그들만의 파레시아를 살펴보고자 한다.

요컨대, 본 저작은 개항기 서양인들이 남긴 여행기(저서, 일기, 보고서 등)를 연구 대상으로 삼아 그들이 조선을 여행하면서 보았던 다양한 체험을 통하여 미처 스스로 밝히지 못했던 그들만의 파레시아(속내 =연민, 동정, 오리엔탈리즘 등)를 드러내는데 기본적인 목적을 둔다. 그것을 통하여 궁극적으로 서세동점과 문호개방으로 혼란스럽고 암울한 개항기 조선을 여행한 서양인들은 다크 투어리즘 속에서 피상적인 조선에 대한 관심과 연민, 그리고 동정심의 이면에 작동하던 다양한 정치적 경제적 수단화, 오리엔탈리즘의 실상을 복원하고자 한다.

## 2. 선행 연구의 이해

### 1) 근대 서양인 관료나 외교관의 파레시아

조선에 온 서양인들의 파레시아에 대한 연구가 왜 필요한지 생각해 보면, 역시 기존 연구의 일반성에서 비롯된다.

먼저, 독일인 묄렌도르프에 대한 기존의 연구를 보면 조선의 자주 수호 운동과 근대화 사업을 실현한 실무자로 보는 관점이 지배적이다.[2] 이들 연구는 묄렌도르프가 고문관으로서 조선의 근대화 및 주권 수호에 일정한 자극제 역할을 하였다는 평가[3]와 조선의 근대화에 대한 확실한 기대를 가지고 외교교섭과 관제개혁, 해관 설치·운영을 비롯하여 산업, 문화, 교육에 이르기까지 많은 분야에 헌신적인 활동을 전개한 인물로 평가[4], 묄렌도르프의 활동이 조선의 개화에 영향을 끼쳤다는 평가[5] 등 조선의 근대화에 긍정적인 영향을 끼친 인물로 평가하고 있다. 또한 기왕의 연구는 묄렌도르프가 자신의 이해관계와 이익에 따라 행동하여 조선의 자주적 근대화를 지연시켰다고 보는 연구들[6]이다. 묄렌도르프가

2) 강장희, 1998, 「開化期 Mollendorff의 近代的 活動에 관한 一考: 1880년대 開化政策에 관여한 내용을 중심으로」, 『論文集』Vol.6 No.2, 목포해양대학교; 고병익, 1964, 「穆麟德의 雇聘과 그 背景」, 『진단학보』25, 진단학회; 김진각, 1989, 「묄렌도르프의 朝鮮文明開化論」, 『역사교육』46, 역사교육연구회; 반윤홍, 1983, 「1880年代 西洋顧問官의 開化政策 關與에 대하여-Mollendorff의 경우를 중심으로」, 『국사연구』4, 조선대학교 국사연구소; 최선아, 2013, 「19세기말 조선에서의 외국인 고문관 활동」, 『세계 역사와 문화연구』28, 한국세계문화사학회.

3) 김현숙, 1998, 『한국 근대 서양인 고문관 연구:1882~1904』, 이화여자대학교 박사학위논문, vii쪽.

4) 강장희, 1998, 앞의 논문, 37쪽.

5) 김진각, 1989, 앞의 논문, 170쪽.

6) 송지연, 1995, 「1880년대 외국인 고문관 묄렌도르프(P. G. Möllendorff)에 대한 일고찰: 그의 이권외교활동을 중심으로」, 『연구논총』28, 이화여자대학교 대학원; 박일근, 1985, 「李鴻章과 穆麟德의 在韓外交活動에 對한 小考」, 『중국문제 연구』

추진한 조선의 경제적 근대화라는 명목아래 추진한 무역, 해운, 광업, 농·공업 등에서의 이권 외교활동은 열강의 이권침탈의 길을 열어주는 결과를 초래했으며 이로 인한 조선의 경제적 손실은 막대하였다고 평가[7]하였고 묄렌도르프란 인물은 어떤 원칙 또는 자신의 확고한 신념이나 혹은 양식(良識)에 의한 것보다 자기편의와 이익의 동기에서 행동한 범인(凡人)에 불과했다고 연구[8]되어 왔다. 묄렌도르프의 친러정책은 영국이 거문도를 점령하는 결정적 계기로 작용하였고 이로써 영국과 러시아 대결은 향후 영일동맹 결성과 러일전쟁으로 이어지게 되고 러일전쟁은 일본이 동아시아에서 새로운 열강으로 자리매김을 하고 조선을 지배하게 만든 계기가 되었다[9]고 분석하였다.

한편, 영국인 칼스에 대한 기존 연구는 영국인들이 조선에서 경제적 가치와 이윤을 추구하기 위함임을 밝히는데 주력하고 있다.[10] 이것은 칼스의 직업인 외교관에 초점을 둔 경우라고 할 수 있다. 또 다른 하나는 칼스가 서양인의 시각에서 조선을 관찰하고 하고 있다는 점을 규명한 연구[11]이다. 이것은 칼스가 오리엔탈리즘에 입각해서 조선을 관찰하는

---

Vol.11, 부산대학교; 이영석, 2002, 「Paul Georg von Möllendorff와 한국」, 『독어교육』24, 한국독어독문학교육학회; 한성무·전홍찬, 2020, 「구한말 묄렌도르프의 친러정책: 독일 외교정책과의 연관성을 중심으로」, 『국제정치연구』Vol.23 No.3, 동아시아국제정치학회.

7) 송지연, 1995, 앞의 논문, 236쪽.
8) 박일근, 1985, 앞의 논문, 19쪽.
9) 한성무·전홍찬, 2020, 앞의 논문, 233쪽.
10) 정희선·이명희·송현숙·김희순, 2016, 「19세기 말 영국 외교관 칼스(W.R.Carles)가 수집한 한반도 지역정보의 분석」, 『문화역사지리』Vol.28 No.2, 한국문화역사지리학회; 李培鎔, 1982, 「舊韓末 英國의 金鑛利權 獲得에 대한 諸問題」, 『역사학보』96, 역사학회; 한승훈, 2017, 「1880년대 영국외교관의 조선 북부 지역 여행에 담긴 함의-영국의 경제적 확장과 관련하여-」, 『사총』Vol.90, 고려대학교 역사연구소.
11) 이영석, 2009, 「19세기말 영국 지식인과 동아시아 - 유럽중심적 시각의 층위 -」,

측면을 나타냈다고 할 수 있다.

셋째, 미국인 알렌에 대한 기존의 연구는 먼저, 알렌이 의료 선교사로서 기존의 연구들을 살펴보면 알렌이 의료 선교사로 지원하게 된 배경에 대해 연구[12], 제중원 관련 연구[13], 의료 선교 활동 중심의 연구[14]들이 지배적이다. 이들 연구에서는 알렌과 다른 선교사들과의 선교 관점의 차이점을 보이고 있었다. 알렌의 선교관은 보다 넓은 차원을 갖고 있었으며 그것은 곧 복음을 직접 전하는 개인의 영혼 구원의 목표보다는 서양의 의료 기술을 통해서도 복음이 전해질 수 있다고 믿는 것이었다[15]고 분석하였다. 그리고 의사로서 알렌은 매우 균형잡힌 안목을 갖추고 활약한 외교관이자 평신도 선교사였다는 평가하였다. 구한말 선교는 의료사업과 교육을 통해서 간접적으로 시작되었는데 이것은 거부반응을 줄이면서도 엄청난 효과를 거두게 되었다. 낯선 외국 사람들에 대한 거부감을 존경과 경외심으로 바꾸는 계기가 되었다[16]고 하였다. 한편, 주한미국공사로 외교 활동에 주력한 연구들이 몇 있다. 이들 연구 중

---

『대구사학』 95, 대구사학회.

12) 박형우, 2014, 「알렌의 의료 선교사 지원과 내한 배경」, 『한국기독교와 역사』 Vol.- No.40, 한국기독교역사연구소.

13) 윤희창, 2009, 「알렌의 의료선교에 관한 연구 : 제중원을 중심으로」, 서울장신대학교 석사학위논문; 최재건, 2015, 「제중원시기의 알렌과 언더우드의 활동」, 『연세의사학』 Vol.18 No.2, 연세대학교 의과대학 의사학과 의학사연구소; 신재의, 2004, 「알렌의 의료활동과 제중원의 설립」, 『연세의사학』 Vol.8 No.1, 연세대학교 의과대학 의사학과; 안수강, 2016, 「알렌의 일기를 통해서 본 제중원(濟衆院) 의료선교사역」, 『한국기독교신학논총』 Vol.100, 한국기독교학회.

14) 김재성, 2014, 「초기 한국 개신교 선교의 역사적 의의: 알렌의 의료 선교활동을 중심으로」, 『국제신학』 Vol.16, 수도국제대학원대학교; 이영아, 2011, 「선교의사 알렌(Horace N. Allen)의 의료 활동과 조선인의 몸에 대한 인식 고찰」, 『醫史學』 Vol.20 No.2, 大韓醫史學會.

15) 윤희창, 2009, 앞의 논문, 50쪽.

16) 김재성, 2014, 앞의 논문, 66쪽.

에는 한국입장에서 알렌의 행보를 긍정적으로 평가한 연구[17]와 조선을
식민화하려는 청국의 야심, 그리고 국제무대에서 조선이 청의 속국임을
대외적으로 공개함으로써 자신들의 종주권을 인정받으려 하는 청의 외
교적 전략을 저지하고 조선이 국제사회에서 청과 대등한 국가로 인식될
수 있도록 위신을 지켜주었고 또한 그는 여전히 중국 중심의 화이질서
에서 벗어나지 못하는 한계를 노정하고 있었던 주미공사 일행을 설득하
여 조선이 자주 독립국임을 입증하는 일을 성공적으로 수행하였다[18]고
알렌의 행보를 긍정적으로 분석하였다. 반대로 알렌이 한국의 독립이
아닌 자신의 안위와 이해관계에 따라 현실주의 노선을 철저하게 따른
인물로 평가한 연구들[19]도 있다. 이들 연구에서는 알렌은 자신의 사회
경제적 욕구를 실현한 무대는 한국이었다[20]라고 할 정도로 자신의 이익
을 우선시하고 있음을 평가하였다. 또한 알렌을 미국공사로서 제국주의
시대에 국가적 이익을 수호하고 쟁취해 나가는 선봉 역할을 했으며 국
제적인 역학 구도가 변화함에 따라 미국과 자신의 권익을 위한 길을 찾
아 카멜레온처럼 변신도 거듭해 나갔다[21]고 분석하였다. 그리고 알렌은

---

17) 강슬기, 2022, 「1887년 주미공사 파견에 드러난 청의 대조선 정책 변화와 알렌의
   대응-'알렌 문서'를 중심으로-」, 『고문화』Vol.99, 한국대학박물관협회.
18) 강슬기, 2022, 앞의 논문, 79쪽.
19) 김희연, 2022, 「주한미국공사 알렌(Horace N. Allen)의 해임과 사탕무당 제조사
   업권 추구」, 『역사학연구』85권, 호남사학회; 장영숙, 2021, 「러일개전의 길과 알
   렌의 외교적 변신」, 『한일관계사연구』74호, 한일관계사학회; 이영미, 2018,
   「1897~1905년 주한미국공사 알렌(Horace N. Allen)의 별장 기획과 조성, 처분」, 『
   인천학연구』vol.1 no.29, 인천대학교 인천학연구원; 김희연, 2019, 「대한제국기
   한성수도부설권 문제」, 『한국근현대사연구』제88집, 한국근현대사학회; 이영미,
   2020, 「선교사에서 외교관으로: 알렌(Horace N. Allen 1858~1932)의 삶과 한국」,
   『역사민속학』제58호, 한국역사민속학회.
20) 이영미, 2020, 앞의 논문, 242쪽.
21) 장영숙, 2021, 앞의 논문, 247쪽.

제중원 의사 재임시절부터 서울에 수도의 필요성과 사업성을 인지했고, 사업 실시할 때 방해요인의 제거와 자국인 이권수호에 진력하여 이권수호를 위해서라면 내정간섭에 해당될 만한 조치도 불사했고 한국 측의 타당한 요구와 문제제기도 기각했다[22]고 분석하였다.

본 연구는 이상의 묄렌도르프, 칼스, 알렌의 기존 연구를 통하여 다음과 같은 문제점을 제기하고 나름의 대안을 모색하였다.

첫째, 묄렌도르프의 조선의 관직에 오른 첫 서양인이었다. 그는 1882년에 조선으로 건너와서 1885년까지 3년간 관료로서 생활하였다. 묄렌도르프는 참판(參判)에 해당하는 관직에 올라 조선 국가 정책에 상당한 권력을 행사하였다. 그가 조선에 머물렀던 이 시기는 대한제국기가 수립하기 전 단계이기도 하고 근대 국가로의 개혁을 시작하는 단계로 어느 시기보다 혼란스럽고 어두운 시기였다. 묄렌도르프는 갑신정변 일어난 현장인 우정국에 있으면서 사람들이 다치고 죽어가는 모습을 직접 보았다. 또한 묄렌도르프의 인아책으로 인해 영국을 조선에 끌어들인 거문도 사건, 월미도 투어, 조선에서 펼친 그의 정책 등에서 묄렌도르프가 추구한 파레시아에 대해서 살펴보고자 한다.

둘째, 칼스는 조선에 약 1년여간 머물면서 조선의 북부지역에 대한 관심을 보였다. 그가 부영사로 임명된 당시 미국과 일본은 조선에 지질학자를 파견하여 자원 탐사를 진행하고 있었다. 영국 정부는 이들 국가와의 경쟁에 뒤처질 것을 두려워하여 주변국에 근무하던 외교관을 파견하여 지역조사를 진행하도록 하였다. 그렇게 파견된 사람이 청국 주재 영국 공사관 서기관 대리로 있었던 칼스였다. 그는 외교관으로 영국의 이익을 위해 조선을 여행하면서 탐사하였다. 그는 조선 북부지역을 여

---

22) 김희연, 2019, 앞의 논문, 7쪽.

행하면서 추구한 파레시아에 대해서 살펴보고자 한다.

셋째, 개항기 이후 구미 열강 가운데 가장 먼저 조약을 체결한 나라가 미국이다. 알렌은 1884년에 선교사로, 의사로, 외교관으로 조선에 들어와 1905년까지 갑신정변, 동학 농민 혁명, 청·일전쟁, 명성황후 시해 사건, 단발령, 러·일전쟁, 을사늑약까지 조선의 암울한 격동기를 경험한 인물이었다. 본 저작에서는 알렌을 의사의 시각에서 조선을 바라본 시점보다 외교관으로 조선을 바라본 시각에 초점을 맞추어 미국 외교관의 입장에서 그는 조선에서 무엇을 추구하려고 했는지 그의 파레시아를 살펴보고자 한다.

### 2) 근대 서양인 군인의 파레시아

개항기 조선에 온 서양인 군인들의 파레시아에 대한 연구가 왜 필요한지 생각해 보면, 역시 기존 연구의 일반성에서 비롯된다.

첫째, 프랑스 해군인 앙리 쥐베르에 대한 연구는 소략하다. 쥐베르는 병인양요에 직접 참여한 인물이다. 먼저, 기존의 연구에서는 병인양요에서 당시 조선정벌에 참여하고 한 달 동안 체류할 기회를 가졌던 프랑스 장교들이 조선의 모습을 직접 보고하고 탐험한 후 남긴 기록들을 살펴보면서 조선의 옛 생활상들을 분석하였다.[23] 다음으로는 병인양요를 한국 입장에서 연구한 것들이 대부분이다.[24] 주로 정족산성과 양헌수전첩을 연구[25]하거나 대원군의 쇄국정책과 관련한 병인양요를 연구[26]하

---

23) 김귀원, 2004, 「구한말 프랑스 문헌에서 군인 및 외교관이 본 한국의 이미지」, 『한국프랑스학논집』 Vol.46, 한국프랑스학회.
24) 양교석, 1985, 「병인양요에 관한 일연구 : 정족산성 양헌수전첩을 중심으로」, 고려대학교 석사학위논문.
25) 양교석, 1985, 앞의 논문; 김영제, 1985, 「대원군의 양이쇄국정책에 관한 일고찰:

였다. 그리고 대원군 집권 당시 병인양요와 신미양요를 계기로 군사제도의 정비와 군사력 증강의 필요성[27]을 언급하기도 하였다.

둘째, 영국 장교 캐번디시에 대한 연구 또한 소략하다. 김학준(2010)의 저서에서 캐번디시가 남긴 『코리아와 신성한 백두산』(Korea and the Sacred White Mountain)을 소개하였다. 이 책에서는 캐번디시가 언급한 조선의 주거 및 위생, 조선인들의 시간적 관념, 조선의 국내정세, 조선의 대외관계 등을 분석하였다.[28]

셋째, 러시아 장교들에 대한 연구 역시 소략하다. 조선의 말기 조선에 호의적이었던 러시아 정부는 대한제국 수립 전인 1885년에서 1896년에 이르기까지 관리 한 명과 참모 본부의 군인 등 엘리트 5명을 중심으로 조선 탐험대를 수차례 파견하여 조선의 지리, 군사, 정치, 경제, 사회, 문화에 대한 전반적인 연구 조사에 착수하도록 하였다. 그들이 러시아 참모 본부 소속의 육군 대령 카르네프와 그의 보좌관인 육군 중위 미하일로프, 육군 중령 알프탄, 육군 중령 베벨리, 정부 관리인 다데슈칼리안 공후였다. 그중에서 본 저작에서는 카르네프와 베벨리를 연구하고자 하였다. 따라서 이들에 중 베벨리에 대한 연구에서는 러시아와 조선의 외교관계, 무역관계, 조선의 자원에 대한 관심, 유통과 관련된 상항에 대한 관심을 분석하였다.[29]

---

병인/신미양요를 중심으로」, 성균관대학교 석사학위논문;
오홍국, 2003, 「대원군의 국방력강화정책 연구」, 연세대학교 교육대학원 석사학위논문.
26) 김영제, 1985, 앞의 논문.
27) 오홍국, 2003, 앞의 논문.
28) 김학준, 2010, 『서양인들이 관찰한 후기 조선』, 서강대학교출판부; 김학준, 2009, 「서양인들이 관찰한 조선의 모습들(제3회): 청일전쟁 발발 직전으로부터 조선의 망국까지의 시기」, 『한국정치연구』Vol.18 No.3, 서울대학교 한국정치연구소.

본 연구는 이상의 쥐베르, 캐번디시, 카르네프, 베벨리의 기존 연구를 통하여 다음과 같은 문제점을 제기하고 나름의 대안을 모색하였다.

첫째, 프랑스 해군인 쥐베르는 나폴레옹 3세 정부 시절 브레스트 사관학교를 졸업하고 싱가포르, 사이공, 홍콩, 요코하마에서 해군 임무를 수행하였다. 1866년에 두 차례의 강화도 원정(1866년 9월 12일~11월 12일)에 출정하여 병인양요에 직접 참가한 인물이다. 병인양요는 조선이 최초로 경험한 서양과의 대규모 무력충돌이었다. 이러한 무력 충돌인 병인양요에 직접 참여한 쥐베르가 쓴『프랑스 군인 쥐베르가 기록한 병인양요』(1989, 살림)을 분석함으로써 병인양요를 어떻게 생각하고 있는지에 대해서 살펴보고자 한다.

둘째, 영국 장교 캐번디시는 청일전쟁 때에는 중국 주재 영국공사관의 육군 무관으로 근무하였다. 또한 그는 빅토리아 여왕의 즉위 60주년을 축하하기 위한 조선특별사절단에 배속되기도 하였다. 그 후 1897년 2월 12일 소령으로 진급한 인물이다. 그는 1891년에 휴가차 조선을 여행하였다. 영국 군인이 휴가차 온 여행에서는 무엇을 생각하였는지 그의 파레시아를 살펴보고자 한다.

셋째, 러시아 육군 대령 카르네프와 육국 중령 베벨리를 연구하고자 한다. 이들은 각기 조선의 방방곡곡을 여행하면서 동학 농민 운동, 갑신정변, 명성황후 시해 사건, 아관파천, 단발령 등 역사적 사건들의 현장에서 생생히 목격하고 , 들은 이야기들 속에서 군인으로서 다크투어리즘의 현장에서 그들은 무엇을 생각했는지 그들의 파레시아를 분석하고자 한다.

---

29) 이수기, 2018,「1889년 한국을 방문한 러시아 장교 베벨의 한국 인식」,『역사문화연구』제68집, 한국외국어대학교 역사문화연구소.

### 3) 근대 서양인 의사의 파레시아

조선에 온 서양인 의사 겸 선교활동을 펼친 그들의 파레시아에 대한 연구가 왜 필요한지 생각해 보면, 역시 기존 연구의 일반성에서 비롯된다.

첫째, 미국인 여성 애니 엘러스에 대한 연구는 소략하다. 손영규 (2022) 저서에는 한국 초기 의료선교사 20명을 분석하였다. 1884년 알렌 선교사의 내한에서부터 1914년까지 한 세대에 해당하는 30년 동안의 기간을 '초기'로 정하고 그 속에서 각 직종 별(의사, 간호사 등), 교단 별(미국 남·북장로회, 미국 남·북감리회, 호주장로회, 캐나다 장로회, 독립선교회 등), 지역 별(서울, 평양, 부산, 광주 등) 대표 인물들을 분석하였다. 그 중 애니 엘러스에 관한 연구도 소개 정도로 소략 포함되어 있을 뿐이다.[30]

둘째, 미국인 여성 릴리어스 호튼 언더우드에 대한 연구를 보면 주로 생애와 사역을 중심으로 한 연구들[31]이다. 릴리어스 호튼은 주체적인 여성의식과 성 평등을 향한 열정을 갖고 있었으며, 동료 여성 선교사들을 위한 권리주장과 정당성을 인정받기 위한 구체적인 노력을 펼쳐 나

---

30) 손영규, 2022, 『코리아, 아직도 그대는 내 사랑!: 한국 초기 의료선교사 열전』, 서울:예영커뮤니케 이션.
31) 박혜수, 2005, 「언더우드 부인(L. H. Underwood)의 선교활동 연구: 남편 언더우드에 대한 협력과이해를 중심으로」, 연세대학교 연합신학대학원 석사학위논문 ; 오현주, 2010, 「릴리아스 호튼(LilliasHorton)의 한국 문화 및 한국 근대화 이해와 선교활동에 관한 연구」, 계명대학교 연합신학대학원 석사학위논문; 이규희, 2013, 「기독교적 여성 리더십에 관한 연구: 초기 재한 미국 여선교사들의 리더십 연구」, 아세아연합신학대학교 대학원 석사학위논문; 송정연, 2015, 「릴리어스 호튼 언더우드의선교사 정체성」, 『신학논단』 80, 연세대학교 신과대학; 정미현, 2015, 「한국교회 초기 선교의 한 유형: 릴리어스 호튼 언더우드를 중심으로」, 『신학논단』 80, 연세대학교 신과대학; 정미현, 2015, 「릴리어스 호튼 언더우드의 선교 사역과 여성의식」, 『동방학지』 제171집, 연세대학교 국학연구원.

갔다고 평가하였다. 또한 그녀는 단순히 백인 우월주의적 태도를 지닌 서양기독교 문화의 전달자로만 군림하지 않았다. 오히려 한국여성들과 연대의식을 갖고 활동하였으며 한국여성들로부터 감동을 받은 수혜자로서 이 땅에서 그녀의 삶과 사역을 이어 나갔다[32]고 분석하였다. 또한 남편 언더우드와 함께 한 수많은 사역과 초기 한국 교회의 성립 과정에 관한 기록 속에서 릴리어스 호튼은 자신을 많이 드러내고 있지 않지만 그녀가 당연히 한국여성들을 위해서 남편과 동일한 사역을 한 것은 넉넉히 짐작하고도 남음이 있다고 평가[33]하였다. 그리고 릴리어스 호튼의 한국 근대화 과정에 대한 이해는 외압이나 전쟁으로 인해 고통을 당하는 한국인들에게 집중했기 때문이라고 분석하였다. 릴리어스 호튼은 그녀만의 선교활동을 구축해 나갔는데, 명성황후의 시의였던 그녀는 왕비를 만날 때 마다 복음을 전하려는 시도와 여성 성경반 등을 운영하기도 하면서 선교활동을 통해 계몽해 가는 모습[34]을 분석하였다.

셋째, 독일인 리하르트 분쉬에 대한 연구에서는 분쉬가 쓴 편지와 일기를 분석하여 몇몇 주제들에 초점에 맞춰 연구하였다. 분쉬가 관심을 가졌던 조선의 풍경, 서울의 비위생적이고 불결한 모습, 조선의 주택, 조선 사람들의 도벽 등에 분석하였다.[35]

본 연구는 이상의 엘러스, 릴리어스 호튼, 분쉬의 기존 연구를 통하여

---

32) 정미현, 2015, 앞의 논문, 223쪽.
33) 박혜수, 2005, 앞의 논문, 124쪽.
34) 오현주, 2010, 앞의 논문, 98~99쪽.
35) 김학준, 2009, 「서양인들이 관찰한 조선의 모습들(제3회): 청일전쟁 발발 직전으로부터 조선의 망국까지의 시기」, 『한국정치연구』Vol.18 No.3, 서울대학교 한국정치연구소; 이영석, 2007, 「지역학: 구한말 내한 독일인의 한국 이해-오페르트, 묄렌도르프, 분쉬의 경우」, 『독일어문학』Vol.37, 한국독일어문학회; 김학준, 2010, 『서양인들이 관찰한 후기 조선』, 서강대학교출판부.

다음과 같은 문제점을 제기하고 나름의 대안을 모색하였다.

첫째, 애니 엘러스는 한국에 온 첫 번째 여성 의료선교사로서 명성황후의 주치의기도 하였다. 그녀는 페르시아 의료 선교사로 지원했다가 갑자기 조선으로 오게 되었다. 그녀가 왜 갑자기 의사직을 포기하고 계몽활동에 전념했는지에 대해서 살펴보고자 한다. 또한 그녀가 조선에서 경험했던 다크투어리즘 속에서 그녀는 어떻게 대처했는지 또 그녀가 생각한 파레시아는 무엇인지 살펴보고자 한다.

둘째, 릴리어스 호튼 언더우드는 1888년부터 약 15년간 한국에서 미국 의사로 명성황후 개인 주치의로 일하면서 장로교 선교사로 활동하였다. 그녀는 1889년 런던 태생의 선교사 호레이스 그랜트 언더우드와 결혼하여 함께 선교활동을 하였다. 그녀가 조선에서 15년간 생활하면서 조선의 19세기 갑오개혁, 청일전쟁, 을미사변, 단발령 시행, 아관파천, 독립협회 만민 공동회 사건, 고종황제 즉위, 러일전쟁, 의병 봉기, 을사늑약 체결 등과 같은 근대사의 어두운 사건들이 그녀의 바로 주위에서 일어났고 그녀의 삶에 영향을 끼쳤다. 이러한 다크 투어리즘을 느낀 삶 속에서 그녀는 어떻게 대처하였으며, 그 속에서 그녀는 무엇을 느꼈는지 분석하고자 한다.

셋째, 독일인 의사 리하르트 분쉬는 1901년 서울에 와서 만 3년 6개월간 고종의 시의(侍醫)로 일하면서 민간인들을 위해서도 의료봉사를 한 인물이다. 분쉬는 1901년 11월 2일에 조선에 도착하여 1905년 5월 1일 조선을 떠날 때까지 약 4년 정도 조선에 거주하는 동안 러·일전쟁의 불안함, 공포, 긴장속에서 다크 투어리즘을 경험하였다. 이러한 조선의 다크 투어리즘 속에서 분쉬는 의사로서 어떠한 파레시아를 가지고 있었는지 분석하고 한다.

## 3. 책의 구성

먼저 본 저작에서는 조선에 온 서양인 중 10명을 선별하여 국가별, 직업별로 구분하여 파악하고자 하였다. II장에서는 관료나 외교관이었던 독일인 묄렌도르프, 영국인 칼스, 미국인 알렌 3명을 분석하고, III장에서는 군사적 측면에서는 군사교관인 프랑스 해군 쥐베리, 영국 장교 케번디시, 러시아 육군 장교 카르네프, 베벨리의 4명을 분석하고, IV장에서는 의사로 선교활동을 펼친 미국인 엘러스, 미국인 릴리어스 호튼, 독일인 분쉬 3명을 분석하였다.

본 저작은 항목별로 다음과 같은 내용으로 서술하였다.

II장 서양 관료의 조선투어와 '이권'에서는 개항기 조선으로 온 관료나 외교관이었던 독일인 묄렌도르프, 영국인 칼스, 미국인 알렌이 조선의 암울하고 혼란스러운 시대를 직접 경험하면서 어떻게 대처해 나갔으며, 또한 그들의 파레시아가 무엇인지 살펴보고자 하였다. 이들은 관료와 외교관으로서 조선에 대해서는 풍부하게 기록하였으나, 자신의 파레시아를 담는 일에는 매우 인색하고 조심스러웠다. 그저 개인이 쓴 편지나 일기에 자신의 파레시아를 조금 남겨놓은 상태였다.

첫째, 묄렌도르프의 투어, '또 다른 길로'에서는 『묄렌도르프문서』[36]를 중심으로 분석하였다. 1930년에 출판된 이 책은 묄렌도르프가 직접 쓴 것은 아니다. 이 책은 묄렌도르프가 조선에 재직하던 당시 남긴 일기와 그의 아내에게 보낸 편지를 대본(臺本)으로 하여 그와 꼭 같은 체험을 나눈 아내 로잘리(Rosalie von Möllendorff)가 회상의 형식으로 쓴 전기이다. 따라서 본 저작에서는 아내 로잘리가 쓴 회상의 글과 구분하여

---

36) 묄렌도르프夫婦 지음, 신복룡·김운경 옮김, 1987, 『묄렌도르프문서』, 평민사.

묄렌도르프가 쓴 편지, 일기를 통해서 묄렌도르프의 파레시아를 찾아내어 살펴보고자 하였다.

둘째, 칼스의 여행, '아무리 뒤져도…'에서는『조선풍물지』[37]를 중심으로 분석하였다. 칼스가 쓴『조선풍물지』는 18개월 동안 조선에서 얻은 지식에 기초를 두고 있으며, 그 범위는 짧은 기간 동안의 자신의 경험을 묘사하고자 한 시도로 한정되었다. 그래서 정부 체제나 왕과 신하 사이의 관계, 영국과 조선의 관계를 규정하는 어떠한 언급도 하지 않았다. 하지만 외교의 현장에 있었던 실무자 칼스의 육성(肉聲)이 담겨 있는 이 책을 통하여 칼스는 열강의 이해관계가 실타래처럼 얽혀 있는 조선에서 그의 파레시아를 복원하고자 하였다.

셋째, 알렌의 투어, '이권을 향하여'에서는『조선견문기』[38]와『알렌의 일기』[39]를 중심으로 분석하였다.『조선견문기』에는 알렌의 사사로운 이야기들은 제외된 채 알렌의 경험 중에서 가장 흥미 있고 가장 예증적인 단편들을 모아서 기록된 책이다.『알렌의 일기』는 뉴욕 공립도서관에 보관되어 있는 알렌 일기를 입수하여 해독·완역한 책이다. 이 책에는 관련 신문자료와 알렌 일기의 원문과 신문자료의 원문도 수록되어 있다. 또한 알렌의 외교문서 및 편지, 보고서, 신문자료 등의 자료는 <알렌문서> 정리·해제 및 DB화[40]가 되어 있어 이러한 자료를 통해 알렌이 21년 동안 조선에서 지내면서 느낀 그의 파레시아를 살펴보고자 하였다.

Ⅲ장 서양 군인의 조선투어와 이권 획득의 길에서는 조선으로 온 군

---

37) W.R.칼스 지음, 신복룡 역주, 1999,『조선풍물지』, 집문당.
38) N.H.알렌 지음, 신복룡 역주, 1999,『조선견문기』, 집문당.
39) N.H.알렌 저, 김원모 완역, 2017,『알렌의 일기』, 단국대학교 출판부.
40) http://waks.aks.ac.kr/rsh/?rshID=AKS-2016-KFR-1230009.

인이었던 프랑스 해군 쥐베르, 영국 장교 캐번디시, 러시아 육군 장교들 대령 카르네프, 중령 베벨리가 조선을 여행하면서 그들이 추구했던 파레시아가 무엇인지 살펴보고자 하였다.

첫째, 프랑스 해군 쥐베르의 병인양요에서는 『프랑스 군인 쥐베르가 기록한 병인양요』[41]를 중심으로 분석하였다. 이 책은 식민지를 확장하고 아시아 지역에서 통상 대상국을 넓히려 했던 프랑스 극동함대가 1866년 조선에서 일어난 천주교 박해를 빌미로 원정이라 명명하여 강화도를 침공한 사건의 기록이다. 쥐베르는 해군 소위 후보로 두 차례 강화도 침공에 투입하여 당시의 군사작전을 상세히 기록하였을 뿐만 아니라 강화도 점령 후 외규장각 약탈 현장도 생생하게 묘사하였다. 쥐베르는 자신이 로즈 함대에 투입되어 수행했던 강화도 예비정찰과 전투에 관한 기록을 전개하므로 그의 서술은 일종의 증언록으로 기능을 하였다. 따라서 이에 병인양요를 조선의 입장이 아닌 프랑스의 입장에서 그들의 속내를 살피고자 하였다.

둘째, 영국 육군 캐번디시의 투어와 '이권 모색'에서는 『백두산으로 가는 길(영국군 장교의 백두산 등정기)』[42]을 중심으로 분석하였다. 이 책은 캐번디시가 1891년 조선에서 보낸 몇 주간의 여정을 서술한 책이다. 그는 포병대의 굿 애덤스 대위와 함께 여행했는데 굿 애덤스 대위가 극동에 있어서 공동 작업을 할 수 없어 혼자 단독으로 책을 출판하였다. 책 제목은 백두산으로 가는 길이지만, 이 책의 저자 캐번디시는 백두산을 오르지 않았다. 이 책 8장에 백두산으로 오르는 과정을 짧게 설명한

---

41) H.쥐베르, CH.마르탱 지음, 유소연 옮김, 1989, 『프랑스 군인 쥐베르가 기록한 병인양요』, 살림.
42) 알프레드 에드워드 존 캐번디시 지음, 조행복 옮김, 2008, 『백두산으로 가는 길』, 살림.

글이 있지만, 이것은 굿 애덤스의 글이라 이 부분은 본 연구에서는 제외하였다. 영국 장교인 캐번디시는 휴가차 조선을 여행하였다. 그가 조선을 여행하면서 생각하고 느낀 파레시아는 무엇이었는지 살펴보고자 하였다.

셋째, 러시아 육군 카르네프, 베벨리의 투어와 '염탐'에서는 『러시아 장교 조선 여행기 내가 본 조선, 조선인』[43]을 중심으로 분석하였다. 이 책은 러시아 참모 본부 소속의 육군 대령 카르네프와 그의 보좌관인 육군 중위 미하일로프, 육군 중령 알프탄, 육군 중령 베벨리, 정부 관리인 다데슈칼리안 공후가 쓴 책이다. 이들은 러시아 정부의 정책을 수행하기 위하여 조선 전역을 여행하면서 기록을 남겼다. 이들은 동학농민운동, 갑신정변, 명성황후 시해 사건, 아관파천, 단발령 등을 현장에서 생생히 목격하고 체험한 경험과 간접적으로 들은 이야기들을 적은 책이다. 이 책을 통해 본 저작에서는 카르네프와 육군 중령 베벨리의 기록만 분석하였다. 그들은 군인으로서 조선의 다크 투어리즘의 현장에서 무엇을 탐사했는지 관심을 가지고 분석하면서 그들의 속내가 무엇이었는지 살펴보고자 하였다.

IV장 왕실과 연대한 서양 의사의 조선투어에서는 의사 겸 선교활동을 펼친 미국인 엘러스, 미국인 릴리어스 호튼, 독일인 분쉬가 조선에서 생활하면서 그들이 추구한 파레시아가 무엇인지 살펴보고자 하였다.

첫째, 엘러스의 투어와 '여성 해방'에서는 『애니 엘러스(한국에 온 첫 여의료 선교사)』[44]를 중심으로 분석하였다. 이 책은 엘러스가 쓴 글,

---

43) 카르네프 외 4인 지음, A.이르게바예브·김정화 옮김, 2003, 『러시아 장교 조선 여행기 내가 본 조선,조선인』, 가야넷.
44) 김혜경, 이희천 엮음, 2019, 『애니 엘러스』, 홍성사.

편지, 일기 등의 자료를 가지고 김혜경, 이희천이 엮은 책이다. 앨러스는 조선에 온 첫 여의료인이며 선교사로서 명성황후의 주치의로 활동하였다. 이 책을 통하여 앨러스가 쓴 자료만 참고하여 그녀가 조선에서 의사 겸 선교사로서의 활동을 분석하고 그녀의 파레시아를 살펴보고자 하였다.

둘째, 릴리어스 호튼의 투어와 '선교'에서는 『언더우드 부인의 조선견문록』[45]를 중심으로 분석하였다. 이 책은 릴리어스 호튼 자신이 15년 동안 조선에서 생활하면서 개인적으로 관찰한 사건들을 적어 놓은 책이다. 그녀는 1888년에 조선에 와서 1889년에 호레이스 그랜트 언더우드와 결혼을 하였다. 그래서 이 책에서는 두 사람의 관한 이야기도 실려 있다. 따라서 두 사람의 공동에 관한 이야기는 언더우드 부부로 표현하여 릴리어스 호튼의 행적과 구분 지었다. 따라서 릴리어스 호튼은 애니 엘러스와 비슷한 조선에서의 행보를 걷고 있었지만 그녀만의 파레시아를 분석하고자 하였다.

셋째, 분쉬의 투어와 '생존로'에서는『고종의 독일인 의사 분쉬』[46]를 중심으로 분석하였다. 분쉬는 1901년에 서울에 와서 4년 남짓 고종의 시의(侍醫)로 일하면서 민간인들을 위해서도 의료봉사한 독일인 의사였다. 그는 한국에서 생활하면서 보고 느낀 당시의 정치상, 사회상을 부모님과 뒤에 함께 가정을 이룬 여인 마리 숄에게 보낸 편지에 차근차근 담아놓았다. 이 글들을 분쉬의 딸인 게르트루트 클라우센-분쉬가 모아서 정리하여 『동아시아의 의사』(1976)라는 제목으로 독일에서 출판되었

---

45) 릴리어스 호튼 언더우드 지음, 김철 옮김, 2008, 『언더우드 부인의 조선견문록』, 이숲.
46) 리하르트 분쉬 지음, 김동대 옮김, 1999, 『고종의 독일인 의사 분쉬』, 학고재.

다. 이 책이 번역되어 출간된 것이다. 따라서 분쉬의 편지, 일기, 글 등을 통해 조선의 생활에서 그가 생각하고 느끼고 추구한 파레시아는 무엇인지 분석하고 하였다.

# Ⅱ. 서양 관료의 조선투어와 '이권'

# 1. 묄렌도르프의 투어, '또 다른 길로'

## 1) 불안에서 벗어나기, 동양으로

### (1) 연보

<그림-1> 묄렌도르프(양복)
출처: 묄렌도르프夫婦.『묄렌도르프문서』, 평민사, 1987, 33쪽.

파울 게오르그 묄렌도르프(Paul Georg von Möllendorff 1847.2.17.~ 1901.4.20. 한식 이름 穆麟德: 이하 묄렌도르프)는 베를린 북쪽에 자리한 소도시 우커마르크(Uckermark)의 체데닉(Zedenik)에서 1847년 2월 17일에 태어났다. 그의 부친인 게오르그 하인리히 폰 묄렌도르프(Georg Heinrich von Möllendorff)[47]는 프로시아[48] 경제자문위원이었다. 후에 그의 부친은 괴를리츠(Görlitz)로 옮겨갔는데, 그곳에서 묄렌도르프는 그의 동생 오

[47]1811년 9월 26일에 태어나서서 1861년 9월 23일에 돌아가심.
[48] '프로이센'의 라틴어 이름.

토(Otto Franz von Möllendorff)와 함께 중고등학교(Gimnasium)를 다니며 히브리어와 동양어에 관심을 보였다. 고등학교 졸업 시험에 합격한 후 1865년 봄, 그는 할레 아데 에스(Halle. a.d.S) 대학49)에 입학하여 법학과 언어학 그리고 동양학을 공부하였다.

대학을 마친 뒤 그의 나이 22세에 1869년 10월에 상하이에 소재하는 중국 해관에 취직하여 첫 근무를 하게 되었고, 그다음에 한커우(漢口), 그리고 주장(九江) 등의 중국해관에서 5년간 근무하였다. 1873년 그의 동생인 오토가 독일외무성의 통역관으로 취직하자 자신도 독일의 외무성에 근무해 볼까 하는 생각을 한 적이 있었다. 그래서 그는 1874년 5월 이후 북경주재독일영사관의 통역관으로 근무하였다.50)

그는 1877년 처음으로 유럽여행길에 올랐으며, 그때 루르지역51) 베르덴(Werden) 출신의 목사의 딸 로잘리 홀트하우슨(Rosalie Holthausen)과 결혼하였다. 그는 독일 공직에 만족할 수 없어서 결국 중국 공직으로 되돌아 갔다.52) 묄렌도르프는 부인과 함께 중국에 돌아와서 1879년 이후 톈진(天津) 영사관의 부영사로 임명되었다. 하지만 1881년 다시 상하

---

49) 독일의 할레에 있는 대학. 1694년에 창립하여 1817년에 비텐베르크 대학과 병합하였으며, 학문·사상의 자유를 대학의 본질로 삼아 유럽의 근대적 대학이 되었다.
50) Rosalie von Möllendorff, 1930, 『P.G. von Möllendorff-ein Lebensbild』, Leipzig, 23쪽.
   발터 라이훠(Walter Leifer), 1983, 「과도기의 학자이며 정치가였던 묄렌도르프」, 『묄렌도르프』, 정민사, 41쪽.
51) 지금의 Essen 근교이다. 에센은독일 노르트라인베스트팔렌의 핵심 도시로, 약 58만여 명의 인구가 거주하는 독일 내 10번째로 큰 도시이다. 루르 공업지대의 경제력을 책임지는 도시로써, 원래는피츠버그처럼 탄광과 제철소가 즐비한 전형적인 공업도시였으나, 지금은 그런 흔적들을 전혀 찾아볼수 없다.
52) Rosalie von Möllendorff, 1930, 앞의 논문, 31~36쪽.
   발터 라이훠(Walter Leifer), 1983, 「과도기의 학자이며 정치가였던 묄렌도르프」, 『묄렌도르프』, 정민사, 41~42쪽.

이 영사관의 하위직으로 좌천당하게 되자 독
일 외무부를 떠나기로 하고 중국 아문(衙門)
에 자리를 구하였다. 1882년 7월 그는 상하이
영사관을 떠나 톈진으로 갔고, 마침 그 곳에
서 이홍장(李鴻章)을 알게 되었다. 당시 직예
성(直隸省, 하북성)의 총독이었던 이홍장은
조선과 관련된 업무도 담당하고 있었다.
1882년 11월 30일, 톈진주재 독일 영사는 외
무성에 보고문 제67호로 다음과 같은 전문을
보냈다.

<그림-2> 묄렌도르프(한복)
출처: 묄렌도르프夫婦. 『묄렌도
르프문서』, 평민사, 1987, 79쪽.

중국 정부는 곧 조선 왕의 공문으로 근무하게 될 주재관을 조선에 파견할 계획
이다. 그런데 도태(道台) 마건충(馬建忠)의 형 마건상(馬建常; 총독의 비서)이 이 직
을 맡게 될 가능성이 보인다. 또한 전에 천주교 신부였고 얼마 전까지 고오베 주재
중국 영사도 물망에 올라 있다.53)

위의 전문으로 살펴보면 독일 영사에서는 묄렌도르프를 조선에 파견
할 생각이 없었음을 알 수 있다. 하지만, 중국 황제 통역관으로 근무하던
묄렌도르프가 파견되었다. 그럼 어떻게 묄렌도르프가 조선으로 올 수
있었을까? 당시 조미조약에 이어 조영, 조독 조약이 조인된 직후 조선이
해관 업무 등 개화 이후의 여러 새로운 업무에 대한 조언자를 구하는 상
황이 되자 이홍장은 묄렌도르프를 이 자리의 적임자라고 추천하였다.
묄렌도르프는 이홍장의 추천으로 그의 인정을 받아 조선 국왕의 고문으

___

53) 발터 라이휘(Walter Leifer), 1983, 앞의 논문, 42쪽.

로 천거되어 조선으로 오게 되었다. 그는 최소한의 고정수입은 물론, 근무 중 사망하게 되면 그의 부인에게는 응분의 보상까지 약속되어 있었다.[54]

그럼 왜 이렇게 이홍장은 묄렌도르프를 인정하면서 조선에 보내게 되었을까? 이홍장은 관세업무에 경험이 있고 자신의 개인 비서 격으로 있는 독일인, 법조인이며 중국학에 밝은 묄렌도르프를 추천하였다.

> 1883년 5월 조선 재무부와 정부협의회의 동의를 얻고, 또한 당분간은 조선의 재무를 위해 올바른 일이라고 확신한 나는 묄렌도르프를 재무행정의 책임자로 추천했으니 그는 다시 서울에 가게 될 것이다. 그는 이 나라 방방곡곡을 방문했고, 언어와 국민을 잘 이해하며 특히 재무에 관해서는 각별한 능력이 있으니 이 직책에는 적임자로 생각된다. 고로 나는 모든 면에서 좋은 성과가 있으리라 희망되며 조선 왕조의 재정상황이 곧 안정되리라는 것을 확신한다. 묄렌도르프는 나를 위해서 왕실의 '낯선 고문'으로 근무할 것이며, 이를 통해 각하의 모든 불합리한 처사들은 저지될 것이다.[55]

『이홍장 총독의 회상록』을 번역한 하겐(Hagen) 백작은 묄렌도르프가 이홍장의 개인 업무를 도와주면서 신임을 얻었던 것으로 보았다. 이홍장은 그의 기록에서 묄렌도르프의 업무지식과 성실성에 감탄했으며 그에게 개인적인 일뿐만 아니라, 사무 및 정치업무도 열람시켰다. 이렇게 이홍장은 그를 무척이나 신뢰하면서 자신을 위해 일을 해 줄 것으로 생각하였다. 이홍장은 그를 이용하여 고종의 모든 불합리한 처사들을 저지할 목적으로 그를 조선에 파견한 것이다.

드디어 묄렌도르프는 고종의 측근 실세인 조영하(趙寧夏)의 안내를 받

---

54) 발터 라이훠(Walter Leifer), 1983, 앞의 논문, 42쪽.
55) Hagen 번역, 1915, 『이홍장 총독의 회상록』, 베를린, 213쪽. 발터 라이훠(Walter Leifer), 1983, 「과도기의 학자이며 정치가였던 묄렌도르프」, 『묄렌도르프』, 정민사, 32쪽.

으며 1882년 12월 9일에 제물포에 도착하여 1882년 12월 26일 아침에 조영하의 안내에 따라 고종을 알현하였다. 고종은 당일 조하영을 통리아문(統理衙門)56)의 판리((辦理)로, 그리고 묄렌도르프를 통리아문의 참의(參議)에 임명하였다. 조정의 고관들은 그를 목인덕(穆麟德)으로 불렀다.

그는 1883년 1월 12일 통리아문이 통리교섭통상사무아문(統理交涉通商事務衙門)으로 명칭이 바뀌면서 참판(參判)에 임명되어 외교업무를 보았다. 또한 1883년 4월에는 해관 총세무사(總稅務司)에 임명되면서 해관 업무도 총괄하게 되었고, 1884년 3월 14일에는 새로운 화폐주조를 위해 설치된 전환국(典圜局)의 총판(總辦)으로 임명되었다.57) 그리고 1884년 내각이 확장되었을 때 단기간의 근무를 위한 임명장이 수여되었는데 갑신정변 전에는 의정부참판(1884.4~6.13)로 약 2개월, 갑신정변 후에는 병조참판( 1884.12.15.~1885.2.6.)으로 2개월간 재직하였다.

그리고 묄렌도르프는 조미수호통상조약 체결에도 일조를 하였다. 1883년 4월 조선주재 미국 초대공사 푸트(Lucius H. Foote)가 입국하였다. 그는 1882년 봄에 조선과 미국 간에 체결되었던 조미수호통상협정의 비준(批准)58)을 받기 위해서였다. 여기서 묄렌도르프는 혼자서 조약문을 번역을 하면서 비준을 도와서 1883년 5월 19일 자로 비준서를 교환하였다. 또한 1883년 7월 25일 조선과 일본 사이에 체결된 조일통상

---

56) 통리아문은 1882년 11월 17일에 외교 통상 전문가인 묄렌도르프가 고빙된 것을 계기로 외교 통상 사무를 전담하기 위해 설치된 중앙 관청이다. 창설 당시 조영하가 관리, 김홍집이 협판, 묄렌도르프가 참의 등에 각각 임명되었다. 1882년 12월 4일에 통리아문은 담당 직무와 기능을 선명하게 표명한 통리교섭통상사무아문(統理交涉通商事務衙門)으로 명칭이 바뀌었다.

57) 전홍찬, 한성무, 2020, 앞의 논문, 214~215쪽.

58) 조약을 헌법상의 조약체결권자(국가원수 또는 내각)가 최종적으로 확인하고 동의하는 절차이다.

장정을 체결하는데 도움을 주었다. 이 조약에서는 통상규약의 세율을 협정하는데 여기서 묄렌도르프는 일본 사람들을 설득시켜 그러한 협약을 체결하도록 하는 것이 그의 임무였다.

묄렌도르프는 외무협판에 재직 중이었던 1885년 12월 5일 청국에서 그를 데려가기 위해 군함을 보냈다. 그는 제물포에서 조선인들의 전송을 받으면서 조선을 떠났다. 이홍장에 의해 소환된 것이었다. 소환된 후 민영익과 계속 연락을 주고받으면서 조선으로 돌아오려고 노력하였지만, 끝내 조선으로 돌아오지 못하고 1901년[59] 4월 20일 닝보(寧波)에서 위경련으로 쓰러졌다. 당시 나이 54세였다.

### (2) 동양의 관심

그럼, 묄렌도르프는 왜 동양에 관심을 가지고 아시아로 건너오게 되었을까? 첫 번째는 묄렌도르프의 친구인 폰 게르스도르프(von Gersdorff)[60]의 권유가 가장 큰 이유였다. 묄렌도르프는 20세인 1867년부터 1868년까지 86보병 연대에서 군 복무를 하고 학업을 마친 후, 그는 북독일의 연방청 영사직에 지원하였다. 아직 그의 임용에 합격하기 전에, 묄렌도르프 집안의 절친한 친구이자 당시 인사 담당자였던 폰 게르스도르프가 편지를 보내 그를 베를린으로 불렀는데 거기서 그는 중국으로 가도록 요청을 받았다. 당시 중국에는 하트 경(卿)이 있었는데 그가 해

---

59) 묄렌도로프의 사망연도에 대해서 기존연구 송지연, 1995, 「1880년대 외국인고문관 묄렌도르프 (P.G.Mo¨llendorff)에 대한 일고찰 : 그의 이권외교활동을 중심으로」, 『研究論叢』28, 이화여자대학교대학원, 214쪽에서는 1910년으로 표기하고 있으나, 1901년으로 봐야 무방할 것이다. 1901년 4월 26일 자 Ostasiatischen Lloyd씨의 묄렌도르프의 추도문이 있기 때문이다.
60) 1870년 프랑스와의 전쟁에서 사망.

관직을 맡아 줄 독일인이 필요하다고 요청을 한 것이었다.

폰 게르스도르프나 루돌프 폰 델브뤼크(Dellbrück)[61] 각하까지도 그에게 그 유리한 제의를 받아들이도록 설득하였다. 묄렌도르프는 그것이 자기 본래의 인생 계획을 벗어나는 것이었기 때문에 그 일을 전혀 하고 싶지 않았으나 결국 그는 그 일을 받아들이기로 결심하였다. 묄렌도르프는 아버지가 그의 나이 14살 때 돌아가셨기 때문에 어머니와의 이별이 그에게는 고통으로 느껴졌다. 그러나 그는 곧 어머니를 부양할 수 있을 것이라는 희망에 보수가 좋은 일자리를 받아들였다. 게다가 5년 후에는 영사관 근무로 옮겨갈 전망도 있었기 때문이다.[62]

두 번째 이유는 할렌 대학에서의 법학과 언어 그리고 동양학을 공부하면서 동양에 관심을 갖게 되었다. 주한독일대사관 문정관인 발터 라이휘(Walter Leifer)는 "묄렌도르프는 유물론과 국가 이기주의에 반대되는 학설들을 당초(當初)에는 독일에서 일찍이 현대화한 괴팅겐 대학과 할레 대학에서 경건주의적 사변으로 잘 습득하고 나서 동아시아로 왔던 사람이다."[63]라고 하였다. 묄렌도르프는 할레 대학의 아우구스트 F. 포트(August F. Pott)[64]교수의 수제자들 가운데 한 명이었다. 그는 토요일

---

61) 프로이센의 정치가이다. 상무부(商務部)에서 일하면서 관세동맹의 강화·확대에 힘썼고 자유무역정책을 추진하였다. 1867년 북독일연방의 관방장관(官房長官)이다. 1868년 프로이센의 무임소장관이 되어 1870년 독일 통일의 최종단계에서 남독일 여러 나라를 제국(帝國)에 참가시키기 위한 교섭에 성공하였으며, 1871년 제국 총리실 관방장관이 되어 행정제도 확립에 진력하였다. 그러나 1876년 비스마르크의 정책에 반대하여 사임하고, 그 후에도 제국의회에서 비스마르크의 보호무역정책에 계속반대하였다.

62) 로잘리 폰 묄렌도르프, 1987, 「남편에 대한 추억」, 『묄렌도르프 문서』, 평민사,12쪽.

63) 발터 라이휘(Walter Leifer), 1983, 앞의 논문, 26쪽.

64) 포트(August Friedrich Pott: 1802～1887) ; 독일의 철학자로서 Halle 대학의 교수였다.(1883). 저서로서는 *Entymologische Forschungen*(1833-36)과 *Die Zigeuner in Europa*

오후가 되면 정기적으로 유명한 신학자 프리드리히 A. 톨룩(Friedrich A. Tholuck : 1799~1877)의 집에서 히브리어를 공부하면서 시간을 보내곤 하였다. 그는 신학을 공부하면서 경건주의의 역사적 진보에 대한 신뢰, 경험의 존중, 교육의 중시, 자유로운 개인의 강조 등을 배웠다. 이 경건주의는 시대정신과 결합하고, 칸트에서 볼 수 있듯이 계몽주의에 대한 교량적 역할을 하였다. 따라서 묄렌도르프는 기독교적인 관점에서 동양의 신비로운 것에 관심이 생겼다.

세 번째 이유는, 묄렌도르프가 살았던 시대의 독일은 아직 독일로 통일이 되지 않은 프로이센의 시대로 혼란과 불안의 시대였다는 것이다. 30년 전쟁이 끝난 1648년 이후 독일은 크고 작은 30여 개의 나라로 분열하여 혼란스러운 시대였다. 1862년 비스마르크(Bismarck)가 프로이센 수상으로 취임하여 오스트리아를 제외한 프로이센 중심의 통일(소독일주의)을 주창하면서 1866년 6월 오스트리아와 전쟁이 시작되었다. 이러한 혼란하고 불안한 시대에 살고 있었던 사람이 바로 묄렌도르프였다. 묄렌도르프는 이 불안한 독일에서 벗어나고 싶었던 마음에 동양에 관심을 가지고 중국으로 갈 결심을 한 것이 아닌가 추측해 볼 수 있다.

### (3) 동양으로

묄렌도르프는 그의 나이 22세 때인 1869년 8월 19일에 그는 여행 경비로 200파운드(£)의 선금과 함께 임명장을 받았다. 그리고 어머니와 형제들과 헤어져 9월 1일 괴를리츠를 출발하여 머나먼 낯선 세계인 동양으로 건너왔다.

---

*und Asian*(1844-45)가 있음.

### ① 괴를리츠에서 트리에스트로

몰렌도르프는 '비록 사랑하는 사람들과의 이별의 고통이 마음 가득했지만, 나는 큰 기대를 품고'[65]에서 보듯이 동양으로 오는 것에 대한 기대감을 나타내고 있었다. 그는 먼저 중국의 상하이로 부임하는 데 필요한 서류들과 여행 경비를 수령하기 위해서 9월 1일 괴를리츠(Görlitz)에서 베를린으로 갔다. 몰렌도르프는 베를린에서 할레(Halle)를 거쳐 드레스렌(Dresden)으로 향하는 길을 택했

&lt;그림-3&gt; 몰렌도르프의 동양으로 오는 과정
괴를리츠(Görlitz)→베를린→할레(Halle)→드레스렌(Dresden)→프라하(Prag)→브륀(Brünn)→빈(Wien)→ 트리에스트(Triest)
출처: 몰렌도르프夫婦. 1987, 『몰렌도르프문서』, 평민사참조.

다. 프라하(Prag), 브륀(Brünn) 그리고 오스트리아 빈(Wien)에서 여러 가지로 통관의 고역을 치르고 트리에스트(Triest)에서 비로소 처음으로 바다를 보게 되었을 때 '나는 행복감을 느꼈다'[66]고 하였다. 괴를리츠에서 트리에스트로 올 때까지는 기차로 이동하였기 때문에 드넓게 펼쳐진 바다를 보는 순간 행복감을 느꼈던 것이다.

그가 트리에스트에서 묵었던 호텔 로캉드 그랑드(Locande Grande)에서도 항구의 멋진 모습이 한눈에 보이는 방에서 쉬었다. 그는 이집트로 가기 위해서 프랑스인인 터키 총영사에게 입국 사증(査證) 발급을 부탁하였다. 짐을 배에 실은 다음, 처음으로 큰 배를 타게 되었다.

---

65) 몰렌도르프夫婦, 1987, 앞의 책, 13쪽.
66) 몰렌도르프夫婦. 1987, 앞의 책, 13쪽.

## ② 트리에스트에서 알렉산드리아로

<그림-4> 묄렌도르프의 동양으로 오는 과정
트리에스트(Triest)→코르푸(Korfu)→알렉산드리아 항구(이집트)
출처: 묄렌도르프夫婦. 1987, 『묄렌도르프문서』, 평민사 참조

오스트리아의 로이드 선박회사(Lloyddampfer) 기선인 주피터호(Jupiter)는 빠른 범선(帆船)으로 이름이 나 있었으며 배의 폭보다는 길이가 훨씬 더 길게 건조(建造)되어 있었다. 모든 짐을 배에 싣고 난 후 밤 12시에 배는 항구를 떠났다. 그는 '트리에스트의 마지막 불빛이 사라져 가는 것을 보았을 때, 나는 자신이 세계 속으로 그 첫걸음을 내디뎠다는 것을 알았다.'[67)]에서 보듯이 그는 트리에스트에서 유럽의 마지막 불빛을 뒤로 하고 세계 속으로 더욱더 구체적으로는 동양을 향해 첫발을 내디딘 것이다.

다음 날 오후가 되어서야 비로소 달마티아(Dalmatien)의 해안을 보았다. 그리고 월요일 밤, 코르푸(Korfu)에 상륙하였다. 묄렌도르프는 트리에스트에서도 더위를 느꼈지만, 남쪽으로 내려갈수록 더위는 상당히 심해짐을 느꼈다. 묄렌도르프는 배 안에서 승객들과 나폴레옹 게임을 하면서 지루함을 잊었고, 밤이 되면 이탈리아 선원의 노래를 들었다. 주피터호는 이타카(Ithaka)와 카파토니아(Kaphatonia) 사이를 항해했는데,

---

67) 묄렌도르프夫婦. 1987, 앞의 책, 14쪽.

그 해협은 아주 좁아서 양쪽 섬에 있는 집이며 나무들을 알아볼 정도였으며, 두세 개의 이타카 풍차까지도 알아볼 수가 있었다. 묄렌도르프는 이타카(Ithaka)를 보면서「오디세이」[68]를 회상하였다.

주피터호는 크레타(Kreta)를 통과한 후 더 이상 어떤 육지도 보지 못하고 순조롭게 항해한 후 9월 17일 금요일 새벽 5시에 아프리카 대륙 북동부에 위치한 이집트의 알렉산드리아 항구로 들어왔다. 묄렌도르프는 알렉산드리아에서 이틀간 머물면서 '마침내 나는 연구 시절 동안 항상 머릿속에만 있었던 찬란한 동방(東方)에 오게 된 것이었다. 이곳으로 여행하는 것은 나의 크나큰 소망이었다.'[69]라고 하면서 동아시아로 향하는 기쁨을 나타내었다. 묄렌도르프는 다음날 아침 해수욕을 하고 나서 말을 타고 돌아다니면서 나일강을 구경하였다.

### ③ 수에즈에서 상하이로

묄렌도르프는 나일강을 구경한 그날 저녁 7시에 출발하여 다음 날 오전 6시 수에즈에 도착하였다. 그는 수에즈에서 싱가포르(Singapore)까지 80파운드(약 550달러)를 주고 승선표를 샀다. 그리고 5마일이나 떨어져 있는 항구로 가기 위해 작은 배를 하나 세냈다. 작은 배에서 500마력의 엔진을 가진 큰 기선 수트라호(Surat)로 옮겨 탄 후, 9월 19일 일요일 12시에 수에즈를 떠나 홍해를 항해하였다.

홍해를 따라 남쪽으로 내려올수록 더위는 점점 심해졌다. 갑판 전체

---

68) 오디세이는 호메로스가 기원전 8세기 무렵에 지은 고대 그리스의 장편 서사시이다. 트로이 원정에 성공한 영웅 오디세우스가 겪은 표류담과 이타카(Ithaca) 섬에 돌아오기까지 10여 년 동안 정절을 지킨 아내 페넬로페와의 재회담과 아내에게 구혼한 자들에 대한 복수담으로 이루어져 있다.

69) 묄렌도르프夫婦. 1987, 앞의 책, 15쪽.

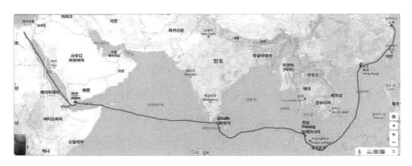

<그림-5> 묄렌도르프의 동양으로 오는 과정
수에즈항→아든(Aden)→갈(Galle)→피낭(Penang)→싱가포르(Singapore)→홍콩→상하이
출처: 묄렌도르프夫婦. 1987, 『묄렌도르프문서』, 평민사 참조.

에 이중 아마포로 만든 두꺼운 천막이 쳐져 있었다. 계속되는 더위 아래서 꽤 빨리 달려 5일 만인 9월 24일 금요일에 아든에 도착하였다. '내가 가족을 떠난 지 벌써 4주가 되어 오는구나. 그 후로 너무 많은 것을 보았고 배웠기 때문인지 내게는 이 한 달이 더욱 길게만 느껴진다. 향수가 때때로 그 즐거움을 방해하긴 하지만, 여행한다는 것은 즐거운 일이다. 나는 종종 가족들이 나와 함께 여기 이 배를 타고 있다면, 그리고 그 멋진 저녁을 함께 즐길 수 있다면 얼마나 좋을까 하고 생각하곤 했다. 다행스럽게도 나는 늘 아주 건강했으며, 한 번도 배 멀미로 고생한 적은 없었다.'[70]라고 하면서 여행의 즐거움을 이야기하고 있었다. 중간중간 향수를 느끼거나 가족들에 대한 그리움을 가지기도 하지만 건강한 모습으로 여행을 아주 즐기는 모습을 볼 수 있었다.

묄렌도르프를 실은 기선은 아든에서 배에 필요한 만큼의 석탄을 적재한 후 금요일 오후 항해를 계속하였다. 더위는 점점 더 심해져 결국 그의 몸에 작은 발진이 생겨 끊임없이 가려움을 느꼈는데, '그때부터 매일같

---

70) 묄렌도르프夫婦. 1987, 앞의 책, 21쪽.

이 하는 목욕이야말로 가장 큰 은총이었다.'71)하는 것으로 보아 그의 가려움을 목욕으로 해결하고 있음을 알 수 있었다. '10월 1일에는 금요일 비가 왔는데, 그날 저녁 런던에 있는 고아원을 위한 작은 음악회가 개최되었고, 나는 이때 독일 노래를 한 곡 불러야 했었다.'72)라고 하면서 선상에서 자선음악회가 개최되고 묄렌도르프는 독일 노래를 부르면 선상의 생활을 즐기고 있었다. 월요일부터 신선한 바람을 불어 그다음 주인 10월 4일 월요일에 스리랑카 갈(Galle)에 도착하였다.

묄렌도르프는 육지에서 커다란 동양식 호텔에 묵게 되었는데, 그것은 아주 안락하게 꾸며 놓은 영국 호텔이었다. 갈은 '주민은 부분적으로는 네덜란드인으로 구성되어 있었다. 지금은 영국의 섬이지만 예전엔 그들의 소유였다.'73)라고 하면서 스리랑카가 영국의 식민지였음을 말해 주었다. 그는 하룻밤을 지낸 후, 5일 화요일 바다로 나갔다. 갈 항구는 매우 넓었다. 그리고 세계의 큰 교통의 중요지 가운데 하나였던 갈은 경탄할 만하였다.

이렇게 갈에서 하루 정도 머물고 다시 10월 5일 12시에 배가 출발하였다. 그가 탄 배 잘제테호(Salsette)는 작았으나 승객이 모두 21명밖에 안 되었기 때문에 모두 각자 객실을 하나씩 차지할 수 있었다. 항해 도중 파도가 꽤 높아서 종종 배 위로 파도가 넘쳐 들어오곤 하였다. 9일 토요일 저녁 니코바라 섬(Insel Nickobara)이 보였다. 배와 선원들은 이 항로가 처음인데다가 날씨까지 좋지 않아 방향을 돌려 다시 갈로 되돌아가려고 했지만, 다시 순풍을 받아 월요일 밤에는 이미 말라카(Malakka)와

---

71) 묄렌도르프夫婦. 1987, 앞의 책, 22쪽.
72) 묄렌도르프夫婦. 1987, 앞의 책, 22쪽.
73) 묄렌도르프夫婦. 1987, 앞의 책, 22~23쪽.

피낭 섬(Insel Penang) 해안의 불빛을 볼 수 있었다.

그리고 12일 화요일 새벽에 피낭에 입항하였다. 묄렌도르프는 새벽 5시에 갑판에 나왔다. '곧 가벼운 산들바람이 불어와 안개가 걷히자 장려(壯麗)한 작은 섬이 매력적이고도 아름답게 우리 앞에 놓여 있었다. 그것은 낙원(樂園)과 같은 광경이었다. 앞에는 깨끗한 도시가 있는 평탄한 해안, 주변에는 싱싱하게 우거진 푸른 숲, 그 뒤로는 한 폭의 그림에서 보듯 거무스름한 산맥들이 배경을 이루고 있다. 나는 지금껏 이런 풍경은 한 번도 본 적이 없었다.'74)라고 하면서 피낭의 아름다운 풍경을 이야기 하였다. 또한 묄렌도르프는 '나는 결코 이 섬을 잊지 못하리라'75)라고 하면서 피낭의 자연경관의 아름다움에 매료되었음을 알 수 있었다. 그리고 '이 도시는 영국의 점령지로서 많은 교역이 이루어지고 있다.'76)라고 하면서 말레이시아가 영국의 식민지임을 피력하고 있었다.

피낭까지는 내내 동쪽으로 항해를 해 왔는데 이제 항로를 바꿔, 남쪽으로 방향을 잡아 폭풍 때문에 악명이 높은 말라카(Malakka) 해협에 들어섰다. 그러나 순항이 되어서, 10월 14일 목요일 온통 삼림이 총총히 우거진 수많은 작은 섬들 사이를 지나 15일 아침 싱가포르 항외정박소(港外碇泊所)에 닻을 내렸다. 그곳은 여행에서 최남단 지점이었다. 그리고 여기서 처음으로 중국 간판을 보았는데, 그것은 중국인들이 위에서 아래로 읽기 때문에 문 옆에 세로로 걸려 있었는데, '나로서는 지금까지도 해석할 수 없는 상형 문자로 뒤덮여 있었다.'77)라고 하면서 싱가포르의 언어를 이해할 수 없었음을 알 수 있었다. 다음날 10월 16일 토요일

---

74) 묄렌도르프夫婦. 1987, 앞의 책, 24~25쪽.
75) 묄렌도르프夫婦. 1987, 앞의 책, 25쪽.
76) 묄렌도르프夫婦. 1987, 앞의 책, 25쪽.
77) 묄렌도르프夫婦. 1987, 앞의 책, 26쪽.

아침에 그는 오직 영국인들만 타고 있는 배에 올랐다.

이제 묄렌도르프가 탄 배는 동북 방향으로 홍콩을 향하였다. 오랫동안 작은 섬들 사이를 지나게 되었는데, 이따금 해적질하는 그 섬들의 어선들을 볼 수가 있었다. 21일 아침, 묄렌도르프는 홍콩의 산봉우리를 보았다. 홍콩 항구 내에서 수차례에 걸쳐 구불구불 돌아 들어간 후 12시에 배가 닿았다. 커다란 항구에는 각종 크기의 배들이 가득 차 있었다. 주위에는 영국 군함들도 정박해 있었다. 홍콩은 당시 영국령이었기 때문에 영국인들인 이 도시를 빅토리아 도시(Victoria City)라고 불렀다. 그리고 빅토리아 봉우리의 꼭대기에는 총독 관저가 자리 잡고 있었다. 홍콩은 1841년부터 1997년까지 영국의 식민지였다.

묄렌도르프는 22일 12시에 기선 오타와(Ottawa)호에 승선하였다. 이 기선은 겨우 200마력에 불과했지만, 11명의 승객들을 태우기에는 충분할 만큼 큰 것이었다. 다시 묄렌도르프는 영국인들 틈에 있는 유일한 독일인이 되었다. 기선은 북쪽으로 항해하였다. 바다는 거칠어지고 선실 창문이 닫혀 있었다. 추위가 심하게 몰려왔다. 오타와호는 황포강(黃浦江)을 거슬러 운행하였다. 이 강은 밀물과 썰물의 차가 수마일에 달하였다. 그러므로 조수에 따라서 선박의 입항이 조정되었다. 묄렌도르프가 탄 오타와호가 도착했을 때에는 썰물 때에 있었으므로 기다려야만 했다. 하지만 곧 작은 우편선 한 척이 예인(曳引)해 주었다. 우편선을 따라 여러 차례 구불구불 돌아 2시간 후인 1869년 10월 27일 상하이에 도착하였다. 그가 동양으로 오는 항해 과정에서 영국의 식민지 국가들인 스리랑카의 갈, 말레이시아의 피낭, 싱가포르, 홍콩을 경유해 옴을 알 수 있었다.

## 2) 안으로 굽는 팔

### (1) 월미도 시찰, 여기서 독일과 무역하면 좋겠다

묄렌도르프는 1882년 12월 4일 9시에 톈진(天津)을 떠나 8일 아침 조선에 도착하였다. 그는 9일 조영하(趙寧夏)와 월미도를 시찰하였는데, '그 섬을 둘러보면서 무역지로 택하기에 적당할 것 같아서 고려해 두었다'[78]고 기록하였다. 묄렌도르프는 조선에 오기 전부터 '조선 군대를 재조직하기 위하여 독일에서 하사관을 초빙하겠으며, 도로와 다리를 건설하고 임업, 낙농업을 장려하고, 조선 사람 옷과 머리 모양을 바꾸도록 권장하는 등 조선을 자주적인 국가로 만들겠다'는 생각을 청나라 주재 독일 외교관에게 전달하기도 하였다. 이러한 묄렌도르프의 의견을 독일 외교관 펠크람(Pellcram)이 비스마르크 총리에게 보고한 일도 있었다.[79] 그리고 묄렌도르프는 독일과 조선 간 무역 확대를 권하는 내용을 담은 서한을 공식문서로 비스마르크에게 직접 보내기도 하였다.[80] 이러한 노력이 결실을 이루어 독일계 상사(商社) 세창양행(Edward Meyer & Co)이 1884년 조선에 진출하였다. 세창양행은 조선에서 다양한 근대화 사업을 펼쳤다.

---

78) 묄렌도르프夫婦. 1987, 앞의 책, 51쪽.

79) 독일 총리 비스마르크에게 1882년 11월 30일 보낸 서신에서 독일 외교관 펠크람 (Pellcram)이 묄렌도르프가 조선 관리로 부임하기 전 가졌던 생각을 비스마르크 총리에게 보고하였다. 묄렌도르프의 이러한 계획을 청나라 주재 독일 외교관들은 "지나치게 모험적이어서 처음부터 어려움이 있을 것"으로 전망하기도 했다.
Pellcram, 1882,「Seiner Durchlaucht dem Fürsten von Bismarck」, Nov 30; 김우현, 1983,「.G. von Möllendorff의 조선중립화 구상」,『평화연구』제8집, 경북대학교 평화문제연구소, 61~63쪽;전홍찬·한성무, 2020, 앞의 논문, 225쪽.

80) 정상수, 2012,「막스 폰 브란트와 독일의 한국 정책」,『독일연구』제23호, 한국독일 사학회, 11쪽; 전홍찬·한성무, 2020, 앞의 논문, 225쪽.

세창양행은 조선 조정으로부터 전환국 설립에 필요한 기기 공급과 운송에 관한 독점적 권한을 받았고 전환국 물품 구매 또한 독점권을 부여받았다. 이는 당시 전환국 총판으로 재직하였던 묄렌도르프가 주선했기 때문에 가능하였다. 이 외에도 선박 운송, 기술자 초빙, 광산 개발, 무역 등 근대화 전반에 걸친 사업을 세창양행이 중개하였다. 이어서 세창양행은 1884년 독일인 메르텐스(A. Maertens)를 고용하여 인천과 부평 일대에서 뽕나무를 재배하는 등 농업 분야에 직접 사업을 진행하였다.

그리고 유리, 성냥, 도자기 등 전통 수공업을 근대화시킬 수 있다고 보아 독일계 미국인 로젠바움(J. Rosenbaum)을 초빙하여 맡기기도 했다. 이외에도 묄렌도르프는 근대화 사업을 추진하는 과정에서 각종 이권과 혜택을 독일에 부여하기 위해 노력하였다.[81] 이렇게 묄렌도르프는 월미도를 둘러보면서 무역항을 구상하였고, 그 구상대로 조선과 독일간의 무역을 확대시키기 위해 세창양행을 조선에 진출시켰던 것이다.

### (2) 전환국에 독일 기술진을 부르자

전환국은 1883년에 설립되어 1904년에 폐지된 조폐 기관이다. 관영의 주전소로서 전환국을 설립한 최초의 목적은 당오전(當五錢)을 대량으로 주조하여 보급하기 위함이었다. 1883년 7월 전환국 설립 당시 조직 구성은 관리사무(管理事務), 총판(總辦), 방판(幇辦), 위원(委員), 사사(司事)의 순으로 되어 있었다. 관리사무로는 민태호, 총판은 이중칠, 방판은 안정옥, 권용철, 위원은 이응준, 이병훈, 송헌빈, 윤명선, 사사는 김두환, 신태긍, 유정수, 정항조로 구성되었다.

---

81) 전흥찬·한성무, 2020, 앞의 논문, 225쪽.

전환국이 설립되기 전에 1883년 4월 민영익과 민영목이 묄렌도르프와 서로 뜻이 맞아서, 당오전과 당십전을 주조하자는 주장을 펼친 적이 있었다.[82] 얼마 뒤 민영익은 학식이 뛰어난 묄렌도르프에게 화폐에 관한 일을 자문토록 고종에게 아뢰었다. 고종은 바로 김옥균과 묄렌도르프에게 그 일에 관해 의논하도록 명하였다. 이에 두 사람은 민영익의 집에서 만났다. 묄렌도르프가 말하기를 "금은화폐를 고루 주조해야 마땅하지만, 지금은 재정이 곤궁하므로 먼저 당오전, 당십전, 당백전을 주조하여 눈앞의 급한 사정부터 해결토록 하자."[83]라고 주장하였다. 이에 김옥균은 "그대는 유럽 사람으로서 마땅히 재정에 관해 견문이 있을 것이다. 그러나 지금 그대의 말을 들으니 매우 미심쩍은 구성이 있다. 화폐에 관한 일은 조금이라도 차질이 생기면 나라에 큰 해독이 되는데, 어찌 조급하게 행할 수 있겠는가. 생각건대, 일본에 가서 국채 3백만 원을 빌려와 국가 재정의 어려움을 해결해야 할 것이다."[84]라고 하면서 묄렌도르프와 반대 의견인 국채를 빌릴 것을 제시하였다. 고종은 김옥균의 뜻을 따르기로 하고 국채를 빌리기로 하였다. 하지만 김옥균은 차관을 빌리지 못하였다.

김옥균은 묄렌도르프와 외아문(外衙門)[85]에서 같이 일했던 사이였다.[86] 김옥균은 차관을 빌리지 못한 이유를 다음과 같이 이야기하였다.

---

82) 정교 저, 조광 편, 2004, 『대한계년사』1, 소명출판, 91쪽.
83) 정교 저, 조광 편, 2004, 앞의 책, 92쪽.
84) 정교 저, 조광 편, 2004, 앞의 책, 92쪽.
85) 조선 고종 19년(1882)에 설치되었던 통리교섭통상사무아문(統理交涉通商事務衙門)의 다른 이름.
86) 김옥균, 박영효, 서재필 저, 2006, 『갑신정변 회고록』, 건국대학교 출판부, 43쪽.

그때 다케조에 신이치로(竹添進一郎)가 일본 공사로 경성에 주차(駐箚)하고 있었는데, 나와 교분이 아주 두터웠다. 그런데 묄렌도르프가 외아문으로 출입한 뒤로부터는 때때로 다케조에와 상종하여도, 그는 날로 나를 멀리하고 의심하는 눈치였다. (일본으로) 떠날 무렵에, 다케조에를 보고 묄렌도르프는 믿을 수 없다고 말했더니, 그는 크게 성을 내면서 결코 그렇지 않다고 했다.[87]

김옥균은 차관을 빌리지 못한 이유가 묄렌도르프 때문이라고 하였다. 그는 묄렌도르프가 통리아문으로 온 후 다케조에가 자신을 멀리한 것처럼 느끼고 있었다. 다케노에가 자기 말을 믿지 않고 묄렌도르프를 두둔하는 모습에서 차관의 실패가 묄렌도르프라고 짐작하였다. 이렇게 김옥균의 차관도입의 실패에 따라 차선책인 전환국을 설립하게 되었다. 묄렌도르프는 1884년 2월에 전환국 총판으로 임명되었다. 같은 해 7월 묄렌도르프는 볼테르(Wolter)를 통해서 독일에 화폐를 주문하였고, 또 조선에서 최초로 독일제인 주조기계(鑄造機械)를 도입하였다.[88] 이후 전환국에서 독일 기계를 활용하면서 독일 인력으로 경성전환국 시기에 독일인 총판으로 크라우드(F. Kraus), 시험방(試驗方)으로 리트(C. Riedt), 기계방(機械方)에는 디트리히트(O. Diedricht)[89]가 조선에 들어오는 계기가 되었다. 하지만 조선은 전환국으로 재정이 확보되거나 경제가 활성화되지는 못하였다.

묄렌도르프가 1897년도 작성한 재정의 개혁안을 살펴보면,

왕실의 유지비가 너무 많이 지출된다. 연간 예산 제도가 이미 실시되고 있다. 그

---

87) 김옥균, 박영효, 서재필 저, 2006, 앞의 책, 45~46쪽.
88) 묄렌도르프夫婦. 1987, 앞의 책, 1987, 77쪽.
89) 조영준, 2014, 「설립 초기 전환국(典圜局)의 운영 실태, 1883~1892)」, 『한국학』 제37권 제1호, 한국학중앙연구원, 307쪽.

러나 조세는 모든 계급에서 더 균등하게 부과되어야 한다. 화폐 제도와 국립 은행을 전문가에 의해서 개선 내지는 설치해야 한다. 일본에서는 이러한 기관들이 잘 운영되고 있다. 왕실의 인삼 전매는 오래전부터 수입이 없다. 홍콩과 마카오의 아편 시장의 경우와 같이 매년 경매에 부친다면 현재 수입의 4배를 가져올 것이다.~<중략>~광산 허가에 과세하고 국유림과 일반 세금을 통해서 국가 수입은 현저하게 증가될 수 있을 것이다.[90]

묄렌도르프는 조선의 국고가 왕실 유지비로 너무 많이 지출되고 있다고 하였다. 이 당시 민비가 원자를 탄생하면서 관중(官中)에서 세자책봉을 위해 청나라 왕실과 이홍장에게 막대한 예물과 재물을 바쳤고 원자의 안녕을 비는 갖가지 제사를 매일 같이 거행하였고 고종도 매일 마음대로 연회를 베풀어 궁궐 안은 불야성을 이루었다. 그리하여 낭비된 비용은 하루 천금(千金)에 달하여 왕실재정이 바닥이 났던 것이다.[91]

묄렌도르프는 국가 수입을 위해 양반도 조세를 부과해야 한다고 주장하면서 신분제 타파를 이야기하였다. 그리고 본인이 전환국 총판으로 근무했지만, 화폐 제도와 국립 은행을 관료나 정치가들에게 맡기는 것이 아니라 전문가에 맡겨야 한다고 생각하였다. 그리고 인삼 전매는 경매를 부쳐야 하며, 광산을 허가하면서 과세를 하고 국유림과 일반 세금을 통해 국가 수입을 늘릴 구상을 하였던 것이다.

묄렌도르프는 조선의 재정을 운영할 수 있는 전환국에 근무했지만, 조선의 재정은 화폐를 만들어 내는 것보다는 전 국민이 내는 세금과 인삼 전매의 경매, 광산 허가의 과세를 통해 재정확보를 구상하였다.

---

90) 묄렌도르프夫婦. 앞의 책, 1987, 106쪽.
91) 매천야록 권1, 상, 甲午以前條 참조. 朴贊一, 1983, 「묄렌도르프의 經濟政策槪念 硏究序說」, 『묄렌도르프』, 정민사, 1983, 231쪽.

### (3) 독일 우방인 러시아를 끌어들이자

조선에 첫 서양인으로서 관직에 오른 사람은 묄렌도르프이다. 그가 조선의 외교와 해관 업무를 총괄한 것은 약 3년(1882.12~1885.10) 정도였다. 묄렌도르프가 동아시아의 중국으로 와서 조선으로 오게 된 것은 이홍장의 추천 때문이었다. 조선으로 가는 묄렌도르프에게는 청나라의 견제국이었던 러시아의 견제에 대한 임무가 주어졌다. 즉, 러시아가 조선으로 남하하는 것을 막고 청나라의 영향력을 확대하려는 것이었다. 그러나 이러한 청나라의 정책과는 달리 묄렌도르프는 1884년 7월 7일에 조선과 러시아 제국간에 '조러수호통상조약(朝露修好通商條約)'을 체결하였다. 그리고 갑신정변 이후 조선과 러시아 사이에 비밀 협약인 '조러 밀약(朝露密約)'이 체결되었다.

묄렌도르프는 조선이 청나라와 일본의 세력에서 벗어나 독립을 내세우면서 러시아 세력을 끌어들인 인아책은 영국을 자극하는 동기가 되었다. 영국은 1885년 음력 3월 1일 갑자기 세 척의 동양 함대를 파견하여 거문도를 불법 점령하였다. 영국이 거문도를 점령한 이유는 거문도를 블라디보스토크를 향한 발판으로 삼아 해군 기지로서 이용하기 위해서였다.[92] 거문도를 점령한 영국군은 영국기를 게양하고 포대와 병영을 쌓는 등 섬 전체를 요새화하였다. 섬 주위에는 수뢰를 부설하고 급수로와 전선을 가설하였다. 그 밖에 해문 공사를 벌이고 동도의 남단과 고도를 연결하는 제방 축조 공사도 벌였다.

영국 정부는 3월 3일 청나라와 일본에 거문도 점령 사실을 통고하였으나, 조선 정부에는 주청 영국 공사관을 통해 4월 6일에야 통고하였다.

---

92) 묄렌도르프夫婦. 1987, 앞의 책, 88쪽.

조선 정부는 3월 중순 무렵에 외신을 통해 점령 사실을 알았으나 영국 측의 공식 통고를 기다리기로 하였다. 그리고 1885년 5월 청나라 정여창(丁汝昌) 휘하 군함에 엄세영(嚴世永)과 묄렌도르프를 승선시켜 거문도에 파견하였다. 거기서 그들은 4척의 영국 군함과 높은 산봉우리에 게양된 영국기를 보았다. 묄렌도르프는 플라잉 피쉬호(H.B.M.S.Flying Fisch)의 선장에게 해명을 요구하자, 그는 이 섬의 점령은 분함대장(分艦隊長)의 명령에 따라 행해진 일이며, 함대장은 지금 그의 배 오데시우스호와 함께 나가사키(長崎)에 있다고 말하였다. 5월 16일 폭풍 속에 묄렌도르프는 나가사키로 갔으며, 거기서 영국의 제독을 만나 그에게 직접 항의서를 제출하였다.[93]

묄렌도르프는 영국이 조선의 거문도를 불법적으로 점령을 당하는 이러한 상황을 마주하고 적극적으로 이것을 해결하려고 나가사키까지 직접 찾아간 것이었다. 그런데 묄렌도르프는 영국의 거문도 점령에 대해서 항의한 것 때문에 북경 주재 유럽의 외교관들은 조선으로부터 묄렌도르프를 파직·소환(召還)하라고 주장하기에 이르렀다.[94] 이에 언론에서는 새로이 선동을 시작하였고 영국 신문의 영향을 받아서 청국 신문까지도 그러하였다. 모든 신문들이 묄렌도르프가 러시아와 비밀조약을 맺었고, 제주도를 러시아에 팔아넘겼고, 해관도 잘못 관리하고 있으며, 독일인만 등용한다는 이유와 그와 비슷한 이유들을 들어 그의 파직과 소환을 요구했으므로 묄렌도르프의 실각은 불가피하였다. 이렇게 해서 묄렌도르프는 12월 5일 청국에서 보낸 군함을 타고 조선을 떠나게 되었다.

묄렌도르프는 왜 이렇게 자신의 조선에서 파직되는 위험을 무릅쓰고

---

93) 묄렌도르프夫婦. 1987, 앞의 책, 88쪽.
94) 묄렌도르프夫婦. 1987, 앞의 책, 102쪽.

청의 반대하는 정책인 러시아를 조선에 끌어들였을까?

묄렌도르프는 프로이센 정부 그리고 통일 후 독일제국 외무성 소속으로 근무(1869.8~1882.5)한 경험이 있었다. 청나라에서도 독일 외교정책과 민간 분야 이권을 지원하는 데 많은 역할을 하였음을 확인할 수 있다. 당시 독일은 프랑스 고립에 모든 외교정책을 맞추고 있었다. 프랑스 고립 네트워크 구축에 가장 중요한 관심 대상은 러시아였다. 프랑스와 러시아가 동맹을 형성하면 지정학적으로 독일은 가장 어려운 상황에 처하기 때문이다. 따라서 독일은 러시아·프랑스 동맹이 결성되는 것을 방지하기 위해 비스마르크 지휘 아래 3제 동맹(독일·러시아·오스트리아헝가리, 1873~78)을 체결하였고, 이것이 발칸문제로 붕괴하자 훗날 독일은 러시아와 별도로 동맹을 체결하기도 하였다. 그만큼 독일 입장에서는 러시아 변수를 중요하게 생각하였다. 따라서 묄렌도르프가 조선에서 근무하던 기간에 독일은 3제 동맹이 실패한 상황에서 어떻게 해서든 러시아가 프랑스와 손잡는 것을 방지하는 것에 외교 노력을 집중하고 있었다.[95] 또한, 묄렌도르프가 조선에 온 후 독일과 계속해서 비밀리에 교섭을 하고 있었던 정황들이 나타났다. 주재 미국 대리 공사 포크(G. C. Foulk)는 "묄렌도르프가 독일을 위해 비밀리에 일한다."고 기록하면서 이러한 행동은 "오로지 고국이었던 독일을 위한 애국심에서 비롯된 것"이란 생각을 피력하기도 했다.[96]

또한, 당시 러시아는 세계적인 차원에서 영국으로부터 견제를 받고 있었다. 나폴레옹 전쟁을 계기로 유럽에서 군사 대국으로 등장한 후 러

---

95) 전홍찬·한성무, 2020, 앞의 논문, 211~212쪽.
96) George C. Foulk, 1885, 『Foulk Papers-My dear parents and brothers』, Wachington, D.C: The Library of Congress, 7쪽. 전홍찬·한성무, 2020, 앞의 논문, 224쪽.

시아는 여러 차례 걸쳐 발칸 반도를 통해 지중해 진출을 시도하였으나 번번이 영국에 의해 봉쇄되었다. 이에 따라 인도양이나 태평양으로 시선을 돌려 새로운 해양 진출로를 모색했으나 그 역시 만만하지 않았다. 중앙아시아를 거쳐 서남아시아를 통해 인도양에 진출하는 과정은 지리적 어려움뿐만 아니라 인도 문제로 영국과 또다시 충돌하고 있었다. 태평양에 진출하는 경로에도 난관이 많았다. 시베리아를 거쳐 극동까지 이르는 광대한 지역에 수송 기반 시설과 주둔 병력이 빈약했다. 이런 현실에서 동아시아를 지배했던 종주국 청나라 그리고 신흥 열강 일본을 상대로 경쟁에 뛰어드는 것도 어려웠다. 하지만 이런 여건에서 묄렌도르프는'친러정책'을 적극적으로 추진하여 1884년 7월 조러수호통상조약을 성사시켰다.[97]

이렇게 묄렌도르프가 조선에 근무하면서 자국을 위해 러시아를 조선으로 끌어들여진 것으로 볼 수 있다. 따라서 묄렌도르프는 조선의 독립을 위해서 러시아 세력이 필요하기도 했지만, 자신의 모국인 독일을 위해서도 러시아가 프랑스와 손을 잡는 것을 방지하기 위해서 러시아를 조선으로 끌어오는 것이 중요했다. 묄렌도르프는 약 17년간 청에서 근무하고 자신을 조선으로 추천해 준 청나라의 이권을 포기하고 자국인 독일의 이권을 선택한 것이다. 묄렌도르프의 친러정책은 청나라 자신들의 원하는 바가 아니었으므로 묄렌도르프를 청나라로 다시 소환하였다. 청나라로 소환된 묄렌도르프는 다신 조선으로 돌아오고 싶었으나 그 뜻을 이루지 못하고 청나라 닝보(寧波)에서 생을 마감하였다.

---

97) 전홍찬·한성무, 2020, 앞의 논문, 211쪽.

### 3) 일본 만은 안된다

#### (1) 민영익 반일 내각 수립 구상

묄렌도르프는 조선에 도착한 이전부터 조선의 개혁에 관하여 마음속 품었던 바가 있었다. 이를 조선을 떠난 1897년 1월에 상하이에서 조선의 정세의 기억을 회상하며 쓴 글에서 다음과 같이 말하였다.

> 왕이 강인한 성격을 지니고 있다면, 왕에 의한 절대주의적 통치 방법이 가장 적절한 것이다. 그러나 왕의 심성은 매우 훌륭하고 머리도 나쁘지 않지만 필요한 정력(靜力)을 지니지 못했다. 외교 정책에 있어서는 이미 일어난 일들을 일정한 방향으로 왕에게 제시해야 할 것이다. 조선 사람들에게 내재되어 있는 음모(陰謀)의 경향이 있을 때에는 유력한 당파(黨派)가 쉽사리 연약한 왕을 분규 속으로 끌어들일 수 있었다.[98]

묄렌도르프는 조선이 개혁해야 한다고 주장하면서도 행정적인 측면에서는 절대주의적 통치를 주장하였다. 국왕이 어느 누구에게도 제약을 받지 않고 절대적인 권력을 행사하는 절대주의적 통치 방법이 가장 적절하다고 주장하였다. 하지만 조선의 고종은 강력한 힘을 지니지 못하고 연약한 왕이라 절대주의적 통치를 할 수 없음을 피력하였다. 왕이 힘이 없으니 당파의 분규속으로 휘말릴 수 있음을 언지하였다.

> 나라의 안정을 가져오기 위해서는 순수한 노론 내각이든지 또는 민씨 내각이든지 둘 중에 하나로 해야 할 것이다. 돌아가신 왕비의 조카이며 왕세자비의 오빠였던 민영익이 현재로서는 민씨 척족(戚族)의 공인된 우두머리이다. 그가 내각의 수반(首班)으로 임명되고, 그에게 내각의 나머지 대신들을 선임할 수 있게 한다면 사람

---

98) 묄렌도르프夫婦. 1987, 앞의 책, 104~105쪽.

들은 그의 내각의 명령에 기꺼이 따를 것이다.99)

　뮐렌도르프는 힘이 없는 고종보다는 민영익이 내각의 수반으로 되어 내각의 대신들을 선임하면 그의 명령을 잘 따를 것이라고 보았다. 뮐렌도르프는 왜 이토록 민영익을 신임했던 것일까? 뮐렌도르프는 민영익을 존경할 만큼 성실한 사람이라 높이 평가한 반면, 뮐렌도르프의 부인은 다른 사람에게 쉽게 영향을 받는 명석치 못한 두뇌의 소유자라고 비난했던 사실이 있다.100) 하지만 민영익은 당시 조선의 국정을 좌지우지 할 수 있는 상당한 권력을 가지고 있었다. 민영익은 1877년 18세가 되던 해에 급제를 하면서 본격적으로 정치에 입문하였다. 민영익은 매일 세 번씩 입궐하는 특전을 누렸으며 과거 급제 이듬해에 이조 참의에 제수되는 등 파격적인 인사조치도 이루어졌다. 출세 가도를 달렸던 그의 숙부 민규호가 6년 만에 이조 참의에 올랐던 것과 비교해 본다면 이는 파격적이다 못해 파행적인 인사조치라고 할 것이다.101) 이렇게 민영익은 권력의 중심에 있었기 때문에 뮐렌도르프는 민영익을 높이 평가했을 것이다.

　또한 고종은 1881년 통리기무아문을 신설하면서 민영익으로 하여금 현판을 서게(書揭)하도록 하였던 데서 민영익에 대한 고종의 기대를 알 수 있다. 이는 민영익으로 하여금 세도를 자임하도록 하면서 한편으로는 통리기무아문의 중심적인 역할을 하도록 하는 상징적인 조처였다. 22세에 불과한 민영익을 이용사(理用司) 당상에 임명하여 실질적인 권한도 부여하였다. 당시 당상들 가운데 민영익 다음으로 젊은 인물이 37

---

99) 뮐렌도르프夫婦. 1987, 앞의 책, 105쪽.
100) 노대한, 2002, 「민영익의 삶과 정치활동」, 『한국사상사학』제18집, 한국사상사학회, 464쪽.
101) 노대한, 2002, 앞의 논문, 469쪽.

세였고, 그 나머지는 대부분 40~50대였음을 생각하면 민영익에 대한 고종과 명성황후의 신임이 얼마나 절대적이었던가를 알 수 있다.[102] 따라서 묄렌도르프는 조선으로 건너왔을 당시 통리아문(統理衙門) 참의(參議)에 임명되면서 민영익과 친분을 쌓을 수 있었다.

### (2) 갑신정변 현장에서

<그림-6> 우정총국
출처:『한국민족문화대백과사전』

갑신정변은 1884년 급진개화파가 청나라로부터의 독립과 조선의 개화를 목표로 일으킨 사건이다. 1884년 12월 4일 김옥균, 박영효, 홍영식, 서광범, 서재필 등이 앞장서서 정변을 도모하였다. 묄렌도르프는 조선이 전통적인 체제를 벗어버리고 근대화로 나아가려고 하는 갑신정변이라는 격동의 현장에 있었다. 12월 4일 우정국(郵政局) 총판(總辦)인 홍영식(洪英植)은 새롭게 신설된 우정국 개국의 축하 만찬회를 성대하게 열었다. 그와 함께 친일파의 지도자들로 알려진 김옥균(金玉均), 박영효(朴泳孝), 그리고 서광범(徐光範) 등이 참석하였다. 이들 이외에 참석한 사람들은 영국 공사 후트(L. Foote)와 그의 비서관 스커더(Scudder), 그의 조선어 통역관 윤치호(尹致昊), 영국 총영사 애스톤(William G. Aston), 일본 서

---

102) 노대한, 2002, 앞의 논문, 470~471쪽.

기관 시마무라 히사시(島村久)와 그의 통역관, 청국 공사 진수당(陳樹棠)과 그의 대리인 담갱요(譚賡堯), 묄렌도르프, 그리고 민영익(閔泳翊), 한규직(韓圭稷), 이조연(李祖淵) 그리고 영어 통역관들로 두 명의 조선인 청년 등이었다. 독일 사신은 병중이었고, 다케조에 신이치로(竹添進一郎)는 역시 몸이 불편하다 하여 불참하였다.[103]

묄렌도르프는 당시 저녁 7시경에 식사에 참석하였다. 그는 이상한 느낌을 감지한 듯하다. 자서전에서도 그날 저녁에 '꽤 가라앉은 분위기가 감돌았고, 환담도 활기를 띠지 못하고 있었으며,'[104] 라는 기록을 볼 때, 뭔가 궁중 내에서 음모가 일어나고 있는 것을 눈치챈 듯하였다. '다만 민영익과 남편만이 명랑하였다.'[105]고 했듯이 정변의 제거대상인 민영익은 제대로 상황을 파악하지 못한 듯하였다. '그들만의 정보조직이 제대로 작동하지 않은 듯하다'고 느꼈던 묄렌도르프의 육감이 작용한 것이다.

'식사 중에 김옥균이 여러 차례 식탁을 떠나 밖으로 나가는 것이 눈에 띄었다.'[106]에서 묄렌도르프는 김옥균의 행동에서 정변의 조짐을 짐작했는지도 모른다. 만찬이 거의 끝나갈 무렵 10시경에 갑자기 '불이야!' 하는 고함 소리가 들렸다. 조선인들이 즉시 일어났으나 민영익이 혼자서 나가 사정을 살펴보겠다고 하자 장내는 진정되었다. 묄렌도르프는 민영익을 뒤따라 식장을 빠져나왔다. 그러나 그가 마당으로 나가자마자 민영익이 피를 철철 흘리면서 비틀거리며 묄렌도르프에게 오더니 "자객이 나를 죽이려 했소이다"라고 신음하면서 묄렌도르프의 팔에 쓰러졌

---

103) 묄렌도르프夫婦. 1987, 앞의 책, 79쪽.
104) 묄렌도르프夫婦. 1987, 앞의 책, 79쪽.
105) 묄렌도르프夫婦. 1987, 앞의 책, 79쪽.
106) 묄렌도르프夫婦. 1987, 앞의 책, 79쪽.

다. 정체를 알 수 없는 사람이 칼로 그에게 중상을 입힌 것이었다. 묄렌도르프는 그를 부축해 연회장 안으로 데려갔다. 그때 묄렌도르프도 완전히 피투성이가 되어 있었기에 사람들에게는 끔찍한 모습으로 보였다. 모두 깜짝 놀라 위험하다고 외쳐대며 사람들이 일어나 도망쳤다.107)

잠깐 사이에 모두 가버리고 묄렌도르프와 민영익, 그리고 호위병들만 남아 있었다. 묄렌도르프는 임시변통으로 그가 할 수 있는 대로 민영익을 잘 싸맸다. 그리고 민영익을 자기 집으로 데려가 즉시 미국인 선교사인 의사 알렌(H. N. Allen)을 불러 치료하였다. 민영익 치료 과정에서 다른 조선인이나 고관들은 모두 피신한 상태였으나 묄렌도르프와 알렌만이 이 상황에 적극적인 대응을 하고 있었다. 묄렌도르프는 왜 민영익을 도와주었을까?

첫째, 당시 민영익은 명성황후의 친정 일가로 명성황후의 후광을 입고 권력의 핵심에 있었던 인물이었다. 그래서 민영익은 임오군란 직후부터 외교·통상 업무를 전담하여 통리기무아문의 중심적인 역할이 되었다. 묄렌도르프가 조선에 와서 참의통리아문사무(參議統理衙門事務)로 임명되면서 그들의 친분은 더욱더 두터웠기 때문에 적극적으로 민영익을 도왔던 것으로 추측해 볼 수 있다.

또 다른 이유는 묄렌도르프가 민씨 일파에 의해서 조선에 오게 되었다는 것이다. 묄렌도르프는 청나라 이홍장의 추천으로 오게 되었다는 것이 일반적인 연구이지만 김옥균은 자신이 쓴 『갑신일록』에서 "조영하가 청국으로부터 독일인 묄렌도르프란 자를 고용해 왔다. 서양 사람을 고용한 처음 있는 일이다. 이는 무릇 민영목, 민영익의 무리가 모두 빌붙어서 한 일이요. 또한 이를 핑계대어 자기를 이롭게 하려는 계책을

---

107) 묄렌도르프夫婦. 1987, 앞의 책, 79쪽.

도모한 것이다."108)하였다. 김옥균은 청나라의 이홍장의 추천보다는 민씨 일파가 자신의 이익을 이롭게 하기 위해 조선에 데려온 것이라고 하였다. 만약 김옥균의 말이 사실이라면 묄렌도르프를 조선에 오게 해 준 인물이 민영익이기 때문에 적극적으로 자신이 나서서 민영익을 도와준 것으로 볼 수 있다.

급진개화파들은 우정국에서 궁궐로 달려가서 왕에게 반란이 일어났으니 피신해야 하며, 일본인에게 도움을 청해야 한다고 아뢰었다. 고종이 이를 거절하자 그 급진개화파들은 왕의 동의도 구하지 않고「일본공사래위(日本公使來衛)」라고 김옥균이 다케조에 신이치로(竹添進一郎) 앞으로 쓴 쪽지를 일본 공사관으로 보냈다. 그런데 다케조에 신이치로는 병 때문에 우정국 만찬식에 참석할 수 없다고 표명했음에도 불구하고, 그 쪽지를 받고 흔쾌히 승낙하였다. 그때 일본 군대는 이미 출동 준비가 완료되어 있었다.109)

환관 유재현(柳在賢)이 왕에게 백성들은 완전히 조용하며 일본인들이 반란을 일으켰다고 귀띔을 하자, 급진개화파들은 곧 유재현을 끌어내려 왕이 보는 앞에서 죽이고 말았다. 그다음 그들은 세력이 있는 관리들을 궁(宮)으로 불러 차례차례 참수(斬首)하였다. 당시 민영익의 아버지인 민치호(閔台鎬), 민영목(閔泳穆) 그리고 이조연, 윤태준(尹泰駿), 한규직 그리고 왕비의 사촌으로 조영하(趙寧夏) 등이 처형되었다.110)

12월 5일 아침, 청국의 장군 원세개(元世凱)가 전동(磚洞: 지금의 종로구 수송동)에 나타났다. 그는 시내는 완전히 평온하며, 민중의 반란이

---

108) 김옥균, 박영효, 서재필 저, 2006, 앞의 책, 42~43쪽.
109) 묄렌도르프夫婦. 1987, 앞의 책, 80쪽.
110) 묄렌도르프夫婦. 1987, 앞의 책, 80쪽.

란 말도 안 되는 소리며, 거리에는 사람이 하나도 없다고 보고하였다. 보고를 받은 묄렌도르프는 무기도 없이 밖으로 나가서 불안해하는 백성을 안심시키면서 대문과 상점을 열고 활동을 하라고 하였다. 또한 그는 건축 중이었던 그의 집을 계속 짓도록 사람들에게 목재를 나누어 주도록 하였다.111) 그리고 그날 아침 일찍 찾아온 일본의 공사관 주치의 가이로세(Kairosse)를 통해서 묄렌도르프는 한규직(韓圭稷)과 그밖에 다른 관리들이 살해되었다는 소식을 상세하게 알게 되었다.112) 이렇게 갑신정변이 일어나고 있는 현장 속에서 그 긴장감을 몸소 체험했던 묄렌도르프는 두려워하거나 동요하지 않고 침착하게 피를 흘리는 민영익을 자신의 집으로 데려와 치료를 하였다. 다음날 그는 거리로 나가 백성의 민심을 안심시키기에 열중하면서 사태를 수습하는 모습을 볼 수 있었다.

홍영식(洪英植)과 김옥균(金玉均)을 필두로 새 정부를 수립하고 다케조에 신이치로(竹添進一郎)와 공동으로 통치하였다. 그들은 갑신정변 당일의 경위를 설명하기 위하여 외국의 대표들을 궁궐로 불렀다. 대표들이 이 요구에 응하기 전에 독일과 미국, 그리고 영국의 대표들은 그에 대한 효과적인 조치에 관해 묄렌도르프와 상의하기 위해서 전동으로 왔다. 그러나 묄렌도르프는 청국인들이 왕의 보호를 위해 조선에 있을 것이며, 일본에 대해서도 조치가 취해질 것이므로, 청국 대표가 없는 외교단은 불완전하며 따라서 어떤 결정을 볼 수도 없다고 설명하였다. 그리고 오후 4시에 원세개는 청국 병력을 이끌고 궁궐로 돌격해서 점령하였다. 일본인들은 그들의 공사관으로 쫓겨갔지만 그들의 공사관도 이미 불타 버렸다. 김옥균은 일본으로 도망쳤으며 그의 집은 폐허가 되었다.

---

111) 묄렌도르프夫婦. 1987, 앞의 책, 81쪽.
112) 묄렌도르프夫婦. 1987, 앞의 책, 81쪽.

백성들은 극도로 흥분해 있었고, 거리에 있는 일본인은 모두 참살되었다. 12월 6일 일본인들은 도시에서 도망쳐 제물포로 물러났다. 목숨을 구하기 위하여 일본 병사들 틈에 끼어 궁궐에서 도망쳐 나온 홍영식은 민중들로부터 사형(私刑)을 당했다. 김옥균은 10년 후 상하이에서 홍종우(洪鐘宇)에 의해서 살해되었다.113)

뮐렌도르프는 조선의 급진개혁을 꿈꾸며 부강한 근대화로 나아가려고 하는 그 소용돌이 한복판에 서서 유혈사태를 직접 경험하였다. 뮐렌도르프는 새로 수립된 정부에서 외아문(外衙門)의 협판(協辦)으로 각료가 되었다. 청국은 일본이 곧 군대를 파병할 것이며, 그렇다면 자기들도 군비를 갖추어야 할 것이라는 계산을 하고 있었다. 이홍장으로부터 받은 전신(電信)을 통해서 전권을 위임받은 뮐렌도르프는 청국과 조선 및 일본 사이의 중재자로서 서울과 제물포를 왕래하였다.

> 그 시절의 노력은 엄청난 것이었소. 그러나 성취감으로 일하고 있기 때문에 모든 것을 견딜 수 있소. 그리고 나는 재담(才談)을 잃지 않고 있다오. 나는 내 체질(體質)에 대해 감사하는 마음을 지금처럼 그렇게 강하게 느껴 본 일이 없었소. 온종일 궁에서 긴장한 채 일에 몰두하고, 그러고 나서 밤에는 제물포로 간다오. 다음날에는 몇 시간에 걸친 회의를 끝내고 다시 돌아와요. 그러나 나는 활기에 넘쳐 있고 건강하다오.114)

뮐렌도르프는 갑신정변의 혼란스럽고 불안한 상황 속에서도 일에 몰두하면서 일에 대한 성취감을 느끼고, 또한 유머 감각을 잃지 않고 자기 일을 묵묵히 해 나가고 있는 모습을 보였다. 뮐렌도르프는 자신이 그 소

---

113) 뮐렌도르프夫婦. 1987, 앞의 책, 82쪽.
114) 뮐렌도르프夫婦. 1987, 앞의 책, 83쪽.

용돌이치는 역사적 현장을 목격하고도 활기 넘치고 건강하게 생활할 수 있는 것이 체질이라고 하였다. 묄렌도르프는 성격이 좀 낙천적이고 긍정적인 것으로 추측할 수 있다. 어두운 역사적 현장 속에서 있었던 묄렌도르프는 무섭거나 불안한 감정을 보인 것이 아니라, 어떻게 이 시기를 극복해 나갈 것인가를 생각하였고 마음을 강하게 먹으면서 일을 처리하고 있는 모습을 볼 수 있었다. 이렇게 정변의 혼란 속에서도 긴장한 채 일을 하면서도 모든 것을 극복해 내려는 모습을 보이고 있었다.

이렇게 혼란스럽고 불안한 정치 상황 속에서도 묵묵히 자기 일을 해 나갈 수 있었던 이유는 무엇일까? 조선으로 건너오기 전부터 조선의 근대화와 자주독립을 구상하고 있었던 묄렌도르프는 조선이 일본에 넘어가는 것을 원치 않았을 것이다. 묄렌도르프는 참의통리아문사무(參議統理衙門事務)으로서 조선의 외교 문제에 상당히 고민을 했으리라 생각된다.

### 4) 조선 자강의 길

### (1) 법학도로서 연좌제 청산을 주장하다

묄렌도르프는 조선의 사법(司法)에 대해 다음과 같이 말하였다.

> 아직까지도 사용하고 있는 중국의 명조시대(明朝時代:1308~1644)에서 유래한 구법(舊法)은 개화된 법으로 대체되어야 하고, 이 법들은 종래와 같이 한문으로 작성할 것이 아니라, 백성들이 알 수 있도록 순전히 한글로 작성해야 해야 할 것이다. 행정과 사법을 분리하는 것은 것은 현단계로서는 권장할 바 못 된다.[115]

묄렌도르프는 할레 아데 에스(Halls.a.d.S) 대학에 입학하여 법학 공부

---

115) 묄렌도르프夫婦. 1987, 앞의 책, 106~107쪽.

를 하였다. 법학을 공부한 법률가로서 행정과 사법이 분리가 안된 조선에서 중국의 명조시대의 법을 그대로 사용하고 있는 모습을 보고 개화법으로 대체되어야 한다고 주장하였다. 또한 법은 백성들이 알 수 있도록 한글로 작성하자고 주장하는 것은 국민의 권리를 보호해 주기 위함일 것이다. 그리고 행정과 사법을 분리하는 것을 권장하지 못하는 이유는 조선은 '연약한 왕'116)에 의한 정치와 묄렌도르프가 몸소 경험한 조선의 불안정한 정세에서 혼란만 초래할 것을 인지했기 때문에 행정과 사법의 분리를 권장하지 않았는지 모른다.

위의 글에서는 구법은 개화된 법으로 대체되어야 한다고만 되어 있고, 구체적인 내용은 드러나 있지 않지만, 다음 글에서 묄렌도르프가 연좌제로 처벌받지 않도록 법을 관철시킨 예시를 볼 수 있다.

내가 요새 고요히 승리감에 잠겨 있지만 그것은 커다란 기쁨이다. 지난해의 정치범들 중에서 8명의 공무원이 사형선고를 받게 되었는데 스스로 목숨을 끊으라는 판결이 내렸다. 동시에 모든 정치적 반란자는 처형되었다. 옛날부터 내려오는 법에 따르면 그들의 가족들에게도 유죄 선고를 하고 아이들은 노예가 되고, 소녀와 부인들은 관기(官妓)가 되었다. 나는 가족들과 함께 선고받지 않고 특히 부인들이 매음당하지 않도록 하는 법을 관철시켰다. 임금은 나의 청원을 받아 주었으며, 함께 벌을 받는 법을 없애 버렸다. 국민들은 길가에 나서서 나에게 사의를 표했고, 마지막 날에는 도처에서 많은 갈채로 나를 맞아 주었다. 국민들은 나에 대한 기대가 컸던 것 같이 보였고, 매주 나에게 조선행정의 두통거리를 알려 주었으며 가능하면 나의 영향력으로 어떤 변화를 가져다 달라고 익명의 편지들이 쇄도했다.117)

---

116) 묄렌도르프夫婦. 1987, 앞의 책, 105쪽.
117) Rosalie von Moellendorff, 1930, 『P.G.von Moellendorff-ein Lebensbild』, Leipzig, 103쪽.

묄렌도르프는 조선의 구법 중에서 정치범들의 가족들이 연좌제로 소녀와 부인은 관의 기생이 되고, 아이들은 노예가 되는 구법을 개편하여 가족들이 함께 벌을 받지 않도록 법을 관철시켰음을 알 수 있다. 이렇게 법을 관철시키고 나서 조선의 백성들로부터 고마움의 인사도 받기도 하면서 연좌제의 구법을 철폐시킨 승리감으로 커다란 기쁨을 느꼈다. 그럼, 왜 묄렌도르프는 연좌제를 폐지하려고 하였을까? 묄렌도르프는 독일에서 법학을 공부하면서 법이 국민의 권리를 보호해야 한다고 생각하였다. 따라서 묄렌도르프는 연좌제는 구법이라는 것을 잘 알고 있었고, 근대화로 진행되는 과정에서 백성의 권리를 보호하기 위함이었을 것이다.

## (2) 차관을 빌려서라도 근대화해야 한다

묄렌도르프가 조선 국왕의 고문 겸 해관장으로 파견된다는 소문이 톈진 외교관들에게 퍼지자 그의 숙소에는 조선으로 진출하기를 희망하는 상인들과 조선에 자제들을 취직시키려는 중국 관리들이 줄을 이어 찾아왔다.

> 중국 관리들은 자기들의 아들을 조선의 공직에 취직시키려고, 또 그 밖의 사람들은 자신들의 목적을 위해서 남편에게 몰려들었다.[118]

묄렌도르프의 부인이 쓴 글에서 조선으로 가는 묄렌도르프가 관료로서 상당히 높은 지위에 있음을 알 수 있었고, 그만큼의 권력도 있음을 알 수 있었다. 이렇게 높은 지위와 권력을 가진 서양인 관료 묄렌도르프는 조선의 전근대적인 모습을 보고 그의 정치적 권력으로 제도를 바꾸고 상당한 일을 하였다. 이것이 상당한 권력을 가진 조선 최초의 서양인 고

---

118) 묄렌도르프夫婦. 1987, 앞의 책, 48쪽.

위공직자로 조선에 온 묄렌도르프는 빈곤한 조선을 보면서 빈곤을 퇴치하기 위한 협력방안을 구상하였다.

묄렌도르프는 조선에 와서 해관 업무와 해관 설치 및 광산 개발에 대한 업무를 맡았다. 청국인 당경숭(唐景崧)과 영국인 기술자 버네트(Burnett)는 광산을 조사하기 위해서 내륙으로 들어갔다. 그러나 제대로 시작도 하기 전에 그 일은 오랫동안 중단되었다. 개국(開國)을 하기에는 조선이 자체 능력으로 조달할 수 없을 만큼 돈이 필요하였다. 청국에서 백만 냥의 차관을 도입하기로 결정되었다. 고종은 광산과 해관 또는 철도를 개설하기 위해 30~40만 냥은 즉시, 나머지는 차후에 들여오도록 묄렌도르프를 청에 파견하였다.

> 조선에 있던 최근 며칠 동안 나는 매우 열심히 일하고 있소. 정말 휴식 시간이라곤 거의 없었다오. 왕을 퍽 자주 알현하고 있소. 나는 외무부의 차관이오. 새로운 상황들에 관한 수많은 토의 끝에 나는 왕으로부터 세자의 매부인 민영익(閔泳翊)과 함께 중요한 업무로 이곳(上海)으로 파견되었어요. ~<중략>~나는 모든 일에 최선을 다해 나가고 있고, 휴식은 거의 누릴 수가 없구려. 그러나 이 일은 인간이 기쁜 마음으로 일을 할 때에, 과연 인간이 얼마나 많은 것을 성취할 수 있는가를 나타내주는 것일 뿐만 아니라 끝내 그것이 자기 자신을 위해 일하는 것이라는 사실을 알게 해 주는 것이다. 내가 이번 여행을 떠나기 전에 왕은 나에게 토지가 딸린 큰 집을 하사했는데 나는 그것을 수리하려고 하오.[119]

위의 글은 묄렌도르프가 자신의 부인에게 쓴 편지이다. 민영익과 함께 묄렌도르프는 외무부 차관으로 청나라에 차관을 도입하기 위해서 파견되었다. 묄렌도르프는 차관 교섭문제에 최선을 다하고 있음을 알 수

---

119) 묄렌도르프夫婦. 1987, 앞의 책, 59쪽.

있다. 묄렌도르프는 상하이로 떠나기 전에 고종으로부터 큰 집을 받아서 기쁜 마음으로 일을 하였고, 그것이 차관 교섭이 잘 성사될 수 있는 원동력이 되었던 것 같다. 따라서 묄렌도르프는 조선의 외국인 관료로서 조선을 위해 자신의 직무를 이행하는 데 최선을 다하다 보니, 그것은 자기 자신을 위한 일이었음을 말하고 있다. 상하이에서의 차관 교섭은 상당한 시일이 걸려서, 1883년 1월 30일에야 비로소 첫 번째 분할금을 초상국(招商國:China Merchant-청국의 大船舶會社)에서 인출할 수 있었다.

> 모든 일이 잘되고 있다. 조선으로 가져갈 돈도 가지고 있고, 오늘이나 내일 중에 광산과 해관 직원에 관한 계약만 결정하면 된다.[120]

조선의 광산개발과 철도개설을 위한 차관도입은 묄렌도르프의 활약으로 무사히 체결되었음을 알 수 있다. 이를 통해 조선은 빈곤에서 벗어나 근대로의 개발을 할 수 있는 발판을 마련한 것이다. 묄렌도르프는 조선의 가난한 실정을 보면서 차관 도입을 체결하기 위해 휴식 시간도 가지지 못하고 열심히 일하고 있는 모습을 볼 수 있다. 이것은 그의 조선의 빈곤을 퇴치시키고 자생력을 향상시키고자 하는 의지에서 나온 것이라 할 수 있다. 따라서 조선을 위한 일을 하다 보니 묄렌도르프 자신을 위한 일이기도 하였다.

### (3) 수호통상조약을 통해 강대국을 조선에 끌어들이자

#### ① 조미수호통상조약
묄렌도르프는 1883년 4월에 조선 해관총세무사(海關總稅務司)로 입

---

120) 묄렌도르프夫婦. 1987, 앞의 책, 62쪽.

명되면서 통상조약 체결업무를 맡게 되었다. 그가 조선에 와서 제일 처음 통상 조약 업무를 맡은 것은 1882년 5월에 체결된 조미수호통상조약의 비준을 얻기 위해 온 미국의 통상조약을 번역하는 일이었다.

　　1883년 5월, 아시아의 열강에 속하지 않은 최초의 서방 대표로 미국 공사 후트(L. H. Foote)가 이미 1882년 봄에 맺어진 바 있던 韓·美修好通商條約의 비준(批准)을 얻기 위해서 대규모의 수행원을 이끌고 서울에 도착했다....(중략)...남편이 이 일의 주요 업무를 맡아보았다. 왜냐하면 모든 것을 혼자서만이 번역해야 했기 때문이었다.121)

　미국은 신미양요를 통해 조선을 개항시키고자 하였으나 실패한 이후 조선과 수교를 체결하는 것을 포기하였다. 그러다가 흥선대원군이 1873년에 실각하고 일본이 조선과 1876년에 강화도 조약을 체결하는 것을 보면서 다시 조선에 관심을 가지기 시작하였다. 슈펠트 제독은 일본의 알선을 획득하기 위해 일본 외무경 이노우에게 의뢰하였다. 하지만 일본의 알선을 통하여 조선의 문호를 개방하고자 하였던 슈펠트 제독의 시도는 아무런 성과가 없어서 미국으로 돌아갈 수도 없게 되었다. 이때 슈펠트 제독은 청의 알선을 받게 되었다.
　이 당시 청국은 아시아에서 새로운 강대국으로 부상하고 있던 일본을 의식하지 않을 수 없었다. 일본은 유구병합과 대만사건 그리고 조일강화조약 등을 통하여 그들의 팽창정책을 보이고 있었다. 그래서 청국은 일본의 세력을 견제하는 데 서구열강과의 연계 필요성을 고려하고 있었다.122)

---

121) 묄렌도르프夫婦. 1987, 앞의 책, 68쪽.
122) 서명석, 2007, 「개화기 조미수호통상조약의 고찰」, 동국대학교 교육대학원 석사학위논문, 31쪽.

슈펠트 제독이 1880년 4월 나가사키에 입항했을 때 나가사키주재 청국영사가 방문을 하였다. 영사는 슈펠트 제독과의 대화에서 그가 일본에 온 목적이 일본의 알선을 통해 조선의 문호를 개방하겠다는 것을 파악한 후 이를 오래전부터 조선의 개국 문제로 고심하고 있던 이홍장에게 즉시 알렸다. 이홍장은 슈펠트를 톈진에 초청하여 그의 의중을 물어보고 조·미 수호에 청이 적극적으로 개입하겠다는 입장을 밝혔다. 이홍장과의 회담을 계기로 조·미 수교에 대하여 희망을 갖게 된 슈펠트는 1880년 9월 일본을 거쳐 귀국의 길에 올라 이해 11월 샌프란시스코에 도착하였다.[123]

당시 미국 국무장관 블레인(Bliance, J.G.)은 1881년 3월 15일에 슈펠트를 해군무관으로 임명하여 베이징공사관으로 파견하기로 하였다. 이어서 5월 9일에 국무장관은 슈펠트가 5월 19일 샌프란시스코를 떠나 청국에 부임할 것, 또 톈진에 체류하며 조·미 교섭에 관한 정보를 국무부에 보고할 것 등을 훈령하였다. 이에 따라 슈펠트는 훈령대로 미국을 떠나 일본을 거쳐 6월 21일에 상하이에 도착, 여기서 톈진으로 가서 이홍장과 조·미 수교를 위한 본격적인 회담을 가졌다.[124]

미국 정부는 1881년 7월 슈펠트를 주청미국공사관 무관에 임명하였다. 이어 1881년 11월 14일 슈펠트를 다시 '조선특명전권공사'에 임명하면서 조선 전권대표에게 대통령 국서를 전달할 것과 조선과 조난선원 구휼협정을 체결할 것, 통상 권리를 확보할 것, 영사재판권과 여행 자유권을 확보할 것, 외교사절을 교환할 것 등을 지시하였다. 이렇게 하여 조선과 미국 간의 조약은 조선 전권대표를 배제한 채 슈펠트와 이홍장 간

---

123) 서명석, 2007, 앞의 논문, 32~36쪽.
124) 서명석, 2007, 앞의 논문, 36쪽.

의 타협으로 진행되었다.[125]

1882년 4월 이홍장과 슈펠트 간에 조미조약에 관한 합의가 이루어졌다. 그리고 1882년 5월 8일 마건충과 정여창이 인천에 도착하자 조선 정부에서도 5월 10일 자로 전권대관에 신헌(申櫶), 부관에는 김홍집, 종사관에는 서상우(徐相雨)를 각각 임명하였다. 1882년 5월 12일 슈펠트 제독은 수행원 15명과 호위병 20명, 그리고 중국인 통역관 2명과 함께 군함 스와타라(Swatara)호를 타고 인천 앞바다에 도착하였다.[126]

> 1882년 5월 20일 슈펠트 제독은 마건충·정여창과 함께 배를 타고 제물포 묘도(猫島)로 상륙해 인천부 행관(仁川府行館)에서 조선 대표와 인사하였다. 이때 양국 대표는 신임장을 상호 전달하였고, 슈펠트 제독은 아더(Arthur,C.A.)대통령의 국서와 신임장을 전달하였다. 다음날 5월 21일 전권부대신 김홍집은 조선 국왕에게 바친 미국 대통령의 국서에 대한 답신을 슈펠트에게 전달하였다. 이에 1882년 5월 22일 오전 10시 48분 조선과 미국은 제물포 화도진(花島鎭) 언덕 위에 설치된 천막에서 조미수호통상조약이 체결되었다.[127]

1883년 5월 주조선 미국공사 푸트(L. F. Foote)가 조선에 도착하였다. 그는 1882년 5월 조선과 미국 간에 체결되었던 조미수호통상협정의 비준을 위해 조선을 방문하였다. 그는 미국 대통령의 서명이 담긴 조약 비준서를 조선 정부에 제출하였다. 조미수호통상조약이 효력을 발휘하는 순간이었다. 이로써 조선은 관세자주권을 보장받는 국가가 되었다. 조선과 미국이 수호통상조약의 비준을 처리할 때 묄렌도르프는 번역을 담당하였다.

---

125) 서명석, 2007, 앞의 논문, 49쪽.
126) 박일근, 1981, 『미국의 개국정책과 한미외교관계』, 일조각, 222쪽.
127) 서명석, 2007, 앞의 논문, 53쪽.

5월 19일 비준 교환식이 있었고, 20일에는 고종의 알현식이 있었다. 이 일에 대해 묄렌도르프는 다음과 같이 적고 있다.

> 모든 일이 매우 훌륭하게 조정되었으며, 모든 것이 순조롭게 진행되었다. 왕을 알현하자, 왕은 나에게 그동안의 모든 노고에 대해 특별히 치하했다. 아무튼 조선 사람들은 나를 특별히 대우해 준다. 정말이지 내가 밤낮을 가리지 않고 일해야 했었던 근래 며칠 동안 사람들은 나를 소중히 대접해 주었다.[128]

조미수호통상조약이 잘 마무리에 된 것에 대하서 고종도 매우 흡족해하며 묄렌도르프의 노고를 위로해 준 것이다. 묄렌도르프 자신도 자신이 한 일에 대해 자부심을 느끼고, 조선 사람들이 자기 일에 대해 인정해 주는 것을 즐거워하고 있음을 알 수 있다. 조선은 문호개방 과정에서 묄렌도르프의 활약으로 차츰 서양의 열강들과 조약체결을 무사히 진행시킴으로써 서양의 문물을 받아들일 수 있는 계기를 마련하게 되었다.

② **조일통상장정**

묄렌도르프는 조선과 일본의 관계에도 신경을 쓰고 있었다. 1883년 4월 25일부터 27일 사이에 묄렌도르프는 일본의 거류지에 관한 문제로 일본 공사와 함께 인천에 체류하였다. 이 협의에서 자세한 통상 및 세율 협정의 결정을 보았다. 이것은 커다란 정치적 성공으로 보아야 할 것이다. 왜냐하면, 중국 상인들이 관세 지불의 문제에 있어서 큰 어려움을 주었던 것과 같이 일본도 조선 내에서 지니고 있는 그들의 위치로 보아 과연 조선에 관세를 지불하려 할 것인가 하는 것이 지극히 의심스러웠기

---

128) 묄렌도르프夫婦. 1987, 앞의 책, 68쪽.

때문이었다.

> 통상규약과 세율에 관련하여 일본과 체결한 계약이 25일 저녁 6시에 서명되었
> 소. 나 혼자서 거의 모든 책임을 맡다시피 했기 때문에 일은 무척 많았으나 세상 사
> 람들이 이번 일을 어떻게 받아들일는지 확실치 않구려. 나의 주된 임무는 무엇보다
> 도 일본 사람들에게 그러한 협약을 체결하도록 설득시키는 것이 그 본질이었던 것
> 이오. 이 협약의 결과는 전반적으로 일본의 선의(善意)에 좌우되었소. 잘된 일인지
> 아니면 그저 그런지 나로서는 상관이 없소. 그 수고스러운 일을 끝낸 것이 정말 기
> 쁠 뿐이오. 그 규약은 11월 3일에 효력을 발행한다오.[129]

위의 통상규약은 1883년 7월 25일 조선과 일본 사이에 체결된 조일
통상장정이다. 이로써 일본과 무관세 무역을 철폐할 수 있었다. 조선은
일본과 1876년 「조일수호조규(朝日修好條規)」(강화도조약)가 체결된
직후 「조일무역규칙(朝日貿易規則)」에 의해 양국 간의 통상관계에 대
한 간단한 약조가 맺어졌다. 이때 양국 대표 간에 교환된 조인희·미야모
토의정서(趙寅熙·宮本小一議定書)에 의해 수출입 상품에 대한 무관세
(無關稅)가 약정되어 조선의 관세자주권(關稅自主權)이 침해되었다.

개항 후 조선 정부는 근대 경제에 대한 지식이 늘어나면서 관세자주권
의 침해를 회복하려는 노력을 벌여 1881년 부산 두모포(豆毛浦)[130]을 다
시 설립하고 수세하고자 하였다. 그러나 일본의 강경한 반대로 조선 정부
는 내국통과세(內國通過稅)조차 내국인에 부과할 수 없었다. 이에 조선
정부는 외교적 절충에 의해 새로운 통상장정의 체결을 모색하게 되었다.
같은 해 11월에 수신사 조병호(趙秉鎬)가 35개 조의 통상장정안(通商章

---

129) 묄렌도르프夫婦. 1987, 앞의 책, 64쪽.
130) 두모진해관은 1878년 9월 28일에 설치되어 12월 19일까지 3개월을 채 넘기지 못
하고 없어지게 되었다. 그래서 1881년에 다시 설치를 시도하였다.

程案)을 가지고 일본 정부와 접촉하고자 하였다. 그러나 일본은 조선 국왕이 통상장정협상을 위해 조병호를 수신사로 파견한다는 국서(國書)를 송달했음에도 불구하고 위임장이 없다는 이유로 교섭에 응하지 않았다.

그러나 1882년 5월 「조미수호통상조약(朝美修好通商條約)」에서 관세 5%, 수출세 5%와 각 세율에 대한 3개월 전 통고로 조선 정부가 임의로 변경할 수 있다고 약정되자, 일본은 무관세 무역을 더 이상 고집할 수 없게 되었다. 그리하여 1882년 5월에 하나부사(花房義質) 공사를 조선에 파견, 마지못해 통상조약에 관한 협상을 하였다. 임오군란이 일어나 중단되었다가 군란 후 협상을 재개하려 했지만, 반일 감정이 거세지는 것에 당황한 일본은 주조선미국공사에 알선을 당부하였다. 이에 신임 다케조에 일본공사는 조선 정부의 재정고문인 묄렌도르프의 협력을 얻어 거의 1년간 중단되었던 조일통상회담을 열었다. 십여 일의 협상을 거쳐 통상장정을 체결되었다.

1876년 강화도조약의 무관세에서 1882년 조미수호통상조약으로 관세 5%를 더 내야 되는 상황에서도 불구하고 일본 측에서 묄렌도르프의 협력을 얻어 적극적으로 협상을 체결하려고 했던 이유는 도대체 무엇일까?

전 42조에 걸친 이 장정의 중요 내용은 ① 아편수입 금지(제31관), ② 천재·변란으로 인한 식량 부족의 우려가 있을 때 방곡령(防穀令) 선포(제37관), ③ 관세 및 벌금의 조선 화폐에 의한 납입(제40관), ④ 일본 상민에 대한 최혜국 대우(제42관), ⑤ 장정의 5년간 유효(제42관) 등이다. 이 조약으로 조선은 관세권(關稅權)을 회복하고, 양곡에 대한 방곡으로 양정권(糧政權)을 수호할 수 있게 되었으며, 무질서한 일본의 무역활동을 제도적으로 규제할 수 있게 되었다. 하지만 일본 측에서는 최혜국 대우의 조건을 가져갈 수 있었다. 최혜국 대우 조항은 통상적으로 통상·항해·

산업·거주·과세·사법상(私法上)의 권리 등에 대하여 인정되기 때문이다.

한편, 이 통상장정의 체결에 따라 부과되는 관세에 관한 시행세칙으로 「조선국해관세칙(朝鮮國海關稅則)」이 동시에 조인되기도 하였다. 조일통상장정으로 조선은 일본과의 통상에서 관세권을 회복할 수 있었다. '나 혼자서 거의 모든 책임을 맡다시피 했기 때문에 일은 무척 많았으나'에서 볼 수 있듯이 조일통상장정에 묄렌도르프가 상당히 관여했음을 알 수 있다. 또한 묄렌도르프는 조일통상장정을 체결하면서 '이번 일을 어떻게 받아들일는지 확실치 않구려.'처럼 임오군란으로 반일감정이 좋지 않던 때라 민심의 눈치를 보고 있음을 알 수 있다. 하지만 묄렌도르프는 조일통상장정에서 조선의 이익을 반영하려고 그렇게 애쓰지는 않은 것 같다. 장정에 대해서 '잘된 일인지 아니면 그저 그런지 나로서는 상관이 없소. 그 수고스러운 일을 끝낸 것이 정말 기쁠 뿐이오.'라고 하면서 묄렌도르프는 조선이 일본과의 조약체결에 그다지 관심이 없음을 알 수 있다. 일본과 조약을 체결하는 것은 그저 그의 직책에 대한 임무를 다한 것 뿐이었다.

### ③ 조러통상수교조약

그럼, 묄렌도르프가 관심을 가지고 체결을 원했던 조약은 무엇이었을까?

> 1884년 봄, 조선과 조약을 체결하기 위해서 러시아 대표가 입국하기를 기다리고 있었다. 남편은 이 조약의 체결을 매우 원했다. 왜냐하면 그는 조선 내의 강대국들이 많이 있으면 있을수록 그만큼 더 조선은 일본이나 청국의 영향으로부터 독립할 수 있다고 생각했기 때문이었다.[131]

---

131) 묄렌도르프夫婦. 1987,앞의 책, 74쪽.

묄렌도르프 부인의 글에서 보면 묄렌도르프는 러시아와의 조약을 매우 원했던 것을 알 수 있다. 그 이유는 외세를 조선에 두고자 하면 할수록 청나라와 일본의 영향으로 벗어날 수 있다고 생각한 것이다. 그렇다면 조러통상수호조약은 묄렌도르프의 혼자서만의 계획이었을까?

묄렌도르프는 조선에 와서 통리기무아문에서 근무하였다. 당시 민영익이 통리기무아문의 중심적 역할로 외교·통상 업무를 전담하고 있었다. 민영익은 조미수호통상조약이 체결된 뒤 미국에 파견하는 보빙사의 전권대신으로 임명되어 1883년 7월 미국으로 출발하여 영국, 프랑스 등 유럽 제국을 순방한 후 1884년 5월 7일에 귀국하였다.

민영익은 외유를 통해 러시아에 대해서도 새롭게 인식하게 되었다. 러시아가 강력한 무력을 보유하고 있어 유럽 제국을 공포에 몰아넣고 있으며 조만간 조선에도 영향을 미치게 될 것으로 예상한 민영익은 고종에게 "산업과 문물은 미국이 제일일 뿐 아니라 은부 무진장(無盡藏)의 국토이며, 또 평화를 사랑하는 민족이나, 그러나 미국의 군대는 장난감과 같이 병기는 마치 유민(遊民)에 불과하다 한 다음, 유럽의 일반 형세를 진술함에 이르러서는 특히 러시아의 강대함에 놀랐노라고 하면서 유럽 여러 나라는 모두 러시아를 무서워한다고 하였다."[132] 라고 하면서 일본이나 청국만 상대할 것이 아니라 러시아의 보호를 받아야 한다고 건의하였다. 청의 내정간섭 심화에 반감을 가지고 있던 고종 역시 1884년 초 개인적으로 외교특사 김관선을 노보키에프스코에 부락으로 파견하여 외교관계 체결 의사를 밝히고 있었으므로 민영익의 건의는 친러정책 추진에 상당한 탄력을 제공하였던 것으로 보이며 결국 윤 5월 조러수호통상조약(韓露修好通商條約)을 조인하기에 이르렀다.[133]

---

132) 金道泰, 1972, 『徐載弼博士自敍傳』, 乙酉文化社, 112쪽.

이러한 사항으로 조러수교통상조약은 묄렌도르프의 개인적인 생각만으로 추진된 것이 아니라, 우선 고종이 1884년 초에 개인적으로 러시아와 외교관계를 위해 외교특사를 파견하였고, 이에 민영익의 건의가 합쳐져 조러수교통상조약의 계획이 수립된 것으로 보인다. 이 계획에 '러시아와의 조약은 매우 바람직하오.'[134]라고 생각했던 묄렌도르프가 적극적으로 도와서 조러수교통상조약이 성사된 것이다.

그럼, 왜 묄렌도르프는 자신을 조선에 파견한 이홍장의 뜻을 저버리고 러시아를 조선에 끌어들이려고 했을까?

> 나는 다시 한번 위기를 넘겼는데, 청국인들, 특히 그 늙은 진수당(陳樹棠)은 나를 실각시키려 했었다오. 이제는 다 지나간 일이고 모든 것이 다시 정상이 되었소. 일본인들은 이번에 아주 우호적으로 열심히 중재(仲裁)해 주었소. 그들은 나를 그냥 놔두라고 노골적으로 요구했으며, 그렇지 않으면 예전의 사정은 파탄을 면치 못할 것이라고 했소.[135]

위의 글은 1884년 4월부터 7월까지 묄렌도르프가 자신의 부인에게 보낸 편지의 내용이다. 묄렌도르프는 조선의 재정 고문으로 파견된 진수당과 갈등이 있었던 것으로 보인다. 이 갈등을 중재시켜 준 것이 일본인들이라는 것이었다. 이로써 묄렌도르프는 개인적으로 진수당과 갈등을 겪으면서 청나라로부터 마음이 돌아선 것이 아닌가 추측해 볼 수도 있다.

> 정치적인 일대 쾌거를 통해서 나는 청국인들을 다시 내 편으로 만들어 놓았으며, 모든 것은 다시 우호적이고도 안정되어 있다오. ~<중략>~음모와 공격에 항상

---

133) 노대환, 2002, 앞의 논문, 474쪽.
134) 묄렌도르프夫婦. 1987, 앞의 책, 75쪽.
135) 묄렌도르프夫婦. 1987, 앞의 책, 74쪽.

신경을 쓰는 것보다는 일하는 편이 훨씬 쉬운 것 같소.[136]

　뮐렌도르프는 청국인들한테 많은 음모와 공격의 대상이 되었던 것이
다. 후에는 다시 자신의 편으로 만들어 놓았지만, 음모와 공격 속에서 마
음이 편치 않았을 것이며, '나는 이곳에 영원토록 머무를 생각은 없소.
유럽인은 동양의 생활에는 정말 맞지도 않고, 또 결코 아시아인이 될 수
도 없소. 4~5년이 지나 나의 일들이 어느 정도 정리가 되면, 나는 다른
사람에게 그 일들을 넘겨줄 수 있을 것이오.'[137]라고 말했듯이 그는
4~5년 뒤에는 다시 고국으로 돌아갈 생각을 가지고 있었으므로 그렇게
까지 청국의 눈치를 볼 필요가 없었던 것이다.
　뮐렌도르프는 러시아와 조약이 체결되고 나서 다음과 같이 쓰고 있다.

　　이때 청국과의 관계는 매우 밀접한 사이였는데! 그러나 다행히도 조약은 성취되
　었다! 오늘 러시아 공사가 드디어 조약에 서명했다! 모든 일이 잘되어 있으며, 우리
　가 다행스럽게도 이 山을 넘게 된 것이 기쁘기만 하다.~<중략>~모든 것을 순조
　롭게, 그리고 조선인이나 청국인들을 만족하도록 절충하는데 성공하게 되어서 대
　단히 기쁘다. 러시아 공사가 내일 출발한다. 그는 유럽으로 휴가를 떠나는데, 나도
　톈진(天津)으로 가기 위해 즈푸(芝罘)까지 그와 동행한다.

　뮐렌도르프는 '이때 청국과의 관계는 매우 밀접한 사이였는데!'에서 알
수 있듯이 그도 청나라의 관계 속에서 고민을 했음을 알 수 있다. 따라서
청국과의 밀접한 관계 속에서도 러시아와의 조약이 성취된 것에 대해서
무척이나 기뻐하고 있음을 알 수 있다. 그리고 이 러시아와의 조약이 청

---

136) 뮐렌도르프夫婦. 1987, 앞의 책, 75쪽.
137) 뮐렌도르프夫婦. 1987, 앞의 책, 75쪽.

국인도 조선인들도 만족할 수 있도록 절충되어 성공하였다고 생각하였다. 그럼, 청나라는 왜 이리 쉽게 조러통상조약을 인정해 주게 된 것일까?

조선이 러시아와 조약을 체결할 당시 청국은 프랑스와의 긴장감 속에 놓여 있었다. 인도차이나제국의 건설을 기도(企圖)하는 프랑스는 청국의 조공국인 베트남의 북부를 점령하였고 또 청국이 전쟁을 결정하지 않을 수 없도록 대만까지 점령해 버렸다.[138] 청국은 이러한 국제정세 속에서 조선에 대해 그다지 신경을 쓸 수 없는 상황에서 묄렌도르프는 조러통상조약을 성공적으로 체결할 수 있었던 것이다. 그리고 이러한 상상황속에서 청나라는 자신에게도 큰 제재를 가할 수 없으리라고 판단하였을 것으로 추측된다. 하지만 그의 판단과는 달리 조러통상수교조약으로 인하여 조선에 영국이 거문도를 점령하는 사건이 일어나자, 그 즉시 바로 묄렌도르프는 청국으로 소환되어 다시는 조선으로 돌아올 수 없는 상황이 되어 버렸다.

묄렌도르프는 조미수호통상조약에서는 밤낮을 가리지 않고 적극적으로 미국과 수호통상조약의 비준을 교환하기 위해 애쓴 반면, 일본과의 조약체결에 대해서는 자신과 상관없다는 듯 무관심한 태도를 보이고 있었고, 러시아의 조약에서는 청의 입장을 입장에도 불구하고 상당히 적극적으로 임했음을 알 수 있다. 이것은 조선에 강대국을 끌어들임으로써 조선을 청국과 일본으로부터 독립하고자 하는 의지를 동반하고 있음을 알 수 있다.

### (4) 한글전용이 필요하다

묄렌도르프는 통상조약체결 이외에도 민중의 교육을 고양하고, 생산

---

138) 묄렌도르프夫婦. 1987, 앞의 책, 76쪽.

능력이 있는 산업을 창출하는 것에 관심이 많았다. 왜냐하면 조선이 독립하기 위해서는 이 두 가지가 가장 효과적인 방법이라고 그는 생각하고 있었기 때문이다.

> 조선은 일반 교육과 산업 활동을 통해서만 독립을 확보할 수 있을 것이다. 비록 작은 나라이기는 하지만, 지력을 갖춘 유복한 국가가 됨으로써 이웃 나라들의 존경을 받을 수 있으며, 이에 상응하는 자국의 본래 위치를 지킬 수 있을 것이다. 조선 민족은 총명하고 일본인들보다도 재능이 우수하다. 일본인의 두뇌로는 유럽 학문의 연구라는 힘든 작업을 감당할 수 없을 것이라는 사실을 알았다. 옛것에서 새것으로의 급속한 변화는 어디에서도 권장할 만한 일이 못 된다 하더라도 조선인들이 이것을 두려워할 필요는 없다.[139]

묄렌도르프는 교육에 상당한 관심을 가진 것으로 보인다. 묄렌도르프는 교육을 통하여 강국이 되어 다른 나라가 넘볼 수 없는 나라가 되어야한다는 주장이었다. 묄렌도르프는 조선 민족이 일본인들보다 재능이 우수하다고 하였고 일본인의 두뇌로서는 유럽 학문의 연구는 힘들 것이라고 하면서 조선 민족의 우수성을 말하고 있었다.

> 공공 생활에서 일반적으로 사용하고 있는 한문은 완전히 없어져야만 한다. 한자의 습득은 너무도 많은 시간을 요구한다. 조선어는 풍부하며 조선의 한글은 간단하면서도 합리적이다. 어떤 言語든지 관계없이 유럽어 중 어느 한 가지는 모든 학교에서 가르쳐야 한다.[140]

위의 글에서 묄렌도르프는 사회적 진화론적 세계관을 엿볼 수 있다. 묄

---

139) 묄렌도르프夫婦. 1987, 앞의 책, 107쪽.
140) 묄렌도르프夫婦. 1987, 앞의 책, 107쪽.

렌도르프는 조선에서 한문이 완전히 없어져야만 한다고 말하면서 탈중국을 지향하고 있음을 알 수 있다. 또한 묄렌도르프는 유럽어 중 한 가지를 모든 학교에서 가르쳐야 한다고 말하면서 언어를 통해 유럽과 소통하고 따라서 유럽의 선진적인 문물을 받아들여야 한다고 주장하였다.

1883년 외아문에 흡수된 외국어 교육기관인 동문학 건립에도 참여하면서 조선의 근대화 작업에 묄렌도르프는 광범위한 영향을 끼쳤다.

> 국민학교에 주력을 기울여야 하며, 최초의 국민학교 교과서는 일정한 목표를 세워 신중하게 준비하는 것이 반드시 필요불가결하다. 나는 그 당시 1천만 인구의 8도에다 800개소의 국민학교와 24개소의 중학교를, 그리고 수도에는 자연과학, 외국어 그리고 공업 부문의 전문학교를 각각 1개씩 세우려고 생각하고 있었다.[141]

묄렌도르프는 지금의 초등학교에 주력을 기울여야 한다고 하였다. 왜 그럼 초등학교에 주력을 기울여야 할까? 초등학교의 기본적인 교육에 힘씀으로써 문맹률을 낮추어 지력(智力)을 갖춘 부강한 나라가 되길 바랐기 때문이다. 1883년 이후 조선에서는 학교 수의 구체적인 계획을 세웠고, 영어 교사도 초빙함으로써 민중 교육에 힘썼다. 1883년 8월에 통리교섭통상사무아문의 부속기관으로 서울 제동(齊洞)에 영어학교(동문학(同文學) 또는 통변학교(通辯학교)를 설립하였다. 이 학교는 근대적 과학과 문화를 가르치는 것이라기보다는 일종의 통역관양성소였다.[142] 또한 1883년 함경도 원산에 최초의 근대식 사립학교인 원산학사가 세워진 이후로 한국에는 서구 근대사상 및 교육을 배우기 위하여 많은 수의 학교들이 설

---

141) 묄렌도르프夫婦. 1987, 앞의 책, 107쪽.
142) 李光麟, 1981, 「개화사상의 보급」, 『한국사』16, 국사편찬위원회, 575~576쪽.
　　李泰永, 1983, 「Möllendorff와 韓末開化期의 行政改革」, 『묄렌도르프』, 정민사, 165쪽.

립되었다. 1886년에는 정부가 외국어를 해독할 수 있는 관리를 양성하기 위한 목적 아래 육영공원을 설립하였다. 좌우 양원으로 학급을 편성하였는데, 좌원에 나이 어린 정부 관리를, 우원에 양반 계층의 자제들을 수용하였다. 육영공원은 우리나라 최초의 근대식 국립학교였다.

또한 서서히 밀려오는 서양 문물에 주도적으로 대응하기 위한 당시 우리 민관의 노력은 근대 학교 시스템의 공적 제도화와 민족사학 설립 운동 등으로 확대되었다. 구국의 일념을 갖고 있던 민족 선각자들은 개화기 이후 국권이 흔들리는 위기 상황에서 국민 계몽을 통해 나라의 기운을 키우기 위해 왕성하게 활동하였다. 구체적으로 1894년의 갑오개혁 이후 근대적 교육이념에 따라 신식 학교 제도가 마련되고, 한성사범학교·소학교·외국어학교 등이 설립되었다.

갑오개혁 기간에는 특히 이러한 교육제도 개혁을 담당했던 정동파인사들은 아관파천 후에도 여전히 정부의 요직을 차지하였기 때문에 갑오개혁 때 입안된 교육 관련 법령 가운데 일부 조항을 개정·보완함으로써 근대적 교육의 내실을 기하는 데 박차를 가하였다. 먼저 1896년 2월 20일 학부령(學部令) 제1호로 공립소학교(公立小學校)에 대한 국고금 보조와 교원의 지원을 규정한 「보조공립소학교규칙(補助公立小學校規則)」이 발포되어, 초등교육은 한층 더 확대되어 갔다.[143] 이 규칙은 갑오개혁 중에 근대적인 초등교육을 실시하기 위해 발포된「소학교령(小學校令)」과「소학교규칙(小學校規則)」을 제도적으로 뒷받침하는 후속 조치였다. 이에 따라 한성부의 동현(銅峴)과 안동(安洞)에 각각 관립소학교가 증설되었으며, 새 지방제도에 따라서 한성부를 비롯한 13개 관찰부

---

143) 송병기·박용옥·박한설 공편저, 1970, 『韓末近代法令資料集』2, 國會圖書館, 46∼48쪽.

와 개성·강화 등 2개 부, 인천·부산·원산·경흥 등 4개 개항장, 제주 1개 목, 그리고 양주군 등 17개 군 등 전국 38개의 요지에 공립소학교를 설립하는 계획이 마련되었다.[144] 묄렌도르프는 민중의 교육 고양은 조선의 근대식 학교제도를 확립하고 근대적 내용의 교육을 실시하는데 밑바탕이 되었다.

이처럼 묄렌도르프는 조선의 각 분야의 개혁에 대해서 구상을 하고 있었다. 묄렌도르프는 조선이 자생력을 향상시켜 빈곤에서 벗어나 근대로의 발전을 희망하고 있음을 알 수 있다. 이와 같은 개혁안은 그는 조선에서 관료로 생활하면서 근대 조선을 희망하는 것에서 나온 것이라 할 수 있다.

묄렌도르프는 조선의 최초 서양인 고문관이자 공식적인 조선의 관직을 가지고 활약한 그는 임오군란 직후부터 갑신정변을 거치는 개화 초기 3년 동안 격변의 소용돌이를 몸소 경험한 인물이었다. 조선은 일제에 의해 강압적이고 불평등한 조약을 체결함과 동시에 문호를 개방하게 되어 임오군란, 갑신정변 등 혼란의 격동기 시절에 조선의 외교 고문으로 오게 되어 참으로 설레어 하고 기대감이 부풀어 있었다. 아무리 조선이 암울하고 혼란한 시대를 보내고 있었지만, 조선의 근대를 위해 힘을 쓸 수 있는 지위에서 하나씩 개혁을 할 수 있는 것에 자부심을 느끼고, 보람을 느낀 것 같았다. 조선의 격동기의 혼란 속에서 불안함과 무서움을 느끼기보다는 조선인을 독려하고 조선의 근대화에 희망을 가지는 모습을 볼 수 있었다. 따라서 그는 조선을 위해 일하는 것이 자신을 위한 것이고 자국(독일)을 위한 것임을 알 수 있었다.

---

144) 송병기·박용옥·박한설 공편저, 1970, 앞의 책, 113·173~174쪽.

## 2. 칼스의 여행, '아무리 뒤져도…'

### 1) 조선을 오다

#### (1) 연보

<그림-7> 윌리엄 리차드 칼스
출처:
http://anthony.sogang.ac.kr/Carles/Will
iamRichardCarles.html

윌리엄 리차스 칼스(William Richard Carles; 이하 칼스)는 1848년 6월 1일에 영국의 워윅(Warwick)에서 찰스 에드워드 칼스(Charles E. Carles) 목사의 둘째 아들로 태어났다. 그는 말보로 대학(Marlborough College)을 졸업하고, 중국에서 일하고 싶어 19세의 나이인 1867년에 중국으로 건너왔다. 베이징(北京) 주차 영국공사관의 번역을 담당하면서 유학 생활을 시작하였다. 이 기간에 중국어 능력을 크게 향상한 그는 중국에서

영국공사관 서기관 대리(1882~1883)로 외교관 생활을 시작하였다. 1883년 11월에 조선과 수호통상조약을 체결하기 위한 영국사절단의 수행원으로 서울을 방문하였다. 그리고 그는 1884년 3월에 조선 주재 영국 부영사에 임명되어 같은 해 4월 조선에 입국하여 1885년 6월까지 조선에서 일하였다.

칼스는 1883년과 1884년에 조선을 여행한 뒤 그 내용을 1885년에 영국 의회에 보고했으며, 1886년 1월에는 런던 왕립지리학회에서 발표하였다. 그리고 1886년에 헬렌 엠 제임스(Helen M.James)와 결혼하였다. 칼스는 약 18개월 조선에서 근무하다가 1885년 6월에 상하이(上海) 주

재 총영사관의 부영사로 임명되어 중국으로 돌아갔다. 그 뒤 그는 충칭 (重慶; 중경) 주재영사(1889)와 한커우(漢口) 영사 대리(1895~1896), 푸저우(福州) 영사 대리(1897~1898), 톈진(天津)·베이징 영사 지내다가 톈진 총영사(1899~1900)를 역임하면서 의화단 사건을 겪고 나서 1901년 영국으로 돌아가 은퇴하였다. 은퇴한 뒤 그는 왕립지리학회 회원(FRGS)과 세계적인 동식물학회인 린네협회(Linnean Society)의 회원(FLS)으로 활약했으며, 성(聖) 마카엘·조지 훈장(CMG, 1901)을 받았다. 그는 1929년 4월 7일에 사망하였다.[145]

1883년 11월 26일에 조영수호통상조약이 조인되고 이듬해 4월 양국의 비준이 교환되면서 영국인들의 조선 여행이 비로소 본격화될 수 있었다. 조약이 체결되기 전에는 일부 영국인들이 만주 지역을 여행하면서 조선의 북부 지역에 대한 관심을 보이기 시작하였다. 따라서 양국의 외교 관계가 공식화되자 비로소 영국인들이 조선 내륙의 깊숙한 곳까지 여행하는 것이 가능해졌다.[146] 이에 칼스도 청국 주재 영국 공사관 서기관 대리로 근무하면서 1883년 11월 조선에 들어와 북부지방을 여행하며 광산 자원을 조사하였다.

그리고 1884년 4월에는 조선 주재 부영사로 부임하여 제물포에서 근무하면서 1885년까지 1년여간 조선에 머물렀다. 칼스가 부영사로 임명된 당시 미국과 일본은 조선에 지질학자를 파견하여 자원 탐사를 진행하고 있었다. 영국 정부는 이들 국가와의 경쟁에 뒤처질 것을 두려워하여 주변국에 근무하던 외교관을 파견하여 지역조사를 진행하도록 하였

---

145) W.R.칼스, 1999, 『조선풍물지』, 집문당, 3~4쪽.
146) 윌리엄 칼스 외, 2019, 『영국 외교관의 근대 한국 탐방』, 한국학중앙연구원 출판부, 6쪽.

다. 이에 따라 베이징 공사관에서 근무하고 있던 칼스는 전보를 받고 조선에 파견되었다.[147]

### (2) 조선으로 : 영국을 위해 개척할 만한 것들을 찾아내겠다

칼스는 중국에 있으면서 조선을 엿볼 수 있었다. 조선의 사신들이 정기적으로 두 번 베이징으로 찾아갔기 때문이었다. 한 번은 조선 사신들이 중국에 조공(朝貢)을 바치기 위함이었고, 또 한 번은 그다음 해의 달력을 받아 가기 위해서 간 모습을 보았다. 칼스는 1884년 3월 17일 조선 주재 영국 부영사로 임명되어 같은 해 4월 조선에 들어왔다.

칼스가 느낀 조선인의 인상은 '조선 사람들은 뚜렷한 두 계급인 관료와 하인으로 나뉘었다. 그러나 주인이나 하인은 외국인에게 단 한 번도 웃어 보이거나 말을 하지 않았다. 조선의 관리들은 자주색이나 푸른색의 비단으로 짠 관복을 입어 밝고 화사하여 멀리서도 쉽게 알 수 있었다.'[148]라고 하였다. 칼스는 관료와 하인으로 나누어지는 모습에서 조선의 사회가 신분제 사회였음을 알았다. 그리고 외국인을 대하는 조선인들의 무뚝뚝한 표정에서 외국인을 그리 반기지 않는 느낌을 받았다. 이러한 느낌은 조선인들이 외국인들과 부딪힌 사건들 즉, 1866년 천주교인들의 박해, 제너럴셔먼호 사건 등으로 조선 사람들은 외국인을 향해 증오심을 갖게 되었기[149] 때문이라고 생각하였다.

칼스는 조선인들이 쓰는 모자 즉, 갓에 관심을 가졌다. 그는 갓을 '웨일

---

147) 정희선·이명희·송현숙·김희순, 2016, 「19세기 말 영국 외교관 칼스(W.R.Carles)가 수집한 한반도 지 역정보의 분석」, 『문화역사지리』 제28권 제2호, 한국문화역사지리학회, 35쪽.
148) W.R.칼스, 1999, 앞의 책, 17쪽.
149) W.R.칼스, 1999, 앞의 책, 19~20쪽.

즈 여자의 모자와 같이 머리에 꼭 맞게 짜인 원뿔형에다가 3~4인치의 둥근 접시 모양으로 밑에 테를 둘렀다. 모자의 두 부분 모두가 고기를 넣어 두는 찬장의 구멍 난 면의 천과 같은 물질로 이루어진 듯했으며 넓은 끈으로 턱 밑에서 묶여 있었다.'150)고 하였다. 칼스는 갓을 영국의 남서부에 있는 웨일즈 지방의 여성 모자와 비슷하게 느꼈다. 영국에서는 여성이 쓰는 모자를 조선의 남자들이 쓰고 있는 것에 관심을 가지고 이 갓을 사려고 했으나 실패하였다. 왜냐하면 조선 사람들은 변문(邊門)에 1년에 3번씩 열리는 시장에서 공식적인 검열 아래 중국인들과 상품을 거래하는 것을 제외하고서는 아무 물건도 함부로 팔지 않았기 때문이었다.

칼스는 '중국에서는 조선에서 사용되는 엽전조차 얻을 수 없었고 중국의 북부 지방에서는 종이, 인삼, 나무가 거의 유일한 조선의 상품이었다.'151)라고 하였다. 이 셋 중에서 종이는 붓으로 글씨 쓰기에 참 좋았으며 매우 질겨서 거의 모든 집과 절에서 바깥에 노출된 문과 창문에 붙이는 것으로 쓰였다. 질기고 빗물이 들지 않으며 빛을 흡수하기 때문에 이 종이는 겨울철에 집 안의 유리 대신으로 썼다. 조선 인삼의 좋은 점에 관해서는 중국인들도 완전히 신뢰하고 있었다. 나이가 들어 활력을 잃고 오랜 질병으로 기운이 없고 허약한 사람에게 인삼이 매우 효력이 있었고, 질이 가장 좋은 것이라면 그 약은 거의 금의 무게만큼 같은 값어치가 있었다. 조선의 목재는 북경에서도 유명하였다. 북경 주변에는 숲이 없어서 거의 모든 목재를 요동과 조선에 의지하였다. 이러한 중국에 널리 유행하고 있는 조선의 문화를 칼스는 중국에 있을 때 접하게 되면서 관심이 가졌다.

1882년 자딘-매티슨 상사(Messrs Jaradine, Matheson & Co.: 이화양행

---

150) W.R.칼스, 1999, 앞의 책, 18쪽.
151) W.R.칼스, 1999, 앞의 책, 18쪽.

(怡和洋行))의 동업자인 패터슨(Mr. Paterson)이 칼스에게 개인적으로 조선을 방문해 달라고 요청하였다.[152] 이화양행은 1832년에 영국인 윌리엄 자딘(Scots William Jardine)과 제임스 매티슨(James Matheson)이 공동으로 중국 광둥(廣東)에 설립한 유한책임합자회사이며, 이 회사의 중국 명칭이 이화양행이었다. 이화양행은 인도의 아편과 필리핀의 향신료, 설탕 등을 중국에 들여오고 중국의 차와 비단 등을 영국으로 수출하면서 부를 축적하였고, 영국이 아편 전쟁을 일으키는 과정에도 개입하였다. 난징조약(南京條約) 체결 이후에는 상하이, 홍콩 등에 진출하였다. 1859년에는 일본 요코하마에 지점을 개설하고 고베와 나가사키까지 영업을 확장하였다.

이화양행은 묄렌도르프의 주선으로 조선에 들어온 최초의 서양 양행이었다. 묄렌도르프는 중국에 있을 당시부터 이미 이화양행의 대리인 거빈스(W.R.G ubins)와 친분이 있었다. 이화양행은 이 인연으로 1883년에 제물포에 교역소를 설치하고 상하이-제물포를 왕복하는 정기항로를 개통하고 광산채굴권 획득할 수 있었다. 1883년 7월 18일 이화양행은 경기도 용평 만세교의 사금장(砂金場) 채굴권을 양도받았다. 이화양행은 광산채굴권을 획득하고 더 많은 광산을 조사할 필요가 있었다. 이때 이화양행 동업자 패터슨이 조선으로 광산을 조사하러 왔다. 패터슨은 칼스와 함께 조선 현지답사를 실시하였다. 이때는 조영조약이 1883년 11월 26일에 체결되기 전이었기 때문에 조선의 내륙 깊숙이까지는 둘러볼 수 없었다. 그렇기 때문에 당시 청국 주재 영국 공사관 대리였던 칼스와 동행함으로써 행정적 절차의 도움을 받지 않았을까 추측해 볼 수 있다.

---

152) W.R.칼스, 1999, 앞의 책, 22쪽.

이때의 방한으로 나는 그때 예상했던 것보다 더 깊은 관계를 맺게 되었다. 티베트(Tibet)나 로라이마(Roraima)[153])와 같은 천연적인 장벽을 갖추고 있지 않으면서도 자신의 나라에 침입하려는 유럽인들의 공격을 모두 물리쳤던 그 나라에 대해서 내가 당연히 흥미를 느꼈던 것은 더 말할 필요도 없다.[154])

칼스는 조선을 둘러보면서 천연적인 요새를 가진 나라가 아닌 조선이 병인양요, 신미양요에서 서양인들을 물리친 것에 대해서 상당한 흥미를 느끼고 있었음을 알 수 있다. 당시 조선은 선교사들을 통해 알려진 것을 제외하고는 서양인들에게는 생소한 나라였다. 이런 조선에 대해 흥미를 느끼게 되었고, 이런 차에 패터슨의 조선방문 요청이 있었다. 이러한 조선 방문은 칼스 자신이 생각했던 것보다 더 깊게 조선과 관계를 맺게 되었다.

그리고 또 하나의 이유는 조선 주재 부영사로 입장이었다. 조선과 영국은 1882년 6월에 수호통상조약을 체결하였다. 그러나 조약체결 직후부터 영국 내부에서는 조영조약 비준안을 거부해야 한다는 여론이 조성되었다. 왜냐하면 영국 상선과 상인들은 조선의 개항장 간 무역 및 내지에서 자유롭게 무역활동을 할 수 없었기 때문이었다. 당시 1882년 음력 8월 23일에 체결한 조청상민수륙무역장정에서는 청 상인은 조선에서 5%의 수입관세율, 조선의 개항장 및 내지에서 무역할 수 있는 특권을 확보하였다. 이에 영국은 조청장정을 통해 조영조약의 비준안을 거부할 명분을 확보하고 동일한 조약을 체결했던 미국과 독일의 동향을 파악하였다. 하지만 미국은 이미 조약 비준 절차를 마무리한 상황으로 비준서 교환 및 조선 주재 외교관의 파견만 남겨둔 상황이었다. 이에 사실상 영국

---

153) 로라이마(Roraima) : 브라질 북부의 아마존 지역을 의미함.
154) W.R.칼스, 1999, 앞의 책, 22~23쪽.

에게는 독일만이 공조 대상으로 남아 있었다.155) 영국은 독일정부에게 조선과 체결한 조약의 비준 거부를 위한 공동 대응을 제안하였다. 독일은 영국과 공조를 통해 조선과 체결한 조약 비준을 연기하기로 하였다.

기존의 조약이 존재하는 한 조약 개정이 어렵다고 판단했던 파크스는 기존의 조약 비준안을 대체하는 새로운 조약 초안을 작성하였다. 영국과 독일은 파크스가 작성한 조약 초안을 바탕으로 작성한 협상안(조약, 통상장정, 세칙)을 조선 측 전권대사에게 제출하기로 합의하였다. 그 결과 조영조약이 체결되던 1883년 11월 26일 독일도 역시 조선과 조약을 체결할 수 있었다. 물론 독일이 조선과 체결한 조약은 조영조약과 동일한 내용이었다.156) 영국은 독일의 동조까지 얻어가면서 비준을 연기하였고 새롭게 조약을 작성하여 조영조약을 체결할 정도로 그들의 이익을 추구하는데 최선을 다한 것이었다. 조약 비준이 완료된 1884년 4월 28일 이전까지 동아시아 주재 영국외교관들은 여러 차례에 걸쳐 조선 현지답사를 실시하였다.

1884년 4월, 파크스 경(Sir Harry Parkes)은 1883년 11월 26일에 체결된 조영조약의 비준서를 교환하기 위해 조선으로 왔다. 조선 주차 총영사로 임명된 애스톤(W.G.Aston)과 힐리어(Walter C. Hillier)는 파크스 경을 수행하여 조선으로 들어왔다. 이때 칼스도 조선 주차 부영사로서 조선으로 들어왔다. 칼스는 조선에 들어온 후 며칠 뒤에 한강을 탐사하기 위해 클레오파트라호의 두 명의 장교들과 함께 제물포로 왔다.

---

155) 한승훈, 2010, 「조선의 불평등조약체제 편입에 관여한 영국외교관의 활동과 그 의의(1882~1884)」, 『한국근현대사연구』제52집 53, 한국근현대사학회, 55~56쪽.
156) 한승훈, 2010, 앞의 논문, 61~62쪽.

작은 증기선에 예인 되는 군함용 돛배를 타고 1871년 미국 탐험대의 습격을 받았던 요새를 바라보면서 우리는 내륙과 강화도 사이를 통과했다.[157]

1871년 미국 탐험대의 습격을 받았던 사건은 신미양요이다. 신미양요는 1871년 6월 1일에 발생한 조선과 미국과의 전투였다. 1866년 7월의 미국 상선 제너럴서면호가 평양에서 군민의 화공으로 불타버린 사건의 책임과 통상 교섭을 명분으로 조선의 주요 수로였던 강화도와 김포 사이의 강화해협을 거슬러 올라왔고 조선 측의 거부를 무시하고 무력으로 침공을 시도하여 교전이 일어났던 곳이다. 칼스는 신미양요가 일어난 현장을 군함용 돛배를 타고 지나가면서 미국에 습격을 받았던 요새를 바라보고 있었다.

칼스는 조선에 오기 전부터 조선이라는 나라가 어떻게 프랑스(병인양요), 미국(신미양요)의 공격에 천연적인 장벽을 갖추지 않고 있으면서 그들을 물리쳤는지 무척이나 흥미를 느끼고 있어서 그 호기심으로 그 현장을 지나가면서 습격받았던 요새를 보면서 신미양요를 떠올렸다. 칼스는 부영사관으로 조선에 온 목적을 다음과 같이 밝히고 있다.

영사관 직원은 상업적인 문제를 제외하고는 관여할 수가 없다. ~<중략>~ 내가 얻기 위해 애써 노력했던 두 가지 일은 허사가 되었다. 첫째로는 많은 상담과 상당한 돈을 들여 인삼 몇 뿌리를 구입했지만, 그것들은 심자마자 이내 시들어 버렸다. 나중에 알고 보니 뿌리가 없었다. 둘째로는 꿩을 얻기 위해 상금을 걸고 서울에도 알리고 공적인 도움도 요청했다. 그러나 꿩이나 그 알을 얻을 수 없어 유감스러웠다. 꿩은 영국으로 수출될 만큼 가치가 있었기 때문이었다. 나는 수출을 목적으로 꿩을 구입하고자 했다.[158]

---

157) W.R.칼스, 1999, 앞의 책, 74~75쪽.
158) W.R.칼스, 1999, 앞의 책, 81~82쪽.

칼스는 영사관 직위로 조선의 상업적인 문제에 관여하겠다는 것을 표방하였다. 그는 조선의 물건 중 인삼과 꿩에 관심을 보였고 인삼과 꿩 구입에 적극적으로 임하였다. 하지만 돈을 상당히 많이 주고 산 인삼들은 심자마자 시들어 버렸고, 꿩은 구할 수조차도 없었다. 칼스는 수출할 목적으로 꿩을 구입하고자 했던 것을 알 수 있다.

그럼, 왜 칼스는 이렇게 꿩 구입에 적극적이었을까? 영국은 과거 스코틀랜드나 웨일스의 숲에서 꿩 등을 사냥하던 전통이 있었으며, 이러한 꿩 사냥으로 꿩 요리를 즐겨 먹었다. 꿩고기를 좋아하였던 영국 군인들은 1885년 거문도를 점령한 후 상하이에서 17마리의 꿩을 구입해 와서 꿩을 풀어 놓아 개체수를 늘리기도 하였다. 칼스는 상당히 관심을 가졌던 인삼과 꿩의 구입에 실패하자, 대량으로 콩을 구입하였다.

> 우선 콩을 대량으로 구입했는데 재포장 작업이 활기차게 진행되는 모습을 보는 것은 즐거운 구경거리였다. 해안에 널리 있는 넓은 돗자리에 콩을 붓고 가마니를 비운 다음 단단한 가마니에 재포장하기 전에 나무로 된 약 두 말 정도의 그릇으로 양을 측정한다. 인부들은 그 작업을 즐거워하기 때문에 다른 어떤 일보다 이 일을 훨씬 활기차게 한다. 콩의 수급(需給)이 떨어지기 시작할 때면 뼈의 거래가 시작되며 서울의 도살업자들과 주민들은 과거에 못 쓰는 물건이라고 생각하고 버렸던 것들이 돈이 된다는 사실을 알고 놀라게 된다. 그러나 얼마 후 뼈의 공급이 줄어들게 되면 수출업자도 크게 감소한다.[159]

칼스는 콩을 대량으로 구입하여 넓은 돗자리에 콩을 붓고 두 말 정도를 재포장하여 수출하였다. 콩의 수급이 떨어지면 뼈를 거래하였다. 조선인 도살업자들은 못 쓰는 물건이라고 생각한 것을 영국인들이 사가니

---

159) W.R.칼스, 1999, 앞의 책, 82쪽.

돈이 된다는 사실에 놀란 것이다. 이렇게 칼스는 끊임없이 조선에서 수출할 물품을 찾아내기 시작하였다. 그러나 조선에서 무역하는 일은 결코 쉬운 일이 아니었다.

> 아주 경제적인 일본인조차도 조선에서 무역을 하는 것이 결코 돈벌이가 못 된다고 생각할 정도이다. 많은 일본 무역업자들이 조선에서 사업에 실패했다. 또한 이 지역에서 사업을 하는 몇 안 되는 유럽인들은 자신들이 수입하는 상품에 대한 은화 지급이나 현물 지급 방법이 어렵다고 불평한다. 더욱이 구리 화폐의 가치 하락으로 현행 동전의 수령이 어렵게 됨으로써 무역에 새로운 장애가 나타나고 있다.[160]

칼스는 일본인들이 조선에서 무역 실패하는 모습, 유럽인들의 수입 상품에 대한 지불 방법의 어려움, 구리 화폐의 가치 하락하는 모습 등으로 인해 조선에서의 무역이 쉽지 않음을 알고 있었다. 그럼에도 불구하고 왜 계속해서 무역하려는 물건을 찾아내려고 애쓰고 있었을까? 첫째, 칼스는 영사관의 직위가 상업적인 문제에 관여할 수 있었기 때문에 이렇게 적극적으로 무역 물품을 찾아낸 것이었다. 자신의 직업의식에서 오는 책임감으로 영국의 이익을 대변할 수 있기 때문일 것이다. 둘째, 조선이 개항하고 있는 이 시점에 다른 나라들은 조선에 관심을 두지 않기 때문이었다.

> 사방에 관심거리가 많기 때문에 조선에 개항되고 있는 이 시점에서 여러 측면의 정보들을 외부 세계가 알아보려 하지 않았다는 사실을 나는 유감으로 생각하지 않을 수 없다. 지금까지 얻을 수 없었던 사실들을 수집하면서 반드시 여러 가지의 과학적 지식들을 사용해야 한다.[161]

---

160) W.R.칼스, 1999, 앞의 책, 82쪽.
161) W.R.칼스, 1999, 앞의 책, 81쪽.

칼스는 조선이 개항했음에도 불구하고 다른 나라들이 다른 곳에 관심을 두고 조선에는 관심을 가지지 않는 것을 유감으로 생각하였다. 이렇게 조선에서의 무역이 실패할 위험부담이 많음에도 불구하고, 아직 다른 나라에 개방이 안 된 나라이기 때문에 영국이 차지할 이권을 챙기기 위하여 적극적으로 무역 물품을 찾으러 다녔다. 칼스는 '나는 영국을 위해 개척할 만한 것들을 찾아내겠다는 간절한 기대 속에서 여행을 떠났는데'[162]라고 하면서 조선 여행 목적을 밝히고 있다.

## 2) 조선 북부지방 여행 : 광산과 교역품을 찾아라

### (1) 강원도 금화(金化), 광산을 둘러보며

1883년 11월 26일 조영조약이 체결되기 전에 칼스는 패터슨과 함께 조선 현지답사를 실시하였다. 그들이 조선에 온 목적은 조선과 영국과의 통상조약 체결하기 위해서이기도 했지만, 조선의 광산 이권을 가져가기 위함이었다. 칼스는 조선에 머물면서 광산을 둘러보았다.

> 이틀은 이곳에서 머문 후에 패터슨과 모리슨 그리고 나는 우리가 들었던 몇 개의 광산을 조사하려고 출발하였다....(중략)...산으로 간 이번 여행의 목적은 은광을 조사하는 것이었다.[163]

칼스는 조영조약을 체결하기 전 영국의 이권을 위해 조선을 여행하고 있음을 알 수 있다. 칼스는 영국의 이권을 위해 사전답사를 한 것이었다. 칼스는 "은에 대한 소문이 미덥지 못했기 때문"[164]에 은광을 조사하러 왔

---

162) 윌리엄 칼스 외, 2019, 앞의 책, 28쪽.
163) W.R.칼스, 1999, 앞의 책, 62~64쪽.

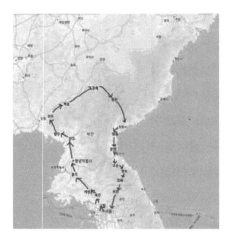

<그림-8> 칼스의 북부여행 경로
서울→고양→파주→장단→개성→평산→서홍→봉
산→황주→평양→순안→석천→안주→박천→정주
→곽산→의주→영변→청송→창성→벽동→초산→
위원→강계→장진→원봉리→함흥→정평→고산→
영흥→고원→문천→원산→고산→회양→창도→금
성→김화→풍천→포천→서울
출처: W.R.칼스, 1999,『조선풍물지』, 집문당, 참조.

다고 하였다. 영국은 1883년 11월 26일 조영조약을 체결하기 이전부터 조선의 광산에 관심을 보이고 있음을 알 수 있다. 조영조약을 체결한 뒤부터 한국 광산에 대한 진출은 상하이에 주재하고 있었던 영국인 상사 이화양행(商社怡和洋行(Jardin Matheson & Co.)이 주도권을 가지기 시작되었다.[165] 당시 한국에 진출한 영국계 상업회사는 이화양행(怡和洋行) 이외에 광창양행(廣昌洋行)(Bennet & Co.), 함릉가양행(咸陵加洋行)(Homle Ringer & Co.) 등이 있었다. 특히 이화양행의 상하이 대리인 거빈스(J. H. Gubins, 高斌士)는 묄렌도르프와 친분이 두터웠고, 묄렌도르프가 내한하기 이전부터 광무(鑛務)에 관한 교섭을 추진한 바가 있었다. 1882년 말 중국 해관(海關)에 관계하던 묄렌도르프가 통리교섭통상사무아문(統理交涉通商事務衙門)의 협판(協辦)으로 부임할 때, 이화양행 소속의 영국인 광산기술자 버틀러(Buttler, 巴爾)가 동행하였다.

마침 1883년 1월 묄렌도르프가 광산개발 및 철도를 담보로 자금을 마련하기 위한 왕의 전권대사로 상하이에 파견되었을 때 이화양행은 이 기회를

---

164) W.R.칼스, 1999, 앞의 책, 64쪽.
165) 조기준, 1973,「開港後의 國內經濟」,『한국사』16, 국사편찬위원회, 687~688쪽.

이용하여 묄렌도르프와 교섭하여 상하이·제물포 간의 정기항로 개척권 및 광업권 이양을 타결시킬 수 있었다.[166] 그리하여 이화양행이 인천에 출장소를 개설하면서 본격적인 광무작업을 추진하였다. 1883년 7월 18일 영국의 이화양행은 묄렌도르프와 계약을 맺어 이익의 10분의 3을 과세한다는 조건으로, 열강 중에서 최초로 한국에 근대식 채굴기계와 광산기술자를 파견하여 경기도 영평만세교사금장(永平萬世橋砂金場)에서의 채굴을 시도하였다. 그리고 1884년 강원도 금화(金化), 금성(金城) 지역에도 진출하였다. 칼스는 이화양행 관계자와 함께 광산을 조사하러 다녔다.

> 우리가 방문했던 모든 광산 중에 한 곳만이 유일하게 작업 중이었다. 우리는 단 한 번 용해된 은 조각을 보았으며 만약 나의 기억이 정확하다면 그것은 9~10달러 이상의 가치도 없었다. 무면허 금 채취에 대한 금지는 엄격하게 시행된다고 알려졌지만, 만약 금이 어느 정도라도 있다면 그것은 장식용일 뿐이며 서울의 가게에서도 그러한 장식이 없는 것으로 보아 금의 산출은 매우 적다고 결론 내릴 수밖에 없다.[167]

칼스는 여러 곳의 광산을 둘러보았으나, 운영 중인 광산은 한 곳이었다. 그곳에서 나오는 은 조각의 가치는 9~10달러 이상의 가치도 안 되는 소량의 산출량이 나오는 것으로 알 수 있다. 금도 역시 무면허 금 채취까지 생각하더라고 서울에 금으로 만든 장식이 없는 것으로 금 산출도 역시 아주 적다고 칼스는 결론을 내렸다. 따라서 "이번 여행은 큰 실패"[168] 라고 하면서 1차 조선 여행에서는 자신의 목적을 달성할 수 없었음을 알 수 있다.

---

166) 고병익 역, 1963, 「穆麟德手記」, 『진단학보』 24, 160~161쪽.
167) W.R.칼스, 1999, 앞의 책, 68쪽.
168) W.R.칼스, 1999, 앞의 책, 68쪽.

## (2) 평안도 평양 : 교역의 거점을 찾다

1884년 4월에 칼스가 조선에 부영사로 부임하여 5개월이 지난 시점에 영국 정부의 "어떤 지방으로 여행하라"[169]라는 지시를 받고 그해 9월 27일 서울을 떠나 조선의 북부지역을 탐사한 뒤 11월 8일에 서울로 귀환하였다. 그가 완주한 거리는 3,090리로 약 1,213Km쯤 되며, 42일이 걸렸다. 왜 칼스는 북부지방으로 여행지를 정한 것일까?

첫째, 칼스는 '제물포에서 자본이 유일한 조선 회사도 이곳 평양 사람들로 구성되었으며 그들이 말했던 것을 미루어 보아 북부 지방에서 더욱 확실한 무역 전망을 기대할 수 있을 것 같아서'[170]였다고 밝히고 있다. 그리고 주변에서 '평양에 있는 조선 상인들이 외국 무역을 갈망하고 있다고 말하면서 동양의 상인들은 외국 무역에서 얻은 이익에 관해서는 전혀 무지한 상태이므로 언제인가는 이익이 남을 만한 이 지방의 자원을 개발할 필요성이 있다'[171]라는 이야기를 들었고, 또 콩과 짐승 가죽을 아주 흔하게 구할 수 있고, 그 지방에 있는 가죽은 조선의 다른 어느 지방 것보다 질이 훨씬 좋다[172]는 사실을 알고 있었기 때문이었다.

둘째, 칼스는 당시 조선의 8개 지방 중에서 남부와 중부 지방을 도쿄(東京) 대학의 독일인 교수 곳체(K. Gottsche) 박사가 조선 정부로부터 특별 지원을 받아 조선의 지질 조사하고 있다는 사실을 알았다. 또 당시 주한 미국공사관에 예속된 해군 장군 푸크(George C. Foulk)와 버나도(John B. Bemadou) 도 조선의 중부 지방에 대해서 많이 알고 있는 사람

---

169) W.R.칼스, 1999, 앞의 책, 87쪽.
170) W.R.칼스, 1999, 앞의 책, 87~88쪽.
171) W.R.칼스, 1999, 앞의 책, 88쪽.
172) W.R.칼스, 1999, 앞의 책, 88쪽.

으로 알려져 있었다. 그리고 서양인으로 가장 멀리까지 가 본 북쪽 지방은 평양이었다.[173] 이에 따라 칼스는 서양인들에게 잘 알려지지 않은 조선 북부지역을 탐사하기로 한 것이다.

셋째, 건축 자재의 확보가 가능했기 때문이었다. 칼스는 "장사가 되는 또 다른 자원으로는 북부 지방에 위치한 산림이었는데, 이는 북경(北京)과 이웃 지방의 건축 자재로 공급하는 것이 가능했다."[174]라고 하면서 북부 지방의 산림을 조사하기 위해서 북부 지방을 여행의 목적지로 선택한 것이다. 그는 북부 지방의 산림을 건축 자재로 베이징과 이웃의 나라에 수출을 목적으로 하고 있음을 알 수 있다. 칼스는 주변에서 들은 것들이 사실이라면 "이 숲은 무한대의 자원이며 태평양 맞은편 연안이나 아무르(Amur)강변의 소나무 숲과 견줄 만했다."[175]라며 북쪽 지방 산림에 대해 상당한 기대를 하고 있었다.

넷째, 북쪽 지방의 금, 은, 구리 광산에 대한 조사를 하기 위해서였다.

> 금광이 있다는 이야기는 오랜전부터 믿질 않았지만, 장진(長津)에 있는 은광과 갑산(甲山), 강계(江界)의 구리 광산은 틀림없는 것 같았다. 이에 대해서 조선 북부 지방은 정말 탐내 볼 만한 매력적인 곳이다. 왜냐하면 과거 로마 가톨릭 신부가 변장을 하고 이곳을 방문한 것 이외에는 어느 유럽인도 이 지역의 2/3 가량은 탐사를 해 본 일이 없기 때문이다.[176]

칼스는 조선에 금광이 있다는 것을 믿지는 않았지만, 북쪽 지방 갑산, 강계 지역의 은광과 구리 광산을 조사하려고 갔던 것이다. 조선의 북부

---

173) W.R.칼스, 1999, 앞의 책, 87쪽.
174) W.R.칼스, 1999, 앞의 책, 88쪽.
175) W.R.칼스, 1999, 앞의 책, 88쪽.
176) W.R.칼스, 1999, 앞의 책, 88쪽.

지방에 묻혀 있는 지하자원에 큰 관심을 두었기 때문이고, 또 다른 서양인들이 발을 들여놓지 않은 미지의 곳이기도 했기 때문에 이곳의 자료를 수집하기 위해서라도 이곳을 여행지로 선택하였다.

한편, 칼스는 "평양은 비극의 현장"[177]이라고 하면서 제너럴셔먼호를 상기하였다.

> 미국의 범선 제너럴셔먼호(General Sherman)는 가능하면 그곳에서 무역을 하기 위해 항구에 머물렀다. 며칠 동안 그 배는 방해를 받지 않고 도시에서 바라볼 수 있는 영역 안에 정박할 수 있었다. 그런데 아직까지 확인되지 않은 몇 가지 이유 때문에 그 배는 공격을 받아 배 위에 있던 모든 것이 불타 버렸다. 죽은 이들 중에는 영국 국교회의 선교사인 토마스(Robert J. Thomas)라는 사람이 있었다.[178]

칼스는 제너럴셔먼호가 몇가지 이유로 평양군민의 공격을 받아 불타 버렸다고 생각하였다. 그럼, 왜 칼스는 제너럴셔먼호를 상기하였을까? 제너럴셔먼호에서 죽은 사람들 중에 영국 국교회의 선교사 토마스라는 사람이 있었기 때문으로 추측할 수 있다. 토마스는 통역의 자격으로 미국상선 제너럴셔먼호에 타고 1866년 8월 9일 중국의 즈푸(芝罘)를 출항하여 8월 16일에 조선에 도착하였다. 평양 관리들은 셔먼호가 평양 경내에 정박하는 것을 보고, 이들이 평양에 온 목적을 물으러 제너럴셔먼호를 찾아갔을 때 토마스가 통역하였다.

박승휘는 고종에게 토마스라는 사람은 중국말을 잘할 뿐만 아니라 우리나라 말도 조금 알고 있어서 배 안의 일에 대해서는 그가 모두 주관하였다.[179]라고 보고 하였다. 토마스는 단순한 통역만 하는 것이 아니라,

---

177) W.R.칼스, 1999, 앞의 책, 121쪽.
178) W.R.칼스, 1999, 앞의 책, 121~122쪽.

그때그때 상황을 판단해 제너럴셔먼호의 진퇴를 결정하는 책임적 위치에 있었다. 토머스 선교사는 백인들의 국적을 소개하고 항해 목적에 대하여서는 상거래를 위한 것일 뿐임을 강조하며, 그들이 가져온 비단, 자명종 등을 쌀, 사금, 홍삼, 호피 등과 교역하자고 제의하였다. 하지만 제너럴셔먼호는 평양 관리의 허가도 없이 평양 내륙으로 진입하여 평양성 내의 관민들은 크게 격분하여 강변으로 몰려들었고, 제너럴셔먼호에서는 소총과 대포를 평양 관민들에게 마구 쏘아 사태가 악화되었다. 평양 군민들은 토마스와 조능봉을 묶고 또 땔감을 실은 배 두 척을 제너럴셔먼호에 접근시켜 불을 놓았다. 화염에 휩싸인 선원들이 배에서 뛰어내려 도망쳤으나 평양 군인들이 이를 쫓아가서 죽였다. 이때 몸이 묶인 토마스도 평양 백성들에게 죽임을 당했다.

칼스는 자신의 국가인 영국인이었던 토머스 선교사를 기억하며 제너럴셔먼호 사건을 상기한 것으로 보인다. 칼스는 평양의 강둑으로 걸어 제너럴셔먼호가 불탔다고 하는 섬의 반대 지점에서 점심을 먹으면서 2~3명의 조선 사람들로부터 "배가 처음 평양 앞쪽에 도착했을 때 당시의 관찰사는 식량을 보내 주었지만 무역은 허락하지 않았다는 것이다. 10일 이상을 기다린 후, 배는 몇 가지 설명되지 않은 이유로 조선 사람들에게 발포했고, 그 배는 공격을 받아 강에 침몰 되었다."[180)는 이야기 듣고 사건의 전말을 이해하고 미국 상선에서 먼저 조선 사람들에게 공격하게 된 것을 알게 되었다.

그리고 칼스는 평양을 무역의 최대 적격지로 생각하였다.

---

179) 「황해 감사 박승휘가 이양선이 송산리 앞바다에 정박하였다고 보고하다」, 『고종실록』 고종3년 7월 15일.
180) W.R.칼스, 1999, 앞의 책, 121~128쪽.

평양은 인구가 2만 명이 넘으며, 교역 역량과 관련해서 내게 유일하게 좋은 인상을 주는 도시이다. 바다에서 36마일(58Km) 밖에 떨어지지 않았으며, 이 도시에서 바다까지는 대동강을 통해 접근할 수 있다. 가벼운 배를 이용하여 이 도시까지 운항해서 올라올 수 있는가 하는 문제는 제너럴셔먼호의 방문을 통해 해소된 것으로 보인다. 그리고 더 위쪽으로는 두 개의 물길이 있어 물건들을 꽤 먼 지역으로부터 가져올 수 있다. 현재 이 지역에서는 뉴좡(牛莊)으로 일부 판로를 찾은 콩과 면직물의 무역 규모가 큰데, 이것 말고도 20마일(32Km)쯤 떨어져 있는 금산에는 세금(洗金) 지역이 있고, 개천의 강둑 근처에는 철광석이 풍부하다. 이 도시는 비단 산업의 중심지로서 중요한 의미를 지닌다고 하는데, 공급되는 물량은 태천, 영변, 성천에 의존한다. 소의 품질이 매우 뛰어나기 때문에 소가죽의 질이 현격하게 높이기 위해서 그다지 많은 것을 가르쳐줄 필요도 없다. 현재 소가죽은 170마일(273Km) 떨어진 곳에 있는 제물포항을 통해 수출된다. 더욱이 이곳 사람들은 무역에 대한 의지가 있어, 외국과 교역할 기회가 오기를 간절히 바라고 있다.[181]

칼스는 평양의 위치가 무역하기 적합한 장소임을 말하고 있다. 첫째, 인구가 2만 명이 넘어 교역량을 충분히 해소할 수 있다는 것이다. 둘째, 평양의 위치가 바다로부터 접근성이 좋으며 또한 가벼운 배가 평양까지 올라올 수 있음은 제너럴셔먼호의 사건으로 입증되었다는 것이다. 셋째, 위쪽 지방의 물건들도 두 개의 물길을 이용하여 먼 곳에서도 평양으로 쉽게 가져올 수 있다는 것이다. 넷째, 무역 규모가 크다는 것이다, 뉴좡(牛莊)로 일부 판로를 찾은 콩과 면직물의 무역 규모가 크고, 또 지하자원의 무역 규모가 크다는 것이다. 평양 근처에는 있는 금산에는 세금(洗金) 지역이 있고, 철광석 지하자원도 풍부한 것이다. 다섯째, 평양은 비단 사업의 중심지인데 그 물량은 태천, 영변, 성천 등에서 공급받는다는 것이다. 여섯째, 소의 품질도 뛰어나고 소가죽 질도 현저히 높은데 이

---

181) 윌리엄 칼스 외, 2019, 앞의 책, 33쪽.

것도 평양에서 그리 멀지 않은 제물포 항구를 통해 수출되고 있다는 것이다. 그리고 마지막으로 평양 사람들의 무역에 대한 의지가 있어 외국과 교역할 기회가 오기를 간절히 바라고 있기 때문이라는 것이다.

칼스는 평양으로 들어와 부윤에게 자기나 청동제 골동품을 사고 싶다고 말했다.

> 어떤 무역 품목을 찾아내는 것이 참으로 어렵다는 것이 이상했다. 나의 요구에 따라 부윤은 내가 자기나 청동제의 골동품을 사고 싶어 한다는 것을 모든 상점 주인에게 알렸지만, 나는 그 어떤 종류의 것도 구입할 수가 없었으며 상점과 노점들에는 그러한 종류의 것들이 전혀 없는 것처럼 보였다. 비단과 면제품조차도 아주 초라하게 보이는 상점에 숨겨 있었고, 팔려고 내놓은 것들은 가장 일반적인 품목들뿐이었다.[182]

칼스는 평양을 지나면서 어떠한 무역 품목도 찾아내지 못한 것을 안타까워하였다. 칼스가 원하는 무역 품목은 도자기나 청동제로 만들어진 골동품을 사고 싶어 하였다. 그래서 평양 부윤에게 부탁을 했지만 구할 수 없었다. 칼스는 조선 북부 지방을 여행하면 그곳의 부윤이라든지 부사라든지 감사라고 하는 관리들의 숙소에서 잠자리를 얻기도 하고 그들에게 무역 물품을 물어보기도 하였다. 이에 다음은 평안감사의 답변이다.

> 그는 나의 여행 목적에 대해 경계하는 눈치였으며 예의에 벗어난 모습을 보이면서 자신의 국가의 모든 것을 비방했다. 그는 어떤 무역의 존재도 인정하지 않으려 했다. 그의 말에 따르면 대동강도 운항에 아무런 쓸모가 없으며, 광산들도 가치가 없다며 거의 3,000년의 역사를 가진 이 도시에 관심을 둘 만한 것이라고는 하나도 없으며 도자기, 청동 등 어떠한 상품도 구매할 가치가 없는 것들이라고 그는 말했다.[183]

---

182) W.R.칼스, 1999, 앞의 책, 124쪽.

평안감사는 칼스의 여행 목적을 눈치채고 평안도의 광산은 가치도 없고 도자기, 청동 제품도 아무런 가치가 없다고 말하면서 어떤 무역의 존재도 인정하지 않으려고 하였다. 이 당시의 관리들은 전통적인 성리학적 관점에서 외국인과의 상업행위가 부담감으로 다가왔을 것이다. 그리고 한말 위정척사 사상이 확산되고 있는 상황 속에서 외국인과의 교역은 나라를 저버리는 행동이라고 생각했던 것이다.

### (3) 평안도 의주, 조선 토포(土布)를 주목하다

칼스는 의주가 중국과 육로 국경선으로 정치적으로 중국에 파견되는 조선의 사절단들이 이곳을 통해 베이징으로 갔으며 중국의 사절단도 가끔 이곳을 통해 조선으로 왔던 사실을 알고 있었다. 당시 모든 군인들도 만주국의 수도였던 신징(新京)에서 조선으로, 조선에서 신징(新京)으로 갈 때 의주의 길을 택하였다. 또한 상업적으로 의주는 인삼 무역의 보급소이며 의주 상인들은 그 인삼 수출을 거의 독점하고 있었다. 그리고 칼스는 그 당시 중국과 조선 간의 유일한 무역은 공식적인 감독하에 매년 세 번씩 품평회가 열린다는 사실도 알고 있어 더욱더 의주 지역에 관심을 보였다. 그래서 칼스는 품평회의 무역업자들이 해가 뜰 때부터 질 때까지 장사를 하다가 어두워지면 국경선 내로 물러갔으며, 또한 중립 지대에서는 무역할 수도 없고 국경선을 넘을 수도 없었기 때문에 이 규율을 어기는 사람은 가혹한 처벌을 받는다는 정보도 알게 된 것이었다. 그리고 칼스는 시간이 지나면서 많은 사람들이 이 풍요로운 무인 지대에 정착하다 보니 법과 권위를 확립하는 것이 필요하다고 생각하였다. 칼

---

183) W.R.칼스, 1999, 앞의 책, 120쪽.

스는 의주 지역에서 조선 사람들이 통행증만 있으면 중국에서 상품들을 수입하고 만주를 마음대로 여행하면서 그곳으로부터 상품을 가지고 나오는 모습을 보았다.[184]

칼스는 '나는 주목할 만한 무역 품목을 발견하기를 바라면서 강가로 걸어 나갔다.'[185]라고 하듯이 의주에서도 무역 품목을 찾기 위해 애쓰고 있음을 알 수 있다. 하지만 칼스는 '무역이 어려울 것 같다고 체념하면서 나는 중요한 상인들에게 나를 소개해 줄 것을 부탁했다.'[186]에서도 알 수 있듯이 무역 물품을 직접 찾는 것이 힘들다고 느끼고, 무역 상인들을 찾아 나섰다. 칼스는 소개받은 상인으로부터 해마다 열리는 국경 무역에서는 거래가 감소하고 있다는 소리를 들었다. 중국과의 주요 무역은 가죽, 종이, 면화, 천 그리고 해삼이었는데, 칼스는 '영국의 와이셔츠 감들이 때때로 의주로부터 서울로 내려가는 것은 그러한 원인 때문이었다.[187]라고 하였다. 면화 일부가 중국으로 수출되지 못했기 때문에 국경 무역에서의 거래가 감소하였던 것이다. 이렇게 된 이유는 '조선의 섬유가 우수하기 때문에 토산품보다 영국의 상품들은 열세에 빠져 있다.'[188]고 하였다. 칼스는 영국의 와이셔츠를 만드는 천들이 잘 팔리지 않은 이유가 조선의 섬유보다 품질이 좋지 못하기 때문이라고 생각하였다. 칼스가 말한 조선의 섬유가 우수하다는 것은 당시 영국에서 기계로 대량생산으로 만들어진 면화보다 오랜 세월의 기술로 축적된 수공업으로 만들어지는 조선의 섬유가 더 재질적으로 우수하다고 한 것이다.

---

184) W.R.칼스, 1999, 앞의 책, 145∼146쪽.
185) W.R.칼스, 1999, 앞의 책, 147쪽.
186) W.R.칼스, 1999, 앞의 책, 147쪽.
187) W.R.칼스, 1999, 앞의 책, 148쪽.
188) W.R.칼스, 1999, 앞의 책, 148쪽.

칼스는 의주 부윤에게 의주에서의 무역 진행을 알고자 물어봤지만, 의주 부윤은 그 담당자를 불렀고 그는 "그 수익의 내용은 기록된 바 없으며 아무도 그 내용을 모른다."[189]라고 대답하였다. 칼스는 '부윤은 쇄국의 장벽을 허무는 것을 싫어한다는 본심을 숨기지 않았으며 개항과 같은 변화가 조선에 어떠한 영향을 가져다줄 것인지를 납득하려 하지 않았다.'[190]라고 하면서 조선의 관리들이 자신에게 무역물품을 찾아주지 않는 것이나, 자신이 물어본 것에 대한 대답을 회피하는 것은 위정척사사상이 영향을 미쳤기 때문이라고 파악하였다.

### (4) 경기 송도(개성; 開城), 고려자기를 찾아서

<그림-9> 고려의 도읍지였던 개경의 성곽
출처: 한국사 사전 1-
유물과 유적·법과 제도

칼스는 9월 27일 오후 8시 30분경에 모든 짐을 나귀에 싣고 출발하였다. 칼스의 일행은 고양(高陽) 외곽에서 휴식을 취하고 파주(坡州)를 지나 다음날 장단(長湍)에 도착하여 관장(官長)을 방문하여 이곳에서 점심식사를 하고 송도(松都)로 향하였다. 송도는 고려시대 수도였다. 송도는 고려 태조 왕건(王建)이 즉위한 다음 해에 철원(鐵原)에서 이곳 송도로 도읍을 옮기고 개주(開州)라 칭하다가 나중에 개성(開城)으로 명칭을 고쳤다. 고려가 멸망할 때까지 나라의 수도

---

189) W.R.칼스, 1999, 앞의 책, 148쪽.
190) W.R.칼스, 1999, 앞의 책, 148쪽.

로서 번영하였다.

칼스는 고려의 수도로써 474년간의 번영해 왔던 송도를 둘러보았다. 송도는 고려왕조의 상징과도 같은 곳이다. 그러나 이성계의 조선 건국으로 인하여 수도는 한양으로 옮겨가서면서 송도는 쇠퇴해 갔다.

> 지금은 폐허가 되었지만 가 볼 만한 가치가 있는 유일한 곳이라고 그가 말한 그 궁궐은 14세기말에 마지막 왕조가 붕괴되고 수도가 서울로 옮겨 가면서 파괴되었다. 송도는 전에 최고의 고려자기의 제조 장소였으나 수도가 이전한 이후로 상업이 쇠퇴하였으며 새 왕실을 따를 것을 거부한 도공들은 점차로 도자기 굽는 일을 그만둠으로써 도자기에 관한 지식은 이제 끊어졌다.191)

칼스는 송도를 지나면서 번성했던 고려 수도의 상권이 쇠퇴해 가는 모습을 보았다. 칼스는 송도를 최고의 고려자기 제조의 장소로 상기하였다. 당시 송도는 수도로써 상권이 활발하게 이루어지고 있었고 그중의 하나가 도자기였다. 칼스는 "나는 송도 근처의 큰 무덤에서 출토된 몇 점의 도자기를 구입하는 데 성공했다."192)라고 하면서 고려자기에 대한 관심을 보였다. 칼스는 고려의 수도였던 송도가 쇠퇴해 가는 모습 속에서 자신의 상업적 이익을 위한 무역품인 고려자기를 찾고 있었다.

또 칼스는 황해도에서 여러 가지 작은 유럽의 사소한 물건들을 보았는데, 그중에서 시계를 보았다. 칼스가 정확한 시간을 물어보면 그곳의 관리들이 지체 없이 알려 주었는데, 그 시간은 시간과 분까지 맞았다. 이에 칼스는 '이 일은 황해도에서 시계의 판매를 간절히 원하고 있는 업자들에게 좋은 선전이 될 수도 있었다.'193)라고 하면서 시계 판매에서 관

---

191) W.R.칼스, 1999, 앞의 책, 107~108쪽.
192) W.R.칼스, 1999, 앞의 책, 107~108쪽.

심을 보였다. 또 칼스는 한 관리가 자신의 여권을 검사하기 위해 뒤따라 오면서 그가 그 도시를 자세히 보는 것을 방해하기 위해 애쓰고 있는 상황 속에서 "그런 경황에도 언뜻 살펴본 바에 의하면 장사가 될 만한 것이 없었으며"[194]라고 하면서 여행 내내 오직 조선에서 상업적 이익을 찾은 것에 초점이 맞추어져 있었음을 알 수 있다. 그는 함흥도 "그곳에는 매우 좋은 품질의 삼베, 모피, 콩, 가죽을 제외하면 이렇다 할 교역 거리가 없다."[195]고 할 정도로 조선을 여행하면서 영국과 교역할 물품을 찾았고, 또한 자신의 경제적 상황을 위한 무역 품목을 구하러 다녔다.

### 3) 조선 역사와 내정: 가난하지만 거지가 없는 나라

#### (1) 서울 새남터, 병인박해와 병인양요를 상기하다

청국 주재 영국 공사관 서기관 대리로 근무하였던 칼스는 자르딘-매티슨 상사의 동업자인 패터슨(Mr.Paterson)씨의 개인적 요청으로 조선에 처음 방문하게 되었다. 칼스는 영국계인 패터슨, 모리슨(Morrison), 그리고 덴마크인 벨쇼우(Velschow)와 함께 1883년 11월 9일 조선에 도착하였다. 칼스는 서울로 들어오는 길목에서 작은 시냇물을 건너면서 병인박해를 생각하였다.

서울의 성벽에서 멀지 않은 곳에 도착한 우리는 작은 시냇물을 건너게 되었다. 그런데 그곳은 프랑스 신부들이 모진 감옥 생활을 겪고 가장 잔인하게 처형된 후 토막 내어진 후에 버려졌던 곳으로써 그것은 약 20년이 안 되는 이전의 일이었다. 그 후로 세월은 변하여 우리들은 뒤쫓아 오는 사람 없이 누구의 시선도 끌지 않을뿐더

---

193) W.R.칼스, 1999, 앞의 책, 118쪽.
194) W.R.칼스, 1999, 앞의 책, 118쪽.
195) 윌리엄 칼스 외, 2019, 앞의 책, 41쪽.

러 그들의 표정으로 보아 오히려 우리들에게 우호적인 인상을 받으며 걸어갔다.[196]

칼스가 작은 시냇물을 건너 지나간 곳은 서울 새남터로 추정할 수 있다. 새남터는 지금의 서울특별시 용산구 이촌동 앞 한강변 모래사장이다. 새남터에서 1801년 신유박해 때 중국인 신부 주문모(周文謨)가 이곳에서 처형당하였다. 또 1839년 기해박해 때 앵베르(lmbert, L.M.J.) 모방(Maubant.P.) 샤스탕(Chastan, J.)이, 1846년 병오박해 때 첫 한국인 신부였던 김대건(金大建)과 현석문(玄錫文)이, 그리고 1866년 2월 프랑스 선교사 베르뇌를 비롯한 11명의 신부들과 정의배(丁義培)·우세영(禹世英) 등 대표적 한국인 신자들이 이곳에서 군문효수에 처해졌다.

칼스는 '프랑스 신부들이 모진 감옥 생활을 겪고 가장 잔인하게 처형'되었던 곳으로 회상하고 있는 것으로 보아 병인박해를 떠올렸던 것이다. 칼스는 왜 새남터의 병인박해를 떠올렸을까?

19세기 청나라는 더 이상 전통적인 화이론으로 제압하기 어려운 서양의 나라들과 조약을 체결하였다. 1860년 영국, 프랑스, 러시아와 베이징 조약을 체결하였다. 이 조약으로 인해 청국은 영국에 주룽(현재의 홍콩 중심부)을 내주었고, 러시아에는 우수리강 동쪽 연해주까지 내어주면서 청나라는 동해바다가 막혔다. 러시아가 만주로 영향력을 확대하고 영국은 청나라의 각종 이권을 빼앗아 갔으며, 프랑스는 청국 영토 내에서 프랑스인의 우월함을 인정받고 청국 영토 내에서 천주교 전파 등 포교 활동의 자유를 인정받았다. 그런데 칼스는 당시 청나라에 정기적으로 사절단을 보냈던 조선이 어떻게 청과의 반대 노선인 프랑스인 선교사들의 포교를 억압하고 그들을 처형하는 일을 벌였을까 하는 의문에서

---

196) W.R.칼스, 1999, 앞의 책, 34쪽.

병인박해를 상기한 것으로 추측할 수 있다.

그럼, 칼스는 청나라에서는 받아들인 천주교를 조선에서는 왜 받아들이지 않는다고 생각했을까? 근대 유럽 사회에서는 새로운 형태의 기독교가 영향력을 미치고 있었다. 기독교가 로마의 국교로 성장하는 과정은 그리스도의 죽음으로 탄생하고 사도 바울의 선교로 확산한 동방의 미약한 종교가 보편 제국을 표방한 로마의 세계관과 완전히 다른 종교적 가르침을 가르쳤기 때문에 제국 내의 탄탄한 지배권을 구축할 수 있었다.197) 이와 같이 조선에서도 청나라에서 청불북경조약으로 인해 천주교 전파와 포교활동의 자유를 인정받은 것이 기독교적 제국주의 식민정책이라고 판단하여 프랑스인 선교사들의 포교활동을 조선에서는 완강히 거부한 것으로 생각한 것이었다. 그리고 다른 이유는 병인양요보다 두 달 앞서 일어난 제너럴셔먼호 사건으로 인해 서양인들에 대한 반감에서 천주교를 받아들이지 않았다고 생각한 것으로 보인다.

하지만, 칼스는 병인박해가 발생한 지 20년도 안 된 시점에 조선인들이 서양인에 대한 시선이 많이 변화였음을 밝히고 있다. 칼스는 '이곳 사람들은 무역에 대한 의지가 있어, 외국과 교역할 기회가 오기를 간절히 바라고 있다.'198)는 것으로 보아 조선인들이 개화사상에 눈을 뜨고 있고 근대화로 나가고자 하는 의지가 있는 것으로 보았다. 칼스는 서울로 들어오는 길목에서 시냇물을 건너다가 프랑스 신부들이 처형되어 버려진 현장에서 병인박해를 상기하게 되었다. 칼스는 프랑스 선교사들과 국내 신도들 수천 명이 죽어간 잔혹한 역사의 현장인 새남터를 지나갔던 것이다.

---

197) 박정규, 2020,「도미니언: 기독교는 어떻게 서양의 세계관을 지배하게 되었는가」,『서양사론』147호, 한국서양사학회, 299쪽.
198) 윌리엄 칼스 외, 2019, 앞의 책, 33쪽.

## (2) 서울 종로, 쇄국정책을 상기하다

칼스는 서울 종로에 들어섰다.

> 가장 성행되는 매매는 서울의 종각 근처 큰길 교차로에서 이루어지고 있었다.
> 이 종은 저녁때 성문이 닫히기 전 또는 불이 나거나 다른 위험이 발생될 때 울렸다.
> 그 종은 지면에 낮게 매달려 있었는데도 모든 곳에서 쉽게 들렸다. 거기에서 가까
> 운 곳에는 지난날 대원군이 세운 비석이 있는데 모든 조선 사람들은 조선 연안에 닿
> 은 모든 외국인들을 죽이라는 내용이 거기에 새겨져 있었다.199)

칼스는 서울 종로 사거리에 세워졌던 척화비를 보았다. 척화비는 1866년 프랑스가 조선을 침략한 병인양요가 일어나자, 홍선대원군은 '서양 오랑캐가 침입해 오는데 그 고통을 이기지 못해 화친을 주장하는 것은 나라를 팔아먹는 것이며, 그들과 교역하면 나라가 망한다.'는 내용의 글을 반포하고 쇄국 의지를 강하게 천명하였다.

그 뒤 1871년 미국이 조선을 침략한 신미양요가 일어났고, 미군이 강화도에서 조선군과 싸운 뒤 4월 25일 퇴각하자, 홍선대원군은 통상수교 거부정책을 더욱 강력히 추진하겠다는 의지를 표명하였다. 이에 따라 서울 종로 사거리, 경기도 강화, 경상도 동래군·함양군·경주·부산진 등을 포함 전국 각지에 척화비를 세웠다.

칼스는 종로 사거리에서 홍선대원군의 강력한 쇄국의지를 엿볼 수 있었다. 칼스는 '조선 사람과 유럽인 사이에 존재했던 서로 간의 반감은 이상한 것이 아니었다. 왜냐하면 그들이 외국인들과 부딪힌 사건들은 외국인들에게 호의를 베풀 만큼 좋은 것이 아니었기 때문이다.'200)라고

---

199) W.R.칼스, 1999. 『조선풍물지』, 집문당, 41쪽.
200) W.R.칼스, 1999, 앞의 책, 19쪽.

하였다. 앞서 일어난 병인박해, 제너럴셔먼호 사건, 오페르트 도굴 사건, 병인양요, 신미양요 등으로 인하여 조선인들에게 서양인들의 이미지가 좋지 않을 수 있다고 생각하였다. 또한 칼스는 조선을 여행을 하다가 "조선 사람들은 서구 문물이 들어오기 이전까지는 정직했다. 그러나 서양 문물이 들어온 이후에 사정이 많이 바뀌어 절도에 대한 적절한 처벌이 필요하다는 얘기"201) 를 들었다. 이로 인해 그는 조선인들에게 서양인의 인식은 좋지 않았으리라 짐작할 수 있었다. 칼스는 이렇게 척화비를 통해 조선인 입장에서 서양인들을 바라봄으로써 조선의 통상수교거부정책을 수긍하고 있었다.

### (3) 평양 기자 묘, 기자정에서 영국 토지문제의 모색안을 찾다

<그림-10> 평양 기자정
출처: 한국민족문화대백과사전

칼스는 평양에 도착한 다음 날 아침, 독일인 지질학자 카를 곳체(C. Gottsche) 박사와 함께 기자 묘를 방문하였다. 그들은 북문 밖으로 난 큰 길 근처에 부분적으로 숲이 우거져 있는 언덕 위에 작은 길로 접어들어 낮은 문을 지나 무덤을 둘러싸고 있는 울타리 안으로 들어갔다. 8~10개의 돌계단 위의 단에 세 쌍의 석상이 있었다. 첫 번째 것은 손에 서판(書板)을 쥐고 있는 사람의 석상이고, 두 번째

---

201) W.R.칼스, 1999, 앞의 책, 69쪽.

것은 머리에 투구를 쓰고 손에 철퇴를 들고 있는 부인의 석상이며, 세 번째 것은 양(洋)의 석상이었다. 그 석상 너머에 약 4피트 높이의 흙무덤이 있었는데, 그 앞에는 표면에 「기자 묘(箕子 墓)」라는 한자를 새긴 비석이 놓여 있는 것202)을 보았다.

중국의 주(周) 왕조 초(기원전 1122년)에 상(商) 왕조의 저명한 대신이었던 기자(箕子)는 많은 추종자들과 함께 중국을 떠나 조선에 정착했다. 그는 문명의 원리를 조선에 전래한 공로자로 추앙받고 있으며, 그가 살았다고 하는 평양에서는 거의 신성시되고 있다. 존경과 사랑으로 그가 추앙받고 있다는 사실은, 어떤 방식으로든 그를 언급하고 있는 중요한 문(門)의 현판과 공공건물들을 볼 때 명백히 알 수 있다.203)

칼스는 기자를 "역사적으로 평양과 관련하여 연상되는 아주 흥미로운 것들"204)이라고 평가하였다. 『상서대전』이나 『한서』, 『사기』 등 중국 역사책에 따르면 기자는 은의 왕족 출신이었다. 그는 자기 조카이자 은의 마지막 임금인 주왕이 폭정을 일삼자, 그를 비판하다가 감옥에 갇히게 되었다. 나라 사정이 더욱 어려워진 은은 끝내 멸망하였고, 감옥에서 풀려난 기자는 조선으로 건너왔다. 그는 문명의 원리를 조선에 전래한 공로자로 추앙받고 있으며, 그가 살았다고 하는 평양에서는 거의 신성시되고 있었다. 칼스는 중국의 기자와 조선인들과의 관계를 문명을 베푼 시혜자와 은혜를 받은 수혜자(受惠者)의 관계로 인식하고 있었다. 그래서 조선의 문화가 중화의 뿌리요, 중화문화의 중심 역사관이라고 생각한 것이다.

---

202) W.R.칼스, 1999, 앞의 책, 122쪽.
203) W.R.칼스, 1999, 앞의 책, 121쪽.
204) W.R.칼스, 1999, 앞의 책, 121쪽.

평양에 대해서는 간단하게 설명하기가 어렵다. 지금까지 내가 본 한국의 도시들 가운데 가장 흥미로운 곳이며, 아마도 가장 아름다운 곳에 자리 잡고 있을 것이다. '셰익스피어'하면 스트래트포드이고, '알프레드 왕'하면 잉글랜드이듯, '기자(箕子)'하면 한국이었고, 지금은 '기자'하면 평양이다. 기자는 3,000년 전에 살았던 사람이지만, 그에 대한 기억은 이 도시 모든 곳의 지명 속에 생생하게 살아 있다. 그의 무덤은 잘 정비되어 있고, 그를 기념하여 세운 사당에는 그의 초상화가 걸려 있다. 그리고 그가 도입한 토지 측량 기준은 그가 설계했던 바로 그 도로 및 수로에 의해 잘 드러난다.[205]

칼스는 기자 묘를 보고 난 후에 그의 통역관 김씨와 함께 기자 영정이 모셔져 있는 사당을 찾아갔다. 조선에서 기자 후대에 추정된 무덤은 평안남도 평양시 기림리에는 기자의 묘로 알려진 유적이 있었다. 칼스는 예전에는 기자하면 조선을 떠올렸지만, 지금은 기자하면 평양을 떠올린다고 하였다. 기자에 대한 기억은 그의 무덤, 사당, 초상화까지 평양의 곳곳에 있었다. 그리고 평양의 도로나 수로에서도 기자가 도입한 토지 측량의 기준이 적용되었기 때문에 평양 하면 기자를 떠올리게 된 것이었다.

칼스는 기자 사당 바깥에 있는 우물을 보았다. 그 근처에는 3,000년 전에 쓰이던 서체의 한자로 새겨진 명판이 있었다. 그것은 '기자의 토지 도량법을 표시하는 기념물'이었다.

저녁이 되어서야 나는 명판이 있는 곳으로 가면서 통과했던 여러 교차로와 둑들은 기자가 들여온 것으로 알려진 토지도량법의 기준과 체계를 의미한다는 것을 알게 되었다. 정(井)이란 글자는 중국어인데 우물과 고대에 토지가 평가되는 구획을 나타낸다. 토지가 네 개의 교차선에 의해 9등분되어 여덟 집에서 외각의 토지를 하나씩 차지하여 경작하고 가운데 토지는 나라를 위해 공동으로 경작되었다. 그러나 우물을 본 것이 토지도량법에 대한 나의 생각에 의문을 갖게 만들었다. 그래서 조선

205) 윌리엄 칼스 외, 2019, 앞의 책, 32쪽.

에서의 기자의 업적을 입증하는 그 기념물을 면밀히 검토하지 못한 것이 후회스러
웠다.[206)

<그림-11> 기자(箕子)의
기념비
출처: W.R.칼스, 1999,
『조선풍물지』, 집문당,
126쪽.

기자의 정(井)은 토지 도량법이다. 이 도량법에
의해 9분정전법이 만들어졌음을 알 수 있다. 정전
제(井田制) 중국의 하(夏), 은(殷), 주(周) 삼대에 있
었던 제도였다. 기자는 조선으로 넘어와 그 제도를
평양에 도입한 것이다. 칼스는 기자의 토지도량법
을 면밀히 검토하지 못한 것을 후회할 정도 상당한
관심을 가지고 있었음을 알 수 있다. 그럼 왜 칼스
는 이렇게 토지 도량법에 관심을 가진 것일까?

영국은 18세기 중반에 토지소유의 심각한 불균
형이 심각한 상황으로 인클로저가 실시되었다. 인
클로저로 인한 대규모 영농은 지주들에게 소규모
소작농들과 오두막살이 농민들의 문제를 해결해
줌과 동시에 대규모 경영농들로부터 좀 더 높은 지대를 받을 수 있는 이
득을 가져다 주었다. 대규모 경영농들은 과거에는 여러 소농민들이 나
누어 갖던 이득을 독점적으로 취함으로써 좀 더 높은 지대를 낼 수 있었
다. 따라서 지주들에 의한 인클로저는 가속화되고 이러한 악덕이 횡횡
하는 가운데 토지로부터 소외된 소농들의 생활은 더욱 비참해지고 그
결과 인구는 줄어들고 사회적 불안이 야기될 수밖에 없다는 것이다. 이
것은 다수의 불행과 공공의 비참 위에서 소수가 사적이고 순간적인 이
득을 취하는 만행이었다.[207)

---

206) W.R.칼스, 1999, 앞의 책, 126쪽.

이러한 문제들로 인해1870년대 말부터 시작된 경제 전반에 대한 불안감, 특히 농업 불황과 아일랜드가 소요 사태는 토지문제의 중요성을 부각하였고, 아일랜드의 정치적 주도권 다툼에도 토지문제가 가장 중요한 사안이 되었다. 이러한 상황 속에서 영국에서는 1880년대 토지개혁 운동이 일어났다. 알프렛 러셀 윌러스(Alfred Russel Wallace)는 아일랜드 문제의 해결책으로 토지국유화론을 제기했다. 이로 인해 1882년 1월 윌러스의 주장을 근간으로 하는 정간을 세운 영국 토지국유화협회(Land Nationalisation Society)가 발족되었다.[208] 영국 사회의 새로운 패러다임으로 변모를 꿈꾸며 토지 논쟁을 시작시킨 국유화론자들은 결정이 만들어지는 과정에서 권위 있는 언어를 형성, 유지 시키지 못하고 사실상 실패해 버린 것이다. 이러한 영국 토지 개혁의 상황속에서 칼스는 3,000년 전에 쓰였던 기자의 토지도량법을 면밀히 검토하여 그 해법을 모색하고자 했으나, 방안을 찾아내지 못했다. 따라서 칼스는 그'기자의 토지도량법을 표시하는 기념물'을 면밀히 검토하지 못한 것을 후회하고 있었다.

### (4) 서울 우정국, 서울에서 일어난 살인과 싸움의 역사

갑신정변은 칼스가 조선을 떠나 있었던 때에 일어난 일이어서 직접 겪은 사건은 아니었다.[209] 1884년 여름에 서울, 제물포 간의 1일 우편 제도가 시작되었다. 12월 4일 서울에 신설된 우정국 개국을 축하하기

---

207) 조승래, 1997, 「18세기말 영국의 토지개혁론」, 『서양사론』 제55호, 한국서양사학회, 43쪽.
208) 심범수, 1997, 「모순, 담론과 국가적 의사결정-영국 토지국유화 운동,1880-1910-」, 『영국 연구』창간호, 영국사학회, 55쪽∼56쪽.
209) W.R.칼스, 1999, 앞의 책, 8쪽.

위한 만찬이 열렸다. 홍영식(洪英植) 우정국 총판(總辦)과 몇몇 조선 관리들, 서울 주재 외교 관리들이 대부분 참석하였다. 그런데 만찬이 끝나갈 무렵 화재 경보가 울렸고 왕실 경호의 총책임자인 민영익(閔泳翊)은 눈앞의 화재를 목격하고 상황을 살피러 밖으로 나갔다. 잠시 후 만찬이 다시 시작되자 민영익은 얼굴과 옷에 피를 뒤집어쓰고 돌아왔다. 그의 팔 일곱 군데와 다리에 네 군데 그리고 뒷머리, 목, 등에 심한 자상을 입고 있었다.[210]

나머지 조선의 관리들은 약간의 상처를 입은 채 곧 자리를 떠났고, 외국 사신들도 집으로 돌아갔으며 묄렌도르프는 부상자들을 그의 집으로 옮겼다. 이 정변에 주모한 우정국 총판 홍영식과 김옥균, 박영효는 서둘러 왕궁으로 들어가 고종을 알현한 다음 더 안전한 거처로 옮길 것을 설득하였다. 그때 고종은 일본 공사에게 서신을 보내어 180명 정도의 경호원을 왕실에 파견할 것을 요청하였다. 구원을 요청하는 서신을 세 번 받은 후에야 다케조에 신이치로(竹添進一郎)는 이에 동의를 표시했고 일본 경비대를 왕실에 주둔시켰다.[211]

칼스는 갑신정변의 주동자로 서광범(徐光範)을 주목하였다.[212] 그럼 왜 칼스는 서광범을 지목했을까? 19세기말 서구의 침투와 도전을 극복하기 위해 당시의 진보적인 사상을 갖고 있었던 서광범 등 개화파 인사들은 서구문물을 수용하여 부국강병을 이루자는 정신으로 국가의 자주독립을 확고히 하고 국력을 증진하기 위해서는 조선이 개화되어야 한다고 인식하였다. 하지만 이들은 미국의 보빙사 파견 후 민영익을 중심으

---

210) W.R.칼스, 1999, 앞의 책, 203쪽.
211) W.R.칼스, 1999, 앞의 책, 203쪽.
212) W.R.칼스, 1999, 앞의 책, 206쪽.

로 한 온건개화파와 김옥균, 박영효, 서광범, 홍영식을 중심으로 한 급진개화파로 서로 다른 노선을 걷게 되었다.

민영익은 조선의 전권대신으로 미국의 보빙사로 떠나기 전까지만 해도 김옥균과 뜻을 같이하는 급진개화파였다. 그가 조선의 전권대신이 되어 보빙사 일행을 이끌고 미국을 다녀오게 된 것도 김옥균의 추천에 의해서였다. 그러나 민영익은 귀국 후 친청정책(親淸政策)으로 돌아서게 된 것이다. 민영익도 개화와 개혁을 원했지만, 그는 어디까지나 민씨 가문 출신이었고 그 일파에 의해 개혁이 주도되기를 원하였다. 그리하여 민영익을 중심으로 한 온건개화파는 점진적인 개화운동을 주장하였다.

그런데 1884년 6월 서광범과 민영익은 공식적으로 거론된 고문관 채용문제에서 의견대립으로 사이가 크게 벌어졌다. 서광범은 미국을 방문했을 때 직접 국무성에서 슈펠트(Robert W. Shufeldt)를 고문관으로 초빙을 추진하였다. 그러나 민영익은 슈펠트 초빙을 무조건 반대하면서 이홍장이 추천하는 데니(O.N.Denny)를 초빙할 것을 강력히 주장하였다. 하지만 고종도 서광범의 주장에 동조하였다. 이렇게 고종도 서광범을 지지하였지만, 슈펠트가 오지 않음으로써 데니가 고문관으로 오게 되었다. 이러한 이유로 칼스는 서광범과 사이가 좋지 않았던 민영익이 갑신정변에서 심한 부상을 입은 것이 서광범의 지시였다고 보았다.

둘째는 칼스는 서광범의 추종자들은 일본에서 훈련을 받은 거의 40대의 군사 교관이었다[213]고 하였다. 포크 대리공사는 갑신정변의 주역인물 세 사람을 다음과 같이 평가하였다. 김옥균은 지도자로서의 영도력이 있는 인물이고, 서광범은 깊은 사상가로서 조용한 모사꾼이며, 박영효는 특수한 지위(철종의 부마(駙馬))를 가지고 있다[214]라는 평가와 같이 칼스도

---

213) W.R.칼스, 1999, 앞의 책, 206쪽.

서광범이 갑신정변의 전략과 작전을 그가 다 구상한 것으로 보았다.

셋째는 칼스는 서광범과 김옥균은 상당한 능력을 갖춘 인물이라고 평가[215]하였다. 서광범은 1880년 치러진 증광시(增廣試)에서 21세의 나이로 병과(丙科)에 급제하였다. 그는 과거에 급제한 후 규장각대교(奎章閣待敎), 규장각검교(奎章閣檢校), 홍문관부수찬(弘文館副修撰), 승정원동부승지(承政院同副承旨), 참의군국사무(參議軍國事務) 등의 관직을 역임하면서 승승장구하였다. 그리고 1882년부터 1884년까지 3년 동안 세 차례 외국에 다녀오면서 견문을 넓혔다. 첫 번째 외국 파견은 1882년 1월에 고종의 밀명으로 일본에 파견된 김옥균을 수행하여 일본의 근대화된 모습을 보았으며, 두 번째 외국 시찰은 1882년 8월 박영효를 정사(正使)로 하고 김만식을 부사(副使)로 하는 제3차 수신사에 종사관으로 파견되었다. 제3차 수신사는 임오군란으로 비롯한 일본과의 외교 문제를 마무리 짓기 위한 사절단이었다. 수신사 일행은 임무를 마치고 귀국한 뒤에도 김옥균과 서광범은 일본에 남아 차관 도입을 하려고 하였으나 실패하고 빈손으로 귀국하였다. 세 번째 외국 여행은 보빙사 일원으로 미국으로 간 일이었다. 서광범을 비롯한 보빙사 일행은 1883년 6월 조선에서 출발하여 미국과 유럽을 순방한 후 이듬해인 1884년 6월에 귀국하였다. 칼스는 젊은 나이에 과거에 급제하여 승승장구 승진을 하며 여러 차례 외국에 나가서 새로운 문물을 배우고 익힌 서광범의 능력에 주목하였다.

넷째는 칼스는 서광범 등 그들 스스로가 일본과 조선에서 외국인들 사이에 매우 인기가 있었기 때문에 그들은 불완전한 계획을 추진하면서

---

214) 김원모, 1985, 「서광범연구」, 『동양학』 제15집, 단국대학교동양학연구소, 247쪽.
215) W.R.칼스, 1999, 앞의 책, 206쪽.

도 외국의 영향력을 유지한다면 그들은 권력을 장악할 수 있으리라 계산했던 것187) 같다고 추측하였다.

칼스는 갑신정변이 조선 사람들보다는 조선에서의 일본과 중국의 입장에 더 많은 영향을 끼쳤다고 하였다.

일본은 기민하게 제물포에 무장 함대를 파견했으며 일본 외무대신 이노우에 가오루(井上馨)는 자국 국민의 살해와 공사관 파괴를 문책하기 위한 전권을 위임받아 조선에 파견되었다. 조선 정부는 이 사건으로 인해 입은 피해를 보상하고자 했다. 그 결과 1885년 1월 9일에 재산 손해에 대한 보상, 일본 정부에 대한 사과를 포함하는 내용의 조약에 서명하였다. 서울에서의 청국과 일본 군대 간의 갈등으로 인하여 두 나라 정부 간에 야기된 문제점은 여전히 남아 있었다. 이 문제에 대한 감정은 너무 컸기 때문에 이노우에 외무대신은 직접 협상에 임했다. 이홍장(李鴻章)과의 오랜 회담 끝에 1885년 4월 천진(天津)에서 양국 군은 4개월 이내에 조선에서 철수하고 조선에서 어떤 반란이나 소요가 있을 경우 상대국에 사전에 통보하여 군대를 조선에 파견한다는 내용의 조약 문서에 서명했다.216)

일본은 갑신정변으로 조선 정부에게 일본 정부에 대한 사과를 표명하고, 희생자와 각종 피해에 대한 보상금 10만 원을 지불하고, 서울에 일본 공사관을 새로 건축하는 비용을 부담할 것을 요구하였다. 1884년 12월 말부터 여러 차례의 교섭과 회담 끝에 1885년 1월 9일에 한성조약이 체결되었다. 그리고 갑신정변으로 야기된 청·일 양국 군대의 충돌 문제를 타협하기 위해서 1885년 이홍장과 이토 히로부미 사이에 맺은 톈진조약은 청·일 양군은 조선에서 동시에 철수와 조선의 변란으로 군대를 파병할 때는 먼저 상대방에게 통보한다는 것 등을 내용으로 하고 있었

---

216) W.R.칼스, 1999, 앞의 책, 207쪽.

다. 이렇게 칼스는 갑신정변으로 인해 일본은 조선과 한성조약을, 청나라와는 텐진조약을 체결하였음을 강조하였다.

그리고 칼스는 갑신정변의 목표는 '왕비의 영향력을 약화시키고 조선의 진보적인 정책을 강화하려는 것'[217]이라고 하였다. 이것은 조선의 개혁이 민비세력에 의해 이루어지기보다는 진보세력에 의해 이루어지기를 바라는 생각이었다고 할 수 있다. 칼스는 조선이 급진개혁을 시도하려는 역사적 현장을 '서울에서 일어난 살인과 싸움의 역사'[218]라고 평가하였다. 그리고 '음모자들은 그들이 대신을 살해했던 장소에 머물고 있었다.'[219]라고 하면서 개혁을 일으킨 사람들을 음모자라고 하면서 갑신정변을 개혁의 몸부림으로 보지 않고 단지 폭동으로 인식하고 있음을 알 수 있다.

### (5) 서울 송파, 병자호란의 아프지만 꿋꿋한 나라

칼스는 서울의 남쪽에서 한 비석을 보았다.

서울의 남쪽에는 한 비석이 있는데 그 비석의 남쪽 면에 청나라의 비문이 있다. 이 비석의 북쪽 면에는 청나라의 태조가 조선을 침략했을 때, 현 왕조를 추인한 관대한 대우를 기록하기 위해 조선 왕이 세운 것으로 보이는 한문으로 된 긴 비문이 새겨 있다. 비문은 시의 형태로 되어 있는데 당시 청나라가 침략했던 사실과 청나라 황제의 자비심을 내용으로 하고 있다.[220]

---

217) 김원모, 1985, 앞의 논문, 247쪽.
218) W.R.칼스, 1999, 앞의 책, 8쪽.
219) W.R.칼스, 1999, 앞의 책, 204쪽.
220) W.R.칼스, 1999, 앞의 책, 215쪽.

칼스가 서울 남쪽에서 본 비석은 서울 송파구 삼전동에 있는 한강 상류 나루에 있던 대청황제공덕비(大淸皇帝功德碑)였다. 대청황제공덕비는 병자호란 때 인조(仁祖)가 청 태종에게 무릎을 꿇고 항복한 사실을 기록한 비석이다. 인조 14년(1636년) 봄, 조선은 형제 관계를 군신 관계로 바꾸자는 후금의 요구를 물리쳤다. 국호를 대청(大淸)으로 바꾼 청 태종은 이윽고 병자호란을 일으켰다. 인조 1637년에 남한산성으로 피신해 항거하다가 1월 30일 비석이 서 있는 당시 한강 나루터였던 삼전도로 나와 청 태종의 군막 아래 아홉 번 무릎 꿇고 세 번 절하는 의식으로 시작되는 항복조인식을 올리고 청 태종의 신하가 되어 난을 마무리 지었다.

그해 6월, 청의 명령에 따라 청 태종이 군막을 쳤던 자리에 단소(壇所)를 개축하고 전돌을 깐 호화스러운 채각(彩閣)을 지었다. 채각 안에 이른바 청 태종의 공덕을 찬양하는 비를 세울 것을 11월에 청으로부터 재촉을 받은 인조는 이경전(李慶全), 조희일(趙希逸), 장유(張維), 이경석(李景奭) 등에게 명하여 비문을 짓게 하였다. 그러나 이들은 상소하여 고사하였으나 윤허되지 않자, 이경전은 병을 핑계하여 회피했고, 조희일은 일부러 문장을 어렵게 지어 쓸모없게 만들었으며, 장유는 우리와 청이 대등한 처지(명나라의 번국(藩國)의 입장)에서 싸움을 벌인 것으로 표현했고, 이경석은 일부러 소략(疏略)한 내용의 비문을 지었다. 결국 장유와 이경석이 쓴 문안을 청나라에 보냈는데, 범문정(范文程)이란 학자가 장유가 지은 비문은 청이 명의 신하라 표현했다고 하였고, 이경석이 지은 글은 너무 간단하다는 것이었다.

이리하여 비문을 다시 짓게 되었는데 그때는 벌써 장유가 죽은 뒤여서 이경석에게만 화살이 돌아갔다. 이경석이 한사코 거부하자 인조는 그를 불러 와신상담의 고사를 비겨 굴욕을 이겨 후일을 도모하자고 타일렀다고 한다. 만일 끝내 거역할 경우에는 청의 범문정이 스스로 비문을 짓겠다고 나섰기 때문이었다. 이렇게 해서 이루어진 것이 칼스가 보았던 비문이었다.

大淸皇帝功德碑(대청황제공덕비)
大淸崇德元年冬十有二月 寬溫仁聖皇帝 以壞和自我 始赫然怒 以武臨之 直擣而東 莫敢有抗者 時我寡君棲于南漢 凜凜若履春冰而待白日者 殆五旬
대청국의 숭덕 원년 겨울 12월, 관온인성황제께서 우리가 화친을 깨뜨렸기에, 진노하여 군대를 이끌고 동쪽으로 불꽃처럼 오시니, 누구도 두려워하여 막지 못하였다. 이때 우리 부족한 임금은 남한산성에 머무르면서 마치 봄날에 얼음을 딛고 햇빛을 기다리는 것처럼 두려워한 것이 거의 50일이었다.

청의 강요에 의해 지어진 대청황제공덕비에서는 1636년에 12월에 청국이 조선으로 침입하여 온 것을 알 수 있다. 전쟁의 원인은 우리가 화친을 깨뜨렸기 때문이라고 되어 있어 조선의 잘못으로 인해 병자호란이 발발하였다고 나타나 있었다. 그때 인조는 남한산성에 머무르면서 두려워하며 50일 정도 버텨낸 것으로 보인다. 이 글을 칼스는 통역자 김씨를 통해 읽었을 것으로 보인다. 그리고 칼스는 이 비문을 통해 청나라가 조선을 침략한 사실을 알게 된 것이다.

大臣協贊之 遂從數十騎 詣軍前請罪 皇帝乃優之以禮 拊之以恩 一見而推心腹
錫賚之恩 遍及從臣禮罷 即還我寡君于都城 立召兵之南下者 振旅而西 撫民勸農
遠近之雉鳥散者 咸復厥居 詎非大幸歟
여러 대신들이 모두 찬성하여 마침내 수십 명의 기병을 데리고 군문에 와서 죄를 청하니, 황제께서 예로써 대우하고 은혜로 어루만지며, 한 번 보고는 심복으로 삼아, 상을 내리시는 은혜가 따르는 신하들에게 두루 미쳤다. 예가 끝나자, 곧장 우리 부족한 임금을 도성으로 돌려보내고, 곧장 남쪽으로 간 군대를 거두어 서쪽으로 물러나며, 백성을 어루만져 농사에 힘쓰게 하여, 멀고 가까운 곳의 흩어진 백성들이 모두 다시 와 살게 되었으니, 어찌 큰 은혜가 아니겠는가!

<그림-12> 삼전도비
출처: 조선고적도보 13권
1938쪽.

비문에는 청나라 황제의 은혜가 신하들에게 두루 미쳤으며, 인조를 궁궐로 돌려보내고 군대를 철수하여 돌아가 백성들이 편히 농사할 수 있게 되었다고 쓰여 있었다. 칼스는 비문을 보면서 청나라 황제의 자비심을 느꼈겠다고 짐작할 수 있다. 대청황제공덕비는 1639년 12월 8일에 세워졌다. 청의 감독관 지휘 아래 2년에 걸친 공사였다. 거북 모양의 받침돌 위로 몸돌을 세우고 그 위에 머릿돌을 용 모양으로 장식하였다. 몸돌 앞면에 청에 항복했던 상황과 청 태종 공덕을 칭송하는 내용을 만주문자(왼쪽)와 몽골문자(오른쪽)로 새겼고, 뒷면에는 한자로 새겨 놓았다.

칼스는 조선이 병자호란 때 청나라에 패배한 사실을 서울에 세워져 있던 삼전도비를 통해 알게 된 것이었다. 병자호란이 끝난 뒤 조선과 청 두 나라는 종번관계(宗藩關係)로 굳혀가면서 청의 위협과 조선의 복종이 강요되었다는 사실도 알게 되었을 것이다. 조선은 병자호란을 종속시키기 위한 화의 교섭을 통해 명과의 국교를 단절하고 청조로부터 '조선국왕'으로 책봉됨으로써 군신 관계를 재확인하게 되었다. 칼스는 조선이 청나라 속국이 되는 치욕적인 현장에서 그것을 확인시키는 비문을 보았다. 하지만 칼스는 이 비석을 '서울에 있는 3개의 명물 중 하나'[221]라고 하면서 살곶이다리, 원각사 13층탑, 그리고 삼전도비를 꼽았다. 칼스는 또한 '역사적 사건을 기념하는 비석'[222]라고 평가하였다. 칼스는 왜 조선이 청나라에 굴욕적인 모습이 적혀 있는 비석을 명물이라고 하며, 역사적 사건을 기념하는 비석이라고 평가했을까? 칼스는 조선이 대국에 굴욕적인 모습을 보이고는 있으나 병자호란의 아픈 기억 속에도 꿋꿋이 생존하고 있는 나라로 평가한 것이다.

칼스는 조선의 북부 지방을 여행하면서 '사람들은 가난했지만 전혀 궁핍해 보이지는 않았다. 조선의 어느 곳에서도 거지는 볼 수 없었고 심지어 기근이 만연한 곳에서조차 거지가 없었다.'[223]라고 하였고, '조선의 어떤 곳에서도 나는 가난이 그토록 만연하고 있는 징조를 보지 못했다.'[224]고 하였다. 조선은 근대화가 진행되지 않아 살림살이가 넉넉하지 못하지만, 밥을 못 먹고 사는 사람은 없다고 하였다. 이것은 조선 사람들이 기술 개발 등의 능력은 없지만 부지런하여 밥을 굶지 않아 거지가 없다는 것이다. 칼스는 조선을 여행하면서 평양에서는 조선사람들이 무역에 대한 의지를 보았고 거지가 없이 부지런하여 밥은 먹고 사는 모습, 그리고 대국의 굴욕적인 모습에서도 꿋꿋이 생존하고 있는 모습에서 조선의 근대화의 희망을 보았던 것이다.

---

221) W.R.칼스, 1999, 앞의 책, 214쪽.
222) W.R.칼스, 1999, 앞의 책, 214쪽.
223) W.R.칼스, 1999, 앞의 책, 124쪽.
224) W.R.칼스, 1999, 앞의 책, 178쪽.

## 3. 알렌의 투어, '이권을 향하여'

### 1) 조선에 오다

#### (1) 연보

<그림-13> 호러스 뉴턴 알렌.
출처: 한국학중앙연구원

호러스 뉴턴 알렌(Horace Newton Allen : 이하 알렌)은 미국 오하이오주 델라웨어(Delaware)에서 1858년 4월 23일에 태어났다. 아버지 호러스(Horace Allen)와 어머니 제인(Jane Montgomery Riley)사이에서 5남매 중 막내아들로 태어났다. 알렌 집안은 버몬트주의 집안이었다. 그의 증조할아버지 허버 시니어(Herber Allen. Sr.1743~82)는 소령의 계급으로 미국 독립운동에 참가했으며, 1777년의 영국군 버고인 장군(John Burgoyne) 침공에 대항한 공로로 독립유공자로 인정되었다. 허버의 형 이튼(Ethan Allen)도 남북전쟁의 영웅으로, 영국으로부터 뉴욕주 동북쪽의 포트 타이콘더로가(Fort Ticonderoga)를 빼앗는 큰 공을 세웠다. 알렌의 부친은 버몬트주에서 오하이오주로 이주한 후 농장을 경영하며 상당한 재산을 축적한 부농이었다.225)

청교도 가정의 분위기 속에서 자란 알렌은 1877년 9월에 오하이오 웨슬리안 대학에 입학하였다. 졸업 후 의료선교사가 되길 원했던 그는 델라웨어에 인접한 도시인 콜럼버스에 있는 스탈링 의과대학(Starling Medical School)(1881)에서 1년 과정을 마쳤다. 그리고 '보다 수준 높은 의학 교육을 받기 위해' 마이애미 의과대학으로 학교를 옮겨 의학을 공

---

225) 박형우, 2014, 「알렌의 의료 선교사 지원과 내한 배경」, 『한국기독교와 역사』제40호., 한국기독교역 사연구소, 194쪽.

부하고 2년 만인 1883년 3월에 졸업하고 의사자격증을 취득하였다. 학교 과정을 마친 알렌은 1883년 5월 17일에 프랜시스 메신저(Frances Ann Messenger, 1859-1948)와 결혼하였다. 알렌 부부는 중국의 선교 활동을 위해 1883년 8월 20일 오하이오주의 델라웨어에서 출발하였다. 메신저도 알렌을 만나기 전 선교사로 파송되기로 결심한 바가 있었기에 알렌과 함께 10월 11일에 태평양을 건너 상하이(上海)에 도착하였다.

### (2) 조선으로

알렌은 1884년 9월 14일에 홀로 상해를 떠나 난징호를 타고 조선으로 출발하였다. 그가 홀로 조선으로 출발한 것은 그의 아내가 7월에 아기를 낳았기 때문에 어린 아기와 함께 출발할 수 없었던 것으로 보인다. 알렌은 부산에 도착하였는데 "부산은 완전히 왜색(倭色) 도시"[226]라고 하면서 부산에서 일본의 모습을 보았다.부산은 부산항 근처가 일본 거류지였기 때문에 도시 변두리로 가지 않고서는 조선사람을 거의 찾아볼 수 없이 일본인의 거리로 형성되어 있었다. 그는 부산에 머물다가 1884년 9월 20에 제물포에 도착하였다. 그 당시 그의 나이는 26세였다. 알렌은 본래 중국에서 의료와 선교 활동을 할 요량으로 1883년에 중국에 입국했으나 약 1년여 만에 중국에서의 활동을 포기하고 조선에 입국하였다. 알렌이 조선에 도착했을 때 배 위에서 바라본 조선의 풍경은 다음과 같았다.

> 배의 갑판에서 바라보면 조선의 해안은 너무도 황량하여 도무지 올라가 보고 싶은 마음이 들지 않는다. 이러한 현상은 조선사람들이 자기네의 국토가 그렇게 보이도록 만들어 놓은 탓이다.[227]

---

226) N.H. 알렌 저, 김원모 완역, 2017, 『알렌의 일기』, 단국대학교 출판부,22쪽.

배의 갑판에서 바라본 조선의 모습은 조선에 발을 들이고 싶지 않은 상태의 모습이었다. 알렌은 이러한 이유를 다음과 같이 말하였다. '외국인들이 그들의 국토에 상륙하여 입국하고 싶은 충동을 느끼지 못하도록 하기 위해서 농부들은 연안의 언덕에 있는 나무와 숲을 모두 베어 버렸는데, 이렇게 함으로써 해안을 쓸쓸하고 매력 없는 모습으로 만들어 그곳을 지나가는 항해사들로 하여금 이 금단의 나라에 관심을 갖지 못하도록 만들어 놓았다.'228)는 것이었다. 즉, 조선인들이 외국인 입국을 금지하기 위하여 일부러 조선 해안을 너무도 황량하게 만들어 놓았다고 생각하였다. 하지만 '황폐한 연안 저편의 가파른 산등성이를 꾹 참고 넘어가 보면 전혀 다른 인상을 받을 수 있는 기회가 기다리고 있다.'229)고 하였다. '산등성이 너머에는 숲이 무성한 언덕과 평화로운 마을을 보호해 주고 있는 동시에, 기름진 논은 관개(灌漑)에 알맞은 높이의 언덕과 같은 작은 풀섶의 둑'230)으로 둘러싸인 풍경이 펼쳐졌던 것이다.

알렌은 중국의 남경과 상해에서 의료 사업을 하면서 1년을 거주하면서 새롭게 문호를 개방한 조선에 관심을 가졌다.

그럼 알렌은 왜 선교가 허용되지도 않았던 조선에 관심을 가지게 되었던 것일까?

나는 장로교의 의료 선교사로서 남경(南京)과 상해(上海)에서 1년간 거주한 후에 새로이 문호가 개방된 조선에 가고 싶은 욕망을 품게 되었다. 그러던 중 상해에 있는 어떤 저명인사로부터 편지를 받았는데, 그 사연인 즉 그는 나로 하여금 그 당

227) N.H. 알렌, 1999, 앞의 책, 51쪽.
228) N.H. 알렌, 1999, 앞의 책, 51쪽.
229) N.H. 알렌, 1999, 앞의 책, 51쪽.
230) N.H. 알렌, 1999, 앞의 책, 51쪽.

시 조선에 몰려드는 외국인 중에서는 유리한 생업을 마련할 수 있도록 해 줄 것 같다는 것이었다. 사실 나의 동료 의사들도 내가 선교 사업을 포기하고 조선에 가서 입신양명하는 것이 좋겠다고 전해 주었다.[231]

알렌이 파견될 중국 선교지에 2명의 의료선교사가 파견되어 있었기 때문에 그는 중국에 머문 지 약 1년도 채 되지 않아 조선으로 오게 되었던 것으로 보인다. 알렌은 학교를 졸업하고 1883년 3월 1일 정식 선교사 지원 편지를 선교본부에 보내어 3월 26일에 중국 선교사로 임명되었다. 알렌의 구체적인 임지는 산둥 선교부의 지난(濟南)으로 정해졌다. 선교지가 정해지자, 알렌은 5월 17일 메신저와 결혼하여 함께 선교지로 갈 준비를 진행해 나갔다. 그런데 알렌이 떠날 채비를 하는 중에 사임하겠다던 지난의 의료 선교사 헌터(Stephen A. Hunter)가 모호한 입장을 표명하였다.

알렌과 교신을 담당하였던 총무 엘린우드((Frank F. Ellinwood, 1826-1908)는 6월 21일 자로 편지를 보내 "헌터의 사임 여부는 그리 중요한 문제가 아니며, (알렌이) 어디에 있건 부임 첫해에 부과되는 가장 중요한 임무는 언어의 습득이다."[232]라며 알렌이 동요하지 않도록 주의를 주었다. 하지만 헌터는 사임을 하지 않았고, 이것이 알렌의 조선행에 결정적인 요인으로 작용했던 것으로 보인다.

둘째, 알렌은 조선에서 유리한 생업을 마련해 주겠다는 저명한 인사의 편지를 받았던 것이다. 그 저명한 인사는 헨더슨이었다. 헨더슨은 조선의 해관 총세무사 묄렌도르프와 인천 해관장 스트리플링(A.B.Stripling)

---

231) N.H. 알렌, 1999, 앞의 책, 155쪽.
232) Frank F. Ellinwood, Letter to Horace N. Allen(Delaware, Ohio)(June 21th,1883). PHS RG31 44-13, #194~5. 박형우, 2014,「알렌의 의료 선교사 지원과 내한 배경」, 『한국기독교와 역사』 제40호., 한국기독교역사연구소, 204쪽.

을 잘 알고 있어서 그들에게 추천서를 써 주면서 외국인 의사가 필요한 서울에 가서 '그 나라와 함께 성장하라'고 권유하였다. 이에 알렌은 고민하다가 6월 6일 조선 해관의 하스에게 편지를 보내 조선에서 외국인 의사가 필요한지 문의하였고, 6월 9일 자로 선교본부에도 조선행을 허락해 달라는 요청을 하였다. 며칠 후 엘린우드로부터 그의 조선행을 수락하는 전보가 도착하였다.[233]

셋째, 알렌은 동료 의사들의 의견인 중국에서의 선교 사업을 포기하고 조선에 가서 입신양명하는 것이 좋겠다는 의견을 들은 것이다. 당시 알렌이 상하이에 머물 때 저명한 의사들인 헨더슨, 맥클리오드(Neil Macleld), 리틀(L.S.Little), 제이미슨(R.Alex Jamieson) 그리고 미국 감리회의 의교 선교사 분(H.W.Boone)과 친분을 유지하고 있었다. 그들이 알렌에게 조선행을 조언한 것이 아닌가 추정해 볼 수 있다.

뉴욕에 있는 선교본부에서는 이전부터 얼마 동안 조선에 사람을 주재시키고 싶었지만, 당시 조선에서 선교사를 받아 주지 않았던 시기인지라 알렌의 제의는 시기적으로 매우 안성맞춤이었다. 알렌은 지체하지 않고 곧 조선에 입국해서 미국 공사관에 무급 의사로 임명되었다. 그리고 미국 공사관의 보호 아래 조선에서 의료 사업에 종사하면서 공사관의 호의와 승인을 얻어 사직할 때까지 3년간 그곳에서 머물렀다.

> 이 모험은 성공적이었다. 왜냐하면 누군가 미국 공사에게 내가 선교사냐고 물었을 때 그는 내가 미국 공사관에 배속된 의사라고 대답했기 때문이다. 약간 잘못된 대답이긴 했으나 이처럼 내가 선교사가 아닌 듯한 소개는 나의 모든 행로를 순조롭게 했고......[234]

---

233) 박형우, 2014, 앞의 논문, 211~212쪽.
234) N.H. 알렌, 1999, 앞의 책, 155쪽.

알렌은 조선에 건너온 것이 '모험'이라고 하였다. 선교활동도 금지되어 있던 나라에 외국인이 들어온다는 것은 '안정'을 보장할 수 없는 모험이었던 것이다. 그러나 결과적으로 성공적이었다. 알렌이 조선에서 성공할 수 있었던 것은 그의 직업을 선교사라고 하지 않고 의사로 소개되었기 때문이었다. 당시 조선에서는 선교활동이 금지되어 있었을 뿐만 아니라, 선교사에 대한 인식이 좋지 않았기 때문에 아무리 의료선교라고 하더라도 성공하는데 힘들었을지 모른다.

> 마침내는 서양 의학이 「효과가 좋다」는 때가 왔으며 서양 의학의 자리를 굳힐 수가 있었다. 얼마 지나 나는 조선의 궁궐과 세관 그리고 나를 위해 개설된 병원의 의사로 임명된 이외에도 미국이 아닌 다른 나라 공사관의 참모가 되었다. 이렇게 하여 나는 조선에 정착할 수 있었고 그 후에 선교사들을 받아들여 도와줄 수 있었다. 오늘날 선교 사업이 저토록 높이 평가되는 기적적인 성공을 거둔 것도 선교사들 때문이다.235)

알렌은 갑신정변 때 민영익을 치료해 준 것을 계기로 서양 의학이 효과가 좋다는 평가와 함께 서양 의학이 조선에서 자리 잡게 되었다. 그리고 이를 계기로 조선에 서양식 병원 광혜원이 설립되어 의사로 임명되었다. 그리고 미국이 아닌 '다른 나라 공사관의 참모'라고 하였는데, 이것은 주미한국공사관의 참모를 일컫는 것이다. 알렌은 1883년 조선에서 최초로 미국 등 서방세계에 파견된 외교 사절단 보빙사에 참찬관으로 파견되었다. 이렇게 하여 알렌은 조선에 잘 정착할 수 있었으며, 선교활동도 성공을 거둘 수 있었다.

그럼, 알렌은 자신이 경영할 수 있는 병원과 의사로서의 높은 명성에

---

235) N.H. 알렌, 1999, 앞의 책, 155~156쪽.

도 불구하고 왜 의사에서 외교관으로 전환하였을까?

　이렇게 밤중에 부름을 받는 것, 궁중의 의관을 기다리는 어려움에 비추어 볼 때 궁중과 병원의 의료 사업을 벌이고 워싱턴 주재 조선 공사관원들을 따라 미국으로 감으로써, 새로운 활동 무대를 갖는다는 것은 하나의 구원이었다.[236)

　알렌은 궁중에서 외국인 의사에 대한 크나큰 호기심으로 인해 한밤중에 부름을 받게 되는 경우가 많았다. 전령은 호위병과 빈 가마 한 채를 데리고 오기 때문에 요란스러운 행차 소리에 식구들이 잠을 다 깼다. 그뿐 아니라 입궐 시에는 정장을 하지 않으면 안 되었다. 알렌은 관복 대신에 양복을 입도록 되어 있었기 때문이었다. 밤 1시에 일어나 정해진 양복으로 갈아입고 영하의 날씨에 몇 마일씩 시내를 횡단해 가면 조선의 왕자는 이미 그사이에 잠이 들어 있었다. 누구도 그 잠을 방해해서는 안 되었다. 그래서 알렌은 의사로서 밤중에 궁에 입궐하는 것이 무척이나 힘들어하고 있었음을 알 수 있다. 이때 미국 주차 조선 공사 박정양과 함께 워싱턴으로 가는 일이 하나의 구원처럼 느껴졌던 것이다.

　그래서 그는 의사에서 한말의 외교관으로 변신하게 되었다. 그의 외교 활동은 1887년에 주미 전권 공사 박정양(朴定陽)의 고문이 된 것을 시발점으로 하여 1894년부터의 인술(仁術)과 선교(宣敎)를 공식적으로 포기하고 주미한국공사관 참찬관(1887~1889), 주한미국공사관 서기관(1890~1897)을 거쳐 주한미국공사(1897~1905)가 되었다. 알렌은 조선에서 의료 사업으로 3년, 관직에서 3년, 그리고 조선 주차 미국 공사관의 서기관으로 시작하여 전권 공사로 마칠 때까지 미국 정부 외교관

---

236) N.H. 알렌, 1999, 앞의 책, 177쪽.

의 자격으로 15년을 보내면서 21년간 조선에서 생활하였다.

## 2) 비극의 조선 역사 앞에서

### (1) 남한산성의 항전은 대단하다

알렌은 조선으로 들어오는 제물포에서 정박 중에 배의 갑판 위에서 망원경으로 조선을 바라보았다.

> 제물포에 정박 중인 배의 갑판에서 동쪽을 바라보면 서울 쪽에는 박공(樽栱)과 탑 (塔) 모양으로 된 집들의 능선처럼 뾰죽뾰죽한 지평선을 볼 수 있다. 망원경으로 바라 보면 가장 높은 두 봉우리 사이의 움푹 들어간 곳에서 작은 흰 점을 볼 수가 있다. 이 점은 북한산성(北漢山城)[237]의 성문이 열려 있는 모습이다. 1637년 만주족(滿洲族)들 은 이 피난처를 점령하고서야 조선의 궁녀를 차지할 수 있었고, 왕으로부터 항복을 받을 수가 있었다. 왕은 그때까지도 다른 요새에서 안전하게 있었다. 이 산성에서의 저항은 너무도 대담했기 때문에 중국을 정복한 후 아직까지도 중국을 지배하고 있는 만주족들은 조선의 남녀에게 변발과 전족을 강요하지 못하고 국왕이 단순히 형식적 으로 봉신(封臣)이 될 것을 요구하는 것으로 만족할 수밖에 없었다.[238]

<그림-14> 남한산성 전경
출처:『관점이 있는 뉴스 프레시안』,
2023년 9월 14일.

알렌은 망원경으로 조선 남한산성 의 성문을 바라보면서 1637년 삼전도 의 굴욕을 생각하였다. 청나라군은 1637년 1월 25일 아침 조선군의 포위 망을 뚫고 산성 주변 500여 미터 지점 까지 총격을 준비하였다. 그러나 산성

---

237) 이 점에 대해서는 알렌이 오해하고 있다. 이하의 기록으로 볼 때 그 성은 남한산
성(南漢山城)이다.
238) N.H. 알렌, 앞의 책, 1999, 53~54쪽.

을 직접 공격하는 근접전을 전개하기보다는 산성 주변의 포격에 주력하였다. 조선군과의 근접전은 청군 병사들의 많은 희생을 초래할 것을 염려했기 때문이었다. 청군의 포격으로 남한산성 동쪽의 망월대가 파괴되고 대장기가 꺾여 날아갔으며, 각 성문의 문루와 성벽 여러 곳이 파손되었다. 그러나 조선군들도 격렬하게 저항하여 청군에게 포격을 가하는 한편, 흙으로 담을 쌓아 파손된 성벽을 복구시키면서 저항을 계속해 나갔다.

다음날인 1월 26일 청군은 일부 왕족과 관리들이 피난했던 강화도가 1월 22일 자신들의 군대에 의해 함락되었다는 사실을 알리면서 조선군의 사기를 떨어뜨렸다. 그리고 조선 국왕의 항복을 촉구하였다. 강화도 함락 사실은 남한산성 내의 관리들을 동요시켰고 남한산성 내 백성들의 사기도 크게 저하되었다. 1월 27일 청나라 군대는 포위망을 더욱 좁혀 산성 바로 앞까지 군사들을 진격시켰고 최후의 공격 준비를 갖추었다. 청군은 성벽을 쉽게 기어오르기 위해 목인(木人) 수십 개를 성벽 주변 각처에 갖추어 조선군을 긴장시키면서 종일 위협적인 포격을 가하였다.

이러한 청군의 움직임은 산성 내의 주화파들의 입지를 강화시켜 주었다. 성내에서는 중신회의가 열렸고 장시간에 걸친 논란 끝에 척화론자들의 강력한 반대에도 불구하고 청이 요구한 대로 국왕이 성에서 나와 항복을 하자는 것으로 결론이 났다. 인조는 남한산성 서문을 통해 수항단으로 나가서 항복을 하였다. 1637년 1월의 그날은 왕과 신하, 백성 할 것 없이 조선에 살았던 모든 사람들이 치욕에 떨면서 눈물을 흘린 날이었다.

하지만 알렌은 조선이 청나라에 항복을 했지만 단순히 형식적인 굴복이었다는 것이다. 조선 측에서 이 남한산성의 저항은 너무도 대담한 것이었다. 그러기에 청나라는 조선을 완전히 정복하여 그들의 문화인 변발과 전족까지 강요할 수 있는 종속국으로 만들지 못하고 겉으로 보이는 형식적인 봉신 관계만을 요구하는 것으로 만족할 수밖에 없었다는 것이다. 이러한 것으로 비추어 보아 알렌은 남한산성의 항전을 통해 조선의 저력을 보았다. 조선은 힘이 없고 나약한 나라가 아니기 때문에 청나라조차도 강제로 완전히 점령할 수 없었다는 것이다. 청나라는 조선보다 수십 배로 큰 나라였지만 완전히 종속시키지 못하고 이러한 봉신 관계라는 형식적인 조치만 취했을 뿐이라고 하였다.

### (2) 미국에 아무런 성과가 없었던 신미양요

1866년 미국의 범선인 서프라이스호(Surprise)가 조선의 서북 해안에서 난파된 적이 있었는데 이때 조선인들은 미국 선원들을 친절하게 구조해 주었을 뿐만 아니라 중국에 가면 외국 배를 구할 수 있다고 조언하면서 중국에 갈 수 있도록 도와주었다. 그 후 1개월이나 지나 미국의 범선인 제너럴셔먼호(General Sherman)가 비밀에 싸인 임무를 띠고 톈진(天津)으로부터 조선을 향해 항해하였다. 그 배가 대동강을 거슬러 올라갔을 때 예년에 없는 심한 홍수가 일어나 배는 북쪽 도시 평양(平壤)에 정박하게 되었다. 보통 때에는 조그만 돛단배만이 평양의 아래쪽에 있는 모래톱을 건널 수 있었는데 밀물이 나가고 물이 급속히 줄어들자, 배는 절망적으로 강바닥에 좌초하고 말았다. 알렌은 제너럴셔먼호 사건에 대해서 다음과 같이 말하였다.

그때 무슨 일이 발생했는지는 알려지지 않고 있지만 아마 백인들은 습관대로 유색 인종들을 멸시했으며 선원들은 자기의 배와 자신의 운명이 풍전등화와 같았다는 것을 전혀 깨닫지 못했음이 틀림없다. 하여간 어떤 분쟁이 벌어져 선원들은 살해되고 배가 파괴되는 결과가 일어났다.239)

알렌은 제너럴셔먼호 사건이 일어난 것은 밀물로 인해 강바닥에 배가 좌초되어 그들이 위기에 놓여 있었지만, 그들은 자신들이 위험에 빠져 있다고 인식하지도 못한 채 인종차별적인 생각으로 조선인을 멸시했기 때문에 발생한 사건이라고 하였다. 이들은 무역에 필요한 서양 물건을 비롯해 대포와 총까지 갖추고 있었는데, 무장한 미국인 선원들은 조선과의 통상을 요구하였다. 당시 조선 정부는 다른 나라와의 통상을 법으로 금지하고 있었기 때문에 평안도 관찰사 박규수는 항구에 배가 들어오지 못하도록 경고한 뒤 조선에서 빨리 떠날 것을 명령하였다.

하지만 제너럴셔먼호의 선원들은 경고를 무시한 채 평양에 들어왔다. 평양의 관리나 주민들은 이들의 불법 행동에도 불구하고 손님들을 잘 대접해야 한다는 우리의 전통 예절에 따라 세 차례나 음식물을 가져다주는 등 도움을 아끼지 않았다. 그러나 제너럴셔먼호 선원들은 조선의 관리들을 잡아 가둔 뒤 이들을 풀어주는 대가로 쌀과 금, 은, 인삼 등을 교역할 것을 요구하였다. 또한 총을 쏘아 민간인을 죽이기도 하였다. 평양의 관리들과 백성들을 이들의 만행에 분노해 제너럴셔먼호를 공격하고 불태워버렸다. 이로 인해 제너럴셔먼호 승무원들도 불에 타거나 물에 빠져 죽었다.

제너럴셔먼호 사건을 계기로 1871년 5월 16일, 미국 아시아함대 사령관 존 로저스가 이끄는 군함 5척은 병력 1,230명과 함포 85문을 싣고 조선 침공에 나섰다.

> 수병(水兵)들이 미국의 함대로부터 신속히 상륙했고, 빈약하고 낡은 요새들은
> 함정으로부터 집중 포격을 받았다. 미국 측의 사상자는 아주 적었다. 매키 중위

---

239) N.H. 알렌, 1999, 앞의 책, 187쪽.

(Liut. H. W. McKee)는 부하들보다 앞서서 흉벽(胸壁)을 측정하는 중에 전사했고 바로 뒤에는 지금도 현역인 슐리(Adm. W. S. Schley) 제독이 따르고 있었다. 미국 측에서는 2명이 전사했고 10명이 부상당한 데 비해 조선 측은 전사가 240명이고 20명의 부상자는 포로가 되었다. 그리고 도주한 사람은 없는 것 같았다.[240]

알렌의 기록을 보면 미국 측의 전사자는 2명이지만, 조선 측의 전사자는 240명이나 되었다고 하였다. 조선의 화총은 미국이 가지고 있는 대포 등 근대 무기 앞에 아무런 쓸모가 없었다. 그리고 조선도 미국인이 깜짝 놀란 만큼 포 뒤로 탄을 재는 대포가 있었지만, 그 위치가 너무 나빠서 아무 소용이 없었다. 그래서 조선은 상대적으로 많은 사상자가 속출하게 되었다.

방어하는 군인들은 용맹스럽고 잘 싸웠고 자기 위치에서 이탈하지 않았다. 그러나 그것은 소용없는 살육만을 초래했을 뿐 아무런 좋은 결과도 따르지 않았다. 그로부터 우리는 이 전쟁에 대해 자랑해 본 일이 없다. 프랑스도 이보다 앞서 비슷한 시도를 해 보았으나 아무런 성과도 없었다. 그리고 프랑스군은 신미양요 때보다 적은 손해를 입고 퇴각했다. 이것은 조선 사람들에게 다소 충격을 줌으로써 그들로 하여금 어느 정도 미국의 공격에 대한 준비를 하게 했던 것이다.[241]

알렌은 미국인이었지만, 신미양요에 대해 자랑할 것이 못 되는 전쟁이라고 하였다. 많은 사상자만 초래했을 뿐 아무런 좋은 결과를 성사시키지 못했기 때문이었다. 그는 신미양요를 병인박해와 비교하였다. 신미양요보다 앞서 일어난 병인양요 때에도 프랑스는 아무런 성과를 이루지 못하고 퇴각하였다고 하였다. 하지만 병인양요 때보다 신미양요 때

---

240) N.H. 알렌, 1999, 앞의 책, 191쪽.
241) N.H. 알렌, 1999, 앞의 책, 191쪽.

가 손해가 더 크다고 하였다. 이렇게 신미양요 때 손해가 더 큰 이유는 조선인들이 병인양요의 경험으로 서양인들의 공격에 준비했기 때문이라 하였다. 미국 측은 이 이상의 공격이 무모함을 깨닫고 7월 3일 40여 일 만에 불법 침입한 조선의 해역에서 물러갔다.

### (3) 갑신정변을 천재일우(千載一遇)의 기회로 삼다

알렌이 조선에 입국한 지 약 5달 정도 지난 후에 갑신정변이 일어났다. 1884년 12월 4일 저녁 알렌은 서울에 머무르고 있던 두 명의 미국 친구의 숙소에서 저녁 식사를 하고 있었다. 친구 중의 한 명은 실업가로서 조선을 자기의 유리한 본거지로 삼고 있었고, 다른 친구는 특수 임무를 띠고 조선에 주둔한 해군 장교였다. 알렌은 저녁 식사 후 집으로 돌아오는 길에 아내와 산책을 하였다.[242]

> 그날 밤은 조용하여 휘파람 소리나 지나가는 차들의 소음도 들리지 않았다. 포장도 되지 않은 거리에 대궐로 들어가거나 나오는 벼슬아치의 말발굽 소리도 들리지 않았으며 눈에 띄는 것이라고는 옆으로 흔들거리며 소리 없이 지나가는 어떤 관리의 가마가 있을 뿐이었다. 긴 시간 동안 어떤 여인이 자유를 만끽하면서 분주하게 두들기는 다듬이 소리만이 멀리서 들려오고 있었다.[243]

알렌은 갑신정변이 일어난 그날 저녁의 궁궐 주변의 분위기를 아주 평화스럽게 묘사하였다. 그날 밤은 거사가 있을 예정이라 그런지 유난히 고요하여 말발굽 소리조차도 들리지 않는 너무나도 평화스러운 상태였다. 이렇게 조용하다는 것은 궁궐에서는 정변을 눈치채지 못했다는

---

242) N.H. 알렌, 1999, 앞의 책, 67쪽.
243) N.H. 알렌, 1999, 앞의 책, 67~68쪽.

것이다. 또한 유난히 고요한 분위기는 곧 일어날 정변의 공포스러움을 대변해 주고 있는 듯하였다. 알렌은 갑신정변으로 조선의 유혈 사태가 일어난 상황을 목격한 것이다.

> 새로이 창설된 조선의 우정국에서 배달된 우리들의 첫 우편물은 크리스마스 선물이었다. 최초의 우정국은 1884년 12월 4일의 유혈 폭동이 일어난 후 얼마 동안 서울을 공포로 몰아넣었던 폭도들에 의해 파괴되었다. 보수적인 조선 사람들은 외국인들에 의한 개혁을 좋게 생각하지 않았다. 이러한 개혁 중의 하나가 우정국의 설립이었다. 보수주의자들이 반격했을 때 2~3개월 동안 우리들은 조선에 머물고 있었다. [244]

알렌은 갑신정변을 "유혈 폭동"으로 보았다. 그리고 급진개혁파들을 "폭도들"이라고 칭하면서 개혁이기보다는 집단적 폭력 행위로 현 정부의 안녕과 질서를 위협하는 행위로 본 것이었다. 하지만 알렌은 우정국의 창설은 개혁의 소산물로 보았다. 그러나 이것이 정변으로 인해 파괴되어 버렸다. 개혁으로 나가려는 움직임이 멈추어버린 것이다. 알렌은 갑신정변의 공포 속에서 도망가고 싶었지만, 다시 보수주의자들이 반격을 했기 때문에 반격의 기간 동안은 안심이 되었는지 조선에 머물 수 있었다고 하였다.

그날 밤 알렌은 식사를 마치고 집에 도착한 지 얼마 되지 않아 우정국에서는 개국을 축하하기 위한 연회가 베풀어지고 있었다. 그런데 그곳에서 유혈사태가 일어났으니 될 수 있는 대로 속히 오라는 미국 공사 푸트(L.Foote)의 요청이 적힌 급한 전갈이 알렌에게 전달되었다. 알렌은 조선 군대의 호위를 받으면서 가마를 타고 도시를 급히 가로질러 매우 흥분해 있는 외국의 사절들과 조선의 고관들을 만났다. 그날 저녁 연회 석

---

244) N.H. 알렌, 1999, 앞의 책, 67쪽.

상의 주인공이었던 민영익은 동맥이 끊기고 머리와 몸이 일곱 군데나 칼에 찔리어 죽음을 목전에 두고 쓰러져 있었다. 알렌은 그를 치료하였고, 그가 건강을 회복하는 데에는 3개월이 걸렸다.[245] 알렌은 갑신정변을 다음과 같이 생각하였다.

> 이 폭동은 중국의 지원을 받은 보수당과 일본의 지원을 받은 진보주의자들 사이의 투쟁이었다. 며칠 동안 격전이 계속되는 밤에는 암살당한 고관들의 주택들이 방화되어 그 불빛이 시내를 환히 비췄다. 일본인들은 최선을 다해 잘 싸웠지만 수천 명의 중국군에 비해 다만 140명의 병력밖에 안 되었다. 그들은 마침내 아름다운 새 공사관의 건물을 불 지르고 그들이 장악했던 궁전을 포기하지 않을 수 없었다. 그들은 싸우면서 시내에서 빠져나와 제물포까지 가면서 싸움을 계속했다. 거리에는 40명 이상의 시체가 방치되어 있어서 개들이 수주일 동안 시체들을 파먹고 있는 것을 보았다.[246]

알렌은 갑신정변이 중국의 지원을 받은 보수당과 일본의 지원을 받은 진보주의자들의 사이의 투쟁으로 보았다. 당시 개화파들은 일본의 군사력에 의존하여 정변을 일으켰다. 외세를 이용하여 정변을 일으킨 개화파들은 불과 3일 만에 실패하여 그들은 결국 일본으로 망명해 버렸다. 따라서 정변 이후 조선의 정세는 개화파가 제거됨으로써 친청(親淸) 세력인 수구세력이 득세하는 상황이 되었다. 그리고 반청 세력이 없어지고 수구세력만 남으니, 조선에서는 결과적으로 청의 압제가 무한정 강화되는 상황이 벌어졌다.

알렌은 밤마다 고관들의 집들이 불타고, 수많은 사람들이 죽어가는

---

245) N.H. 알렌, 1999, 앞의 책, 68~69쪽.
246) N.H. 알렌, 1999, 앞의 책, 69쪽.

모습을 현장에서 지켜보았다. 알렌은 일본의 지원을 받은 진보주의자들이 패배한 이유를 일본인들의 병력이 140명밖에 되지 않아 중국군에 비해 수적으로 열세하였기 때문이라고 하였다. 일본군은 물러나면서 새 공사관에 불을 지르고 장악했던 궁전을 포기하면서 조선을 빠져나갔다. 이렇게 갑신정변으로 인해 수많은 사람들이 죽어 나갔고 그들의 시체는 방치가 되어 개의 먹이가 되고 있었다. 갑신정변 이후 서울 시내 여러 곳에서 시체 더미를 어디서나 볼 수 있었다.

그리고 갑신정변에 가담했다가 미처 도망하지 못하여 체포되어 처형된 반역자의 시체 4구가 나무푯말 밑에 엎드려 눕혀 있었다. 개들은 사육제(謝肉祭)인 양 시체 더미 위로 올라가서 살점을 뜯어먹었다. 알렌은 갑신정변 이후 개들이 죽은 일본인 시체의 살점을 뜯어먹고 있는 것을 목격했다고 민영익에게 이야기 한 바 있었다. 알렌은 이 말을 들을 이후로 민영익은 항상 개고기를 먹고 있다고 하였다. 또한 갑신정변으로 잡힌 반역자들의 시체도 개들의 먹이가 되고 있었는데 알렌은 개고기를 먹고 있는 민영익을 "이제 그는 그 자신이 동포의 시체를 먹고 있다고 말할 수 있겠다."[247]라고 하였다. 알렌은 민영익 스스로가 동포를 먹는 파멸의 길로 가고 있는 것처럼 민영익 자신이 조선의 개혁을 좌절시켜 근대화로 나아가는 길을 막았다고 생각한 것이다. 알렌은 묄렌도르프와는 달리 민영익을 그다지 좋지 않은 시선으로 바라보고 있었음을 알 수 있다.

알렌은 그동안 호위를 받으며 직업상 사방에 산재해 있는 부상당한 조선 사람들과 중국인들을 찾아다니며 치료하였다. 하지만 부상당한 일본인은 없었다. 왜냐하면 어떤 안전한 지역으로 피신하지 못한 일본인들은 모두 살해되어 개밥이 되었기 때문이었다. 또한 12명의 서양인은 소수의 일본

---

247) N.H. 알렌, 김원모 완역, 2017, 앞의 책, 53쪽.

피난민과 함께 미국 공사관에 모였다. 미국 공사관에는 한 해군 장교의 지휘하에 정규 호위병이 정문을 경계 근무 하였다. 후에 그 해군 장군은 중국 군인의 호송을 받으며 제물포에 있는 선박까지 일본 피난민을 인솔하였다. 그 후 그는 이 일로 인해 일본 정부에서 표창을 받았다.[248] 이로써 갑신정변 이후 미국 공사관에서 일본인들을 도와 피난을 시켰음을 알 수 있었다.

> 민영익 공은 드디어 건강이 회복되었다. 민영익 공이 서양 의학과 외과의 기술 덕분에 회복되자, 서양 의학과 외과 의학의 치료 효과를 과신(過信)한 수천 명의 조선 사람들을 치료하기 위해 병원이 세워졌다.[249]

<그림-15> 민영익
출처:『위키백과』

알렌은 갑신정변 현장에서 부상을 당한 민영익을 치료하였다. 민영익은 건강을 회복하는 데 3개월이 걸렸으며 보기 흉한 흉터도 남았다. 민영익이 건강을 회복하자 알렌은 조선에 병원 건립 계획을 세우게 되었다. 미국 대리공사직을 맡고 있던 포크가 알렌을 위해 대신 병원설치안을 제출해 주었다. 그리고 알렌 또한 조선정부에 병원의 설치 목적을 제출하였다. 알렌이 조선에 병원을 세우려고 한 목적은 무엇일까?

첫째, 알렌은 갑신정변으로 총상을 입은 조선인에게서 탄환 제거수술을 했고 일반환자들도 치료를 하였다. 그러나 대다수 환자들은 알렌 본

---

248) N.H. 알렌, 1999, 앞의 책, 69쪽.
249) N.H. 알렌, 1999, 앞의 책, 70쪽.

인의 자택으로부터 멀리 떨어져 살고 있어서 왕진하여 치료할 시간이 없었다. 그리고 본인의 집으로 밀려드는 환자들을 수요할 만큼의 적당한 병원설비가 부족하여 대다수 극빈환자들은 되돌아갈 수밖에 없기 때문에 병원이 꼭 필요하고 주장하였다.

둘째, 병원시설을 갖추게 된다면 조선 청년들에게 서양의학 및 공중위생학을 가르치는 교육기관이 될 수 있다는 것이었다. 미국에는 도시마다 한두 개의 병원이 있는데, 서울에도 병원 한 개 정도는 개설해야 하며, 최소한의 비용으로 한 개 정도의 병원은 개설 운영할 수 있다고 생각하였다.

셋째, 알렌 자신은 보수를 받지 않겠다는 것이었다. 다만 좋은 장소에 대형 한옥 한 채와 매년 병원 운영에 드는 경상비용을 요구하였다. 경상비용으로는 등잔불(燈火) 및 난방비, 조수 간호사 노무자의 급료, 그리고 극빈환자에게 제공할 식사비, 의약품 구입비 등 300달러 정도 요구하였다. 만약 이러한 요구를 조선정부가 들어준다면 알렌은 미국인 의사 1명을 더 데리고 와서 그 또한 무급으로 일을 시킬 예정이라고 하였다. 그럼, 알렌과 그 외 1명 미국인 의사는 어떻게 무급으로 일할 수 있었을까? 그들은 미국에 있는 공제조합(共濟組合)으로부터 일정한 생활비를 지급받고 있었기 때문에 봉급은 필요 없었던 것이다.

이러한 병원 건설안은 민영익에게 전달되었다. 알렌과 민영익의 관계는 갑신정변 때 부상을 치료해 준 덕분에 더욱 가까워졌다. 민영익은 알렌보다 두 살이나 연장자임에도 불구하고 '그를 친형으로 모시겠으며 그가 없으며 아무 일도 할 수 없다'고 확언[250]할 정도로 알렌을 의지하고 있음을 알 수 있었다.

조선 정부는 알렌의 병원 건설안을 받아들여 1885년 4월 3일 자로 병

---

250) N.H. 알렌 저, 김원모 완역, 2017, 앞의 책, 51쪽.

원 설치를 인가하고 병원 명칭을 일반백성의 병을 널리 구제한다는 광제(廣濟)의 뜻으로 광혜원(廣惠院)이라 서명했다. 이에 관한 업무는 외서(外署; 外衙門)에서 전담 관리하였다. 광혜원은 갑신정변 때 참살된 북부 제동 (北部 齊洞)에 있던 홍영식(洪英植)의 집에 설치되어 4월 9일에 개원되었다. 그리고 그해 5월 9일 이름을 제중원(濟衆院)으로 개칭하였다. 고종은 선진 기술을 받아들일 준비가 되어 있었다. 서양의 우수한 의학 기술을 받아들이는 것에 지체하지 않고 병원을 바로 세웠던 것으로 보아 조선의 근대화를 갈망하고 있었으리라 추측할 수 있다.

알렌은 의사로서 갑신정변의 유혈 폭동이라는 역사 현장에서 공포감을 느끼고 있었다.

> 난리가 일어나는 동안 재미있는 일이 하나 있었다. 나의 아내와 아기를 위해 필요할 경우에 쓸 수 있도록 단 하나밖에 없던 리볼버(revolver) 권총을 나의 아내에게 맡겨 두고 나는 짧고 무거운 카빈총을 하나 빌렸다. 매우 불편하기는 했지만, 나는 그것을 항상 휴대하고 다녔으며 밤에는 침대 밑에 두고 잤다. 난리가 끝나고 평화가 왔을 때 어느 날 나는 나의 사격술을 시험해 보기 위해 밖으로 나갔다. 몰골 없는 총을 쏘았으나 탄환이 나가지 않았다. 탄창은 탄환으로 가득 차 있었으나 총탄이 총의 구경보다 너무 컸기 때문이었다. 그렇지만 그 총은 자신감을 안겨 주었고 만약 그것이 없었더라면 일어났을지도 모르는 공격을 물리치는 데 제구실을 할 수가 있었다.[251]

알렌은 갑신정변으로 상당한 공포감을 느끼고 아내와 자신은 항상 권총을 소지하고 다녔다. 자신의 총은 아내에게 주고 자기는 무거운 카빈총을 빌려 들고 다녔다. 총이 무거워 불편하였지만, 갑신정변의 공포에서 벗어나기 위해서는 항상 소지하였고, 잠을 잘 때도 침대 밑에 두고 자

---

251) N.H. 알렌, 1999, 앞의 책, 70쪽.

는 모습을 보였다. 총이 발사되지 않는 상황임에도 불구하고 총을 소지하고 있는 것만으로도 안심할 수 있었다는 모습을 보면 얼마나 갑신정변이 공포로 다가왔는지 알 수 있다. 갑신정변이 일어나고 난 후에 포크, 버나도우 공사관, 해군무관, 그리고 알렌 가족만 서울에 남고 모두 제물포로 피난을 떠났다. 그럼, 왜 알렌은 이렇게 갑신정변으로 공포를 느끼면서도 피난을 가지 않았을까?

알렌은 성급하게 행동하고 싶지 않았고 매사를 신중하게 처신하고 싶었기 때문이었다. 그리고 '깊은 신앙심에 따라 처리하기로 생각'[252]한 것이다. 알렌은 신앙심으로 갑신정변의 공포를 이겨내고 있음을 알 수 있었다. 그리고 푸트 공사가 알렌에게 "내가 당신에게 서울에 머물러 있으라고 충고한다면 만약 무슨 해가 닥치는 경우에 내가 그 책임을 져야 한다. 내가 당신에게 제물포로 피난을 가라고 충고해서 내 말대로 서울을 떠난 후, 당신의 재산상의 피해가 발생되지 아니하면 별 상관이 없지만, 재산 손실이 있을 경우 내가 그 책임을 져야 할 것이다."[253]라고 말한 것에서 제물포로 피난을 가지 않으면 해를 당할 수도 있고, 피난을 간다면 서울의 집에 재산상의 피해가 발생할 수 있는 상황이었다. 그래서 알렌은 푸트 공사가 제물포에서 그에게 위급을 고하는 편지를 보내올 때까지 제물포로 피난을 가지 않고 서울에 머물기로 결정을 내렸다. 그리고 만약 위급한 사태를 알려주면 그때 알렌의 부인과 아기를 제물포로 보내어 일본 나가사키(長崎)로 피난시킬 대책을 마련해 놓고 있었다.

앞에서 서술한 묄렌도르프는 같은 상황 속에서도 침착성을 가지고 안정적으로 자신의 일을 하며 웃음을 잃지 않고 건강하게 지내는 모습과

---

252) N.H. 알렌 저, 김원모 완역, 2017, 앞의 책, 38쪽.
253) N.H. 알렌 저, 김원모 완역, 2017, 앞의 책, 38~39쪽.

대조적으로 알렌은 상당한 공포감을 보이고 있었다. 유혈사태가 일어나는 공포스러운 역사현장 속에 있었던 두 사람의 모습은 상당히 다른 모습을 보이고 있으며, 이것은 개인 성향 차이임을 알 수 있었다.

그리고 알렌은 갑신정변을 근대화 과정의 역행이라고 하였다.

> 우정국은 내가 받은 우편물과 함께 파괴되었다. 그러나 조선 사람들은 체신 업무와 같은 세계적인 기구를 용이하게 방해할 수는 없었다. 파괴된 우정국의 뒤를 이어 그보다 더 훌륭한 우체국의 건립을 위한 계획이 이루어짐으로써 우표 수집가들을 위해 몇 종의 우표가 발행되었고 근대화 과정에 역행하려는 것이 얼마나 어리석은 것인지를 깨닫게 해 주었다.[254]

갑신정변은 1884년 김옥균(金玉均)을 비롯한 급진개화파가 개화사상을 바탕으로 조선의 자주독립과 근대화를 목표로 일으킨 정변이지만, 알렌은 갑신정변은 역사적 진보를 가로막았다고 보았다. 하지만 조선에서 근대화의 물결은 막을 수 없다는 것이었다. 우정총국이 폐지된 후 다시 우체국 건립의 계획이 세워지고, 우표가 발행되면서 근대화는 진행되었다는 것이었다. 이에 근대화의 산물인 우체사가 1895년 6월 1일에 설치되었다. 따라서 알렌은 갑신정변과 같은 급진 개화는 근대화 과정을 역행하는 것이며 어리석다고 평가하였다.

> 불쌍한 조선 사람들이여! 그대들은 너무도 오랫동안 무사안일의 세월을 보냈다. 아마도 조선의 땅이 남의 나라에 의해 망한 것이 아니라 지진과 화산에 의해 폐허가 되었더라면 조선은 벌써 곤한 잠 속에서 깨어났을지도 모른다. 그러나 조선 백성들이 잠자고 꿈꾸며 세상사에 개의치 않는 동안에 조선의 오랜 적인 일본인은 지금 당

---

254) N.H. 알렌, 1999, 앞의 책, 70쪽.

신들이 보고 있는 낯선 서양 사람들의 기술을 배우기에 분주했으며, 당신들의 선왕이 쌓은 저 요새로 뚫린 옛길을 기어오르고 있다. 기술을 배운 후에 일본인들은 지난날 자기들에게 문명을 전해 준 스승의 나라를 정복했으며, 원기 왕성해진 지난날의 제자가 당신의 국토를 넘보는 차제에, 한때는 저들의 선생이었으나 지금은 늙어 빠진 퇴역이 된 현 왕조에게 여러분들은 무엇을 더 이상 기대할 수 있겠는가?.[255]

알렌은 조선인들이 그동안 너무나도 오랫동안 무사 안일의 태평성대를 누렸다고 하였다. 만약 지진이나 화산과 같은 자연재해가 일어나 폐허가 되었다면 조선인들은 이것을 극복을 하면서 좀 더 근대화로 나아갈 수 있었다는 것이다. 하지만 조선이 서양의 문물을 거부하면서 통상수교거부정책을 펼치고 있는 동안 일본은 분주하게 서양의 기술을 받아들이기 시작하였다. 일본은 이러한 기술을 받아들인 뒤 그들에게 문명을 전해 준 스승의 나라 조선을 정복했다는 것이다. 그래서 조선은 정체된 상태에서 벗어나 서양의 기술을 받아들여 근대화를 해야 한다고 하였다.

우리들은 서양 의료와 외과 수술을 시험하기 위해 피비린내 나는 폭동(甲申政變)이 일어나기 2~3개월 전에 서울에 도착했다. 이때의 의료의 성공이 선교 사업을 시작할 수 있는 길을 터 주었으며 결과적으로 나로 하여금 전혀 기대하지 않았던 경험을 쌓을 수 있는 길을 열어 놓았다. 부상한 민영익(閔泳翊)이 회복된 것은 나에게 병원을 제공한 것 외에도 나를 어의(御醫)로 임명되게 했다. 궁중에서는 의술 이외의 모든 문제에 대해서도 자연히 나에게 자문을 구하게 되었고, 이 모든 자문의 결과로 2~3년 후에 나는 의술을 포기하고 조선의 외교 업무를 거쳐 미국의 영사 업무와 외교 업무를 맡게 되었다. 나는 한편으로는 대리 영사의 직위로부터 총영사의 직위까지를 두루 거쳤을 뿐만 아니라, 외교 업무에 있어서는 공사관 서기관으로부터 공사의 직위까지 모두 맡았다.[256]

---

255) N.H. 알렌, 1999, 앞의 책, 58쪽.
256) N.H. 알렌, 1999, 앞의 책, 171쪽.

알렌이 조선에 도착한 지 몇 달 되지 않아 일어난 갑신정변은 그에게 입신양명할 기회를 제공해 주었다. 갑신정변에서 부상을 입은 민영익(閔泳翊)을 치료한 것이 계기가 되어 서양의 의학이 효과가 좋다는 인식과 함께 서양 의학이 자리를 굳힐 수 있었다. 알렌은 이러한 의료의 성공이 선교 사업을 할 기회를 제공했다고 하였다. 그리고 궁중에서도 알렌에게 병원을 제공하였으며, 고종의 시의가 되기도 하였다. 그리고 알렌은 환자들을 만나보고 치료할 건물을 요청했으며 그 요청이 받아들여져 건물 한 채를 사용하게 되었다. 조선에서는 최초의 근대식 병원인 제중원[257]이 세워졌다. 그 건물은 갑신정변 때 암살된 관리 중의 한 사람인 홍영식(洪英植)의 주택이었다. 그 집을 잘 수리하였더니 환자들이 수백 명씩 몰려왔고 최초의 한 해 동안에 1만 명 이상을 치료했다[258]고 하였다. 이리하여 궁중에서는 의술 이외에도 모든 문제에 대해서 알렌에게 자문을 구하게 되었고, 그 자문의 결과 3년 후 그는 의사를 포기하고 조선의 외교 업무를 거쳐 미국의 영사 업무와 외교 업무를 맡아 공사의 직위까지 맡아서 입신양명한 것이다.

### (4) 기독교인으로 본 명성황후 장례식

1895년 10월 8일 새벽 일본인 자객들은 서대문을 거쳐 우범선·이두황이 지휘한 조선 훈련대와 합류하여 광화문을 통과하였다. 훈련대 연대장 홍계훈(洪啓薰)과 군부대신 안경수가 1개 중대의 병력으로, 이들의 대궐 침범을 제지하다 사망하였다. 일본인 자객들은 궁내부 대신 이

---

257) 제중원(濟衆院)은 본시 광혜원(廣惠院)이었으나 그 공이 높아지자 1886년에 고종이 제중원이라 고치고 알렌에게 당상관(堂上官) 통정대부(通政大夫)의 벼슬을 주었다.
258) N.H. 알렌, 1999, 앞의 책, 171~172쪽.

경직(李耕稙)과 홍계훈을 살해한 다음, 이어서 왕비의 침실인 옥호루(玉壺樓)에 난입하여 명성황후를 살해하고, 건청궁에서 시신에 석유를 뿌려 불사른 뒤 묻었다. 명성황후가 시해당하고 장례식이 치러졌다. 주한 미국공사 알렌은 명성황후 장례식에 참석하였다.

<그림-16> 명성황후가 거처했던 경복궁
건청궁 곤녕합 옥호루
출처: 『한국민족문화대백과사전』

왕비의 장례식에 대해 말을 계속하면 장례식은 1897년 11월 21일과 22일 이틀에 걸쳐 거행되었다. 만약 시체 전체가 보존되었더라도 살해되어 매장될 때까지 매우 긴 시간이 걸리며 그러는 사이에 잔해는 풍습에 따라 방부하여 얼음 속에 보존된다. 묘소를 준비하면서 궁궐의 풍수들은 매장을 위한 길일(吉日)을 잡는다.[259]

알렌의 위의 글에 의하면 명성황후의 장례식은 시해 후 2년이 지난 1897년 11월 21일과 22일 이틀에 걸쳐 진행되었음을 알 수 있다. 통상 3개월 정도 내에 치러지는 재래의 장례 절차에 비하면, 무려 2년여 이상을 끈 장의 절차는 그 자체로 매우 이례적이고 파격적이라 하지 않을 수 없다. 그럼, 이렇게 장례 절차가 길어진 이유는 무엇일까? 알렌은 이렇게 장의 절차가 길어진 요인 중 하나를 시체가 많이 손상되었기 때문이라고 생각하였다. 시체는 시해 당일 일본자객들에 의해 불태워졌으며 잔해만 방부하여 얼음 속에 보존되었기 때문이었다.

<hr>

259) N.H. 알렌, 1999, 앞의 책, 141쪽.

하지만, 윤치호260) 일기에서는 그렇게 오랜 세월이 걸린 까닭은 고종의 후궁 엄비(嚴妃)의 영향력에서 찾고 있다. 엄비는 무당들의 설득력도 빌려 장례식을 미룸으로써 고종의 재혼을 막았다고 하였다.261) 고종은 하루에도 몇 번이나 황후에 대한 제사를 지냈으며 3품 이상 관리들은 상복을 입고 반드시 참가해야 하였다. 고종은 매일 황후의 신주 앞에서 제사함으로써 많은 돈을 낭비하고, 그녀의 능을 짓기 위해서 많은 비용을 들이면서도 황후를 안장하지 않은 모순을 보였다.262)

또한, 장례 기간이 길어진 데는 여러 가지 시대 상황의 변화와 의도적인 기간연장이 있었던 것으로 추측된다. 당초 명성황후의 장례는 1895년 12월 29일에 동구릉(東九陵)의 숭릉(崇陵) 오른쪽 언덕에 산릉 공사가 시작되면서 진행되었으나 이듬해인 1896년 3월 10일 관련 공역을 중단하라는 조칙이 내려지면서 1차로 연기가 결정되었다. 이것은 아마도 아관파천과 관련하여 김홍집 내각이 붕괴되면서 반일정서가 크게 고조된 상황이므로 국상을 무기한 연기한 것으로 보인다. 곧이어 1896년 8월 23일에는 명성황후의 빈전(殯殿)과 혼전(魂殿), 그리고 역대 임금들의 어진을 모신 선원전(璿源殿)을 경운궁으로 옮겨오도록 하는 조칙이

---

260) 윤치호(1864-1945)는 1881년(고종 18) 최연소자(17세)로 신사유람단(紳士遊覽團)에 끼어 일본을 다 녀와서 개화사상에 눈을 떴다. 뒤에 미국에 유학하고 1895년 9월에 귀국하여 학부 협판(學部協辦)이 되고 이듬해(건양 1) 7월 서재필(徐載弼)·이상재(李商在)·이승만(李承晚) 등과 독립협회(獨立協會)를 조직, 1898년 2월 회장이 되고, 이해 7월 《독립신문》 사장을 겸임했다. 1910년(융희 4) 대한 기독교 청년회를 조직, 국권 침탈 후 데라우치(寺內) 총독 암살 계획에 가담한 혐의로 6년 형을 받았다(1912). 일제 말기에 귀족원 의원이 되었다. 해방 후 친일파로 몰림을 슬퍼하여 개성(開城) 자택에서 자살했다.(『인명사전』, 인명사전편찬위원회, 2002.)
261) 윤치호 일기 1897년 1월 10일, 1897년 7월 1일.
262) 윤치호 일기 1897년 9월 15일.

하명되었다.

그동안 명성황후의 국상절차와 진행여부에 대한 논란은 거듭되어 마침내 1897년 1월 9일 새로운 장지를 '청량리'로 정하고 산릉도감, 국장도감, 빈전도감 등 세 가지 도감의 공역을 시작하도록 하였으며, 이와 아울러 김홍집 내각 때에 결정된 시호(諡號; 純敬), 능호(陵號; 肅陵), 전호(殿號; 德成)를 폐기하고 이것을 각각 새로이 문성(文成), 홍릉(洪陵), 경효(景孝)로 개정하였다. 그러나 국장일정은 산릉공사 도중에 뜻밖에도 유해가 발견되는 사건이 발생하여 당초 계획을 변경한 바 있었고, 다시 칭제(稱帝) 요구에 관한 상소가 빗발치던 상황이 전개되어 자연스레 그 일정은 다시 연기될 수밖에 없는 상황이 전개되었다. 이리하여 전후 다섯 차례에 걸쳐 국장일정이 연기된 끝에 대한제국의 선포가 종료된 1897년 10월 15일에 장례 일정이 확정되어 발인은 11월 21일에, 그리고 하관은 11월 22일에 거행하기로 최종 결정을 하였다.

1897년 10월 12일 고종이 황제로서 대한제국을 세웠다. 같은 날, 고종은 민비에게 황후란 칭호를 추종하여 그녀의 명예를 되살렸다. 대한제국의 설립을 통해 비로소 1897년 11월 21일 명성황후의 장례식이 거행되었다. 명성황후가 일본에 의해서 시해되고 뒤이어 '왕후폐위조서'가 발표되자, 전·현직 관료와 유생들은 폐위 조처에 반대하는 상소를 올렸고, 일본군을 토벌, 구축하여 국모의 원수를 갚을 것을 주장하였다. 이리하여 명성황후는 시해 이틀 뒤 일본의 압력으로 인해 폐인으로 강등했으나, 바로 다음 날 고종의 명으로 '빈'(嬪)으로 올라갔다.

국모에게 저질러진 이런 만행이 국제적으로 알려져 비난을 받게 된 일본은 10월에는 형식적인 조사를 했으며, 명성황후의 지위도 완전히 복원되어 암살 이전 생전 마지막 작호인 왕후로 복권되었다. 1897년(광무1년) 명성(明成)이라는 시호가 부여되었고, 고종의 황제 즉위와 대한 제국 선포 직후 황후로 책봉되어 명성황후가 되었다. 그리고 그해 11월 장례도 국장으로 치러졌다. 고종은 매일 많은 돈을 들여 제사를 지낼 만큼 명성황후의 죽음을 안타까워하였다. 그리고 많은 비용을 들여 능을 지었음에도 불구하고 안장하지 않았다. 고종은 여러 가지 이유를 들어 계속 명성황후의 장례를 2년이나 연기해 왔던 것이다. 그것은 고종이 일본인들에게 잔혹하게 죽은 명성황후의 명예를 회복시켜 장례를 치르고 싶었던 것으로 보인다.

명성황후 국상에는 외국 공사들이 초대되었으며 그들의 접대를 위해 깨끗하고 아담한 집과 식당을 세우기도 하였다. 그 식당은 장례식이 끝난 후 서울에 있던 프랑스 호텔의 관리인이 관리를 하게 되었다. 장례 의식은 야간에 거행되어, 알렌을 포함한 외국 공사들은 취침을 하였다. 장례식 때 날씨가 추워서 각 접대소에는 난로가 놓여 있었고, 외국 공사들의 편의를 위해 침대, 모포, 의자, 탁자들이 제공되었다. 각 외국 공사(公使)는 사전에 통보한 공식 수행원들을 대동하였다. 알렌도 제물포에 정박 중이던 미국 해군 함정 중 한 함정에 승선하고 있던 해군 장교 몇 명이 수행하였다.263)

발인 당일에는 명성황후의 상여가 새벽 4시를 기해 홍릉을 향해 떠났으며, 고종도 뒤따라 오후 2시에 홍릉으로 출발하는 한편 외국 공사들도 고종과 더불어 홍릉으로 가서 밤을 새웠다. 명성황후의 상여는 경운궁을 떠나 8시간이 걸려 청량리에 당도하였으며, 경운궁 돈례문(敦禮門), 금천교(禁川橋), 인화문(仁化門), 신교(新橋), 혜정교(惠政橋), 이석교(二石橋), 초석교(初石橋), 홍인지문(興仁之門), 동묘(東廟), 보제원(普濟院), 한천교

---

263) N.H. 알렌, 1999, 앞의 책, 141쪽.

(寒川橋), 청량리(淸凉里) 등의 행로를 거쳤다. 청량리에서 하룻밤을 지새우고 11월 22일이 되어 고종과 황태자는 그날 오후 1시경 홍릉을 출발하여 궁궐로 되돌아왔으며, 외국 공사들도 황제를 따라 서울로 돌아왔다. 장례 후에 명성황후의 신주는 경운궁의 경효전(景孝殿)에 모셔졌다.

> 우리는 사인교(四人轎)를 타고 장의 행렬을 따라갔다. 그 행렬은 무덤까지 이르는 5~6마일의 거리를 꽉 메우는 긴 행렬이었다. 그리고 이 행렬에 참가한 사람들은 최신 무기로 무장하였으며 다른 사람들은 옛날 쇠사슬로 엮은 갑옷을 입고 밝은 색깔의 깃이 달린 금속제 투구를 쓰고 긴 창 또는 활과 화살을 멘 군인들이었다. 그리고 딱딱한 종이로 만든 큰 방상시(方相氏)[264]가 있는데 이것들은 악령들을 달래기 위해 기괴한 물건들과 같이 무덤에서 태워 버리는 것들이다. 그리고 이 행렬에는 관(棺)이 2개 있었는데 이 관은 수천 명의 상여꾼이 어깨로 메며 큰 밧줄이 상여 앞에서 뒤까지 뻗쳐 있고 이 밧줄에는 몇백 명의 사람이 붙어 있다. 이들은 상여꾼과 마찬가지로 베 두루마기를 입고 있었다.[265]

알렌은 앞뒤에 각각 두 사람씩 모두 네 사람이 메는 가마를 타고 장례식 행렬을 따라갔다. 그 행렬에는 최신 무기와 갑옷으로 무장한 군인들이 행렬을 호위하였음을 알 수 있었다. 또한 무덤에서는 방상시와 같은 기이한 물건들을 태웠다. 그리고 이 행렬에는 두 개의 관이 움직였음을 알 수 있다. 그럼, 왜 두 개의 관을 사용한 것일까? 알렌이 말한 관 2개를 사용하는 이유는 '어떤 질이 나쁜 혼령이 어느 것에 관심을 쏟을까 혼동케 함으로써 재난을 피하기 위해서'[266]였다고 하였다. 악령이 있다고 실

---

264) 방상시(方相氏) : 본시는 역신(疫神)을 쫓아내는 기능을 가진 기(魃). 눈이 네 개 달린 이 황금(黃金) 사목(四目)의 가면(假面)은 그 후 상여(喪輿) 앞에 세워 잡귀(雜鬼)를 쫓는 역할을 했다.
265) N.H. 알렌, 1999, 앞의 책, 141쪽.
266) N.H. 알렌, 1999, 앞의 책, 142쪽.

제로 믿고 이 믿음 때문에 괴로움을 당하고 있는 원시적인 사람들과 마찬가지로 조선 사람들은 강한 지성을 가지고 있으면서도 악령들에 대한 좋은 인상을 갖고 있지 않아서 이것은 그들이 악령들을 속이려는 간단한 수법267)이라고 하였다.

> 행렬이 출발하기까지의 준비와 매장지까지 느린 행진은 거의 하루 종일 걸린다. 조객들은 장지에 도착해서 진수성찬을 대접받고 식사 후에는 임금님과 근신들이 함께 무료한 의식에 참석하여 가끔씩 눈을 붙이며 밤을 지새웠다. 다음 날 점심을 먹을 때 독일이 중국의 교주(膠州)를 점령했다는 뉴스를 들었다. 이 뉴스야말로 기이한 의식보다도 우리들의 잠을 깨게 했다. 그날 오후에 집으로 돌아왔다.268)

알렌은 명성황후의 장례식을 '무료한 의식'이라고 하였다. 알렌은 명성황후의 장례식에 형식적으로 참가했을 뿐 슬픔 감정이나 고인을 추모하는 모습은 보이지 않고 지루함을 나타내었다. 그 지루함을 깬 것은 독일이 중국의 교주를 점령했다는 뉴스였다. 알렌은 장례식의 행사를 '기이한 의식'으로 표현하여 애도보다는 기묘하고 이상한 행사 정도로 장례식의 격을 낮추고 있음을 알 수 있다. 이렇게 알렌이 명성황후의 장례식의 격을 낮추어서 본 것은 장례식에서 아시아 문화에 대한 낯설감을 느꼈기 때문이었다. 그리고 기독교인으로 조선의 장례식 문화에 반감이 생겼을 수도 있었을 것이다. 조선 왕비의 장례식에 미국 공사의 자격으로 형식상 참석했을 뿐 슬픔이나 고인을 추모하는 모습은 전혀 찾아볼 수 없었다.

---

267) N.H. 알렌, 1999, 앞의 책, 142쪽.
268) N.H. 알렌, 1999, 앞의 책, 142쪽.

### (5) 서울 근교 묘지, 죽은 사람을 위한 나라

명성황후의 무덤을 만들기 위해서 1천 에이커(ac)[269]가 넘는 땅이 정리되었다. 서울 성벽 가까이에 산과 고개 그리고 평탄한 논과 마을이 있고 시냇물이 흐르고 있었다. 그런데 이곳에 무덤을 만들기 위해 모든 주택들이 철거되었고 몇 만 그루의 묘목을 심었다. 이 무덤 그 자체가 약 40~50피트(ft)[270]의 높이로서 천연의 산등성이에 자리를 잡은 인공 언덕이었다. 봉분(封墳)은 돌난간으로 둘러싸였고 여러 가지 석상들이 무덤 주위와 양옆에 서 있었다.[271]

> 서울 주위의 근교는 매우 잘 미화되어 있다. 시내의 불결한 도로를 벗어나 조용하고 뚝 떨어져 있는 묘지를 둘러보며 묘지가 있는 언덕 바로 아래에는 제물을 바치기 위한 절간과 같은 예술적인 건물이 무덤 바로 앞에 서 있음을 보게 된다. 계곡 전체를 왕족의 능소로 선정하여 다른 무덤이나 또는 주택이 왕족이 능 위쪽에 자리 잡거나 그의 엄숙한 안식을 방해하지 못하게 한다. 이런 제한 구역마다 관목의 재배, 나무와 풀의 관리, 포도(鋪道)와 정원의 질서 유지를 맡아보는 능지기의 좋은 집이 있다....<중략>... 우리들은 이렇게 조용하고 아늑한 공원묘지에서 많은 휴식을 취한 바 있다.[272]

알렌은 서울 주위 근교의 묘지를 둘러보았다. 묘지는 사람이 죽어 송장이나 유골을 묻어 놓은 곳으로 일반사람들은 묘지에 가는 것을 무서워하거나 꺼리는 경우가 일반적이다. 하지만 당시 조선의 서울 주위 근교는 잘 꾸며져 있었다. 그리고 알렌은 묘지가 있으면 아래 제물을 바치

---

269) 약 1,224,174평 정도이다.
270) 약 12미터에서 15미터 정도이다.
271) N.H. 알렌, 1999, 앞의 책, 139쪽.
272) N.H. 알렌, 1999, 앞의 책, 140쪽.

기 위한 절간이 있는 경우가 많은데 이 건물도 예술적이라고 하였다. 따라서 알렌은 산에 절이 있는 것은 묘지를 위함이라고 생각하였다. 또한 왕족의 능소로 선정되면 그 계곡은 일체 다른 무덤이나 주택을 만들 수 없었다. 그리고 그 능소를 관리하기 위해서 능지기가 있으며 능지기가 거주하는 곳은 좋은 집이었다는 것이다. 알렌은 사람들이 꺼려해서 잘 오지 않아 조용한 묘지의 공간을 아늑한 휴식의 공간으로 이용하였다.

> 이와 같은 묘원은 미국 공사관에서 걸어서 10분 정도 걸리는 곳에도 있다. 나의 가족과 나는 거의 매일같이 그곳을 찾아갔으며, 종종 서울 성안에서 몇 년 동안 살던 친구들을 데리고 갔다. 그때 그 친구들은 이처럼 가까운 곳에 이런 곳이 있었다는 것을 몰랐다고 했다. 혼잡하고 불결한 시내 골목만 지나다가 서울 교외에 이런 조용한 곳이 있다고는 꿈에도 몰랐을 것이다.273)

주한미국공사였던 알렌은 미국 공사관에서 걸어서 10분 정도 걸리는 묘원에 자주 찾아갔다. 가족과도 함께 가기도 하고 친구들을 데리고 가기도 하였다. 친구들은 서울 근교에 이런 곳이 있었다는 것에 놀랐다. 알렌은 혼잡하고 불결한 서울 시내의 골목길에서는 혼잡함과 불결함을 느꼈었는데 서울 교외 특히 묘지는 깨끗하게 정리되어 있고 공원같이 되어 있어 그곳을 산책하며 휴식을 취했다. 그럼, 왜 묘지는 항상 깨끗하고 정리가 잘 되어 있었을까? 알렌은 다음과 같이 생각하였다.

> 공동묘지 위의 매장지에 관해 말하는 계제에 조선의 도시를 둘러싸고 있는 시골과 시골의 대부분은 이 매장지나 묘소 때문에 그림처럼 아름답게 미화되고 있다는 사실을 언급해 두지 않을 수 없다. 과히 큰 문벌이 아닐지라도 마을에서 가까운 구

---

273) N.H. 알렌, 1999, 앞의 책, 140~141쪽.

릉 지대에 가족 묘지를 떼어놓는다. 충실한 자손들은 이 묘지의 나무를 아름답게 보존하고 정연하게 벌초한다. 이 자손들에게는 효도와 조상 숭배가 거의 종교로 승화되고 있다. 이런 것은 보통 사람들의 경우이다. 그러니 양반 계급이 시체를 묻는 곳에는 공원이 얼마나 웅장한 것인지 상상해 봄직하다.[274]

알렌이 묘지에서 휴식을 취할 수 있었던 것은 묘지 주변이 깨끗하게 정리가 잘되어 있고 아름답게 꾸며져 있었기 때문이었다. 그럼, 시내의 골목길은 불결하고 더럽지만 왜 묘지 주위만큼은 항상 아름답고 깨끗하게 꾸며져 있었을까? 알렌은 조선의 전통 중에 효도와 조상 숭배를 이야기하였다. 조상이 돌아가시면 무덤을 만들고 항상 무덤 주위를 깨끗하게 벌초도 하고 정성껏 돌보는 것이 효도이고 조상 숭배라는 사상 때문에 묘지 주변은 산책하거나 휴식을 취할 만큼 아름답고 깨끗하게 정리되어 있었다. 사람들은 묘지를 무섭고 공포로 여겨 지나가는 것조차 꺼리는 곳을 깨끗하고 아름답게 꾸며져 있어 알렌에게는 오히려 편안함과 아늑함을 느끼는 공간이 되었다.

그들이 상중에 활동하는 제반 법도를 소홀히 하는 것은 견딜 수 없는 일이라도 되는 듯이 그들의 자손에게 자신을 추모하도록 강요하느라고 애쓰는 사람들에게 있어서는 인생 자체가 매우 중요한 것처럼 보인다. 그러나 효도의 의무감이 너무나 깊이 조선 사람들에게 배어 있기 때문에 무덤을 돌보고 일정한 기간을 복상하고 제물을 봉헌하는 일을 엄격하게 준수해야 하며, 조그만 일 때문에 말썽이 일어나는 경우도 있다. 이럴 경우 그가 조상의 묘를 돌보지 않았다든가 조상 묘의 신성을 모독했다고 떠들면서 이웃이나 벼슬아치가 돈을 빼내기 위해 상주를 괴롭히는 수도 있다. 요컨대 조선에서는 살아 있는 사람보다 죽은 사람을 더 소중히 여기고 죽은 사람이 이 나라에서 가장 좋은 장소와 환경을 차지한다.[275]

---

274) N.H. 알렌, 1999, 앞의 책, 140쪽.

조선은 왕족이 서거했을 경우에는 온 백성이 3년간 복상해야 하는데, 이 기간에도 애도의 뜻을 나타내는 흰옷만 입어야 했고, 또 그때에는 신발도 흰 색을 신어야 하며 심지어 담뱃대도 흰색으로 싸든가 흰색의 대꼬빠리를 끼워야 하였다. 특히 반짝이는 검은 갓 대신에 표백하지 않은 대나무로 만든 갓으로 바꾸어 써야 했으며, 너무 가난해 새 갓을 살 수 없으면 검은 갓 위에 흰 종이를 발라야 하였다. 음악과 무용은 일절 금지하는 대신에 복상의 의식을 해야 하며, 엄격한 복상의 기간이 지날 때까지는 결혼도 연기해야만 하였다. 이렇게 상중의 제반 법도를 지켜서 자손에게 자신을 추모하도록 강요했던 것이다. 알렌은 이러한 상중의 법도를 보면서 조선은 살아 있는 사람보다 죽은 사람을 위한 나라라는 생각을 하였다. 묘지는 조선인 자신의 살고 있는 공간보다 죽은 사람들이 더 좋은 장소와 환경을 차지하였고 또한 효심으로 항상 죽은 사람의 공간을 더 깨끗하게 정돈하고 아름답게 꾸몄으니 알렌은 묘지가 있는 그곳이 휴식의 공간이 되었다.

### (6) 청일전쟁, 중국이 이기리라 여겼는데…

청나라는 1894년 6월 8일에 조선에 상륙하였다. 일본은 모든 준비를 다 마쳤으면서도 해병대를 10일에 상륙시켜 서울 주위의 지역을 강화하기 시작했으며 한편으로는 2~3일 후에 도착할 정규군을 기다리고 있었다. 이처럼 일본군이 가장 중요한 위치들을 확보하는 동안 청국군은 7월 28일에서 29일까지의 아산 전투가 벌어질 때까지 기다렸다. 그때 일본군은 만반의 준비가 다 되어 밖으로 나가 중국군을 찾아다닐 만큼 충분

---

275) N.H. 알렌, 1999, 앞의 책, 145쪽.

히 사기가 충만하였다. 일본군은 7월 25일에 고승호를 침몰시킴으로써 중국군의 증원군을 섬멸하고 교전장을 북쪽으로 옮겼다. 8월 1일까지도 그들은 선전 포고를 하지 않았다. 실제 전쟁은 얼마 후에 시작되었다. 알렌은 청일전쟁 발발 요인을 다음과 같이 보고 있었다.

> 불씨가 되었던 더욱 좋은 계기는 조선에서 발발한 비상하고도 격렬한 폭동이었다. 이 폭동의 발발은 단지 관청의 압박에 대한 철저하고도 격렬한 항의에 지나지 않았는데 이런 종류의 압박은 아시아 국가에서 흔히 있는 것이다. 그러나 소란이 점차 커지고 도성이 위협을 당하는 것 같이 보였을 때 자신의 안전을 염려한 관리의 커다란 잘못으로 중국 공사에게 도움을 청했고, 이 요청이 수락되었다. 그것은 당시 신문에 보도된 바와 같이 주로 일본 공사관 서기관의 영리한 교사(敎唆) 때문에 이루어졌다.[276]

알렌은 청일전쟁의 발발 요인을 동학농민운동에서 찾았다. 알렌은 동학농민운동을 단지 '폭동'으로 보았다. 사회적 제도나 조직 따위를 근본적으로 바꾸어 가는 행위가 아닌 단지 사회의 질서와 안녕을 어지럽히는 행위로 보았다. 하지만 알렌은 동학농민운동은 백성들이 관청에 대한 압박에 항의하는 것으로 이런 종류의 압박은 아시아 국가에서 흔히 있는 일로 생각하였다. 따라서 알렌은 동학농민운동을 다른 국가에서 흔히 일어날 수 있는 가벼운 상황으로 생각하였다. 그러나 알렌은 조선의 관리들이 이러한 상황을 심각하게 받아들여 자신의 안전을 위해서 중국 공사에게 도움을 청하여 사태를 심각하게 만들었다고 생각하였다. 알렌은 조선의 관리들이 청나라 공사에게 도움을 청한 것은 커다란 잘못된 판단이라고 하였다.

---

276) N.H. 알렌, 1999, 앞의 책, 215~216쪽.

그리하여 이 동학농민운동을 진압하기 위해 청에서 군대가 파견됨으로써 10년 전 갑신정변 이후 청국과 일본 사이에 체결된 톈진조약을 위반하게 된 것이었다. 그 조약은 양측의 어느 나라도 상대방에게 통고하지 않고서는 군대를 조선에 상륙시키지 못한다는 것이었다. 청에서 군대를 파견하겠다는 전보를 받은 그날 알렌은 중국 공사관에서 저녁 식사를 하고 있었다. 알렌은 중대한 위기를 느꼈고 분위기는 침울하였다.[277]

> 이 무렵 일본군의 군기(軍紀)와 준비 상태는 오로지 기적적이었다. 왜냐하면 군기와 준비는 전혀 기대하지 못했기 때문이었다. 세계는 이때 처음으로 일본 군사 조직의 탁월함을 알게 되었다. 그러나 그때까지만 해도 중국을 잘 아는 우리들은 몇백만 명의 중국군이 압록강을 밀어닥치기 시작하면 일본군을 틀림없이 바다로 몰아넣을 것이라고 믿고 있었다.[278]

알렌은 일본의 전쟁 준비상태가 기적적이라고 하였다. 알렌은 동아시아의 세력에서 중국을 가장 우위로 보고 있음을 알 수 있다. 당시 국토도 일본의 2.5배가 크고, 인구도 수십억의 인구를 보유한 중국이 압록강을 밀고 내려온다면 일본이 전적으로 패배할 것으로 알렌은 판단하였다. 그리고 갑신정변 이후 일본은 군기와 전쟁 준비를 못하고 있을 것으로 생각하였다. 그런데 상황은 역전되어 전세는 일본으로 돌아갔다. 일본에 대해 전혀 기대를 하지 않았던 상황에서 청일전쟁으로 인하여 일본 군사 조직의 탁월함을 알게 되었다. 알렌은 일본이 승리한 이유를 다음과 같이 파악하였다.

---

277) N.H. 알렌, 1999, 앞의 책, 216쪽.
278) N.H. 알렌, 1999, 앞의 책, 217쪽.

갑신정변의 승리는 중국으로서는 매우 값진 것이었다. 왜냐하면 이 정변을 통해서 일본은 그들이 몇 세기를 두고 서로가 종주국이라고 주장해 오던 한반도에 관해 그들의 위대한 이웃 나라인 중국의 존재를 끝내 양해할 수밖에 없다는 사실을 확인했기 때문이었다. 일본은 그 후 10년간 중국과의 경쟁을 위해 그리고 승리를 확고하게 하기 위해 준비했다. 지도자들이 본국에서 적극적으로 준비에 종사하고 있는 동안 그들의 요원들은 중국 각지에 변장하고 흩어져서 중국과 그들의 자원에 관해 중국인 자신들도 수집하지 못한 정확한 정보를 수집하고 있었다.[279]

알렌은 1884년 갑신정변으로 인해 중국인들이 그 당시 약세에 있던 일본인들을 조선에서 몰아내는 계기가 되었다고 하였다. 그리고 갑신정변으로 몇 세기 동안 서로가 종주국이라고 주장했던 한반도를 중국의 존재로 넘겨버리는 결과가 되었다. 그래서 일본은 갑신정변이 끝난 후 10년간 중국과의 결전을 위해 그리고 기필코 승리를 위해 준비하였다는 것이다. 일본 지도자들은 본국에서 적극적으로 전쟁 준비를 하였고 그들의 관리들도 변장을 하고 중국 각지를 돌아다니며 중국과 그들의 자원에 대해서 철저하게 조사하였다. 그래서 10년 뒤인 1894년 청일전쟁에서 일본의 적극적인 준비로 승리할 수 있었다는 것이다. 청일전쟁 결과 중국 상인들은 상점의 문을 닫았고 중국 공사는 허겁지겁 달아나 버렸다. 청일 전쟁 9월 15일부터 17일까지의 평양전투와 9월 17일 압록강에서 해전을 치름으로써 전쟁은 실제로 끝났다.

일본은 여러 나라들 중에서 새로운 위치를 차지했고 중국의 약점이 드러난 것은 마치 불상사에 판도라(Pandora)의 상자를 여는 것과 같았다. 이리하여 중국은 아시아에 대한 세력이 꺾이었다.[280]

---

279) N.H. 알렌, 1999, 앞의 책, 215쪽.
280) N.H. 알렌, 1999, 앞의 책, 217쪽.

알렌은 청일전쟁으로 인해 일본의 위치가 상당히 올라갔음을 말하고 있었고, 중국은 이 전쟁으로 인해 판도라의 상자가 열린 것처럼 중국의 약점이 다 드러났다고 하였다. 그리하여 청일전쟁으로 인하여 중국은 아시아에서 세력이 꺾이었다는 것이다. 알렌은 중국을 동아시아에서 강대국으로 생각하였고 중국이 압록강을 밀고 내려오면 일본이 패배할 것을 전적으로 믿고 있었다. 또한 일본의 전쟁 준비상태가 기적이라고 생각할 만큼 중국의 승리를 확신하고 있었으나 상황은 역전이 되어 일본의 승리로 전쟁은 끝났다.

### 3) 돈 되는 조선

#### (1) 명성황후의 죽음과 철도부설권

1895년 10월 8일 새벽 일본의 공권력 집단이 조선의 왕비 명성황후를 시해한 사건이 일어났다. 알렌은 속히 와달라는 고종의 하명을 받고 병원에서 나와 궁중으로 갔다. 알렌은 궁으로 가던 도중에 러시아 공사를 방문하여 같이 궁중으로 갔다.[281] 알렌은 왜 러시아 공사관에 들러 러시아 공사와 함께 궁중으로 갔을까? 알렌은 조선이 일본에 넘어가는 것을 원하지 않았기 때문인 것으로 추측할 수 있다. 일본이 독점적인 지배를 저지할 목적으로 러시아 공사와 함께 궁으로 간 것으로 보인다. 또한 이것이 을미사변 이후 고종이 러시아 공사관으로 간 아관파천과도 연결되었다. 알렌이 궁궐에 도착했을 때 일본인들이 명성황후를 시해하고 현장을 떠나는 것을 목격하였다.[282] 알렌은 한 나라의 국모가 다른

---

281) N.H. 알렌, 1999, 앞의 책, 207쪽.
282) N.H. 알렌, 1999, 앞의 책, 207쪽.

나라에 의해 시해당하는 참담한 역사적 현장에 있었다.

　　내가 궁중으로 갔던 10월의 그날 아침, 왕의 사랑을 받던 6명의 정부 고위 관리들
이 나의 침실로 피신해 왔는데 나의 아내가 부상당한 그들의 상처를 치료해 주었다.
그리고 왕이 러시아 공사관으로 파천하자 이들은 나의 옛 친구이며 전 워싱턴 주재
공사였던 사람이 나의 추천으로 총리대신이 되어 내각을 조직할 때까지 피난민으
로서 미국 공사관에 머물러 있었다.[283]

<그림-17> 박정양 초대 주미 전권공사 일행이
마운트 버넌을 방문한 사진을 확대한 것이다. 사진은
왼쪽부터 이종하, 박정양, 강진희, 이하영
출처: 『글로벌이코노믹』 글로벌비즈 2022년 6월 3일.

명성황후 시해 날 부상을
당했던 정부 고위 관리들은
알렌의 집으로 피신하여 알
렌의 아내로부터 상처를 치
료받았다. 그리고 고종이 러
시아 공사관으로 파천하자
알렌의 옛 친구이며 워싱턴
주재 공사였던 박정양이 알
렌의 추천으로 총리대신이
되었다. 그럼, 언제부터 알

렌은 박정양과 친구가 될 정도로 친분을 쌓았던 것일까? 1887년 박정양
이 초대 주미전권공사로 임명되어 미국으로 파견되었을 때 박정양 일행
을 인솔해서 함께 간 사람이 알렌이었다. 공사 박정양을 비롯하여 참찬
관 이완용(李完用)과 알렌, 서기관 이하영(李夏榮)과 이상재(李商在), 번
역관 이채연(李采淵) 등은 1887년 10월 2일 미국으로 출발하였다.

___

283) N.H. 알렌, 1999, 앞의 책, 207쪽.

조선은 1887년 일본에 이어 미국 및 유럽에도 전권공사를 임명·파견하였다. 그런데 그 과정에서 청국은 주일공사의 파견 때에는 아무런 이의를 제기하지 않았던 반면, 미국과 유럽주재공사의 파견에 때에는 전통적인 종주권을 내세우면서 제동을 걸었다. 청국은 <영약삼단 준수이행(另約三端 遵守履行)>이라는 조건을 제시하였다. 영약삼단은 별도의 약속으로 세 가지 단서라는 뜻이다. 세 가지 단서는 첫째, 조선 공사가 워싱턴에 도착하면 즉시 청국 공사관으로 가서 온 이유를 청국 공사에게 보고하고 청국 공사의 안내로 미국 국무성을 방문할 것, 둘째, 공식 연회나 회의가 있으면 조선공사는 청국 공사보다 낮은 자리에 앉을 것, 셋째, 긴요한 외교적 교섭사항이 있으면 조선 공사는 먼저 청국 공사와 협의한 후 처리할 것 등이었다. 청국은 소위 삼단을 전제 조건을 달아 파견을 허락하였다. 여기에 박정양 등을 파견해 초빙에 응대하되 사안이 끝나면 귀환시키며, 참찬관이 대리해 경비를 절약하고, 아울러 박정양 등에게 주재국에 도착한 뒤 청국공사와 옛 제도를 각별히 준수한다는 조건이 덧붙여졌다.[284]

하지만 박정양은 워싱턴에 도착한 후 청국공사관 측의 항의를 받았음에도 불구하고 영약삼단을 무시한 채 청국공사관을 방문하지 않고 직접 국서를 미국 대통령에게 봉정하였다. 이러한 영약삼단 거부는 알렌에 의해 이루어진 것이었다.

어제 박공사는 청국 공사를 먼저 방문하자고 주장했다. 그러자 나는 내가 할 수

---

284) 「禮部奏朝鮮國派使西國先行請示案」, 1887년 9월; 윤한택 편역, 2017, 『근대동아시아 외교문서 해제』 IV 중국편, 臺灣中央研究院近代史研究所檔案館, 선인, 16쪽; 한철호, 2019, 「초대 주미전권공사 朴定陽의 활동과 그 의의」, 『한국사학보』 77, 고려사학회, 33쪽.

있는 모든 일을 이야기하면서 선청국공사방문(先淸國公使訪問)을 반대했다. 나는 드디어 마지막 방책으로 만약 조선공사가 미국 국무장관을 만나기 전에 먼저 청국 공사를 방문한다던가 또는 명함을 보내는 일이 있을 경우에는 나는 조선 공사 외무 비서관직(外務祕書官職)을 사임하고 박 공사와 관계를 끊겠다고 선언했다.[285]

알렌은 자신이 할 수 있는 모든 것을 동원하여 청국이 제시한 영약삼 단을 반대하였다. 그는 만약 조선공사가 영약삼단을 지킬 시에는 외무 비서관직도 사임하고 박정양과의 관계도 끊겠다는 협박까지 한 것이었 다. 그럼, 알렌은 왜 이렇게 협박과 모든 것을 총동원해 영약삼단을 반대 한 것일까? 알렌은 조선에 대한 청나라의 종주권을 부정함으로써 미국 의 이권을 취하기 쉽게 만들어 놓아야 했던 것이다. 박정양도 거부하고 싶었던 영약삼단 거부에 알렌이 적극 협조했기 때문에 '그들은 절친한 친구가 될 수 있었던 것이다.'[286]라고 하였다. 알렌은 박정양에게 "박정 양 공사를 나의 양부(養父)로 모시겠다."[287] 할 정도로 친분을 쌓았다.

나는 그들에게 매우 많은 도움을 주었기 때문에 그들도 자연히 신세를 갚기를 원 하여 내가 경인선(京仁線)의 철도 부설 공사를 부탁했을 때 그들은 이를 허락해 주 었다. 이 부설권을 광산의 양도를 예기치 못했던 바로 그 사람의 명의로 했다. 그것 은 그가 광산의 인수에는 관심이 없으나 철도부설권 양수(讓受)에는 관심이 있었기 때문이다. 그는 2~3년 전에 철도인수에 관한 교섭을 하려고 뉴욕으로부터 서울에 와달라는 요청을 받은 일이 있었다. 그러므로 서울에 와서 수 주일간 예비 교섭을 한 후에 막 교섭을 끝내려 할 때 중국 공사가 이 소식을 듣고 단호하게 모든 절차를 중지시켰다. 이것은 조선의 발전을 크게 후퇴시켰다. 이 사건은 그 미국인에게 막 대한 시간과 경비의 손실을 주었고 이 손해는 보상할 길이 없는 듯했다. 그러므로

---

285) N.H. 알렌 저, 김원모 완역, 2017, 앞의 책부, 150쪽.
286) N.H. 알렌 저, 김원모 완역, 2017, 앞의 책, 131쪽.
287) N.H. 알렌 저, 김원모 완역, 2017, 앞의 책, 131쪽.

나의 입장에서 볼 때 자국인을 위해 만족을 충족시켜 준다는 것은 자존심에 대한 문제인 동시에 그 후에 증명된 바와 같이 철도 자체도 절대 필요한 것이었다.[288]

을미사변 이후 고종이 1896년 러시아 공사관으로 옮겨 가자 김홍집이 수구파, 위정척사파 측에 의해 살해되어 알렌은 박정양을 총리대신으로 추천하였다. 박정양은 총리대신이 되어 내각을 조직할 때까지 알렌의 도움으로 미국 공사관에 머물러 있을 수 있었다. 박정양뿐만 아니라 이완용은 수상으로 임명되도록 힘썼고, 또 이하영은 주일 조선 공사가 되도록 제의하기도 하였다. 그리고 이채연은 한성판윤이 될 수 있도록 도와준 것이었다.[289] 이에 그들은 알렌의 도움에 신세를 갚기 위해 경인선 철도부설권이 미국으로 넘어가게 도와주었다.

일본은 청과의 구실로 경인철도 부설권을 가지기 위해 강압적 조치를 착착 실행하였다. 먼저 주한 일본공사 오토리 게이스케(大鳥圭介)는 1894년 6월 노인정회의(老人亭會議)에서 서울과 주요 항구를 잇는 철도 부설권을 달라고 요구하였다. 이에 일본인 자본가 타케우치 츠나(竹內綱) 등은 외무대신 무츠 무네미츠(陸奧宗光)의 밀명에 따라 경인철도와 경부철도의 부설을 독자적으로 기획하였다.[290] 일본 측의 경인철도 계획은 한국 정부의 거절로 당장 실현되지는 못하였다. 한국 정부의 거절에 부딪친 일본은 청과 전쟁 직전인 1894년 7월 23일 군대를 동원하여 경복궁을 점령하고 한국정부의 요원(要員)을 친일적 인사로 교체하는

---

288) N.H. 알렌, 1999, 앞의 책, 207~208쪽.
289) N.H. 알렌 저, 김원모 완역, 2017, 앞의 책, 131쪽.
290) 竹內綱, 1921, 『京釜鐵道經營回顧錄』, 龍門社, 1921, 서언 및 1~2쪽. 鄭在貞, 2001, 「日本의 對韓 侵略政策과 京仁鐵道 敷設權의 獲得」, 『역사교육』77, 역사교육연구회, 102쪽.

정변을 일으켰다. 그리고 일본은 1894년 8월 20일 '한일잠정합동조약 (韓日暫定合同條款)'을 체결하였다. 이 조약에서 한국 정부는 경부철도 와 경인철도의 부설권을 일본에게 잠정적으로 양도하게 되었다.[291]

그런데 어떻게 잠정적이지만 일본에 양도되었던 경인철도 부설권이 청일전쟁의 승리에도 불구하고 미국에 넘어가게 되었을까? 청일전쟁 승리에도 불구하고 일본은 1895년 4월 러시아·독일·프랑스로부터 이른 바 삼국간섭이라는 압력을 받아 배상금조로 할양받았던 요동반도를 청 에 돌려주지 않으면 안 되었다. 일본은 한국에서 세력을 상실할지도 모 른다는 불안감과 초조함 때문에 한국의 외교 실권을 쥐고 있던 명성황 후를 살해하였다. 이러한 일본의 무도한 행위로 생명의 위협을 느낀 고 종은 1896년 2월 주한 러시아 공사관으로 피신을 감으로써 한국에서 일 본의 영향력은 더욱 약화되었다. 이러한 상황을 이용하여 알렌은 자신 이 도움을 준 조선인 관료들에게 경인선 철도 부설 공사권을 부탁하여 양도받을 수 있게 되었다. 한국 정부도 일본의 압력에서 벗어나는 방편 으로 경인철도 부설권을 미국인에게 넘긴 것이었다. 알렌의 지인 중 미 국무역상사(American Trading Company)의 사장 모스(James R. Morse)와 1897년 5월 8일 '경인철도양수계약(京仁鐵道讓受契約)'이 체결되었다.

알렌은 박정양 일행과 워싱턴에 도착한 후 「조선에 관한 비망록(A Memorandum on Korea)」이란 글을 통해 박정양 공사 일행의 방미 목적을 밝혔다. 청의 조선에 대한 간섭 명분을 제거하고자 왔으며, 조선의 광산개 발, 해관정비와 연계된 차관 도입 계획을 설명하였다. 고종은 해관세를 담 보로 차관을 도입하기를 원하며 광산채굴권도 승인할 것이라고 소개하였 다. 이 기회를 잡는다면 조선의 해관, 광산뿐 아니라 국가사무 및 대외정

---

291) 鄭在貞, 2001, 앞의 논문, 102~103쪽.

책에 대한 발언권도 갖게 된다고 홍보하였다. 알렌은 미국이 차관을 신속히 제공하지 않으면 조선은 독일로부터 차관을 도입할 것이고, 그렇게 되면 미국은 동양에서 마지막 발판을 잃게 될 것이라고 강조하였다.[292]

이처럼 차관교섭 여하에 따라 광산채굴권을 허가한다는 계획이었지만 알렌의 지인 중 미국 무역상사의 사장 모스도, 샌프란시스코의 유니온 철공소(Union Iron Works)를 돕고 있던 슈펠트(Robert F. Shufeldt)도 조선이 원했던 200만 달러 차관을 제공할 수 없었다.[293] 하지만 모스는 철도부설권에 2~3년 전부터 교섭하려고 시도하였다. 모스는 1891년 일본 요코하마(橫濱)에 체류하다 한국에 들어와 통정대부가 되었고, 대판조선상무위원(大辨朝鮮常務委員)이 되어 뉴욕에 특파되었다. 미국에서 당시 주미참찬관인 이완용을 만나 미국에서 자금을 조달하여 한국에 철도를 부설하겠다고 설득시켰다. 귀국한 이완용은 철도 건설의 필요성을 건의하여 고종의 허락을 받았다. 한국으로 돌아온 모스는 알렌의 도움을 얻어 철도창조조약을 체결하였다. 그러나 고종의 변심으로 철도 부설은 실패로 돌아갔다. 이렇게 철도 부설이 중지됨에 따라 모스는 막대한 시간과 경비의 손실을 입었다. 이에 따라 손해배상으로 은 1만 냥을 청구하였는데, 손해배상의 능력이 없었던 한국 정부는 결국 경인철도 부설권과 운산금광 채굴권을 미국에 내주게 된 것이었다.

---

292) AP, Horace N. Allen, "A Memorandum on Korea" 일자미상(1888년경), R2-L2-01-045 알렌 이 조선의 광산개발 및 차관 도입에 관하여 작성한 건; 류대영, 2001,『초기 미국 선교사 연구』, 한국기독교역사연구소, 184쪽; 김희연, 2022,『주한미국공사 알렌의 이권 획득과 세력권 확보 시도』, 고려대학교 박사학위논문, 79쪽.

293) Fred Harvey Harrington, "An American View of Korean-American Relations, 1866-1905," in Yur-Bok Lee and Wayne Patterson ed., Korean-American relations, 1866-1997, Albany: State University of New York Press, 1999, 136쪽; 김희연, 2022, 앞의 논문, 80쪽.

명성황후의 시해 사건으로 인해 조선의 내각이 새롭게 만들어지는데, 알렌의 추천과 도움으로 상당한 지위를 차지할 수 있었던 조선인 관료들은 알렌의 부탁을 거절할 수 없었던 것이다. 알렌은 이 기회를 놓치지 않고 일본으로 넘어가 있던 경인철도 부설권을 빼앗아 온 것이었다. 알렌은 조선의 혼란과 불안을 잘 이용하여 자신의 이익을 획득할 수 있었다. 알렌은 조선의 암울하고 격동적인 역사 속에서 자국에 대한 이익을 챙기고 또한 자존심도 회복하려고 하였다.

### (2) 운산 탐방: 큰 돈(our big money)은 광산에서 나올 것

<그림-18>당나귀 탄 알렌(1885)
출처: 연세의료원이 개최한 제중원(광혜원) 창립 127주년 기념 전시회.

알렌은 '철도도 큰 사업이지만 우리의 큰 돈(our big money)은 광산에서 나올 것이라 확신한다.'라며 철도보다 광산 사업의 수익성을 강조하기도 하였다.294) 당시 금광은 미국뿐만 아니라 한국과 조약을 맺은 거의 모든 열강들의 관심이 집중되어 있었다. 그 까닭은 첫째로 한국에 금이 많이 매장되어 있다는 소문이 오래 전부터 널리 퍼져 있었고, 둘째로 금은 자본주의 경제체제에서 무역의 결제수단과 화폐발행의 준비수단으로 중요한 역할을 담당했기 때문이다. 게다가 광산개발은 대규

---

294) AP, Horace N. Allen to James R. Morse, 1896.3.30., R3-L4-01-048; 김희연, 2022, 앞의 논문, 102쪽.

모의 자본과 고도의 과학기술을 필요로 하는 것이기 때문에 아직까지 한국의 경우 본격적인 개발이 이루어지지 않고 있는 불모지와 다름없었다. 이러한 금광이권 문제에 있어서 미국이 획득한 운산금광의 채굴권은 특히 중요한 의미를 지니고 있는데, 이 운산광약(雲山鑛約)의 내용이 본보기가 되어 다른 열강도 그것을 토대로 채굴 계약을 맺고 있었기 때문이다.

미국이 운산금광을 차지하는 데 있어서도 알렌의 역할이 매우 컸다. 갑신정변 당시 부상당한 민비(閔妃)의 조카 민영익(閔泳翊)을 치료해 준 인연으로 고종과 민비의 두터운 신임을 받고 있던 알렌은 이후 궁중에 자주 드나들면서 고종의 시의(侍醫)로 임명되었을 뿐만 아니라 궁궐 행사에 초대되기도 하고, 국제문제의 자문에도 응하였다. 그가 누린 왕실의 신임은 왕후가 '가족의 일원처럼 여길' 정도로 대단했다. 특히 외교관 활동을 하기 전에 이미 국왕을 만날 수 있는 특권을 누리고 있었다는 사실은 알렌과 조선 왕실의 돈독한 관계를 잘 보여준다.[295]

이미 1883년 5월에 부임한 초대 공사 푸트(Lucius H. Foote, 福德)이래 한국의 광산에 대해 많은 관심을 갖고 있었던 미국은 마침 1887년 고종으로부터 한국의 막대한 부채와 열강의 정치적 간섭을 해결할 수 있는 방안을 강구해 달라는 요청을 받게 되었는데, 고종의 내심은 미국의 세력을 끌어들이려는 것이었다. 즉 1880년대 초기부터 미국이 갖고 있던 한국 광산에 대한 관심은 이미 실질적인 탐사와 더불어 다른 나라보다 앞서 광산개발권을 획득할 수 있는 객관적인 조건을 구비하고 있었다. 여기에 더욱 유리한 조건을 조성하게 된 것은 알렌이 한국왕실과 맺고 있었던 친밀한 관계 때문이었다.

---

295) 김희연, 2022, 앞의 논문, 71~72쪽.

알렌은 1887년 박정양이 이끄는 주미조선 공사관 일행 중 외국인 참찬관으로 임명되어 함께 미국에 가게 되었다. 이때 알렌의 임무는 두 가지였다. 하나는 조선 공사관원들을 데리고 가서 미국 대통령에게 소개하는 것이었고, 다른 하나는 200만 달러의 차관을 협상하는 일이었다. 알렌은 워싱턴에 머무는 동안 그의 다양한 지인들의 도움을 받아 미국 자본가들과 협상하였다. 알렌은 1888년 2월에 윌슨(James H. Wilson) 장군과 차관문제를 협의하기 위해 델라웨어 주 윌밍턴(Wilmington)으로 갔다. 그가 월街(뉴욕증권거래소가 있는 금융계 중심지)에 종사하는 유력한 금융계 인사를 소개받아 만나 보았지만 아무도 조선에 차관을 제공해 주겠다는 의사를 밝히거나 고려해 보겠다는 사람은 한 사람도 없었다.

알렌은 광산이권 획득에 관심을 보이는 로스앤젤레스의 제임스(Alfred James), 샌프란시스코의 킹(W. B. King) 등과 서신으로 차관교섭을 개시하였다. 알렌이 로스앤젤레스로 가서 제임스를 만났는데 그들은 처음에는 조선 정부에 지불할 광구 사용료를 10%로 책정했다가 그 후 조건부로 20%로 바꾸겠다고 제의하였다. 그들은 또한 알렌에게 1%의 수수료를 주겠다고 제의하였다. 하지만 알렌은 이를 거절하였다.[296] 왜 알렌은 이 제의를 거절하였을까? 조선 정부에게 지불할 광구로 사용료가 터무니없이 작아서 조선 정부도 허락하지 않을 것을 알았기 때문이다.

그래서 알렌은 조선에 직접 가서 광산개광권을 얻어내는 데 관심을 가진 일부 광산업자들과 새로운 합의를 하였다. 이들 광산업자들은 광업권을 획득하면 조선국왕에게 광구사용료로 총액 33%(1/3)를 지불하겠다는 데 동의하였다. 그리고 알렌에게도 수수료를 제공하겠다는 약속

296) N.H. 알렌 저, 김원모 완역, 2017, 앞의 책, 154쪽.

도 하였다. 이에 알렌은 승낙을 했고 이를 고종에게 전문으로 보고하니, 고종은 뉴욕상사에 광산개발권 특허를 거부하였다.

　고종은 알렌에게 3만 달러의 거금을 보내어 이 돈으로 광산장비를 구입하고 또 1년간 고빙조건으로 광산전문 기술자를 보내달라고 하였다. 박정양은 조선으로 돌아갔지만, 알렌은 워싱턴에 계속 머물면서 광산개광기계를 조종할 수 있고 광산개발 전반 문제를 감독 지휘할 책임 있는 전문기술자를 선발해서 조선으로 파견하는 일을 추진하였다. 알렌은 광산기사를 구하러 뉴욕과 세인트루이스를 자주 왕래하면서 물색했지만 이에 적합한 광산기사를 구하는 데 큰 어려움을 겪었다. 마침내 뉴욕의 레이먼드(Raymond) 교수와 하프닝(Harpening)과 기타 인사들의 천거로 피어스(Willard Ide Pierce, 陂阿士)를 고빙하기로 결정하였다. 피어스는 광산기술자로서 그와의 계약조건은 연봉 금화로 5,000원에다 조선까지의 여행비용을 별도로 지급하도록 되어 있었다.[297]

　그리하여 알렌의 주선으로 1888년 피어스가 광무국(鑛務局)에 고용되어 운산금광에서 1년 동안 채굴작업에 종사하였다. 다음 해에는 비록 문서 전달상의 오류로 인한 것이기는 하지만 다시 5명의 미국인 광산 기술자와 근대식 채광기계가 도입되어 운산금광으로 보내졌는데, 이렇듯 미국은 간접적이나마 운산금광 개발과 정보탐지에 적극적이었다. 모든 근대식 기술이 보급된 근대식 채광법은 한국 광산 중 최초로 운산금광에서 실행되었다. 이것은 물론 표면적으로는 조선정부 측의 광업 근대화 의도에 의한 것이었지만 그 내면에는 미국 측의 운산금광 개발 가치를 측정하기 위한 일련의 시도로 보는 것이 타당할 것이다. 즉 미국은 운산금광 개발권을 부여하겠다는 조선왕실의 언질을 받고 그 후 광사(鑛

---

297) N.H. 알렌 저, 김원모 완역, 2017, 앞의 책, 156~157쪽.

師)를 파견하였던 것인데, 실제로 초빙된 광사들은 조선광산의 근대화를 위해 힘을 기울이기보다는 앞으로 미국이 운산금광 개발에 착수하기 위한 예비조사로서 그들의 업무에 비중을 두었던 것이다.

이에 알렌은 즉시 금광이권을 미국 상사에게 주는 것이 가장 최선의 방법이며 금의 매장량이 가장 많기로 소문난 평안도 운산 금광의 독점적 개발권을 줄 것을 제안하였다. 물론 미국과 정치적·경제적으로 연결시키는 방법으로 광산 이권을 허가해 달라는 알렌의 제의에 고종은 흔쾌히 수락하였지만, 당시 조선의 국내사정은 고종 자신이 마음대로 외국에 이권을 줄 수 있는 형편은 아니었다. 게다가 자본가의 물색도 수월치 않자, 결국 차선책으로 알렌은 고종에게 우선 광산개발은 조선 정부에서 직접 주관하고 근대식 기술을 습득한 미국인 광산 기술자를 뽑아 보낼 것을 제의하였다. 이러한 과정에서 고종은 금광 이권을 미국에 넘기면 미국이 그들의 이익을 보호하기 위해 조선 문제에 관심을 가질 것이라는 알렌의 기만에 넘어갔다는 견해도 나오고 있다.[298]

그런 동안 알렌은 계속 자본가를 물색하던 중 일본의 요코하마(橫濱)에서 무역 활동을 하고 있는 모스(J. R. Morse, 毛於時)를 적임자로 선정하여 드디어 1895년 7월 고종의 특명으로 운산금광 채굴 계약이 성립되었다. 그러나 곧이어 발생되는 을미사변으로 권리만 확보해 놓았지 별다른 광업개발에 착수하지 못하였다. 이듬해 1896년 4월 정식으로 운산금광 특허권이 한국의 외부대신 이완용(李完用)과 미국인 모스 사이에 재조인 되었다. 1896년 4월 17일 고종이 궁내부를 통하여 미국 무역상사(American Trading Company) 회장 모스(James R. Morse) 등에게 매각한 운산금광채굴권 계약이 수정되었다.[299]

---

298) 李培鎔, 1989,『韓國近代鑛業侵奪史硏究』, 一潮閣, 63～64쪽.

개항 후 일본의 정치적·경제적 침투와 청의 내정간섭으로 국내 정세가 불안했던 조선은 이들 세력을 견제할 수 있는 새로운 세력을 원하고 있었다. 이때 영토적 야심을 갖고 있지 않은 것으로 알려져 있었던 미국에 대해 조선은 각별한 호의와 정치적 협조를 기대하였고, 그 결과 구미 열강 가운데 가장 먼저 조약을 체결하게 되었다. 특히 1884년 내한하여 선교사로, 의사로, 외교관으로 활약하였던 미국인 알렌(Horace N. Allen, 安連)은 고종의 각별한 총애를 받고 있으면서 운산금광(雲山金鑛) 채굴권·경인철도 부설권·전기 가설권 등 주요 이권이 미국으로 넘어가는 데 지대한 공헌을 하였다. 알렌은 한국의 혼란스럽고 불안한 위기를 이용해 더 많은 이권을 확보하고자 했고, 그렇게 함으로써 한국에 대해 미국이 갖는 지분을 늘리려고 했던 것이다.

알렌은 1884년 7월 조선에 건너와 21년간 조선에 생활하면서 조선이 근대로 나아가기 위해 소용돌이치는 격동의 시기를 몸소 체험하였다. 알렌은 "제국의 향기를 좋아했으며, 당대의 식민강국 대열에 나란히 서고, 머나먼 열대의 섬들에서 우리의 국기가 휘날리는 걸 보고, 낯선 땅에

---

299) <알렌문서> 정리·해제 및 DB화:
　　http://waks.aks.ac.kr/rsh/?rshID=AKS-2016-KFR-12300091896년 4월 17일 고종이 궁내부를 통하여 미국무역상사(American Trading Company) 회장 모스 (James R. Morse) 등에게 매각한 운산금광채굴권 계약서의 수정본이다. 수정 사항은 다음과 같다. 조선광업개발회사가 궁내부에게 지불한 200,000원을 수령했다는 것을 확인한다. 고종은 모스로부터 받은 조선광업회사의 지분 1/4를 조선광업회사에 양도한다. 해당 양도는 계약서 제11조의 효력을 말소시키고 제12조와 제16조를 무효화한다. (광산에 대한 생산성이 있는지 여부와 관계없이) 광산 이 운영되고 있는 한, 조선광업회사는 궁내부에 매년 배당금으로서 현지 화폐 25,000달러를 지급하 는 것에 동의하며, 본 수정계약서는 체결되는 시점으로부터 25년 동안 연장 가능하다. 위 모든 사 항들은 인정되며 변경된 사항들은 궁내부의 승인으로 통과된다. 조선광업회사는 위 양도와 관련하 여 변경된 조건들과 매년 25,000달러 지급할 것을 인정한다.

서 모험을 하며 권력을 휘두르는 전율을 느끼고, 세계를 주름잡는 강대국의 하나로 인정받고 싶다는 충동을 느꼈"[300]던 미국인이었다.

개항기 이후 조선은 서양 제국들에게 문호가 개방되었고, 자주적 힘으로 근대화를 진행시키려 역동적 역사적인 속에서 묄렌도르프, 칼스, 알렌의 서양인의 모습을 살펴보았다. 묄렌도르프는 조선의 관료였고, 칼스와 알렌은 그들 국가의 외교관이었다. 따라서 묄렌도르프는 표면적으로 조선이 근대화로 발전되기를 바라는 희망을 나타내기도 하였지만 궁극적 속내는 자국 독일을 위한 행보를 엿볼 수 있었다. 칼스와 알렌은 조선의 빈곤을 바라보는 연민의 파레시아도 엿 볼 수 없었으며, 자국의 이권과 개인의 이익이 먼저였다. 그들은 관료로서 자신들의 지위를 활용하여 조선에서 자국의 이권을 획득이 그들의 파레시아였다.

조선의 역사적인 상황을 받아들이는 모습도 상당히 다름을 보여주었다. 묄렌도르프는 갑신정변의 피 비린내가 나는 유혈사태 속에서도 침착함을 잃지 않고, 빨리 스스로 회복하여 차분히 자신의 일을 진행했던 반면, 알렌의 경우는 상당한 공포심을 보이면서 총까지 소지하였음을 알 수 있었다. 직접 체험한 역사적인 현장 속에서 그들의 경험은 개인의 성향에 따라 받아들이는 것이 다르다는 것을 알 수 있었다.

---

300) 조지 F. 케넌 저, 유강은 역, 2013, 『미국 외교 50년』, 가람기획, 101쪽.

# Ⅲ. 서양 군인의 조선투어와
# 이권 획득의 길

# 1. 프랑스 해군 쥐베르의 병인양요

## 1) 조선으로 오다

### (1) 연보

<그림-19> 앙리 쥐베르
출처: Wikipedia

앙리 쥐베르(Henri Zuber; 이하 쥐베르)는 1844년 6월 24일 프랑스 알자스의 오트린데 파르트망 릭스하임이라는 지방에서 태어났다. 나폴레옹 3세 정부 시절 브레스트 사관학교를 졸업하고 싱가포르, 사이공, 홍콩, 요코하마에서 해군 임무를 수행하였다. 1866년 두 차례 강화도 원정(1866년 9월 12일~11월 12일)에 출정하였고, 병인양요에도 직접 참가하였다. 그리고 조선 현장의 기초 자료를 바탕으로 한국 지도를 제작하기도 하였다. 그는 1868년에 해군을 떠나 끌레르 아틀리에로 가서 본격적인 화가의 길로 들어서면서 주로 아콰렐 기법으로 자연 풍광을 화폭에 담았다. 1886년에 레자옹도뇌르 훈장을 받았고,

1889년 국제미술제전에서 금메달을 수상했으며, 1897년에는 프랑스 살롱전 심사위원으로 선정되었다. 1909년 4월 7일 지병인 위궤양 수술을 받은 후 사망하였다.

### (2) 프랑스가 조선으로

쥐베르는 보세(Bochet) 대위가 지휘한 기함(旗艦) 프리모게(Primauguet)호를 타고 조선으로 들어왔다. 그는 조선에 대해서 "그 누구도 탐사한 적이 없는 조선의 해안으로 들어가 세상에 거의 알려지지 않은 주민들을 만날 수 있었다."[301]라고 하였다. 또한 "그 누구도 이 신비로운 나라, 야만인들과의 접촉에서 숫처녀로 남아 있는 이 나라"[302]라고 하면서 쥐베르는 조선을 누구도 들여다보지 않은 신세계처럼 느끼고 있음을 알 수 있다. 병인양요는 조선이 최초로 경험한 서양과의 대규모 무력 충돌이었다.

이렇게 쥐베르는 "이 나라에 대해 관심조차 갖지 않는 동안 항상 신앙을 전파하기 위하여 새로운 나라를 찾아 떠나는 가톨릭의 사제들만큼은 조선으로 눈길을 돌렸다."[303]는 것이었다. 따라서 조선에 처음 들어온 신부는 파리외방전교회의 모방 신부였다. 그는 조선 교구의 교황 대리 초대 감독으로 임명된 브뤼가에르(Brugiere) 주교를 따라 조선에 들어오게 되어 압록강까지 왔으나 감시가 삼엄하여 입국하지 못하고, 마가자(馬架子)에 머물다가 브뤼기에르 주교가 병을 얻어 죽은 뒤, 그는 혼자 삿갓에 상복 차림을 하고 압록강 얼음 위를 건너 입국하였다. 그 뒤 신자

---

301) H.쥐베르, CH.마르탱, 1989, 『프랑스 군인 쥐베르가 기록한 병인양요』, 살림, 12쪽.
302) H.쥐베르, CH.마르탱, 1989, 앞의 책, 22쪽.
303) H.쥐베르, CH.마르탱, 1989, 앞의 책, 22쪽.

정하상(丁夏祥)의 안내를 받고 1836년 1월 무사히 서울에 들어왔다. 모방신부가 조선에 입국한지 3년이 지난 뒤인 1839년에 일어난 기유박해에 대해서 쥐베르는 다음과 같이 이야기 하였다.

1839년은 가혹한 한 해였다. 온 나라는 기근의 고통으로 괴로웠고, 선교회 측에서는 3명의 선교사가 죽음을 당하여 괴로웠던 해였다. 그래도 역시 포교성성(布敎聖省)의 활동이 어느 정도의 성공을 거두며 계속되자 조선에서는 포교 활동을 금하는 또 다른 박해령이 내려졌다.[304]

1839년은 헌종5년에 일어나 기해사옥이라고도 한다. 1839년 3월 사학토치령(邪學討治令)에 의해 시작되어 10월까지 계속 되었다. 이때 포도청에서 형조로 이송된 천주교인은 43명이었으며, 그중 대부분이 배교하여 석방되었으나 남명혁(南明赫), 박희순(朴喜順) 등 9명은 끝내 불복하여 사형되었다. 5월 25일에는 대왕대비의 척사윤음이 내려졌으며, 천주교 박해는 전국적으로 확산되었다. 이때 모방 신부도 충청도 홍성(洪城)에서 체포되어, 다른 2명의 프랑스 신부 및 3명의 궁녀를 포함한 2백여 신도와 함께 8월 14일 한강 새남터에서 처형당하였다.

그러자 1847년 프랑스 정부는 개입하기로 결정했고 정부의 결정을 수행하기 위해 조선에 프리깃함 글루아르(La Gloire)호와 기함 빅토리외즈(La Victorieuse)호를 파견했다.[305] 당시 '재중국 및 인도 프랑스 함대사령관' 해군소장이었던 세실(Cécile)제독은 클레오파트라(Cléopâtre)호를 이끌고 5월 20일 마카오에서 출항하였다. 도중에 빅토리외즈호 및 사빈느(Sabine)호와 합류하여 8월 2일 제주도를 거쳐 외연도 부근에 정

---

304) H.쥐베르, CH.마르탱, 1989, 앞의 책, 23쪽.
305) H.쥐베르, CH.마르탱, 1989, 앞의 책, 23쪽.

박하였다. 처음에 세실 제독은 조선국 재상과 면담하고 선교사 학살의 해명을 요구할 예정이었으나 클레오파트라호로서는 서해안을 항해하기가 어려웠고 무엇보다도 수도에 이를 하구(河口)를 발견할 수 없었으므로 면담을 포기하고 치서(致書)로 만족하였다. 세실 제독은 외연도 도민에게 자신의 서한을 재상에게 전달해 달라고 요구했으나 도민들이 이를 거절하자 봉서(封書)를 섬에 놓고 돌아갔다.

세실 제독의 봉서 요지는 "불법적으로 입국한 중국인, 만주인, 일본인 등은 소송에 부치면서 프랑스인만은 왜 이법을 적용하지 않았는가. 올해 회서를 받으러 다시 올 것이다. 이후 다시 이 같은 학행(虐行)을 일삼는다면 큰 재해를 면치 못할 것이다."라고 했다. 세실 제독은 남하하면서 해안을 계속 탐색했고, 특히 사빈느호의 게랭(Guerin) 함장은 소흑산도 일대의 지도를 작성했다. 조선 정부는 세실 제독의 서한을 접하고 청국에 주문(奏聞) 여부를 거론하기도 했으나 영의정 권돈인(權敦仁)의 반대로 보류되었다. 1847년에 세실 제독의 후임인 라피에르(Lapierre)가 조선 정부의 회문을 받기 위해 글루아르호와 빅토리외즈호를 이끌고 서해안에 다시 나타났다.306)

그러나 이 두 군함은 조선 근해의 정보를 충분히 갖추지 못한 탓에 난파되었다. 1847년 8월 10일 두 군함은 고군산도307)의 하나인 군산과 부안 사이에 있는 섬 신시도(新侍島) 부근에서 강풍을 만나 암초에 부딪쳐 침몰하였다. 이때 2명이 익사했고 나머지 560명은 인근 고군산도에 낙

---

306) 한국교회사연구소 옮김, 1977, 「한불관계자료(1846~1856)」, 『교회사연구』 제1집, 한국교회사연구소, 151쪽.
307) 전라북도 군산시 옥도면이 관할하는 제도로 선유도, 신시도, 무녀도, 장자도, 야미도, 관리도, 방축 도, 말도, 명도, 대장도, 비안도, 두리도 등 12개의 유인도와 횡경도, 소횡경도, 보농도, 십이동파도 등 40여 개의 무인도로 이뤄져 있다.

착하였다. 군함에 탑승한 군인들은 무기와 식량을 챙겨 고군산도의 어느 작은 섬에 안착하였다. 그들은 그곳에서 두 명의 장교를 상하이로 보내 구조를 청하여 구조차 파견된 영국 선박에 승선하였다.[308]

프랑스 해군 사령관 게랭(Guérin)은 1856년 7월 16일 비르지니(La Virginie)호 이끌고 동해안 영흥만부터 시작하여 남해안을 거쳐 남양만(le golfe du Prince Jérome) 서해안 덕적군도(l'archipel du Prince Impérial)[309]에 이르는 약 2개월간의 탐사를 실시하였다. 그러나 그들은 조선의 수도로 들어가는 길을 찾지 못하였다. 그들은 조선인들로부터 아무것도 얻어내지 못한 채 조선의 해안을 떠나야 했다. 쥐베르는 '범선 한 척만으로 이 원정을 수행하기에는 게랭 제독의 정력과 실력이 좀 모자라 보였다.'[310]고 하면서 1856년 게랭의 탐사가 실패한 이유를 게랭의 자질이 부족했기 때문이라고 하였다. 따라서 쥐베르는 게랭 제독의 자질 부족으로 기해박해의 해명을 듣지 못했기 때문에 더욱더 병인양요에서 승리의 의욕을 가지고 조선에 왔으리라 추측할 수 있다.

## 2) 직접 참가한 병인양요

### (1) 병인박해는 왜 일어났을까?

프랑스 군인들은 1847년과 1856년 두 번이나 조선에 기유박해에 대한 해명을 듣고자 왔으나 두 번 다 조선의 수도인 한양으로 들어가는 길을 찾지 못하여 조선의 침략 기회를 갖지 못하고 돌아갔다. 쥐베르는

---

308) H.쥐베르, CH.마르탱, 1989, 앞의 책, 24쪽.
309) 인천 남서쪽 약 82 km 떨어진 경기만 앞바다에 흩어져 있으며, 덕적도·소야도(蘇爺島)·백아도(白牙島)·굴업도(掘業島)·문갑도(文甲島)·지도(池島)·선갑도(仙甲島)·선미도(善尾島)·울도(蔚島) 등 의 섬으로 이루어져 있다.
310) H.쥐베르, CH.마르탱, 1989, 앞의 책, 25쪽.

"모든 일이 평안을 되찾고 그 누구도 더 이상 조선에 대해서 생각하지 않고 있을 즈음에 1866년 3월 한 달 동안 9명의 선교사가 조선에서 처형되었다는 소식을 중국에서 들었다."[311]고 하였다. 쥐베르는 1856년에서 1866년까지 10년 동안 조선을 다시 침략할 준비를 하고 있지 않았고 결코 침략의 목적이 없었으나 선교사 처형이 침략의 목적이 되었음을 말하고 있었다.

쥐베르는 프랑스 선교사의 처형이 "이 사건은 러시아인들이 동해 연안 지역에 해외상관(établissement)을 세우기 위해 취한 행동에 뒤이어 일어났다."[312]라고 하였다. 러시아 선박은 1864년 2월과 1865년에도 여러 차례에 걸쳐 두만강 연안에 나타나 통상과 러시아 상인들이 조선에 거주할 수 있는 권리를 요구했고 동시에 이 요구를 독촉하기 위해 병사 몇 명을 함경도 국경에 보낸 적도 있었다. 러시아가 조선에 대해 통상을 요구하기 시작한 것은 1860년 중국과 러시아가 베이징 조약을 체결함으로써 두만강을 경계로 조선과 국경을 접하고 나서부터였다. 즉 대원군 집정 직후인 1864년 2월에 러시아인 5명이 두만강을 건너 경흥부(慶興府)에 와서 통상을 요구하는 문서를 제출하고 회답을 요구하였다. 이후 1865년 2월과 9월에도 러시아인들은 국경을 넘어와 각각 통상을 요구하였다. 그러나 조선정부는 외국과의 통상은 지방관헌의 권한 밖의 일이라던가 또는 국교가 없는 외국인의 입국은 허락할 수 없다는 등의 이유로 완강하게 거절하였다.

쥐베르는 병인박해에서 살아남은 칼레, 페롱, 리델 신부들의 말을 들으며 박해의 원인을 파악하고자 하였다. 그들은 "조대비가 양자로 삼아

---

311) H.쥐베르, CH.마르탱, 1989, 앞의 책, 25쪽.
312) H.쥐베르, CH.마르탱, 1989, 앞의 책, 25쪽.

왕위를 물려준 어린 왕의 부친 대원군이 러시아인들이 출몰할 당시 프랑스 선교사 베르뇌 주교를 불러오게 했다."313)는 것이었다. 쥐베르는 베르뇌 주교를 불러오게 한 이유는 대원군이 전쟁을 유발하지 않으면서도 서양 오랑캐를 쫓을 방법을 주교와 의논하고 싶었던 것으로 생각하였다. 그러나 한양으로 주교를 불러올린 사이에 러시아인들이 자발적으로 물러갔다. 쥐베르는 병인박해의 원인을 "러시아인 문제에 대해서는 완전히 마음을 놓을 수 있게 되어 더 이상 선교사들의 조언이 필요 없어진 대원군은 그들을 제거하기로 결정했다."314)라고 파악하였다.

그럼, 왜 러시아인들이 자발적으로 물러가 선교사들의 조언이 필요 없는 상황이 만들어진 것일까? 이 당시 러시아는 알렉산드르 2세의 시기였다. 알렉산드르 2세는 각종 분야에서 대대적인 개혁을 추진하였다. 러시아에서 종래의 확고한 신분질서를 무너뜨리고 새로운 질서를 가져왔다. 자본주의 경제가 뿌리를 내리면서 지주 귀족들의 세력이 약해지는 대신 부르주아지가 중심 세력의 하나로 등장했고, 전문 관료, 기술자, 교사, 교수, 문인, 언론인, 의사, 법률가 등의 전문직업 종사자들의 영향력이 커졌다. 학생 수가 늘어나면서 학생들의 영향력도 커졌다.

새로운 세력인 전문직 종사자들과 학생들 가운데에서 체제를 근본적으로 뜯어고치려는 사회혁명에 관심을 갖는 급진주의자들이 늘어갔다. 급진주의자들은 점점 차르의 권력에 정면으로 도전하기 시작했다. 상대적 박탈감을 느끼고 있던 반동세력들은 1863년의 폴란드 반란, 1866년의 황제 암살 기도, 급진주의자들의 강력한 도전에 거듭 놀란 황제를 부추겨 반격에 나서게 하였다. 이러한 혼란 속에 놓인 러시아는 더 이상 조

---

313) H.쥐베르, CH.마르탱, 1989, 앞의 책, 25쪽.
314) H.쥐베르, CH.마르탱, 1989, 앞의 책, 25쪽.

선으로 눈을 돌릴 여유가 없었던 것으로 보인다.

1866년 3월 7일[315](음력 1월 21일) 베르뇌 주교를 비롯한 드 브르트니에르(Bretenieres, Simon Marie Antoine Just Ranfer), 도리(Dorie, Pierre Henri), 볼리외(Beaulieu, Bernard Louis) 등 4명의 선교사가 참수를 당했고, 11일에는 프티니콜라(Petitnicolas, Michel Alexandre), 푸르티에(Pourthié, Jean Antoine) 신부가 참수형을 당하였다. 그리고 29일에는 다블뤼(Daveluy, Marie Nicolas Antoine), 위앵(Huin, Martin Luc), 오메트르(Aumaitre, Pierre) 신부들의 박해에 추가되었다. 그러나 3명의 선교사 페롱(Féron, Stanislas), 칼레(Calais, Alphonse), 리델(Ridel, Felis Clair) 신부들은 박해를 피해 목숨을 건졌다. 이때 목숨을 건진 리델신부가 11명의 조선인 신자들과 함께 작은 배를 타고 중국으로 넘어가 이 사실을 알렸다. 중국 해안에서 프랑스 함대를 지휘하던 드 라 그랑디에르 제독은 이 소식을 듣자마자 군대를 파견하기로 결정하였다. 그러나 코친차이나[316]에서 발란이 일어나 프리깃함 출동을 요구했기 때문에 조선 출정은 9월까지 지체 되었던 것이다.[317]

### (2) 염탐 작전

1866년 9월 12일, 로즈 제독이 지휘하는 프랑스 분함대 군함들은 중국의 즈푸(芝罘)항과 마주하고 있는 작은 섬 공동(崆峒) 앞에 집결하였다. 그들은 그곳에서 군수품을 보충하고 준비 사항을 마지막으로 점검하였다. 18일, 보세 함장이 지휘하는 기함 프리모게호, 리시(Richy) 함장

---

315) 프랑스의 기록으로 3월 8일로 되어 있다.
316) 프랑스에 의하여 점령된 베트남의 남부지역 땅을 말한다.
317) H.쥐베르, CH.마르탱, 1989, 앞의 책, 26~28쪽.

이 지휘하는 통보함 데룰레드(Déroulède)호, 그리고 샤누안드(Chanoine) 함장이 이끄는 포함 타르디프(Tardif)호 이렇게 3척의 군함이 조선을 향해 출항하였다. 로즈 제독은 불확실한 항해로 함대 전체를 위험에 빠뜨리게 하지 않으려고 항해 중에 극복해야 할 난관들을 정확하게 파악하였다.[318] 그래서 앞의 두 번의 선례에서 조선의 수도로 진입하는 경로를 찾지 못한 것에 대해서 로즈 제독은 신중히 처리하고 체크를 하면서 실패를 하지 않으려는 모습을 보였다.

프랑스 군함들은 모든 협로를 무사히 통과하고 나서 저녁이 되자 남양만 깊숙한 곳에 정박하였다. 정박지와 이웃하고 있는 불모의 작은 무인도[319]을 해상작전의 기지로 삼았다. 그들은 이튿날인 19일에 데룰레드호는 리델 신부와 그를 수행하여 함께 중국으로 왔던 조선인 몇 명을 태우고 한강의 입구를 찾기 위해 떠났다. 조선인을 데리고 간 덕분에 데룰레드호는 몇 시간 만에 임무를 완벽하게 수행하고 21일 저녁에 작전 기지로 돌아왔다.

조선의 수도인 한양은 한강 입구에서 내륙으로 100리 안쪽의 강 오른쪽에 위치하고 있었다. 한강은 바다로 흘러 들어가기 전, 면적이 400㎢ 되는 섬 강화도에서 두 지류로 갈라졌다. 하나는 곧장 서쪽으로 흘러 서양인 선박으로는 그곳에 접근할 수 없었다. 다른 쪽의 지류는 물이 아주 짭짤해서 조선인들은 염하(鹽河)라고 불렀는데, 북쪽에서 남쪽으로 흐른다. 이 지류는 강화도와 남양만 사이로 약 50㎞에 걸쳐 무려 142개의 작은 섬과 섬 사이를 돌아 흐르다 바다로 들어간다. 프랑스 군함은 이곳 염하라는 지류를 이용하려고 하였다. 그러나 수도 진입로를 보고 우려

---

318) H.쥐베르, CH.마르탱, 1989, 앞의 책, 28~29쪽.
319) 입파도(立波島), 프랑스인들은 이 섬을 유제니(Eugénie)섬이라고 불렀다.

했던 것은 썰물 때 수많은 섬들이 드넓은 회색 진흙 갯벌로 서로 연결된 다는 것이었다. 강바닥이 퇴적물 덕분에 항해 때는 길을 잃을 위험은 훨씬 적어졌지만, 그것으로 인해 수 톤짜리 대형선박이 한강 진입이 어려워짐을 걱정하였다.[320]

9월 22일, 데룰레드호를 비롯한 군함 3척은 수로에 진입하여 북쪽으로 향하여 전진하였다. 얼마 가지 않아 염하에 꽤 깊숙이 들어섰을 때 프리모게호가 암초에 부딪혀 가(假) 용골(龍骨)[321]을 잃고 말았다. 이 좌초로 탐색이 중단되었고 다음날 다시 계속되어 그때는 작은 선박 2척만 떠났다. 기함은 작야도 근처에 정박하고 있었다.

25일, 타르디프호와 데룰레드호는 특별히 조선인들로부터 큰 위협을 받지 않고 서울의 가까운 항구에 도착하였다. 그곳까지 닿을 동안 비록 심각한 위협은 없었지만, 암초에 걸리는 사고는 적지 않게 있었다. 프랑스 함대가 목적지에 닿을 즈음에 조선인들의 작은 배 몇 척이 나타나서 그들은 함대를 몇 발 쏘아 조선인들을 흩어지게 하였다. 이러한 사건이 있고 난 뒤에 큰 범선이 프리모게호에 접근하였다. 이 배에는 연로하여 허리가 굽은 관리 한 명과 주민으로 보이는 남자 40여 명이 타고 있었다.

이때까지는 프랑스 군함이 선전포고를 하지 않은 상태여서 그 조선인들 모두가 프랑스 군함의 갑판에 올라가는 것이 허락되었다. 하지만 쥐베르는 "우리는 어느 정도의 대비를 취했다."라고 한 것에서 보듯이 프랑스는 전쟁을 치를 준비를 하고 조선에 접근한 것임을 알 수 있다. 조선인들은 순진한 호기심으로 대포, 밧줄, 해양 나침반 등을 이리저리 살펴

---

320) H.쥐베르, CH.마르탱, 1989, 앞의 책, 29~30쪽.
321) 선저의 선체 중심선을 따라 선수재로부터 선미 골재까지 종통하는 부재이다. 용골은 선박에서 마치 우리 몸의 척추와 같은 역할을 한다.

보았다. 조선의 관리와 프랑스 함장은 중국인 요리사의 통역을 거쳐 이야기를 나누었다.

조선의 관리가 서한 한 장을 데룰레드호 선상으로 가져왔다. 그 내용은 "이제 그대들이 이 보잘것 없는 소국의 강산을 보았으니 부디 돌아가 주시오. 그리하면 우리의 온 백성이 기뻐할 것이외다. 제발 그대들이 우리에게서 눈길을 돌려주기만 한다면 그래서 우리 마음속에 품고 있는 모든 의심과 의혹들을 몰아내 준다면 그것으로 그대들은 우리를 더없이 행복하게 해 주는 것이외다. 감히 천 번, 만 번을 청하는 바이오니, 그대들이 우리의 청을 들어주리라 믿겠소이다."322)였다. 조선에서는 조용히 프랑스 군함이 물러나 주기를 간청하였던 것이다. 쥐베르는 '이 겸손한 간청은 백성의 크나큰 공포를 드러낸 것인데, 이는 십중팔구 정부 측의 두려움을 반영한 것이기도 했다.'323)라고 하였다. 그리고 조선 관리는 다시 왜 조선에 왔는지를 알고 싶어 하였다는 것이다.

이에 프랑스 함장은 "우리는 며칠 후에 있게 될 월식을 관측하는 것이 유일한 목적이다."324)라고 대답했다. 쥐베르는 "그는 이러한 대답에 만족하는 것 같지는 않았다."325)라고 하였다. 당연히 조선인 관리가 그 말을 믿을 리가 없었을 것이었다. 그래서 쥐베르는 "그에게 군함 전체를 구경시켜며 그의 근심을 덜어 주려고 애써 보았지만 효과는 없었다."326)라고 하였다. 여전히 조선인 관리는 프랑스의 침략에 걱정을 하고 있었던 것이다.

---

322) H.쥐베르, CH.마르탱, 1989, 앞의 책, 33~34쪽.

323) H.쥐베르,CH.마르탱, 1989, 앞의 책, 34쪽.

324) H.쥐베르,CH.마르탱, 1989, 앞의 책, 38쪽.

325) H.쥐베르,CH.마르탱, 1989, 앞의 책, 38쪽.

326) H.쥐베르,CH.마르탱, 1989, 앞의 책, 38쪽.

다음날부터 매일 조선인들이 찾아왔다. 우리가 그들을 전혀 해치지 않는다는 것을 알자, 그들은 소심했던 태도를 버리고 교육이 부족해 비롯되는 행동의 결점들을 드러냈다....<중략>...하지만 그들은 가르강튀아[327])에게나 어울릴 만한 거대한 부채라든가 황소 등을 우리에게 선물하는 선량한 마음을 지녔다. 우리는 황소를 선상으로 끌어올리느라 갖은 고생을 다 했다. 우리는 그것의 대가로 돈을 지불하려고 했지만 그들은 단호하게 거부했다.[328)]

프랑스 함대에서는 조선인 관리를 안심시키면서 정찰선은 그 지역에서 며칠 동안 정박하면서 수심을 측정하고 조사를 하였다. 조선인들은 프랑스 군함이 무슨 목적으로 조선에 왔는지를 매일같이 프랑스 함대를 찾아 동태를 살폈다. 그리고 그들을 회유할 목적으로 선물도 갖다 준 것으로 추측할 수 있다.

쥐베르는 "정박지에서 보낸 바로 이 며칠 동안 나는 더욱 쉽게 우리의 미래 적들을 관찰할 수 있었다. 나는 매일 그들을 보았다."[329)]하였다. 쥐베르는 조선을 '미래의 적'으로 표현하여 프랑스 군함이 조선을 침략하려고 온 것임을 확실하게 보여주고 있다. 그럼에도 불구하고 월식을 관측하려고 왔다는 등의 핑계를 대고, 조선인들에게 군함도 구경시켜 주는 등 안심시키면서 조선을 탐사하고 상황을 파악하는 시간을 벌고 있었다.

26일 데룰레드호와 타르디프호는 한강을 따라 내려오며 계속 수로를 측량했고, 모든 자연물을 관찰하여 수집했다. 두 군함은 강화도 가까이에서 한 차례 조선으로부터 총격을 받은 뒤 9월 30일에 프리모게호와 합류했다. 며칠 동안 정박지에서 머물고 있던 기함 프리모게호 역시 모

---

327) 프랑스의 작가 라블레(F. Rabelais)의 풍자소설 속 주인공으로 체력과 식욕, 지식욕이 강한 거인이다
328) H. 쥐베르, CH.마르탱, 1989, 앞의 책, 38~39쪽.
329) H.쥐베르, CH.마르탱, 1989, 앞의 책, 39쪽.

래사장에 걸려 있었기 때문이었다. 그들은 수심 15m 정도면 정박하기에 더할 나위 없이 안전하다고 확신했었던 것이다. 그러나 프리모게호가 닻을 내리고 얼마 있다가 간조 때가 되자 수심은 겨우 4m에 지나지 않았다. 따라서 간만의 차가 수심 11m나 된 셈이었다. 상황은 긴박하여 기함의 양 측면을 지탱하기 위해서 활대를 이용해서 배의 버팀대로 급히 받쳤다. 칠흑 같은 어둠 속에 작업현장은 더 어렵고 위험하게 만들었다. 프랑스 군함에 오랜 기간 동안 종군했던 전적이 있는 선원들 덕분에 좌초 사고는 치명적인 결과를 초래하지는 않았다. 기함은 손상된 의장(艤裝)과 활대가 떨어져 나가 뼈대를 드러낸 돛대로 꽤나 스산한 모습을 한 채 다음번 밀물을 이용하여 정박지를 바꾸었다.330)

### (3) 병인양요, 즐거운 소풍?

10월 3일 아침 파견된 3척의 프랑스 군함은 "더할 나위 없이 대담한 정찰"331)을 마친 덕분에 많은 성과물을 확보하여 즈푸로 돌아갔다. 프랑스 군함은 9월 18일부터 10월 2일까지 약 15일간 조선에 월식을 관측하려 왔다는 거짓말을 하였고, 조선인에게 프랑스 군함도 구경시켜 주는 등 여러 가지로 조선인을 안심시켜 놓고, 조선을 불법적으로 마음대로 탐사하고 측량하고 조사를 한 뒤 만족할 만한 성과를 가지고 다시 중국 즈푸로 돌아간 것이었다. 그로부터 일주일 뒤인 10월 11일(음력 9월 3일) 프랑스군은 조선 침공 작전을 세워 군함 7척으로 구성된 전함대가 조선을 향해 출발하였다. 이때 동원된 함대의 구성은 기함 게리에르호, 소해정 프리모게호와 라플라스(Laplace)호, 포함 타르디프호와 르브르

330) H.쥐베르, CH.마르탱, 1989, 앞의 책, 35~36쪽.
331) H.쥐베르, CH.마르탱, 1989, 앞의 책, 43쪽.

통(Le Brethon)호, 통보함 데룰레드호와 컨찬(KienChan)호로 되어 있었다. 그리고 데룰레드호에는 8척의 보트와 2척의 '란치'[332]가, 컨찬호(Kien-Chan)에는 5척의 보트 등이 탑재되어 있었다.

그날, 군함 3척이 작약도에 먼저 당도하여 한강 진입을 위한 마지막 점검을 하였다. 그리고 10월 14일(음력 9월 6일) 아침 6시 로즈는 대형 군함 게리에르호, 라플라스호, 프리모게호 등은 작약도에 두고, 타르디프호, 데룰레드호, 르브르통호, 컨찬호와 육전대(陸戰隊)를 실은 많은 종선(從船)을 이끌고 강화도 갑곶진으로 향하였다. 육전대는 3종대로 구성되어 있었는데 게리에르호의 함장 올리비에(Olivier) 해군 대령이 총지휘하였다.

> 그 마을의 지방관이 나와서 애원하는 몸짓으로 우리의 상륙을 막아보려고 했지만 소용없는 일이었다. 우리의 작전은 조선 측으로부터 아무런 저항도 받지 않은 채 순조롭게 수행되었다.[333]

쥐베르는 강화도 지방관이 나와서 프랑스 군함의 상륙을 막기 위해 애썼지만, 무시한채 무작정 작전을 진행시켰다고 하였다. 프랑스 해군 부대가 갑곶 마을에 상륙하자 열두어 명으로 둘러싸인 가마 한 대가 전초지에 나타났다. 가마가 로즈 제독 앞에 이르자 그때서야 노령의 지방관이 가마에서 나와 로즈 제독에게 항의를 하기 시작하였다. 쥐베르는 "우리는 그를 거의 강압적으로 돌려보내야 했다."[334]라고 하여 강화도 지방관이 프랑스 침략에 항의하러 왔지만, 프랑스군은 침략이 목적이었

---

332) 소형증기선
333) H.쥐베르, CH.마르탱, 1989, 앞의 책, 45쪽.
334) H.쥐베르,CH.마르탱, 1989, 앞의 책, 45쪽.

기 때문에 그의 의사를 무시한 채 강압적으로 돌려 보내고 전쟁을 시작한 것이었다.

조선 정부는 이경하(李景夏), 신헌(申櫶), 이기조(李基祖), 한성근(韓聖根), 양헌수(梁憲洙) 등 무장들에게 도성을 위시하여 양화진, 통진(通津), 문수산성(文殊山城), 정족산성(鼎足山城) 등을 수비하도록 하였다. 그리고 10월 17일 천총 양헌수가 침략의 야만성을 규탄함과 동시에 적군 격퇴의 의지를 담은 격문을 작성하여 별무사 지홍관을 통해 로즈에게 전달하였다. 10월 19일 로즈는 회답을 통하여 선교사 학살을 비난하고, 그 책임자를 엄벌할 것과 전권대신을 파견하여 수호 조약의 초안을 작성하라고 맞섰다.

10월 21일 조선은 한성근을 문수산성으로 이동시켰고, 24일 한성근 부대는 문수산성 일대에 주둔하였다. 한편 조선군의 움직임을 천주교 신자들로부터 입수한 로즈는 10월 26일 정찰대 70여 명을 문수산성 방면으로 파견하였다. 그러나 한성근은 상륙하려는 프랑스군을 먼저 기습하여 잠시 그들의 진군을 저지하였지만, 화력의 열세로 곧 퇴각하였고 문수산성은 프랑스군이 점령하게 되었다.

쥐베르는 이렇게 조선과 격전을 치르면서 11월 1일까지 강화읍과 갑곶이를 점령 중에 "우리는 보통 군사(軍事) 외의 여가시간을 사냥하는 데 보냈다."라고 하였다. 조선인들이 총으로 쏘아 잡은 새나 짐승은 손을 대지 않고 또 사냥한 고기도 먹지 않은 편이라서 사냥감은 넘쳤다고 하였다. 또 쥐베르는 "나는 강화도에서의 그 즐거운 소풍들을 아주 오래오래 추억하리라. 날씨는 언제나 말할 수 없이 청명하고 공기 속에는 물기가 살짝 스며 있으며 찬란한 햇빛이 논밭과 숲으로 가득 쏟아져 내리는데, 빛에 잠긴 숲에 바람이 일면 노란 낙엽들이 바람에 실려 일렁이곤

했다."335)라고 하였다. 쥐베르는 전쟁이라는 긴박감 속에서도 사냥을 하는 여유를 보이고 있으며 또한 전쟁 중임에도 강화도의 풍경을 보면서 소풍을 즐겼음을 알 수 있다. 전쟁의 긴박감은 전혀 느껴지지 않는 여유로움을 엿볼 수 있다. 왜, 그는 이렇게 조선과의 전투에서 긴장감보다는 여유를 즐기고 있었던 것일까?

> 우리가 차지하고 들어간 집들은 처음에는 상상을 초월할 정도로 더러웠다. 그토록 더러운 집들을 어느 정도 사람이 살 만하게 치우면서 우리는 고전에 나오는 헤라클레스가 아우게이아스의 외양간을 청소할 때 이렇지 않았겠나 하는 생각을 했다. 그러나 조선인들에게 빌붙어 살고 있던 끝도 없이 많은 기생충들을 단번에 몰아낼 방도는 없었다. 우리가 마을에서 보내는 처음 며칠 동안 이 난공불락의 해충들은 놈들이 합법적인 집주인들을 대신해서 우리에게 복수를 해왔다.336)

쥐베르는 그들이 조선을 침략한 행위에 대해 해충들이 대신해서 복수를 해 주고 있다고 표현하였다. 따라서 표면적으로 프랑스 본국이 병인박해를 문제 삼아 조선을 침략한 것이었지만, 조선을 침략하여 만행에 가까운 문화재 약탈행위 등 여러 가지에 대해 힘없는 조선인을 대신해서 해충들이 프랑스인에게 복수를 하고 있다고 말한 것이었다. 따라서 쥐베르는 자신들의 복수를 당하고 있다고 하는 것은 침략이 불법적이고 정당하지 못하다는 것의 반증의 결과물인 셈인 것이다. 이렇게 자신의 행동이 불법적이고 정당하지 못했기 때문에 조선과의 전투에 적극적으로 임하지 않고 전쟁 중에도 여유롭게 소풍도 즐겼을 것으로 추측해 볼 수 있겠다.

천총(千摠) 양헌수는 1866년 11월 6일 정족산성에 잠입하여 방어 배

---

335) H.쥐베르, CH.마르탱, 1989,앞의 책, 76쪽.
336) H.쥐베르, CH.마르탱, 1989, 앞의 책, 47~48쪽.

치를 완료했을 무렵, 프랑스 함대 사령관 로즈 제독은 "조선에서도 사격술이 뛰어난 호랑이 사냥꾼 300여 명을 강화도에 잠입시켰으며, 뒤이어 500여 명의 군사가 합류하여 전등사에 들어가 항전할 준비를 갖추고 있다."[337]라는 조선인 천주교 신자 최인서의 정보를 받았다.

이에 로즈 제독은 육전대장 올리비에 대령에게 이 사실을 확인하도록 지시하여 11월 9일 오전 7시경, 올리비에 대령은 병력 150여 명을 이끌고 리델 신부를 통역 겸 안내인으로 하여 정족산성으로 떠났다. 프랑스군은 갑곶 야영지에서 약 4시간에 걸쳐 약 20㎞ 행군하여 오전 11시경에 정족산성 산록 동남방에 이르렀으나, 이 산성에 무려 800여 명이나 되는 조선군 대부대가 잠복해 있다는 정보를 확인할 만한 흔적을 발견하지 못하였다. 이들은 병력 150명을 3개 조로 재편하여 2개 조를 동문쪽 정족산성 우측 산능선으로 진출시켜 성곽 내부의 상황을 정찰하도록 하였다. 그리고 올리비에 자신은 나머지 1개 부대를 직접 지휘하여 정족산성 남문으로 접근하였다.[338]

프랑스군은 정족산성 일대를 정찰하다가 조선군에게 발각되어 곧 전면 공격에 나섰다. 조선군은 짧은 무기 사거리를 고려하여 프랑스군이 가까운 거리에 도달할 때까지 움직이지 않았고, 프랑스군이 지척에 이르자 일제 공격에 나섰다. 프랑스군은 조선군의 기습과 수적 열세로 혼란에 빠졌고 다수의 부상자를 내고 퇴각하였다. 11월 9일 로즈는 정족산성에서 패배한 후 조선군의 저항과 그에 따른 고립, 강화 협상의 결렬로 퇴각을 결정하였다. 11월 10일 프랑스군은 강화성을 불태운 후 갑곶

---

337) 유홍렬, 1981, 『한국천주교회사』下, 가톨릭출판사, 471쪽.
338) 임재찬, 2004, 「병인양요와 조선정부의 강화도 수비전략과 전술」, 『신라학연구』
　　　Vol.8, 위덕대학교 신라학연구소, 134쪽.

진으로 물러났고, 21일에 조선에서 완전히 철수하였다.

## (4) 이윤 없는 전쟁

11월 21일, 프랑스 함대는 조선 해안에서 완전히 철수했고 각 군함은 중국과 일본의 소속 기지로 귀항하였다.

> 우리는 조선 원정에서 기대했던 성과를 조금도 얻지 못했다. 한편, 우리 함대의 퇴각과 동시에 조선에서는 신자들에 대한 박해가 배가 되었고 조선 정부는 유럽 국가의 침입을 비롯한 타협 일체를 격퇴하고 규탄한다는 선언문을 내렸다. 우리는 조선에 체류하는 동안 그곳에서 환영받지 못했다.[339]

10월 16일(음력 9월 8일) 프랑스군은 본격적으로 성내로 돌입하여 강화부를 점령했고 이후부터 그들이 강화도에서 축출되는 11월 10일까지 강화부 내에서 만행에 가까운 문화재 약탈행위를 자행하였다. 쥐베르는 병인양요의 결과로 어떠한 성과를 조금도 얻지 못했다고 하였다. 그래서 조선의 수많은 서적과 보물들의 약탈에 전력을 쏟았는지도 모르겠다. 조선으로서는 강화도가 완전히 파괴되었고, 천주교인들의 박해는 더 심해졌다. 그리고 조선 정부는 병인양요를 통해 더욱더 서양인들을 배척하고 통상수교거부정책을 더욱 굳건히 하는 계기가 되어 척화비까지 세우게 되었다. 따라서 이것이 프랑스와의 수교를 더욱 어렵게 만들어 프랑스는 서구 열강 중에서 가장 늦게 조약을 체결하였다.

> 우리는 공상가들의 공연한 미련 따위랑은 한쪽으로 제쳐 놓고 오직 프랑스에 바라

---

339) H.쥐베르, CH.마르탱, 1989, 앞의 책, 78쪽.

는 게 있으니 지나치게 욕심 없는 역할은 그만 버리고 나날이 전 세계로 뻗어 나가고 있는 유럽 국가들이 통상 움직임에서 보다 더 큰 몫을 차지해 주기를 바라는 바이다.340)

프랑스는 1860년부터 자유주의 개혁운동이 강해져 의회제도를 비롯한 자유주의적 개혁이 이루어졌으며 자유무역제도가 채택되었다. 이러한 중에 병인양요는 병인박해가 원인이 되어 자유주의 개혁운동의 성격이 강한 전쟁이라고 할 수 있다. 쥐베르는 이러한 종교적인 문제로 인한 자유주의 성향의 이윤이 없는 전쟁은 그만하고 통상을 통한 이윤 추구하여 다른 유럽 국가들보다 더 많은 몫을 차지하기를 바란 것이었다.

1860년대 이전은 동아시아에서 서양 제국주의 세력의 활동은 갈등과 경쟁보다는 중국지배라는 목표를 위해 협력하는 카르텔적 양상을 띠었다고 말할 수 있다. 먼저 영국과 함께 다른 서양 열강들이 무력을 통해 중국에 불평등조약 체제를 강요하는 아편전쟁에 깊은 경제적 이해관계를 공유하고 있었다는 사실에 주목해야 한다. 1834년까지 중국의 대중국무역을 독점했던 동인도회사가 아편밀무역을 먼저 시작했지만, 미국 무역회사들과 다른 외국회사들도 함께 아편 밀무역에 뛰어들었다. 대부분의 미국회사들이 중국에 대한 이 아편 밀무역에 가담하였다. 이 아편 시장의 3분의 1을 미국이 차지하였다.341) 이러하듯이 쥐베르도 프랑스가 이렇게 병인양요 같은 독단적인 제국주의 세력을 형성하기보다는 유럽 통상적 카르텔적 양상 속에서 큰 이익을 차지하기를 바란 것이었다.

---

340) H.쥐베르, CH.마르탱, 1989, 앞의 책, 82쪽.
341) William R. Nester, 1996, 『Power across the Pacific : A Diplomatic History of AmericanRelations with Japan』, London: Macmillan Press, 17쪽. 이삼성, 2008, 「동아시아 제국주의의 시대구분: '제국주의 카르텔'로 본 근대 동아시아질서」, 『국제정치론총』제48집 3호, 한국국제정치학 회, 68~69쪽.

## 2. 영국 육군 캐번디시의 투어와 '이권 모색'

### 1) 조선으로 오다

### (1) 연보

영국 장교 알프레드 에드워드 존 캐번디시(Alfred Edward John Cavendish ; 이하 캐번디시)는 1859년 6월 19일 런던에서 출생하였다. 그는 외무부 서기였던 아버지 프랜시스 윌리엄 헨리 캐번디시와 어머니 레이디 엘레노어 소피아 다이애나 피츠기번의 둘째 아들로 태어났다. 그의 나이 27세가 되는 해인 1886년 5월 18일에 존 반 데르 빌(John Van der Byl)의 딸인 엘리스 이사벨라 반 데르 빌(Alice Isabella Van der Byl)과 결혼하였다. 그들은 이듬해 1887년 3월 27일 아들 랄프 헨리 볼텔린 캐번디시(Ralph Henry Voltelin Cavendish)를 낳았다.

캐번디시는 1880년 1월 14일, 91연대(프린세스 루이스의 아가일셔 하이랜더즈)에 임관하여, 1881년 7월 1일 중위로 진급하였다. 1885년부터 1887년까지 제1대대 아가일과 서덜랜드 하이랜더즈에서 부관으로 근무하였다. 1886년 6월 12일 대위로 진급한 이후 참모대학에 입학하여 1889년에 졸업하였다.

그는 청일전쟁 때에는 중국 주재 영국공사관의 육군 무관으로 근무하였다. 그는 빅토리아 여왕의 즉위 60주년을 축하하기 위한 조선특별사절단에 배속되었다. 그 후 1897년 2월 12일 소령으로 진급하였다. 더블린과 올더샷 지구의 부관보(DAAG)로 복무한 후, 그는 1900년 1년 남아프리카 공화국의 제2차 보어 전쟁에 참여하기 위해 창설된 제8사단 남아프리카 야전군의 부관보로 임명되었다. 그는 1900년 3월 8사단 참모진과 민병대 연대 600명과 함께 4월에 케이프타운에 도착하여 남아프리카 야전군을 역임하였다. 1907년부터 1911년까지 그는 남부 사령부의 부관으로 배치되기 전에 그의 옛 대대인 제2 아가일 및 서덜랜드 하이랜더스를 지휘하였다. 제1차 세계대전이 발발하자 그는 영국 원정군의 부관보로 임명되었고, 1915년 초에 준장으로 진급하여 V군단의 참모로 배치되었다. 그는 나중에 지중해 원정군과 다르다넬스 육군의 부관보를 역임했으며 1916년부터 남아프리카 사령부를 지휘하였다. 그는 1943년 2월 2일 83세 나이로 사망하였다.

### (2) 조선으로

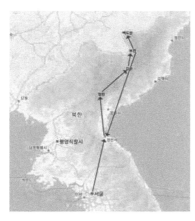

<그림-20> 캐번디시의 조선여행경로
서울→원산→장진→갑산→보천→백두산→
보천→원산→일본
출처: 알프레스 에드워드 존 캐번디시,
2008,『백두산으로 가는 길』, 살림, 참고.

캐번디시는 굿 애덤스와 함께 1891년 8월 15일 홍콩을 출발하여 상하이로 향하였다. 그는 상하이 클럽에 머물다가 23일에 즈푸에서 니혼유센(日本郵船) 주식회사의 기선 스루가마루(駿河丸)호를 타고 조선으로 출발하였다. 8월 28일 금요일, 그는 조선의 제물포항에 도착하였다. 캐번디시와 굿 애덤스 두 영국 군인은 제물포를 통해 조선에 들어와서 육로로 원산을 거쳐 백두산을 등정하는 여행을 하였다.

캐번디시는 왜 조선 여행을 시작하였을까? 그들은 장백산이라는 다른 이름으로 불리는 백두산에 오르고 싶어서였다. 그들에게 동기부여를 준 것은 제임스의 『장백산』이라는 책이었다.342) 이 책의 저자 제임스는 1865년 1900년까지 인도 봄베이에서 근무하던 영국의 고위 공무원이었다. 그는 2년간 휴가를 얻어 영국 '왕립근위대'에 배속되어 있던 영허즈밴드(Francis Edward, Younghusband) 중위와 1886년 3월부터 2년 동안 요령성, 길림성, 흑룡강성 등 중국 동북부 3성과 러시아 연해주 지방을 함께 여행하였다. 이 책에는 외교관인 제임스가 1887년에 영허즈번드 대위와 풀퍼드, 제임스가 백두산을 등정한 내용이 소개되어 있었다.

캐번디시는 이 책을 읽고 조선을 통해 백두산을 갈 여행을 계획한 것이었다. 캐번디시는 1891년 8월 28일 조선에 도착하여 목적지를 백두산으로 하여 북쪽으로 여행을 하고 10월 말까지는 원산으로 돌아와 일본으로 가야 했다. 홍콩의 지휘관 장군에게 휴가 기간을 최대한 짧게 하겠다고 약속을 했기 때문이었다. 캐번디시는 휴가 기간을 이용해 조선을 여행 왔던 것이었다.

### 2) 열강에 둘러싸인 조선

#### (1) 서울, 조선에는 군대가 없다

캐번디시는 제물포에 도착한 후 기정(汽艇)343)을 타고 한강을 거슬러 올라왔다. 캐번디시는 서울에서 닌스테드 중령을 만났다. 닌스테드 중령은 1889년 대위로 조선에 도착해 1890년 소령, 1891년 중령이 되었다. 캐번디시는 닌스테드 중령으로부터 조선군대에 관한 몇 가지 이야기를 들었다.

---

342) 알프레드 에드워드 존 캐번디시, 2008, 『백두산으로 가는 길』, 살림, 139쪽.
343) 증기 기관의 힘으로 움직이는 비교적 작은 배.

조선에는 군대가 없다. 조선은 군대를 원하지도 않았으며, 근대적이고 서구적인 의미의 군대를 유지할 금전적 재원도 없었다. 수백 년 동안 중국과 일본 사이에서 분쟁의 씨앗이었던 조선은 두 나라 간의 경계심을 이용해 안전을 구했다. 조선은 비록 중국에 정복당했고 지금은 명목상 중국의 속국이지만 재정에 관한 한 실제적으로 독립국이다.[344]

캐번디시가 말하는 군대는 서구적인 의미의 군대였다. 캐번디시는 조선은 군대를 원하지도 않거니와 금전적인 재원도 없다고 하였다. 그럼, 조선은 왜 군대를 원하지 않는 것이었을까? 첫째, 캐번디시는 "조선의 두 이웃 나라는 모두 조선의 업무를 지도하면서 단물을 빨아먹는 데 열중했다."[345]라고 하였다. 즉 개항장에서 관세를 징수하는 업무는 중국 해관 관리들이 관장하는 반면에 거의 우편과 은행 업무는 일본이 통제하였다는 것이었다. 조선이 왕국으로 존속할 가능성은 육군이나 해군의 자원이 아니라 지정학적 위치와 인접국들의 경계심에 달려 있다는 것이었다. 둘째, 조선이 러시아와 인접한다는 사실이 조선의 안전을 보장한다는 것이었다. "일본과 중국은 조선이 러시아의 수중에 떨어질 경우 자국의 주요 교역로를 빼앗길 수 있었기 때문에 조선이 적극 러시아에 병합되는 것을 막기 위해 연합할 필요가 있었다"[346]는 것이었다.

따라서, 캐번디시는 "다른 열강도 러시아의 조선 획득을 차분하게 지켜볼 수 없었다. 그렇게 되면 자국의 교역을 비롯해 동양에 있는 식민지와 속령의 안전이 지속적으로 위협당할 것이기 때문이었다."[347]라고 말하면서 영국의 속내를 내비치고 있었다. 당시 영국은 거문도 사건을 비

---

344) 알프레드 에드워드 존 캐번디시, 2008, 앞의 책, 64쪽.
345) 알프레드 에드워드 존 캐번디시, 2008, 앞의 책, 64쪽.
346) 알프레드 에드워드 존 캐번디시, 2008, 앞의 책, 64쪽.
347) 알프레스 에드워드 존 캐번디시, 2008, 앞의 책, 64쪽.

롯하여 러시아를 상당히 견제하고 있었다.

영국은 왜 이렇게 러시아를 견제하는 것일까? 1827년 런던 조약 직전의 유럽의 상황은 약해져만 가는 오스만제국, 그리고 그 틈에 부동항을 찾아 지중해로 남하하려는 러시아, 빈체제의 동맹으로 묶여 있어 방관하던 유럽 열강들 즉, 프랑스, 오스트리아, 프로이센 중심으로 전개되고 있었는데, 영국은 이와 얽혀 자국의 생존과 직결된 무역로나 해외시장의 위협을 느끼고 있었다.[348] 이때 영국 정부는 프랑스와 러시아 제국을 런던으로 불러들여 1827년 7월 6일 런던조약을 체결하였다. 유럽의 세 열강은 그리스와 오스만제국에게 1821년 3월 6일 그리스인들의 반란 때부터 지속되었던 적대 관계를 중단할 것을 요구하였다. 몇 년간의 협상 끝에 유럽 연합군은 그리스의 편에 서서 전쟁에 개입하기로 결정하였다. 이렇게 영국은 러시아의 남하정책으로 자국의 무역로나 해외시장의 위협을 느껴 런던조약으로 동맹을 맺어 놓은 것이다. 이것이 디트머의 이론인 "전략적 삼각"[349]인 것이다. 전략적 삼각은 각자가 서로 관계를 맺기에는 불안한 요소들을 품고 있으면서도 겉으로는 모두가 우호적 관계를 유지하는 듯한 경우를 말하는 것이다.

그리고 그 연장선상에서 영국이 러시아의 남하 정책을 견제하고 자국의 의도대로 런던조약을 정교하게 다듬은 결과가 1841년에 맺어진 런던 해협조약(London Straits Convention)이었다. 이 조약에도 영국은 오스트

---

348) 김현수, 2023. 「디트머의 '전략적 삼각' 이론으로 분석한 영국식 외교정책-유럽 제국주의 팽창기(1884~1914), 영국의 위기 속 대응-」, 『영국연구』 Vol.49, 영국사학회, 106쪽.

349) Lowell Dittmer, 1981, 「The Strategic Triangle: An Elementary Game-Theoretical Analysi s」, 『World Politics』 33호. no. 4, The Johns Hopkins University Press, 485~515쪽.

리아, 러시아, 프로이센, 프랑스, 투르크와 다르다넬스·보스포루스 해협에 관한 조약을 체결하였다. 주요 내용은 외국군함이 이 해협을 통과하는 것을 금지시킨 것이다. 영국의 런던조약 성과는 해협조약을 넘어서 크림전쟁으로 계속 이어졌다. 크림전쟁의 주원인은 러시아와 프랑스가 종교적 세력(그리스 정교와 가톨릭)을 통한 오스만제국 내 정치적 장악을 꾀하려던 것이 충돌되었다. 1853년에서 1856년까지 러시아와 오스만제국, 영국, 프랑스, 사르데냐 연합군이 크림반도와 흑해를 둘러싸고 벌인 전쟁이었다. 이런 크림전쟁을 영국의 외교정책 시각에서 들여다보면, 영국과 프랑스가 동맹국이 되어 러시아와 대립한 것이 아니라 둘이 각기 목적은 다르나 공통의 이익을 둔 전략적인 연합작전이었으므로 전쟁 당사국들인 각국의 기존 관계(영국은 고립정책, 러시아와 프랑스의 빈체제 동맹관계)를 유지한 형태로 치른 전쟁이었음을 알 수 있다.[350]

1856년에 크림전쟁의 후속 조치로 파리강화조약(Congress of Paris)이 체결되었다. 러시아, 오스만제국, 사르데냐, 프랑스, 영국은 흑해 일대의 영역을 중립지역으로 선포하였고, 모든 군 관련 함선의 항해가 중지되었다. 그리고 러시아는 크림반도에서 영향력을 잃게 되었다. 이렇게 영국은 자국의 생존과 직결된 무역로나 해외시장 개척을 위하여 계속해서 러시아의 남하정책을 견제하기 위하여 여러 가지 조약 등을 통한 우호적 관계 속에서 러시아를 견제하고 있음을 알 수 있다.

### (2) 화산암 평원에서, 임진왜란 조공문제로 일어났나?

캐번디시는 1891년 9월 5일 토요일 육로로 조선 여행을 시작하였다.

---

350) 김현수, 2023, 앞의 논문, 107~108쪽.

서울에서 원산으로 가는 길에 화산암 평원을 걷게 되었다. 그곳에서 캐번디시는 임진왜란을 상기하였다.

> 이 평원 위에 1592년 일본인이 침략했을 때 조선인과 일본인이 큰 전투를 벌인 장소가 있었다. 잔디로 덮인 거대한 무덤은 양측의 사망한 전사들이 잠들어 있는 곳으로 아직도 정성 들여 돌보고 있었다.[351]

캐번디시는 통역사 윤에게서 임진왜란에서 사망한 사람이 1만 8,000명이라고 들었다. 그리고 캐번디시 자신도 일본 요코하마에서 일본인이 조선의 역사를 간추린 작은 책을 구입한 적이 있었다. 그 작은 책에는 수년간 일본에 헌납된 조공 물품의 내용이 들어 있었다. 물품들은 인삼이 담긴 황금 상자 1궤, 아름다운 말 3마리, 흰매 40마리, 진주와 기타 귀중한 보석으로 장식된 황금 손궤에 담긴 조선어로 된 두루마리나 편지, 호랑이 가죽 40장, 손가락 길이만 한 호랑이 털이었다.

그런데 중국에 바친 조공은 '봉신의 가난함 때문에 중국이 강요하지는 않지만' 금 100온스, 은 100온스, 쌀 1만 가마, 비단 2,000필, 리넨 300필, 능직이나 무명 1만필, 아마포 400필, 세마초(細麻布) 100필, 두 쪽짜리 큰 종이 두루마리 1000개, 작은 종이 두루마리 1,000개, 좋은 칼 2,000자루, 황소 뿔 1,000개, 화문석 40장, 물감용 목재 200파운드, 후추 10부셸, 호랑이 가죽 100장, 사슴 가죽 100장, 비버 가죽 400장, 푸른 두더지 가죽 200장이었다.[352]는 내용이었다.

16세기 동아시아는 중국 중심적 세계질서 속에서 하나의 독자적인

---

351) 알프레드 에드워드 존 캐번디시, 2008, 앞의 책, 111쪽.
352) 알프레드 에드워드 존 캐번디시, 2008, 앞의 책, 111~112쪽.

국제체제를 유지하고 있었다. 이 국제체계에서 세계의 중심축임을 자처해 왔던 중국은 주변국가들과 자소사대(字小事大)[353] 관계를 맺고 중심적 역할을 하게 되었으며, 중국의 주변국은 이 질서에 참여하여 중국과는 사대관계, 주변국 사이에는 교린관계를 맺어 군사적 긴장완화, 교역, 그리고 문화의 수입을 통해 정치적 안정을 도모하였다. 이러한 동아시아의 중국 중심적 세계질서는 상위에 속하는 국가와 하위에 속하는 국가로 상하의 계서적(階序的) 관계를 바탕으로 책봉과 조공을 기본제도로 하는 예적(禮的) 질서였다. 따라서 이 국제질서 속에서 한국, 일본 등 각국은 사대의 형식이나 교린의 형식에서 정도와 횟수는 서로 다를 수 있어도 책봉과 조공을 통해 교류했다고 볼 수 있다.[354]

캐번디시가 말한 위의 책 내용은 조선이 일본과 중국한테 헌납한 조공들의 품목이었다. 그 물품들을 비교해 보면, 물건 수로나 양으로나 훨씬 더 중국한테 많이 헌납한 것을 알 수 있다. 캐번디시는 임진왜란이 이러한 조공문제로 인해 일본이 조선을 침략한 것으로 생각하고 있는 것으로 추측해 볼 수 있다. 조선이 중국에 조공을 보낸 것은 사대의 차원이었고, 일본에 물품을 보낸 것은 교린의 차원이었던 것이었다. 따라서 캐번디시는 일본이 조선을 지배목적으로 임진왜란을 일으켜 사대관계를 시행하고 싶었던 것으로 생각하였던 것으로 추측할 수 있다.

---

353) 사대란 기본적으로 윗사람을 잘 섬기는 원리며 자소란 아랫사람을 아낄 줄 아는 원리이자 힘이다.
354) 이희경, 2001, 「조선의 명과의 조공무역에 관한 연구」, 인천대학교 석사학위 논문, 5쪽.

### (3) 원산 조계지에서, 갑신정변이 거문도 사건의 시발점

캐번디시는 원산에서 약 700명 정도의 일본인들이 영사의 감독을 받으며 조계 지역에 살고 있는 모습을 보았다. 1889년 7월에 부임해 1892년 5월 4일까지 근무한 원산의 일본 영사 히사미즈 사부로(久水三郎)는 유럽과 동양의 양식이 뒤섞인 매우 멋진 집과 사무실을 갖고 있었다. 그는 또 소총과 검으로 무장한 몇 명의 일본 경찰도 지휘하였다. 일본 조계에는 보세 창고 하나와 니혼유센 주식회사의 사무실, 우체국이 있었다.[355]

> 1884년에 서울에서 일종의 혁명이 일어났다. 수도의 두 파벌이 꾸민 음모가 원인이었다. 한 편은 개화파로 일본이 부추겼으며, 다른 한 편은 수구파로 중국의 지원을 받았다. 개화파는 중전의 집안인 민씨 가문을 타도하려 했다. 당시 장관인 민영익을 거의 죽일 뻔했고(우리가 홍콩에서 만나 그는 친절하게도 조선의 친척에게 보일 소개장을 써주었다.) 궁궐을 거의 장악했지만 뒷문으로 피신한 임금은 잡지 못했다. 이 폭동에서 많은 사람이 죽었다. 중국과 수구파의 승리로 일본의 새 영사관은 불탔고, 일본인들은 밤에 틈타 제물포로 도망하여 영국 전함에 피신해야 했다. 이로써 이 사건은 종결되었다.[356]

캐번디시가 말한 일종의 혁명은 갑신정변을 일컫는다. 그는 갑신정변을 혁명이라 하였다. 캐번디시는 "조선은 일본인과 중국인이 관리한다."[357]라고 하면서 갑신정변은 일본을 지지를 받고 있던 급진개화파와 청나라의 지지를 받고 있던 수구파의 권력 다툼 싸움으로 본 것이었다. 급진개화파가 당시 정권을 장악하고 있던 민씨 가문을 타도하고자 한 것이었다. 일본의 새 영사관은 불탔고, 일본인들은 밤을 틈타 제물포로

---

355) 알프레드 에드워드 존 캐번디시, 2008, 앞의 책, 124쪽.
356) 알프레드 에드워드 존 캐번디시, 2008, 앞의 책, 125~126쪽.
357) 알프레드 에드워드 존 캐번디시, 2008, 앞의 책, 125쪽.

도망하여 영국 전함으로 피신하였다. 갑신정변이 진압된 직후 청나라를 등에 업은 수구파 세력인 김홍집을 비롯하여 친청파 세력들이 정권을 장악하였다.

갑신정변이 발발하자 주청 영국공사로 주조선 공사를 겸직했던 파크스(H. S. Parkes)는 1884년 12월 14일 외무부에 전문을 보냈다. 전문 내용은 갑신정변 발발과 청일군대가 충돌한 내용이었다. 그런데 전문 말미에 파크스는 "거문도를 경계하는 것이 바람직할지도 모른다고 또다시 제안하는 바입니다."라고 보고하면서 거문도 순찰을 건의하였다. 갑신정변의 여파가 동아시아에서 영국의 이익에 영향을 미칠 것으로 판단한 것이었다. 이에 외무부는 파크스의 전문을 해군부에 전달하였으며, 해군부는 12월 19일에 점령을 염두에 둔 거문도 현지 조사를 실시하였다.[358]

그럼, 갑신정변 소식을 접한 영국이 거문도 순찰 및 현지 조사를 단행한 이유는 무엇인가? 영국이 동아시아에서 추진한 정책의 궁극적 목적은 상업적 이익을 극대화하는 것이었다. 이를 위해서 영국은 동아시아의 현상 유지 내지는 안정을 추구하였으며, 동아시아 갈등을 구실로 러시아가 개입하려는 상황을 막고자 하였다. 영국의 관점에서 보자면 조·청·일 3국 군대의 충돌을 불러온 갑신정변은 동아시아의 긴장을 고조시키고 러시아의 개입을 초래할 수 있는 사건이었다.[359]

1884년 12월 13일 저녁 6시 5분 영국 해군부는 한 통의 전문을 받았다.[360] 발신지는 홍콩, 발신자는 동아시아 주군 영국 해군 소속의 부함장 도웰(Dowell)이었다. 도웰은 조선의 서울에서 청과 일본 사이에 소요

---

358) 한승훈, 2016, 「영국의 거문도 점령 과정에 대한 재검토-갑신정변 직후 영국의 간섭정책을 중심으 로-」, 『영국연구』vol36, 영국사학회, 63~64쪽.
359) 한승훈, 2016, 앞의 논문, 64~65쪽.
360) Dowell to Admiralty, Dec. 13, 1884, Cypher, No. 60, ADM 116/70, Part Ⅰ.

가 발생하였으며, 총영사를 돕기 위해서 에스프아(Espoir)호를 제물포로 파견한다고 보고하였다. 갑신정변의 발발과 청일 군대의 충돌, 그리고 영국 군함의 조선 파견을 알린 것이다. 12월 19일 동아시아 주둔 영국 해군의 멀린(Merlin)호가 상해를 출발하였다. 그런데 멀린호의 도착지는 제물포가 아닌 거문도였다. 도착지를 명령한 기관도 동아시아 주군 해군이 아닌 본국의 해군부에서 직접 행선지를 지정하였다.361)

갑신정변으로 인하여 세계열강들의 이목이 한양으로 집중되었다. 그러기에 영국뿐만 아니라 미국, 독일 함대도 한양에서 가까운 제물포로 충돌하였다. 하지만 영국 해군부는 멀린호를 거문도로 보냈다. 영국 입장에서 보면 청일 군대의 충동은 러시아 개입의 가능성을 한층 크게 만드는 요인이었다. 이에 영국은 러시아의 조선 진출을 사전에 차단하기 위한 방안으로 거문도로 행선지를 정했던 것이다. 따라서 조선의 갑신정변은 영국에게 거문도를 탐사할 수 있는 빌미를 제공한 셈이 되었다. 이로써 1885년 영국이 조선의 영토인 거문도를 불법으로 점령하게 되었다.

### (4) 금파원리(金坡院里)의 금광과 사금터에서, 영국의 이익을 생각하다

캐번디시는 9월 15일에 원산에서 출발하여 정평을 거쳐 장진으로 빠져 압록강변의 삼수까지 갔다. 캐번디시는 낮 11시쯤에 낮은 구릉에 당도했고, 길가에 돌출한 비탈길에서 흑연의 노두(露頭)를 발견하였다. 그는 질 좋은 흑연으로 생각하였다. 통역사 윤은 캐번디시에게 그것이 '연필에 들어간 심과 완전히 똑같은' 것이라고 알려줬다. 그는 금파원리의

---

361) 한승훈, 2016, 앞의 논문, 78~79쪽.

금광과 사금터에 도착하였다. 골짜기에는 작은 시내가 흐르고 있었고, 이 시내와 지천의 바닥은 사방으로 8~10피트 깊이까지 파여 있었다. 골짜기 한가운데에 일꾼들의 숙소로 쓰인 초라한 흙집이 여러 채 서 있었다. 구덩이 주변에 난 길은 광부가 파 들어오기 전에 끊임없이 옮겨져야 했기 때문에 상태가 매우 나빴다. 광부들은 허약한 물막이 장비 탓에 이 깊이에 도달하자마자 구덩이를 포기해야만 했다. 우리는 모든 금이 전날 다른 곳으로 보내졌다는 말을 들었다.[362] 그 다른 곳은 수출되었음을 말한 것이었다.

> 영흥 지역에서는 이곳과 다른 곳의 사금터에서 상당한 양이 채굴된다. 1889년에 세 곳의 개항장을 통해 수출된 금의 양은 98만 2,091달러(약 15만 7,135 파운드)어치였으며 이중 평안도의 관문인 원산에서 수출된 것이 54만 3,844달러(약 8만 7,000 파운드)였다. 1890년에는 총 74만 9,699달러(약 12만 파운드)어치 중에서 55만 6,904달러(약 8만 9,100 파운드)가 원산을 통해 수출되었다. 이 시기에 이곳에서 중국이 가져간 금은 각각 37만 3,677 달러(약 5만 9,800 파운드)와 47만 4,600 달러(약 7만 6,000 파운드)였으며, 일본이 가져간 금은 각각 60만 8,414 달러와 27만 5,099 달러였다. 1891년에 전체 금 수출액은 약 69만 달러였으나 거의 같은 양이 신고가 되지 않았거나 밀수되었다.[363]

캐번디시는 금광에 관심을 보였고, 금의 수출 양도 자세히 알고 있었다. 조선은 1876년 강화도 조약으로 알려진 조일수호조규 체결을 계기로 부산, 인천, 원산의 3개 항구가 개항장이 되었다. 위의 글은 캐번디시가 조선에 온 1891년을 기준으로 3개년의 금의 무역 수출량을 들은 것이었다. 1889년도가 수출된 금의 양이 제일 많은 것으로 보이면 1890

---

362) 알프레드 에드워드 존 캐번디시, 2008, 앞의 책, 145~146쪽.
363) 알프레드 에드워드 존 캐번디시, 2008, 앞의 책, 146~147쪽.

년, 1891년은 점차 금의 수출량이 줄어가고 있는 모습을 보인다. 그중에서 금의 수출되는 양은 1890년도가 1889년도에 비해 23만 2,392달러나 줄었음에도 불구하고 원산에서 수출되는 양은 1만 3,060달러 늘어났음을 알 수 있다. 이것은 조선의 금의 생산량이 북쪽 지방에서 이루어지고 있음을 알 수 있었다.

캐번디시는 같이 갔던 동료 굿 애덤스와는 조선의 마지막 여행지인 백두산을 오르기 직전에 헤어졌다. 캐번디시는 백두산 등정을 포기하였고, 굿 애덤스는 백두산을 오르기로 한 것이었다. 백두산 등정을 준비하면서 짐을 나르는 조랑말을 더 이상 쓸 수 없었기 때문에 짐을 나를 일꾼을 구해야만 했다. 그런데 때마침 수확철이었기 때문에 일꾼을 여섯 명밖에 구하지 못했다. 여섯 명은 두 사람의 짐을 짊어지기에는 적은 숫자였다. 그래서 캐번디시는 백두산 등정을 포기하였고, 굿 애덤스는 백두산 등정을 택한 것이었다. 캐번디시는 보천에서 바로 원산으로 내려와 10월 23일 저녁에 일본 요코하마를 향해 출발하면서 조선에서의 휴가를 마쳤다.

캐번디시가 휴가차 조선을 여행하였지만 영국 군인으로서 조선의 군대에 관심을 가졌고, 또한 조선의 임진왜란, 갑신정변 등 조선의 역사에도 관심을 보이면서 청, 일본의 관계 속에 놓여 있는 조선의 모습 속에서 동아시아의 흐름을 읽고자 하였다. 그리고 조선의 금 수출에 상당한 관심을 가지면서 본국의 이익을 생각하는 모습도 보이고 있었다.

## 3. 러시아 육군 카르네프, 베벨리의 투어와 '염탐'

### 1) 육군 대령 카르네프의 조선투어

#### (1) 조선으로

<그림-21> 카르네프의 여행 경로
출처: 카르네프 외 4인, 『러시아 장교
조선 여행기 내가 본 조선, 조선인』,
가야넷, 2003, 12쪽.

개항 이후 조선은 제국주의 열강들의 간섭과 침입 속에서 변화되고 있었다. 동북아지역 국가들과 이해관계를 가지고 있던 영국, 중국, 일본, 미국 등은 러시아에 대한 적대적 인식을 가지고 있었다. 19세기말 동북아시아에서 러시아는 자국의 이익과 관련하여 부동항(不凍港)을 확보해야만 하였다. 당시 러시아 정부의 당면과제는 다른 국가의 간섭과 침략 의도로부터 조선을 방어하면서 조선에 대한 러시아의 정치적·군사적·경제적 영향력을 강화하는 것이었다.[364]

러시아가 조선에 대해 통상을 요구하기 시작한 것은 1860년에 중국과 러시아가 베이징조약을 체결함으로써 두만강을 경계로 조선과 국경을 접하게 되면서부터 조선에 새로운 관심을 가지기 시작하였다. 1864년 2월에 러시아인 5명이 두만강을 건너 경흥부(慶興府)에 와서 통상을

---

364) 강인구, 2001, 「러시아인의 한국인식」, 『서울학연구』제16호, 서울시립대학교 부설 서울학연구소, 104~105쪽. 이수기, 2018, 「1889년 한국을 방문한 러시아 장교 베벨의 한국 인식」, 『역사문화연구』제68집, 한국외국어대학교 역사문화연구소, 70쪽.

요구하는 문서를 제출하였고 회답을 요구하였다. 이후 1865년 2월과 9월에도 러시아인들은 국경을 넘어와서 각각 통상을 요구하였다. 1865년 11월과 1866년 가을에도 러시아인들은 계속 경흥부에 와서 통상을 요구하였고, 그때마다 조선정부는 외국과의 통상은 지방관헌의 권한 밖의 일이라던가 또는 국교가 없는 외국인의 입국은 허락할 수 없다는 등의 이유를 들어 완강하게 거절하였다. 그럼에도 불구하고 러시아인들은 국경을 넘어 통상을 요구하는 사건이 계속 이어졌다.[365]

개항 직후 1880년대 조선을 주로 방문했던 서양인들은 직업이 선교사 또는 외교관이 많았다. 하지만 러시아의 경우 장교를 파견하는 다른 행보를 보였다. 1884년 조러수호통상조약에서 체결되지 않은 일부 사항을 러시아 국경 관청이 조선을 자유롭게 여행할 수 있도록 처음으로 제시한 대로 1888년 8월 한양에서 해상 무역 협상으로 체결되었다. 이로써 러시아 국경 관청이 처음으로 제시한 자유로운 조선 여행이 가능하게 되었다.

카르네프는 1895년 11월 8일[366] 하바로프스크에서 블라디보스토크를 거쳐 조선으로 떠나라는 명령을 받았다. 카르네프는 제3 동시베리아 정규부대 중위인 미하일로프, 바이칼 동쪽 제1부대에 소속되어 있는 카자크인 뱐킨, 즈코프, 즈베레프와 자아체프, 그리고 조선인 통역관인 니키트 김과 니콜라이 푼코프와 함께 조선으로 출발하였다. 그들에게 지급된 무기는 100발의 총탄이 장전되는 3연발총 네 자루, 산탄총인 윈체

---

365) 우철구, 2000, 「구미 열강의 통상요구」, 『한국사』37, 국사편찬위원회, 73~74쪽.
366) 카르네프 외 4인, 2003, 『러시아 장교 조선 여행기 내가 본 조선, 조선인』, 가야넷, 13쪽. 이 책에 서는 러시아력을 사용하였다. 그리하여 이 책에 기술되어 있는 날짜가 우리가 사용하는 양력과 차 이가 있다. 러시아력과 양력은 12일 차이가 나므로 우리나라 양력으로는 1895년 11월 20일이다.

스터식 연발총과 장교용 권총 두 자루 등이었다. 카자크인들은 털가죽으로 만든 따뜻한 반코트와 안장을 준비하여 출발하였다. 카르네프 일행은 빵과 건빵, 설탕, 차와 품질이 좋은 군용 통조림 등을 식량으로 준비하여 출발하였다.[367]

그들은 블라디보스토크에 도착하자 어느 정도 숙련된 통역관들이 함대에 배치되었다. 하지만 그들 가운데 조선어를 읽을 줄 아는 이가 없었다. 한 사람만이 그럭저럭 러시아어를 쓸 줄 알았고, 다른 한 사람도 러시아어로 설명하는 데는 어려움을 겪고 있었다. 그 밖에 중국어를 할 수 있는 사람이 한 명 있었고, 일어를 할 수 있는 사람도 한 명 있었다. 그들은 블라디보스토크에 도착해서 나가사키로 출발하였다. 그럼, 그들은 왜 블라디보스토크에서 부산으로 바로 오지 않고 일본 나가사키를 거쳐 조선으로 들어왔을까?

나가사키에 머무는 동안 나는 상점에서 탐험대에게 필요한 물건 몇 가지를 구입한 후, 수표를 돈으로 바꾸기 위하여 홈링거[368] 은행 사무소로 가서 2,000달러를 은화로 발매하여 달라고 부탁하였다. 하지만 조선에 갔을 때 탐험대의 경비로 지급받은 금액 전부를 찾고 싶을 경우 서울이나 부산에 주재한 일본의 은행[369]에서 쉽게 교환할 수 있도록 달러 지폐로 받고 싶은 심정이었다.[370]

카르네프는 조선으로 오기 전에 환전을 해야 하는 어려움 때문에 나

---

367) 카르네프 외 4인, 2003, 앞의 책, 13쪽.
368) 홈링거 상사. Holme Ringer & Co. 인천에 지사를 설치하고 홍콩-상하이 은행의 대리점이 되었다.
369) 도쿄 은행, 일본에서 유일한 외국환 전문 은행으로서, 1880년에 설립된 요코하마 쇼킨 은행이 그 전신이다.
370) 카르네프 외 4인, 2003, 앞의 책, 16쪽.

가사키를 경유하여 조선으로 들어오게 되었다. 블라디보스토크에서는 필요한 금액을 일본 돈으로 바꿀 수가 없었고, 그 돈을 부산이나 한양으로 부쳐줄 사람도 없었다. 그 때문에 '홍콩-상하이 은행(香港上海銀行)'과 거래하고 있는 '쿤스트 알베르스' 상사를 통하여 나가사키로 돈을 운송했기 때문에 11월 29일 그들은 블라디보스토크를 떠나 나가사키로 향하였다. 카르네프는 나가사키에 머물면서 조선 여행에 필요한 몇 가지 물건들을 구입하였다. 그리고 카르네프는 수표를 달러 지폐로 환전하고 싶었지만, 은화로 환전할 수 밖에 없었다. 2,000달러어치의 은화는 가지고 다니기에 너무 많았고 환전하는 데도 무리가 따랐다. 하지만 일본의 은행들과 거래하는 홍콩-상하이 은행은 조선 주재 사무소들과는 거래하지 않았기 때문에 결국 일본의 은행을 돌아다니면서 은화로 환전할 수밖에 없었다. 그래서 조선을 여행하는 데 꽤 무거운 돈을 가지고 여행을 하였다.

그들은 12월 7일 이세마루호로 부산을 경유하여 제물포로 가기로 하였다. 그런데 출발하기 전날 청국 및 일본 주재 러시아 군무관인 보가크 (Colonel Vogack) 대령이 메사게리에 마리타임(Messagerie Maritime)함선을 타고 고베로 향하다가 카르네프가 나가사키에 있다는 소식을 듣고 나가사키로 회항하여 왔다. 보가크 대령은 카르네프에게 일본에서 제작한 조선 지도를 건네주었다. 척도는 1인치에 약 4.5베르스타[371]였다. 카르네프는 12월 7일 저녁, 나가사키에서 부산으로 향하여 출발하였다.

---

371) 러시아의 거리 단위. 1베르스타는 1.067킬로미터로 거의 1킬로미터와 비슷하다.

## 2) 조선에서 일본의 상황을 염탐하다

### (1) 대마도, 러시아인의 정착촌을 세우려던 곳

카르네프는 부산항으로 들어오기 전 새벽녘에 대마도 근처를 지나가게 되었다. 카르네프는 그 근처를 지나가면서 그리피스 말을 떠올리며 러시아의 남하정책을 상기하였다.

> 그렇게 배는 몇 시간 동안 계속 나아갔다. 새벽녘이 되자 멀리 연기로 뒤덮인 황금빛 기슭이 보였고, 배 뒤로 좌측 뱃전을 따라 삼림이 우거진 거문도 기슭이 뚜렷이 펼쳐졌다. 그리피스의 말[372])에 따르면, 1859년에 러시아인들이 정착촌을 세우려는 계획을 가지고 이 섬에 와서 임시 병사를 지은 뒤 파종을 하였다고 한다. 그러나 이 계획은 제임스 호프가 지휘하는 영국 소함대가 출현함으로써 제동이 걸리게 되었다. 지금 이 섬은 군사적 항구로서 일본의 파수꾼 역할을 하고 있다.[373]

러시아는 동토에 가까운 북방지역으로부터 원활한 무역과 군사활동을 동시에 수행하려면 겨울에도 얼지 않는 전략적 거점으로서 부동항을 확보하는 것이 필수적이었다. 이러한 자연환경 때문에 해상무역로를 개척하기 위해서 그리고 더 나아가 영토를 확장하기 위해서 하천의 중요

---

372) W.E.그리피스, 『은자의 나라 한국』, 집문당, 1999, 274쪽. 군사 전략적 입장에서 본다면, 대마도는 대한해협의 초소 역할을 하고 있으므로 일본제국으로서는 이 섬이 매우 중요한 가치를 가지고 있다. 오늘날 동해 북단에 한 기다란 섬 사할린(樺太)을 소유하고 있는 러시아는 1859년에 대마도에 발을 붙이려고 시도한 적이 있다. 그들은 이곳에 막사를 세우고 농지에 씨를 뿌린 것으로 보아 이 섬을 영구히 장악하려는 의사를 가졌었음이 분명했다. 때마침 호프 경(Sir James Hope)이 이끄는 영국 함대가 나타남으로써 대마도에 대한 러시아의 야심은 좌절되었다.

373) 카르네프 외 4인, 2003, 앞의 책, 18~19쪽. 이책에서는 각주 13에 이 섬을 거문도라고 해석하여 거문도 사건으로 설명하고 있다. 하지만 1859년 러시아인들이 정착촌을 세우려고 했던 곳은 대마도이다.

유역이나 항구를 장악하는 것이 필수적이었다.

부동항을 획득하기 위한 러시아의 노력은 상-페테르스부르크를 획득하기 위해 스웨덴과 오랜 북방전쟁을, 흑해의 모든 항구를 얻기 위해 남부 터키 민족과의 전쟁을 감내하도록 하였다. 그러나 동방에서의 부동항 개척은 광활한 극동시베리아 대륙만큼이나 견고한 극동지역의 험준한 지형과 중국이라는 거대한 제국과의 전쟁으로 그리 쉽게 얻을 수는 없었다.[374]

러시아가 더 적극적으로 극동지역으로의 남진을 꾀한 것은 19세기 중반 니콜라이 1세 통치기 때였다. 비록 그는 러터전쟁으로 인하여 대외정책의 관심을 남부지역에 집중시켰으나, 1854년 적극적인 동방진출 전략을 추진한 무라비요프(H.H.MypaBBeB)를 동시베리아 총독으로 임명하였다. 그는 '아무르랑 좌안과 하구를 장악하는 자가 시베리아를 지배하게 될 것'이라며 남진을 향한 교통로를 우선적으로 확보하고 그 지역에서 동방진출을 위한 주요 거점을 구축하고자 하였다. 무라비요프는 해상을 통한 청·일과의 통상루트가 그들과의 수교를 통해 이루어지지 않음으로써 개척되지 않자 육로를 통한 남하를 적극적으로 모색하게 되었다. 1856년 청나라와의 통상을 위한 육상루트를 개척하려는 목적으로 니벨스코이(Г.И.Невејıвской) 원정대가 파견되었다. 이들은 오호츠크해를 돌아 아무르강 하구를 거쳐 상류로 항해해 내려옴으로써 육로가 아닌 수상 루트를 따라 네르친스크 조약으로 구획되었던 양국 국경 경계지역, 즉 홍안령과 스타노보이 산맥을 넘어 남하하는 교통로를 개척하였다.[375]

---

374) 심헌용, 2005, 「러시아의 극동진출 전략과 국경을 둘러싼 조·러 양국의 대응-녹둔도를 중심으로-」,『군사』56호, 국방부군사편찬연구소, 73쪽.
375) 심헌용, 2005, 앞의 논문, 75~76쪽.

더욱 동북아 국제정치에 러시아 문제가 현실적으로 등장한 것은 1858년 아이훈 조약(愛琿條約)[376], 그리고 이 조약을 보완한 1859년 톈진 추가조약(天津追加條約) 이후의 일이다. 이들 조약으로 중국은 아무르(Amur) 강 좌안(左岸)을 러시아에 할양하였기 때문이다.[377] 이로써 러시아는 동아시아로 눈을 돌리기 시작하였다. 그리고 그 첫 목표물이 된 것이 일본의 대마도였다. 카르네프는 그리피스의 말을 인용하여 러시아가 1859년부터 대마도에 정착촌을 세우려고 임시 병사를 세우고 파종도 하였다고 하였다.

하지만 이것은 1861년 2월 3일에 일어난 러시아 군함 포사드니크호의 대마도점거사건을 말하는 것으로 추측할 수 있다. 러시아 제국 해군 중위 니콜라이 브릴료프는 군함 포사드니크 호로 대마도에 내항해 와 오사키우라(尾崎浦)에 닻을 내리고 측량을 실시한 뒤 곧장 아소만으로 진입해 들어갔다. 포사드니크호가 오사키우라에 닻을 내리자 당시 대마도를 다스리던 번주 소 요시요리(宗義和)는 개항장도 아닌 곳에 닻을 내리는 것은 불법이라며 물러갈 것을 항의하였다. 하지만 함장 브릴료프는 난파된 배라서 항해가 어렵다며 배를 수리하기 위해 왔을 뿐이라고 회답하면서 수리 공장의 설치 자재나 식료품, 유녀(遊女)도 요구하였다. 3월 4일에는 이모자키에 무단으로 상륙해 병사용 막사를 짓기 시작하여 그 뒤에는 선체 수리 명목으로 공장과 연병장까지 건설하였다.

일본 막부는 러시아 정부에 항의했지만, 아무 소용이 없었다. 이에 일본은 영국에 도움을 요청하였고, 7월 9일 영국공사 러드퍼드 올콕과 영

---

376) 아이훈 조약(愛琿條約)은 1858년 헤이룽장성의 북쪽 아무르강 연안의 아이훈에서 러시아 제국과 청 나라가 맺은 불평등 조약이다.
377) 김용구, 2010, 『거문도와 블라디보스토크』, 서강대학교 출판부, 20쪽.

국 해군 중장 제임스 호프가 영국 함대로 러시아 군함을 물리칠 것을 제안하였다. 이에 7월 23일 영국 동양함대 군함 엔카운터, 린도프 2척이 대마도로 출동해 무력시위에 나서자, 8월 15일 비로소 러시아는 대마도에서 물러났다. 러시아는 부동항의 첫 목표물로 대마도를 점령하여 토지사용권을 확보하려고 노력하였으나 영국의 출현으로 실패하였다.

이로부터 24년 후 영국은 조선도 러시아 손에 넘어갈 가능이 있다고 생각한 나머지 조선의 거문도를 점령한 것이었다. 당시 조선은 갑신정변 이후 청의 내정 간섭이 심해지자, 이를 견제할 목적으로 러시아와의 교류를 추진하였다. 내심 남쪽으로 세력을 넓히고 싶어 했던 러시아는 이에 적극적으로 응했다. 러시아가 1884년 조선과 조약을 맺고 베베르를 조선 공사로 파견하는 등 친밀한 관계를 이어가자, 조선을 눈여겨보던 여러 나라들이 긴장하기 시작했다. 특히 청을 비롯해 세계 여러 곳에서 러시아와 부딪치던 영국은 한반도에서 러시아 세력이 커지는 것에 위기를 느꼈다. 결국 영국은 1885년 조선의 영토인 거문도를 불법으로 점령하였다.

거문도는 전라남도 여수 지역에 있는 섬으로 서남해의 군사적 요충지였다. 영국군은 거문도를 요새화한 뒤 군사 기지를 건설하고 군함과 병력을 주둔시켰다. 이에 조선은 영국의 불법 침략에 강하게 항의했고, 청나라도 영국군의 침탈을 빌미로 러시아와 일본의 군대가 들어올 것을 우려해 중재에 나섰다. 그 결과, 영국군은 러시아가 조선 영토를 점령하지 않는다는 약속을 듣고 1887년 거문도에서 철수하였다.

카르네프는 일본 나가사키에서 부산으로 들어오면서 대한해협에 있는 대마도를 바라보면서 자신의 나라인 러시아가 점령하려고 했지만 결국 영국에 의해서 실패한 아쉬움을 남기며 이 사건을 상기한 것으로 추측된다.

## (2) 국상 중인 동래 관찰사, 명성황후 국상을 상기하다

카르네프는 부산에 내려 미국인 L. F. 스미드, 부산세관장 헌트와 함께 주석윤 동래 관찰사를 찾아갔다. 관찰사는 초량에 거주하면서 동래, 양산, 거창, 울산, 경주, 영일, 창래, 홍계, 온양, 거제, 진주, 대구, 안동, 부산 등 경상도 지역의 14개 고을을 통솔하고 있었다.

관아 앞에 이르자 네 겹 구배의 기와지붕 아래에 붉은 나무 기둥이 좌우측으로 있는 대문이 세워져 있었다. 보통 모든 관청의 건물 문에는 조선의 국장을 나타내는 검은색과 흰색의 꽃들이 빙 둘러져 있고, 그 안은 두 개의 커다란 점으로 채워진 71 ㎝ 크기의 원이 그려져 있다. 그 꽃은 일본의 청사에 꼭 장식되어 있는 국화와 매우 비슷하였다.378)

카르네프는 동래관아의 대문 앞에서 명성황후의 국상을 알 수 있었다. 명성황후 시해 사건은 1895년 10월 8일에 일어난 일이라 12월에도 명성황후 죽음의 슬픔을 느낄 수 있었다. 관아 대문 앞에는 일본식 단추가 다섯 개 달린 짙은 파란색 나사(羅紗)379) 상의와 같은 색 바지를 입은 신식 경찰이 지키고 서 있었다. 경찰은 일본 경찰로서 가죽으로 된 허리 어깨띠에 금속으로 된 칼집의 군도와 탄약통을 착용하고 있었고, 하얀색 테를 두른 군모를 쓰고 있었는데, 군모 한가운데에는 벚꽃 모양의 휘장이 달려 있었다. 관찰사들은 보통 그런 경찰들을 70명 정도 거느리고 있었다.380)

---

378) 카르네프 외 4인, 2003, 앞의 책, 21쪽.
379) 두껍고 쫀쫀한 모직물의 한 가지. 양털 또는 거기에 무명, 명주, 인조, 견사 등을 섞어서 짠 것으로, 양복감으로 많이 씀.
380) 카르네프 외 4인, 2003, 앞의 책, 21쪽.

카르네프는 국장을 상징하는 검은색과 흰색의 꽃들을 보면서 일본의 청사의 국화와 매우 비슷하다고 생각하였고, 또한 관아 대문 앞에서 지키고 있는 일본 경찰을 보면서 조선의 현재 상황이 일본에 의해 지배당하고 있음을 알 수 있었다. 그리고 카르네프는 관찰사 주석윤의 모습에서도 조선의 국상의 모습을 볼 수 있었다.

주석윤 관찰사는 중키의 건장한 남자였다. 그는 호감 가는 인상에 눈동자가 검고 눈썹은 쐐기형이었으며, 수염은 약간 성긴 편이었다. 그는 흰색 비단 도포 차림에 머리에는 정수리를 약간 가리는 누르스름한 두건을 가볍게 눌러쓰고 있었다. 이것은 추악한 일본에 의해 피살된 왕비의 죽음을 애도하는 표시였는데, 당시는 모든 조선인들이 이 두건을 쓰고 있었다. 장례용 두건을 살 수 없을 만큼 형편이 어려운 평민들은 자신들이 쓰는 검은 갓 윗부분에 허연 한지를 풀로 붙여서 쓰고 다녔다.[381]

카르네프는 주석윤 관찰사가 입고 있는 옷, 두건에서 국상의 모습을 보았으며 그것이 왕비의 죽음에 대한 애도의 표시임도 알고 있었다. 명성황후라는 시호는 1897년에 내려졌기 때문에 카르네프는 그냥 그 당시의 명성황후를 왕비로 호칭을 사용하고 있었음을 알 수 있다. 카르네프는 '추악한' 일본인에 의해 명성황후가 죽임을 당했다고 하였다. 여기서 카르네프가 일본인을 추악하다고 규정지음으로써 명성황후를 시해한 행위는 흉악한 짓으로 해서는 안 될 행위임을 말해 주는 것이었다. 그는 조선에서 형편이 어려운 백성들조차도 검은 갓의 윗부분에 흰색 한지를 붙여 명성황후의 죽음을 애도하는 모습에서 국모를 잃은 백성들의 슬픔을 보았다.

---

381) 카르네프 외 4인, 2003, 앞의 책, 22쪽.

## (3) 부산 일본 거류지 시발점은, 임진왜란

카르네프는 부산에 도착해서 일본 거류지를 보면서 '조선과 일본이 혼재된 곳'이라고 생각하였다. 거리에는 일본 회사와 상점들이 들어서 있었다. 그곳에는 일본 미용소, 여관, 일본과 유럽에서 생산된 여러 가지 상품들을 파는 2층짜리 상점들이 쭉 들어서 있었다. 이 상점들에서는 등불, 식기, 부채, 지갑, 일본산 직물, 가위, 칼, 신발 등을 팔았다. 그리고 거리 끝에는 일본 우체국과 전화국이 있었다. 또 거리에는 모자를 쓰지 않고 가벼운 옷을 입고 있는 일본인들이 맨발에 짚신을 신거나 나무 받침대가 달린 게다를 신고 똑똑거리면서 빠른 걸음으로 이리저리 오가는 모습들을 보았다.382) 이렇게 조선인과 일본인이 혼재된 부산에서 카르네프는 임진왜란을 상기하였다.

> 부산은 조선인들과 일본인들 사이에서 혈전의 장소나 마찬가지였다. 1592년 왜군의 장군인 히데요시가 부산을 점령한 뒤 진격을 계속하여 압록강 너머로 조선인들을 내몰았다. 조선인들을 돕기 위하여 중국이 원군을 보냈지만, 그들도 격퇴되었고 결국 중국의 원군 대장은 히데요시와 강화를 맺었다. 히데요시는 중국 황제가 그에게 준 공후 칭호와 명예를 명분 삼아 조선에서 철수하기로 동의하였다. 그러나 1597년 히데요시는 부산을 통하여 조선을 다시 침입하였다. 20만 명의 목숨을 앗아간 5년간383)의 전쟁 후 왜군은 조선에서 철수하였다. 일본인들은 1592년의 침입 때부터 부산에서 정착하여 왔다고 한다.384)

---

382) 카르네프 외 4인, 2003, 앞의 책, 25∼26쪽.
383) 지금은 임진왜란을 1592년부터 1598년까지 7년간 2차에 걸쳐서 일본이 조선에 침입한 전쟁으로 보고 있다. 1차 침입(1592)이 임진년에 일어났으므로 '임진왜란'이라 부르며, 2차 침입(1597)이 정 유년에 있었으므로 '정유재란'이라 한다. 카르네프가 임진왜란을 5년간의 전쟁으로 말하고 있는 것은 오류로 보인다.
384) 카르네프 외 4인, 2003, 앞의 책, 28∼29쪽.

카르네프는 부산은 조선인과 일본인들의 '혈전의 장소'였다고 하였다. 카르네프는 1592년 일어난 임진왜란과 1597년에 일어난 정유재란을 상기하였다. 카르네프는 임진왜란으로 인해 부산에 일본인들이 정착하게 되었다고 생각하였다. 부산의 일본 거류지의 발생을 임진왜란으로 본 것이었다.

카르네프는 왜 부산에 와서 임진왜란을 떠올렸을까? 첫째, 일본 나가사키에서 출발하여 조선에서 제일 처음 맞닿은 곳이 부산이었다. 부산에서 혼재되어 있는 일본의 모습을 보았다. 그리고 일본인에게 암살당한 민비의 국상을 보면서 아직도 조선과 일본 사이에 전쟁과도 같은 긴박한 긴장함을 느꼈다. 카르네프는 부산의 전쟁과도 같은 분위기 속에서 1592년에 부산에 첫 전투가 벌어진 임진왜란을 상기한 것으로 추측할 수 있다.

둘째, 카르네프는 부산에서 12월 13일 오후 1시경에 일본 영사인 가토를 만났다. 가토는 "부산에 있는 일본인 거류지가 점점 늘어나는 일본인 주민들에 비하여 너무 협소하다. 일본인 거류지에는 보병 2중대와 헌병 몇 명이 주둔하고 있었는데, 그들은 대구로 뻗어 있는 전신선을 보호하는 임무를 맡고 있다."[385]라는 이야기를 듣고 일본 세력이 부산에서 확대되어 가고 있는 모습을 보았다. 이렇게 일본 세력이 부산에 정착하게 된 것을 보고 그 원인을 임진왜란에서 찾았던 것이다. 카르네프는 러시아 본국이 여러 가지 이유에서 조선을 점령하고 싶다는 것을 알고 있었다. 하지만 1592년부터 일본이 조선을 침략해 부산에 정착해서 1895년 당시 부산이 일본의 거류지가 된 것을 보고 러시아가 조선을 점령하는 것이 쉽지 않음을 느꼈다.

---

385) 카르네프 외 4인, 2003, 앞의 책, 25쪽.

셋째, 카르네프가 러시아 장교 출신이기 때문에 전쟁에 관해 관심으로 조선과 일본의 전쟁이었던 임진왜란에 대해서 잘 알고 있었기 때문일 것이다. 이렇게 러시아 장교였던 카르네프는 군인답게 전쟁에 대해서 관심으로 부산에서 조선인과 일본인이 혼재된 상황 속에서 약 300년 전의 조선과 일본의 임진왜란을 떠올린 것이다.

### (4) 동래읍성, 임진왜란 공격을 상기하다

카르네프 일행은 12월 15일 오후 2시에 말들에게 짐을 싣고 동래를 향하여 출발하였다. 그들이 길을 떠날 때에 매서운 바람이 몰아치며 싸락눈이 내리기 시작하였다. 카르네프는 동래로 들어가면서 동래읍성을 보았다.

> 동래는 옛 고을로서 1천 년 이상의 역사를 가지고 있었고, 1952년에 왜군들이 부산 다음의 침략지로 선택한 곳이었다. 왜군들은 재빨리 동래 요새를 공격하였기 때문에 그곳에 있던 관찰사는 도망칠 수 없었다고 한다. 고을은 굵은 조약돌로 된 성벽으로 둘러싸여 있었다. 그림같이 아름다운 곳이었다.[386)]

카르네프는 동래로 들어서면서 동래읍성을 본 것이었다. 동래읍성이 처음 축조된 것은 고려 말기에서 조선 초기 사이로 추정되는데, 이곳 동래읍성에서 가장 치열한 전투가 있었던 시기는 1592년 4월 임진왜란 초기였다. 왜군은 1592년 음력 4월 13일 오후 5시 부산 앞바다에 나타나 증산[387)] 아래에 있던 부산진성을 공격했다. 이때 부산진성에서 부산진

---

386) 카르네프 외 4인, 2003, 앞의 책, 37~38쪽.
387) 증산은 지금의 동구 좌천동 금성고등학교 뒷산이며, '부산'이라는 지명이 바로 이 증산에서 비롯되었다고 한다. 지금은 펑퍼짐하고 둥글게 생겼지만 예전에는 가

<그림-22> 동래읍성의 북문
출처: 한국민족문화대백과

첨사 정발 장군이 죽기를 각오하고 왜군과 대항했으나 성은 무너졌다. 부산진성을 함락시킨 왜군은 동래읍성으로 진격해 "싸우려거든 싸우고 그렇지 않으면 우리에게 길을 비켜달라"라고 요구했으나 동래부사 송상현은 "싸워 죽는 것은 쉬우나 길을 빌려주기는 어렵다"며 끝내 항쟁을 계속했다는 유명한 이야기가 전해온다. 그러나 이와 같은 기개에도 불구하고 우세한 화력과 병력으로 무장한 왜군을 물리치기에는 역부족이었던 듯 송상현은 성이 끝내 함락되자 관복을 입고 북쪽을 향해 절을 하고 순국했다. 이후 왜군은 파죽지세로 북진하였다.

카르네프는 동래읍성을 보면서 동래의 오래된 역사와 임진왜란의 격전지였음을 생각하였다. 임진왜란의 현장에서 왜군들에게 포위되어 도망칠 수 없었던 송상현을 떠 올렸던 것이다. 부산에서 대표적인 임진왜란의 전투는 부산진성 전투와 동래읍성 전투이다. 카르네프는 부산항에서 일본 거류지를 보면서 일본 거류지의 시발점으로 임진왜란을 떠올려 그 연장선상에서 동래읍성에서도 임진왜란을 상기한 것으로 추측할 수 있다.

---

마솥 모양처럼 꼭대기가 불룩 솟아오 른 산이었다고 한다. 임진왜란 때 왜군이 산봉우리에 있던 부산진성을 허물고 산등성이를 둥글게만들어 왜성을 쌓은 탓에 모양이 변하게 되어, '증산' 또는 '시루대'라고 부르게 되었다고 한다.

## (5) 동학의 발생지 경주에서, 청일전쟁으로 러일전쟁을 예견하다

카르네프는 경주를 보면서 "또한 이곳은 1859년에 발상한 동학의 요람이기도 하다."[388]라고 하면서 선교사 W.M. 젠킨스의 『코리안 리포지터리』라는 잡지의 글을 인용하였다.

> 동학의 창시자는 현인 최제우이다....<중략>...로마 천주교나 서구의 학문이라는 뜻의 서학(西學)과는 달리 최제우의 종교는 동학(東學), 즉 동방의 학문이라 불렸다....<중략>...다음 해인 1894년 봄에 오랫동안 억눌러 왔던 혁명이 일어났다. 처음에 동학교도들은 모든 것을 파괴하였다. 관군들은 동학교도들을 막아낼 수가 없었다. 동학교도들은 관청을 수중에 넣었고, 관찰사들 중 다수를 지난날 범하였던 악행을 이유로 처형하였다....<중략>...1894년의 동학 난은 청일전쟁을 일으킨 불씨가 되기도 하였다.[389]

카르네프는 『코리안 리포지터리』라는 잡지를 인용하면서 동학의 창시부터 동학의 의식, 동학 농민 운동 등에 대해 서술하였다. 카르네프는 동학 발생지인 경주에 들어서면서 동학 농민 운동을 상기하였다. 동학은 경주 출신인 최제우에 의해서 창시되어 경주를 중심으로 확산되었다. 최제우는 제세구민(濟世救民)의 뜻을 품고 서학(西學; 천주교)에 대립되는 민족 고유의 신앙을 제창하였다. 동학은 '사람이 곧 하늘'이라는 인내천 사상을 바탕으로 양반 중심의 신분 질서를 부정하였다. 그러자 정부는 동학이 세상을 어지럽히고 백성을 속인다고 하여 최제우를 처형하고 동학을 탄압하였다. 최제우의 가르침은 2대 교주 최시형으로 이어졌다. 정부의 탄압으로 최시형은 숨어 다니면서 동학을 전파하였으며,

---

388) 카르네프 외 4인, 2003, 앞의 책, 47쪽.
389) 카르네프 외 4인, 2003, 앞의 책, 47∼51쪽.

그 결과 경주에서 시작한 동학은 경상도 일대와 전라도, 충청도까지 퍼지게 되었다.

1894년 1년간 전개되었던 동학농민운동은 조선 봉건사회의 부정·부패 척결 및 반외세의 기치를 내걸었던 대규모 민중항쟁이었으며, 1892년에서 1893년까지 동학교단의 조직적인 교조신원운동과 1894년 1월 고부 농민봉기를 도화선으로 3월 전라도 무장(茂長)에서 전면적으로 시작되었다. 피지배 계층의 사상적 견해를 반영하고 있던 동학사상과 전국적 조직이던 동학교단을 매개로 광범위한 농민 대중이 참여하였다. 개화파가 주도했던 갑신정변이나 독립협회운동, 재야유생이 주도했던 위정척사운동이나 의병 항쟁 등은 위로부터의 개혁이었으나, 동학농민운동은 피지배 계층을 중심으로 아래로부터 진행된 민중항쟁이었다.

종래 군·현 단위에서 산발적으로 이루어졌던 항쟁을 전국 차원의 항쟁으로, 일시적 투쟁에서 장기 지속적인 항쟁으로 발전해 나갔으며, 조선 후기 빈발했던 농민봉기 단계에서 나타났던 민중의 사회 전반에 걸친 개혁 의지를 발전적으로 계승하여 전국적으로 일어났던 대규모 농민 대중에 의한 혁명이었다. 카르네프는 동학농민운동이 청일전쟁을 일으킨 원인으로 파악하였다. 카르네프는 길을 가는 도중에 일본인들을 만났는데 매우 반갑다고 말하였다. 그 일본인은 기뻐하는 표정이 역력한 채 덥석 절을 하더니, 자기는 여기에서 측량을 하고 있으며 일본인들과 러시아인들은 형제처럼 살고 있다고 하였다. 카르네프는 통역관에게 "우리에게는 나눌 것이 없으니 싸울 이유도 없다."라고 전하라고 하였다.[390] 카르네프는 청일전쟁을 보면서 러일간의 분쟁을 이미 예상하고 미연에 방지하기 위해서 일본인에게 이런 말을 하지 않았을까 추측할 수 있다.

---

390) 카르네프 외 4인, 2003, 앞의 책, 52쪽.

## (6) 청풍에서, 단발령 사건 보다

카르네프 일행은 청풍과 단양에서 군수를 만나지 못했다. 왜냐하면 전국의 모든 군수들이 경찰의 보호를 받기 위하여 관찰사가 있는 충주로 피신을 하였기 때문이었다. 그 이유는 군수들이 서울로 불려가 머리카락이 잘린 채 돌아와서 백성들에게도 상투를 자르라고 명령하였다. 그랬더니, 백성들이 소요를 일으켰던 것이었다.[391] 군수들은 백성들의 소요를 피해 피신을 가고 없었던 것이었다.

조선인들은 상투를 틀기 전에는 머리를 길게 길러 가르마를 타서 우리 러시아의 처녀들처럼 머리를 땋아 늘어뜨렸다. 이 때문에 조선 소년들을 처음 본 사람은 이들을 소녀로 착각하는 일이 흔하다....<중략>...상투는 조선인들에게 성년의 표시였다. 즉, 이것은 조선 남자가 성년이 되었다는 것을 의미하였다. 상투를 틀지 못한 사람은 나이와 상관없이 소년으로 간주되며 성인으로서 존경을 받지 못하였다. 조선 남자들은 실제 8~9세의 소년이라 해도 상투를 틀자마자 법도에 따라 성년이 되며, 상투를 틀지 않고서는 관습적으로 공직에도 오를 수가 없었다....<중략>... 이처럼 조선 남성들의 생활에서 가장 중요하고 신성하며 위대한 것은 모두 상투와 관련되어 있었다....<중략>...그러니 상투를 자르라는 것은 조선인들에게 있어서는 전통에 어긋나는 일일 뿐만 아니라 그들이 경멸하는 스님들과 외견상 비슷해지는 것이 되었다. 더구나 일본인에게 역사적 한을 품고 있던 주민들은 일본이 단발을 강요하여 저들의 관습을 따르도록 강요한다고 여겼다. 왕비가 시해당한 이후 백성들은 일본인들을 매우 증오하고 있었다.[392]

카르네프는 조선의 상투에 대해서 상세하게 잘 알고 있었다. 그는 조선의 남자가 상투를 틀기 전까지의 모습을 러시아 여자들의 모습과 비

---

391) 카르네프 외 4인, 2003, 앞의 책, 68쪽.
392) 카르네프 외 4인, 2003, 앞의 책, 69~71쪽.

숫하다고 하였다. 그리고 그는 상투가 '가장 중요하고 신성하며 위대한
것'으로 표현함으로써 조선의 남자들에게 그것이 얼마나 중요한지 정확
하게 알고 있었다. 조선의 남자들의 머리카락이 강제로 잘렸고, 단속을
피해 숨는 사람도 생겼다. 또 잘린 머리카락을 쥐고 통곡하는 경우도 있
었다. 이러한 조선인의 문화를 없애버리려고 하자 전국 각지에서는 반
발이 심하였다. 특히 최익현(崔益鉉)은 "내 목을 자를 수 있어도 머리카
락은 자를 수 없다(吾頭可斷 髮不可斷)"며 단발령을 적극 반대하였다.
을미사변을 기점으로 깊어져 가던 반일, 반정부 감정이 단발령을 계기
로 폭발하였고, 각지의 유생은 의병을 일으켰다.

　카르네프는 일본이 조선의 문화를 없애버리고 일본화를 하면서 지배
권을 확장하고 있는 상황에서 조선인들의 강력한 저항을 현장에서 목격
한 것이었다. 단발령에 저항하는 조선인들을 보면서 카르네프는 무슨
생각을 하였을까? 러시아도 일본처럼 조선인을 지배할 수 있다고 생각
했을까? 아니면 조선인들의 지배를 힘들다고 생각하였을까? 조선인들
이 일본인들을 매우 증오하면서 자신의 목숨까지 내걸면서 강력히 저항
하는 모습을 보면서 조선인들이 자신들의 문화를 지키고자 하는 의지를
엿보았을 것으로 추측할 수 있다.

### (7) 서울에서 명성황후의 시해사건의 전모를 듣다. 전대미문의 사건

　카르네프 일행은 "우리가 서울에 머무는 동안 일본은 자신들이 저지
른 잔악한 행위에 대해서 아무런 해명도 하지 않았다"[393]고 하였다. 왕
비 시해는 1895년 9월 25일~26일[394] 밤사이 일본인들에 의해서 저질

---

393) 카르네프 외 4인, 2003, 앞의 책, 90쪽.
394) 양력 1895년 10월 7일 밤에서 8일 아침 사이

러졌다. 새벽 세 시에 궁궐은 일본군들에게 포위되었다. 그리고 일본인이 훈련시킨 300여 명의 조선 신식 군인들로 구성된 부대가 서북문과 동북문에 배치되었다. 궁궐이 일본군과 조선 신식 부대의 병사들에 의하여 포위되었다는 소식이 궁궐 안에 전해지자, 고종은 농상공부 대신인 이범진(李範晉)에게 미국과 러시아 공사관으로 가서 도움을 요청하라고 명령하였다.

하인 옷으로 변장한 이범진은 서쪽 성벽을 기어 올라가고 나서야 몰래 궁을 빠져나가기가 불가능하다는 사실을 깨달았다. 왜냐하면 이미 병사들이 포진하고 있었기 때문이었다. 그는 성벽의 동남쪽 구석에 서 있는 탑으로 올라갔다. 이곳에는 두 명의 일본 병사만이 보초를 서고 있었다. 이범진은 그들이 잠시 멀어질 때를 기다려 성벽에서 뛰어내렸다. 그는 다리를 다쳤지만 그래도 뛰기 시작하였다. 그가 미국 공사관 가까이까지 다다랐을 때 궁궐 쪽에서 첫 번째 총성이 울렸다. 이범진은 찢어진 하인 옷 차림으로 러시아 공관으로 달려가서 단숨에 말하기를, "일본인들이 아마도 왕비를 죽이려는 목적인 듯 무장한 채 궁궐로 쳐들어왔으며 이에 고종은 황급히 러시아와 미국 대표들이 도와주러 와주기를 요청하였다."고 하였다.

그러는 동안 궁궐에서는 일본인들이 왕비가 궁녀들 속에 숨어 있다고 생각하고 무방비 상태인 궁녀들을 무자비하게 죽이기 시작하였다. 일본인들은 왕비를 찾기 위해 궁녀들 사이를 뛰어다녔지만, 왕비를 포함한 모든 궁녀들은 한결같이 이곳에는 왕비가 없다고 대답하였다. 그러나 왕비는 더 이상 그러한 상황을 견디지 못하고 복도로 달려 나갔다. 일본인들이 뒤쫓아가 그녀를 잡아 바닥에 넘어뜨리고 그녀의 가슴을 때리고 세 번 짓누른 뒤 마구 때리기 시작하였다. 일본인들은 얼마 후 살해된 왕비를 가까운 숲으로 데려가서 등유를 끼얹은 뒤 불에 태웠다.

카르네프는 일본인들이 명성황후를 살해한 동기를 다음과 같이 말하였다.

> 왕비는 동양의 관점에서 볼 때 교양이 풍부하고 조선뿐만 아니라 동양권의 모든 나라에서 한문에 가장 능통한 인물이라는 평을 받았다. 그녀는 조선이 일본인들의 도움을 받지 않고 유럽식으로 문명화하고 개혁해 나가는 데 찬성하였다. 자기들 뜻대로 조선을 통치하고 싶어 하였던 일본인들의 눈에는, 이 결단성 있고 현명한 왕비가 좋게 보였을 리가 없었을 것이다.[395]

카르네프는 명성황후가 동양권에서 한문에 가장 능통하여 똑똑한 인물로 평가하였다. 따라서 그녀는 조선의 자주적인 힘으로 유럽처럼 문명화하고 개혁하기를 바랐음을 알 수 있다. 카르네프는 일본인들이 조선을 통치하고 싶은 것에 이렇게 현명하고 개혁을 원하는 왕비가 걸림돌이었다는 것이었다. 따라서 명성황후는 일본인들의 손에 시해당했다고 보았다.

> 일본인들은 파렴치하게도 역사상 유례없는 사건을 저질렀다. 평화시에 다른 민족이 자국의 군대나 공사관의 비호 내지 지휘 아래 국왕이 머무는 궁궐 안으로 떼지어 침입하여 왕비를 시해하고 그 시체를 불에 태우는 일련의 잔인한 살인과 폭행을 저지르고도, 만인이 보는 앞에서 벌어진 일을 매우 불손한 태도로 부인한 사건은 이전에도 한 번도 없었던 것이다.[396]

카르네프는 명성황후 시해사건을 일본인들의 '파렴치한 사건'으로 인

---

395) 카르네프 외 4인, 2003, 앞의 책, 90쪽.
396) 카르네프 외 4인, 2003, 앞의 책, 93쪽.

식하였다. 그리고 "이 추악한 살인자들은 도쿄 법정에서 증거 불충분으로 무죄 판결을 받았다."397) 라고 하면서 일본인들을 추악한 살인자로 규정지었다. 그리고 이 사건은 전대미문의 사건이라고 하였다. 러시아 장교 카르네프조차도 한 나라의 국모를 살해하는 일은 유례없는 사건이라고 생각하고 있었으며 일본인의 폭악성과 잔인함을 여실히 나타내 주고 있었다. 또한 일본이 조선을 통치하려는 방법이 강압적이고 부당함을 말해 주고 있는 것이었다.

### (8) 아관파천 현장에서, 고종의 권위가 드높아졌다고 평가

자신의 거처인 궁궐에서조차 포로가 된 고종은 더 이상 안전을 보장받을 수 없는 처지가 되었다. 만일 의병장 이소응이 이끄는 부대가 수도를 점령하였더라면 더욱 고종은 자신의 안전을 보장받을 수가 없었을 것이다. 왕의 주변 인물들 중에는 당연히 있을 보복을 피하기 위해 고종을 죽이려는 자들도 있었는지 모를 일이었다. 그런 상황에 위험을 느낀 고종은 세자와 함께 러시아 공사관에 도움을 청하기로 하였다. 양력 2월 9일 저녁에 의병들이 서울로 입성을 하였을 때 발생할 수 있는 모든 상황에서 공사관과 유럽인들을 보호하기 위해서 러시아에서 파병한 두 명의 장교와 100명의 수병들이 대포를 가지고 서울에 도착하였다. 이에 따라 공사관에는 카르네프와 함께 장교 다섯 명과 카자크인 4명, 수병 135명, 그리고 대포 1대를 보유하게 되었다.398) 카르네프 일행은 고종이 러시아 공사관으로 넘어올 때 러시아의 군대들과 함께 일어날 수 있는 상황에 대비하면서 현장에 있었다.

---

397) 카르네프 외 4인, 2003, 앞의 책, 85쪽.
398) 카르네프 외 4인, 2003, 앞의 책, 99쪽.

2월 11일 오전 7시 30분, 동쪽 담에 있는 러시아 공사관 쪽문 앞에 가마 두 대가 나타났다. 당시 공사관에 머물고 있던 이범진은 이른 아침에 고종이 궁궐을 떠나 러시아 공사관으로 오기로 하였다는 것을 미리 알고 카르네프 일행들에게 그 소식을 전해 주었다. 쪽문은 곧바로 열렸고 공사관 안으로 가마들이 들어옴으로써 아관파천 계획은 성공으로 마무리되었다.

그럼, 어떻게 아관파천의 계획은 성공하였을까? 카르네프는 첫 번째 이유는 조선의 관습 때문에 성공하였다고 생각하였다. 고종과 세자는 가마를 타고 탈출하였는데, 가마 한 대에는 궁녀 한 명과 왕이 타고 있었고, 다른 가마에는 궁녀와 세자가 타고 있었다. 먼저 왕비의 빈전에는 궁녀들이 머무르고 있었는데, 이들은 아침 일찍 가마를 타고 궁궐의 안뜰까지 간 다음 다른 궁녀들과 교대하곤 하였다. 그리고 조선의 관습에 따라 여자들의 가마는 건드리지 않게 되어 있었기 때문에 그날 아침에 고종은 궁녀들이 타는 가마를 타고 궁궐을 빠져나왔다.

두 번째는 왕의 잠자리 습관 때문이라고 생각하였다. 고종은 새벽까지 일하고 매우 늦게 잠자리에 드는 습관이 있어서 보통 정오에 일어났다. 고종의 이런 습관을 잘 알고 있어서 이른 아침에는 그 누구도 고종을 감시하지 않았기 때문에 오전 7시 30분 이른 아침에 이동을 하여 러시아 공사관에 도착하였던 것이다. 카르네프는 물 샐 틈 없는 감시를 받아왔던 고종은 궁녀들과 장교 이기동의 도움을 받아 궁에서 탈출한 것으로 보고 있었다. 세 번째는 아관파천 이 계획은 가마꾼조차도 공사관에 도착해서야 왕이 가마에 타고 있었음을 알았을 정도로 모든 것이 비밀리에 이루어졌기 때문에 성공할 수 있었다는 것이다.

고종은 러시아 공사관에서 K.I.베베르 전 공사가 묵고 있는 건물에 딸린 방 두 개를 제공받았다. 그리고 고종의 위임을 받은 러시아 공사관측은 조선 내의 모든 외국 대표들에게 조선의 국왕이 현 정세가 불안하여 궁궐에 머무는 것이 자신의 생명에 위험하다고 판단하여 세자와 함께 공사관에 피신하기로 결정하였다고 알렸다.

> 이 개혁은 왕의 지지자들을 왕의 곁으로 모두 모이게 한 이범진의 열정과 지도력 덕분에 대신 두 명만 죽었을 뿐 거의 인명 피해 없이 성공적으로 이루어졌다. 왕의 권위는 어느 때보다 드높았다.[399]

카르네프는 이러한 아관파천으로 인한 개혁으로 고종의 권위가 어느 때보다도 드높아졌다고 평가하였다. 하지만 조선의 입장에서 본다면 고종의 안위를 러시아 손에 맡기니 모든 외국 대표들은 러시아 대표들인 K.I.베베르 전 공사와 A.N.슈페이레르 공사에게 축하해 줄 정도로 러시아의 권력이 올라갔음을 알 수 있다. 러시아는 아관파천을 계기로 조선에 압력을 가하여 압록강 연안과 울릉도의 삼림채벌권을 비롯한 경원(慶源), 종성(鐘城)의 광산채굴권, 경원전신선(京元電信線)을 시베리아 전선에 연결하는 권리, 인천 월미도 저탄소 설치권 등 경제적 이권을 차지하였다. 조선의 입장에서는 고종이 신변의 위험을 느껴 다른 나라의 공사관으로 피신을 가서 자신의 안위를 부탁하고 있는 고종을 권위가 높아졌다고 말하는 것은 고종으로 인해 러시아가 조선에서 이권을 추구하는데 유리해졌다고 해석할 수 있을 것이다. 그리고 카르네프는 조선이 러시아 품 안에서 더욱 당당해졌다고 생각하는 듯하다.

---

399) 카르네프 외 4인, 2003, 앞의 책, 100쪽.

## (9) 전주에서 동학농민운동을 듣고...두려움을 느끼다

카르네프 일행은 계룡산 기슭을 따라 전주로 향하였다. 그들은 1896년 3월 17일 전주에 도착하였다. 그들은 전주에서 프랑스인 천주교 선교사인 보두네(Pere X.Baudounet)를 만났다. 카르네프는 보두네를 통해 동학농민운동에 대해서 들었다.

> 전주는 1893년 동학 봉기 때 많은 집들이 파괴되었고, 주민의 수가 3만 5,000명에서 2만 4,000명으로 줄었다고 한다. 동학교도들은 1895년 11월 봉기가 진압된 후 1896년 1월에 다시 궐기하였다. 전주에서 쫓겨난 이들은 나주에서 모였다. 그들은 왕에게 반대하지 않았으며 자신들을 '심판의 병사'라고 불렀으나, 그들의 목적을 명확히 알려진 바가 없었다....<중략>...특히 나주를 경계하라고 하였다. 그곳의 동학교도들은 100여 개의 대포를 갖춘 요새 안에 머물고 있기 때문에 어떤 지휘관도 대포 없이는 요새를 점령하려 하지 않았다. 그러는 사이에 나주에서는 경찰부장이 살해되었고, 권력은 공백 상태에 빠지게 되었다.[400]

동학농민운동은 주로 전라도 일대의 동학도들과 농민들이 1894년 2월 10일 고부군수 조병갑(趙秉甲)의 지나친 가렴주구에 항거하는 광범한 농민층의 분노가 폭발하였다. 농민층은 동학교도 전봉준(全琫準), 손화중(孫化中), 김개남(金開男) 등의 지도하에 무장(茂長)에 남접도소(南接都所)를 비밀리에 설치하고 약 4천 명의 동학 농민군을 편성하여 1894년 4월 25일(음력 3월 20일) 무장에서 봉기하여 먼저 고부 관아를 습격하고 이후 5월 31일(음력 4월 27일) 전주를 점령하였다. 카르네프가 이야기한 1893년은 오류로 보인다. 동학 농민군이 전주 점령 이후 조

---

400) 카르네프 외 4인, 2003, 앞의 책, 120~121쪽.
  위의 글은 러시아력을 사용하였다. 러시아력과 양력은 12일 차이가 난다.

선 정부는 곧 청국에 원병을 청하였다. 청국의 조선 출병은 일본이 조선에 군사력을 투입할 기회를 마련해 준 것이었다. 갑신정변 이후 1885년에 일본과 청은 톈진조약을 맺었다. 그 내용은 "청·일 양국 군대는 동시 철수하고, 동시에 파병한다."는 내용이었다. 이를 구실로 일본은 조선에 청국과 같이 즉시 군사를 파병하였다.

그리하여 이들은 청일전쟁을 일으켰다. 일본군은 7월 29일(음력 6월 27일) 경기도 성환(成歡)에서 청군에 승리했으며, 8월 26일(음력 7월 26일)에는 군사동맹의 일종인 한일공수동맹(朝日攻守同盟)을 늑결하였다. 이것은 조선 정부가 극력 회피하는 것을 일본 측이 강요하여 부득이하게 늑결된 것이었다. 일본군은 이어서 9월 16일(음력 8월 17일) 평양에서 청군을 패전시켜 청국군은 패주해서 압록강을 건넜으므로, 청일전쟁의 전선은 압록강 넘어 형성되었고 조선은 일본군의 지배하에 들어가게 되었다.[401)

일본은 전승의 기세를 타고 조선 정부에 강제적으로 철도·전신 등의 이권을 추구하여 전라도 해안항구 개설을 추진하고 조선 정부로 하여금 일본군에 협력토록 하였다.[402) 전봉준과 동학농민군은 청일전쟁에서 어느 나라가 승리하든지 승리한 나라의 군대가 동학 농민군을 '토벌'하러 남하할 것이라고 예견하였다.[403) 동학 농민군과 전봉준은 부당한 내정간섭의 형태로 제국주의 침략을 감행해 온 일본에 대항하여 투쟁하였다.

9월 중순에 이르자 각처 동학농민군은 항일 구국 전쟁을 위한 재봉기

---

401) 愼鏞廈, 1994, 「抗日民族運動으로서의 第2次 東學農民戰爭」, 『한국독립운동사연구』 Vol.8, 독립기 념관 한국독립운동사연구소, 10쪽.

402) 沈淑姬, 1982, 「東學農民運動에 관한 一研究 : 東學農民軍蜂起의 性格을 中心으로」, 『師大論壇』, 효성여자대학교 사범대학 학도호국단, 106쪽.

403) 愼鏞廈, 1994, 앞의 논문, 10쪽.

를 일으켰다. 카르네프가 말한 "동학교도들은 1895년 11월 봉기"도 연도 오류로 보인다. 이것은 전봉준을 비롯한 동학 농민군이 일제를 몰아내기 위해 재기하는 1894년 9월 12일부터 12월 체포되기 전까지 중 11월 봉기를 이야기하고 있는 듯하다. 전봉준은 1894년 9월 초부터 삼례를 거점으로 하여 동학농민군을 재조직하고 10월에는 서울을 향해 북상을 시작하였다. 이때 동학농민군을 토벌하기 위한 관군과 일본군의 연합군대가 세 길로 나누어 내려오기 시작하자 전국 각 지역에서는 일본군을 몰아내기 위한 동학농민군의 봉기가 잇따랐다. 그리고 동학농민운동은 우금치전투에서 관군과 일본군에게 패배하였다. 이후 1895년 1월 전봉준에 이어 손화중 등 동학농민 지도부 대부분이 체포되고 교수형에 처해지면서 동학농민운동은 실패로 막을 내렸다. 따라서 카르네프가 말한 '1895년 11월 봉기'는 1894년 11월 봉기임을 알 수 있다.

　카르네프는 동학농민운동 이야기를 듣고 이것이 곧 자신들에게 닥칠 위험이라고 생각하였다. 카르네프가 말한 '1896년 1월에 다시 궐기하였다.'라는 것은 1895년 1월 동학농민군들이 해체 후 다시 1896년에 그 지역에 여전히 동학농민이 잔존해 있음을 말해 주고 있는 듯하다. 나주지방에서는 황준삼(黃俊三), 김순여(金順汝), 이경태(李敬泰), 백낙중(白樂中) 동학농민운동군 지도자들은 1894년 전라도 금구에서 동학농민운동에 참여하였다가 피신한 뒤 1896년 봄 재봉기를 모의하였다가 체포되어 같은 해 8월 전라도 전주에서 처형[404]된 사실이 있었다. 이러한 상황으로 보았을 때 카르네프가 나주를 지나려는 시점에 재봉기가 일어났음을 알 수 있다. 그는 '여러 가지 위험성을 각오하고 목포를 볼 수 있는 기

---

404) 김희태, 2022, 「동학농민혁명군의 나주로의 압송과 처형」, 『나주동학농민혁명의 재조명(나주학총서 2집)』, 나주시, 133쪽.

회를 잃지 말아야겠다.'405)라고 생각하고 육군 중위 마히일로프를 부산으로 바로 보내고 자신만 나주를 지나 목포로 가기로 하였다.

### (10) 나주에서 동학농민군을 만나다, 아직 끝나지 않은 동학농민운동

카르네프는 목포로 가는 도중에 나주에서 동학농민군을 만났다. 카르네프는 그들의 목적을 알아내고 싶어서 그들을 방문하고 싶다는 의사를 전달하였다. 카르네프는 소총을 지닌 카자크인 뱌킨과 연발권총을 지닌 통역관을 데리고서 그들이 머무는 커다란 방 안으로 들어갔다. 방에는 벽을 따라 40명이 나열해 서 있었고, 오른쪽 구석에는 독특한 돗자리를 깔고 앉은 그들의 대장이 자신의 보좌관과 함께 있었다.406) 카르네프는 동학교도들을 만나면서 자신들의 안전을 위해 무기를 소지한 채 만났음을 알 수 있다.

카르네프는 동학농민군 대장인 우만경을 만났다. 우만경은 "자신들은 장성출신으로서 나주에 있었으며, 전주에 모여 서울로 가서 왕을 보호하기 위하여 일본인들을 쫓아낼 계획이다."라고 설명하였다. 카르네프는 "그런 중요한 일은 왕의 동의 아래 착수해야 하며, 그렇지 않으면 왕과 국가에 해를 끼칠 수 있다."라고 말하였다. 카르네프는, '동학농민군들은 무기를 가지고 있지 않은 듯하였으나, 열정은 넘쳐나고 있다.'고 생각하였다. 그러나 카르네프는 "그들의 목적을 순수하다고 말하기는 어려웠다."라고 하였다. 그 이유는 당시 그들은 동조자들을 징집하였다는 것을 염두에 두어야407) 한다는 것이었다. 카르네프는 동학농민군이 사람을 모으는 것을 자발적으로 모으는 것이 아니라 강제적으로 모으는

---

405) 카르네프 외 4인, 2003, 앞의 책, 121쪽.
406) 카르네프 외 4인, 2003, 앞의 책, 124쪽.
407) 카르네프 외 4인, 2003, 앞의 책, 125쪽.

징집에 의해 모았다는 것이 자신들의 정치적 영향력을 확대시키기 위한 것으로 보고 있었다.

나주에서 조선인들이 카르네프 일행을 마중 나왔다. 그들은 모두 동학농민들의 모습과는 다르게 삿갓을 쓰고 있어 동학농민군은 아님을 알 수 있었다. 그들은 카르네프에게 "러시아가 곧 일본에게 선전 포고를 할 것 같으냐"라고 물어보았다. 즉 조선인 관리들은 러일전쟁을 예측했는지도 모르겠다. 이에 카르네프는 "러시아는 전쟁 없이 일본인들로 하여금 우리가 바라는 것을 이행하도록 할 것이며, 전쟁의 최후 수단으로 지금은 전쟁을 할 필요성이 없다"라고 대답하였다.[408] 카르네프는 그 당시는 전쟁 없이 일본인들로 하여금 러시아가 바라는 것을 이행하도록 하겠다는 것은 러시아가 일본보다 우위에 있다고 생각하여 일본이 러시아의 말을 들을 것으로 판단하였다. 또한 카르네프는 "조선인들은 내 말을 경청하는 듯이 보였으며 전쟁을 열렬히 갈망하고 있는 표정이었다."[409]라고 하였다. 그는 조선인들이 러시아의 힘을 빌려 무력적으로라도 일본 세력을 물리치기를 바란다고 생각하였던 것 같다. 혹은 카르네프가 전쟁을 해서라도 일본을 물리치고 조선을 정벌하려는 야욕을 조선인에 빗대어 표현하고 있는 것은 아닌가 한다.

그럼, 카르네프는 왜 이렇게 위험을 무릅쓰고 목포로 가려고 했을까? 카르네프 일행은 3월 26일 무안으로 출발하였고, 무안을 거쳐 목포로 갔다.

> 우리가 도착하였을 때 일본인들은 보이지 않았다. 그들은 1896년 1월 30일 김홍집 내각이 무너지자 모두 도망가 버렸다. 이 변혁이 일어나지 않았다면 일본인들은 분명 목

---

408) 카르네프 외 4인, 2003, 앞의 책, 126쪽.
409) 카르네프 외 4인, 2003, 앞의 책, 126쪽.

포의 모든 요새를 장악하였을 것이다....<중략>...그 마을에는 3월 25일에 이곳으로 온 일본 군함이 정박하고 있었다. 이 군함의 부대는 살해당한 일본 어부들을 실어 오고 1896년 1월 30일의 변혁에서 살아남은 이들을 구하기 위하여 해안에 상륙하였다.[410]

카르네프 일행이 목포에 도착했을 때는 일본인들이 보이지 않았다. 그는 1896년 1월 30일 김홍집 내각이 무너지면서 일본인들도 모두 도망갔다고 생각하였다. 만약 이 사건이 일어나지 않았다면 일본인들이 목포를 장악하고 있었을 것이라고 하였다. 카르네프 일행이 무안으로 출발하기 하루 전날까지인 3월 25일까지도 목포에는 일본 군함이 정박해 있었다. 이 군함은 조선에서 살아남은 일본인들을 구하려 온 군함이었다. 1896년 일본군에 의해 동학농민운동이 패배한 시점에 러시아인 카르네프는 일본군의 상황을 동학농민운동 격전지에서 직접 눈으로 살펴보려고 했던 것이다. 카르네프가 동학의 혁명지인 전라도까지 와서 일본과 동학농민군의 실제상황은 파악하고 일본군의 현황을 파악하기 위함으로 볼 수 있다.

두 번째 이유는 목포항의 측량이었다. 러시아 장교들의 목적은 항구를 탐색하러 온 것이기 때문이었다. 카르네프는 4월 21일 마산포에서 육군 중위 미하일로프가 보내온 소식을 듣게 되는데, 카르네프는 "그는 우리의 뒤를 이어 정찰하기 위하여 마산포로 상륙 부대를 파견할 것인데, 목적은 측량이며,……"[411]라고 하였다. 이것으로 알 수 있듯이 그들은 항구마다 직접 찾아가서 측량을 하고 있었음을 알 수 있었다. 그들의 마지막 최종 목적지는 부산항이었고, 그곳에서도 부산항 측량은 했으리라

---

410) 카르네프 외 4인, 2003, 앞의 책, 130~131쪽.
411) 카르네프 외 4인, 2003, 앞의 책, 145쪽.

추측할 수 있다.

카르네프는 육국 중위 미하일로프가 전주에서 떠난 지 4~5일째 되는 날에 동학교도들의 공격을 받아서 카자크인과 함께 둘이서 전주로 돌아갔다는 소식을 들었다.[412] 또한 카르네프가 하동을 지날 때는 "우리는 이곳에서 대나무 삿갓을 쓰고 점화식 소총을 가진 40명의 조선인들을 만났는데, 소문에 의하면 이들은 관헌들이 진입한 고양(=광양)에서 도망쳐 나온 동학교도들이 확실하다."[413]라고 하였다. 동학농민운동이 1895년 1월 전봉준에 이어 손화중 등 동학농민 지도부들이 대부분 체포되고 교수형에 처해지면서 막을 내렸으나, 1896년 3월경에도 전라도 지역에는 아직도 동학농민군들이 잔존하고 있음을 카르네프 일행은 몸소 체험하고 있었다.

카르네프는 러시아의 장교였기 때문에 조선을 여행하면서 부산 앞바다에서 임진왜란의 부산진전투와 동래전투를 상기하였다. 왜 카르네프는 부산에서 조선 시대에 일본이 침략한 임진왜란을 상기한 것일까? 러시아는 부동항을 얻으려는 일념하에 크림 전쟁(1854~56)에서 오스만 제국, 프랑스, 영국, 사르데냐 연합군과 전쟁에서 패전한 이래로 침략 방향을 동아시아로 돌렸다. 그들이 물색하던 대상은 다름 아닌 일본, 조선 및 청의 연안 지역이었다. 러시아는 이미 1860년 베이징 조약으로 흑룡강 북안의 땅과 우수리강 이동의 연해주 지방을 차지하고 블라디보스토크에 항구를 건설함으로써 동아시아 진출에 활기를 더하게 되었을 뿐아니라 조선과는 육로로 국경을 맞대게 되었다.[414]

---

412) 카르네프 외 4인, 2003, 앞의 책, 131쪽.
413) 카르네프 외 4인, 2003, 앞의 책, 137쪽.
414) 김종원·이양자, 2009, 『조선후기 대외관계 연구』, 한울, 201쪽.

카르네프의 일행은 러시아 정부가 대한제국 수립 전에 1895년에서 1896년에 이르기까지 조선을 연구 조사하기 위해 파견된 사람들이었다. 따라서 그들은 조선의 지리, 군사, 정치, 경제, 사회, 문화에 대한 전반적인 연구 조사를 하였다. 러시아는 1859년 일본 대마도에 러시아인들이 정착촌을 세우려는 계획에 실패하자 조선을 지배하고자 하였던 것이다. 이에 카르네프 일행은 부산으로 들어오면서 약 300년 전에 일어난 임진왜란을 상기하면서 일본이 그 당시에 7년 동안 2차례나 침략을 하면서 왜 조선을 점령하지 못했는지를 분석하였을 것으로 추측할 수 있다. 일본이 조선과 치른 임진왜란, 정유왜란을 분석함으로써 타산지석의 마음으로 자신의 본국 러시아에 이익을 주고자 하였을 것으로 추측된다.

### 3) 조선의 역사와 풍습에서...

### (1) 부산항, 탐나는 항구

카르네프는 부산에 와서 부산항을 세밀하게 탐사하고 파악하기 시작하였다. 카르네프는 부산만은 지형적으로 "바람을 피할 수 있는 안전한 부두"415)라고 하였다. 카르네프는 부산만은 영도를 기점으로 두 부분으로 나누어져 있음을 보았다. 그리고 이 섬의 북쪽 기슭은 대륙과 매우 가까웠을 뿐만 아니라, 이곳에는 두 만을 이으면 평균 깊이가 약 5.3m에서 7.5m 정도 되는 좁은 해협이 형성되어 있음을 탐사하였다. 섬에서 북쪽과 동북쪽에 있는 만은 매우 깊었고, 특히 대륙에 위치한 항구 등대의 조준선에서 남서쪽으로 모든 함선들이 정박할 수 있는 여건이 형성되어 있었다416)고 파악하였다. 그리고 그는 부산만의 전체 수면 면적은 9평

---

415) 카르네프 외 4인, 2003, 앞의 책, 31쪽.

방 베르스타 정도였으며, 그중 1/3인 3평방 베르스타 내의 수역은 모든 함선들이 부두로 사용할 수 있는 곳[417]으로 생각하였다.

또한 부산만은 낙동강 하구에서 12km 거리에 위치하고 있다. 그래서 카르네프는 낙동강은 조선에서 가장 큰 강으로 배가 오갈 수 있는 곳인데, 흘수[418]가 4피트인 배들은 하구에서 100여 km까지 통행할 수 있었고, 흘수가 크고 작은 증기선들은 낙동강 하구에서 상주까지 220km 안쪽까지 통행할 수 있다[419]고 판단하였다. 카르네프는 부산항에 무역품을 하역하여 조선의 유통경로까지 파악하고 있음을 볼 수 있다.

그리고 카르네프는 해안을 따라 마산포까지 항해하거나 낙동강을 항해하는 범선들의 크기와 돛대수까지 조사하였다. 가장 큰 배의 길이가 50피트, 넓이 18피트, 흘수 9피트에 마스터가 두 개였으며, 가격은 약 400달러 정도였다. 이 배에는 총무게가 1만 400푸드[420]인 쌀 1,600가마[421]까지 실을 수 있었다. 중간 크기의 범선으로는 쌀 1,000가마나 6,500푸드를 운반할 수 있고, 작은 범선은 가격이 약 150달러로, 길이 29피트, 넓이 12피트, 흘수 5피트 크기의 배로 쌀 600자루 즉 약 3,900푸드를 실어 나를 수 있음[422]을 파악하였다.

카르네프는 부산항을 지리적으로 분석하였다. 부산항은 만은 깊고, 모든 함선들이 정박할 수 있는 여건이 형성되어 있는 곳이며, 정박 면적도 전체 수면 면적의 1/3을 차지하고 있음을 알 수 있었다. 또한 부산만

---

416) 카르네프 외 4인, 2003, 앞의 책, 31쪽.
417) 카르네프 외 4인, 2003, 앞의 책, 31~32쪽.
418) 吃水, 물에 뜬 배의 선체가 물에 잠기는 깊이.
419) 카르네프 외 4인, 2003, 『앞의 책, 33쪽.
420) 1푸드는 0.148가마.
421) 가마당 6,5푸드.
422) 카르네프 외 4인, 2003, 앞의 책, 33~34쪽.

에서 조선 전국으로 유통될 수 있는 경로도 파악하였고, 심지어 얼마의 양을 이동시킬 수 있는지에 대해서도 자세히 분석하였다.

또한 카르네프는 부산세관 보고서를 분석하여 무역액과 수입품, 수출품도 분석하였다. 부산항이 대외 무역을 위하여 공식적으로 개방된 것은 1883년 이후였는데, 이때부터 세관 보고서가 작성된 것이었다. 세관 보고서 분석에 따르면, 1895년의 수입품은 1893년에 비해 두 배로 늘었고, 그 액수는 164만 6,479달러에 이르고 있었다, 세관 수입을 보면 1894년에는 3만 7,772달러였던 것이 1895년에는 16만 4,535달러까지 늘어났다[423]는 사실을 파악하였다. 1년 사이에 약 4.3배 정도 증가되었음을 알 수 있었던 것이다.

그리고 수입된 상품을 분석하였다. 가장 많이 수입된 것은 일본 상품이었고, 그다음이 독일산, 영국산 순서였다. 품목은 100여 개 이상의 다양한 제품으로 구성되어 있었는데, 그중 1위를 차지한 것은 회색 세틴 50만 달러, 일본산 직물 17만 9,000달러, 목면포와 모슬린 7만 5,000달러, 등유(러시아산보다 미국산이 16배) 7만 3,000달러, 비단 5만 2,000달러, 소금 5만 달러, 일제 성냥 3만 1,000달러였다.[424]

수출액은 86만 805달러였다. 주요 수출 품목은 가죽 34만 3,000달러, 면직물 27만 3,000달러, 대두 20만 3,000달러, 쌀 20만 1,000달러, 생선(절인 것 포함) 10만 7,000달러, 종이 6만 6,000달러, 해초 2만 4,000달러였다[425]고 파악하였다.

그 외에 부산을 통해서 들어온 수입 상품의 총액은 63만 2,704달러였

---

423) 카르네프 외 4인, 2003, 앞의 책, 29~30쪽.
424) 카르네프 외 4인, 2003, 앞의 책, 30쪽.
425) 카르네프 외 4인, 2003, 앞의 책, 30쪽.

고, 수출액도 52만 9,002달러에 이르러 1895년의 부산항의 총거래는 366만 8,990달러를 기록하고 있었다. 결론적으로 부산의 총무역량은 1893년과 비교하였을 때 53할 이상 증가한 셈이다.[426] 카르네프는 부산 세관 보고서에서 수입품, 수출품에 관한 액수와 물품을 아주 자세히 분석하였다. 1895년도에 수입 상품의 총액이 수출의 총액보다 103,702달러 더 많음을 알 수 있다. 그리고 부산항의 총무역량은 1895년에는 2년 전보다 530% 이상 증가됨을 보이고 있었다.

이렇게 카르네프는 부산항에 대해서 지리학 조사와 무역액과 무역 물품에 대한 전반적인 조사를 통해 부산항의 가치를 측정하고 있었다. 카르네프는 "부산은 좋은 지리적 조건을 갖추었으며 조선 동남 지역의 젖줄인 낙동강의 하구와 가깝고 일본과도 가깝기 때문에 무역이나 전략적 측면에서 매우 중요한 의미를 띠고 있었다."[427]라고 평가하였다. 러시아의 입장에서는 부동항을 가지는 것이 파레시아였기 때문에 카르네프도 조선의 부산항을 여러모로 관심을 가지고 세밀히 관찰하고 있음을 볼 수 있다. 카르네프의 이러한 부산항의 조사를 통하여 조선과의 무역거래가 이익이 있음을 파악하였다. 또한 부산항은 무역적으로나 전략적으로나 여러 가지 측면에서 가지고 싶은 항구가 되었을 것으로 추측할 수 있다.

### (2) 경주 고분군, 전근대 왕조의 야만성을 느끼다

카르네프 일행은 12월 16일 탐험대를 둘로 나누어 여행하기로 하였다. 육군 중위 마하일로프는 카자크인 즈베레프와 자이체프, 통역관 푼코프와 함께 말 여섯 마리를 거느리고 거창, 우산[428], 각현을 넘어 해안

---

426) 카르네프 외 4인, 2003, 앞의 책, 31쪽.
427) 카르네프 외 4인, 2003, 앞의 책, 34쪽.

선을 따라갔고, 카르네프는 양산, 외양, 공주(=경주)를 거쳐 영일에서 다시 만나기로 하였다[429]. 카르네프는 12월 18일 경주에 도착하였다. 카르네프는 경주로 들어서자 거대한 고분들이 눈에 들어왔을 것이다. 지금도 경주 시내를 멀리서 바라볼 때 가장 눈에 띄는 것은 집들 사이로 우뚝우뚝 솟아 있는 거대한 고분들이다.

> 경주 근교에는 나무들로 둘러싸인 커다란 고분들이 있어 우리의 관심을 끌었다. 이 고분은 약 2,000년 전에 만들어졌다고 한다. 아주 오랜 옛날에 노인의 나이가 일흔 살이 되면 이곳에 산 채로 매장하였다고 한다. 우리가 보았던 무덤 열기 안에는 분명 불쌍한 사람들이 적잖이 매장되었으리라.[430]

경주의 고분들이 평지에 자리 잡고 있는 것은 당시의 다른 지역들에 견주어 보아도 특이한 점이다. 경주 남산의 북쪽에서부터 국립경주박물관 자리와 반월성을 거쳐 황오동, 황남동, 노동동, 노서동으로 이어지는 평지에는 고분들이 집중적으로 모여 있다. 그 가운데 약 3만 8,000평의 평지에 23기의 능이 솟아 있는 황남동의 대릉원은 고분군의 규모로는 경주에서 가장 큰 것이다. 카르네프는 무덤 10개를 보았고, 그것에 대한 전설도 들었다. 그는 2,000년 전에 만들어졌던 거대한 고분들을 보면서 시간과 공간을 초월한 신비감이 느껴졌을지도 모르겠다. 카르네프는 이러한 경주의 고분군을 보면서 산 채로 매장된 사람에 대한 불쌍한 감정을 느끼는 동시에 전근대 왕조의 야만성을 빗대어 말하고 있음을 알 수 있다.

---

428) 동래 근처에 솟아 있는 '휴산(休山)'을 지칭하는 듯하다.
429) 카르네프 외 4인, 2003, 앞의 책, 43쪽.
430) 카르네프 외 4인, 2003, 앞의 책, 46쪽.

## (3) 경주 첨성대, 보초를 서는 탑

카르네프는 고분을 둘러보고 뒤쪽으로 자리 잡은 첨성대를 보았다.

> 그 뒤쪽으로는 길에서 1.5베르스타 정도 떨어진 곳에 큰 돌기둥이 서 있었다. 이
> 것은 경주가 신라왕조의 수도였던 옛날 옛적에 보초를 서는 탑으로 이용되
> 었다고 한다.[431]

카르네프가 이야기한 고분으로부터 1.5㎞ 떨어진 곳의 큰 돌기둥은 지금의 첨성대로 파악된다. 첨성대는 현재 경상북도 경주시 계림의 북쪽 약 200m 지점에 위치하고 있다. 경주 첨성대의 기록은 일연의 『삼국유사』기이(紀異)편 <선덕왕 지기삼사(善德王 知幾三事)>조의 끝부분에 처음 나타났다. "別記云,'是王代鍊石築瞻星臺'별기(別記)에 이르기를 이 왕대(王代)에 돌을 다듬어 첨성대(瞻星臺)를 쌓았다고 한다."라고 기록되어 있다. 첨성대의 용도에 대해서는 첨성대라고 하는 문자적 의미로 '별을 바라보기(첨성: 瞻星)'에서 별을 보는 천문 관측 시설로 이야기되고 있다. 이것은 나라의 중대사를 결정하거나 길흉을 점치는 위한 일환으로서 별이 나타내는 현상을 관찰하기 때문이다.

그러나 첨성대는 약 9.17m에 이르는 높이에 총 27단으로 이루어져 있다. 첨성대 안으로 들어가는 곳은 중간의 네모난 문밖에 없는데, 문이 너무 작아서 한 사람이 겨우 들어갈 수 있을 정도이다. 게다가 문까지 가려면 밖에 사다리를 걸치고 올라가야 한다. 그리고 천문대라고 하기에는 높이가 너무 낮고, 맨 꼭대기는 한두 사람이 올라서서 편안한 자세로 작업할 수 있는 공간이 사실상 없다는 점에서 첨성대는 천문대가 아니라는

---

431) 카르네프 외 4인, 2003, 앞의 책, 46쪽.

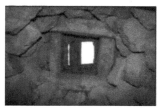

<그림-23> 첨성대 개구부 전체 형상　　　<그림-24> 첨성대 내부 모습

출처:김정환, 2016,「첨성대의 축조형식에 따른 구조모형화 및 구조해석 방안」, 청주대학교
　　석사학위논문, 9~10쪽.

말이 끊임없이 나오고 있다. 카르네프는 경주에서 첨성대의 용도에 대해
"보초를 서는 탑으로 이용되었다고 한다."라고 들었다고 하였다. 경주에
서 첨성대를 별을 관찰하는 천문대가 아니라 적군이 쳐들어오는지를 감
시하는 감시초소로 이용하고 있었음을 알 수 있다. 즉 첨성대는 적군이
쳐들어오는지 감시하기 위해 밤에 보초를 서다 보니 하늘을 별을 바라보
는 일 뿐 할 일이 없었던 것이다. 그래서 밤새도록 별을 바라보며 관찰하
고 탐구하게 되어 이것이 천문대로 와전되었을 것으로 추측할 수 있다.

### (4) 폐쇄된 기기창 무기 공장에서, 청나라가 조선의 개화정책을 방해하다

　카르네프는 서울을 떠나기 전에 궁궐의 동벽 너머에 위치한 공장을
방문하였다. 이것은 바로 1887년 서울특별시 종로구 삼청동에 설립된
최초의 근대 무기제조공장인 기기창을 말한다. 조선 정부는 1881년 김
윤식을 영선사로 하여 중국 천진 기기국에 38명을 파견하였다. 이들은
그곳에서 화약 탄약 제조법뿐만 아니라, 여기에 관련된 전기, 화학, 제도
(製圖), 제련(製鍊), 기계학 등은 물론 외국어까지 배우게 되었다. 이들은
이듬해 임오군란이 발생하여 귀국하게 되었는데, 이때 기증받은 많은

과학기술 서적과 신식 기계들을 가지고 들어왔다. 종사관 김명균(金明均)이 데려온 천진 공장(工匠) 4명과 함께 삼청동 북창(北倉)에 최초의 기기창을 세웠다.

> 이 공장의 한 건물에는 레밍톤 소총의 닌시나산과 천공(穿孔)과 탄약통을 만드는 작업대 24개가 설치되어 있었다. 온수 발동기의 도움을 받아하는 일이었지만, 압력계와 전도 벨트 4개가 부족하여 작업대에서는 일을 하지 못하고 있는 모습을 보았다. 다른 건물에는 고장 난 대장간 난로만 설치되어 있을 뿐 텅 비어 있는 모습이었다. 세 번째 건물에는 매우 큰 전기 발전기 윌런가가 있었는데 작업실을 운영하던 미국인은 도망가 버렸다고 하였다. 서울에 머무르던 일본인들은 1894년 7월에 전선을 끊어 감아 놓은 실과 회전자를 쓰지 못하도록 해 놓았다. 한마디로 말해서 모든 것을 망가뜨렸던 것이다.[432]

1894년 7월 23일 일본은 청나라와의 전쟁을 일으키기에 앞서 군대를 서울에 진주시키고 경복궁을 점령하여 한국군의 무장 해제를 단행하였다. 아울러 궁성 안에 있는 무기고를 손안에 넣고 닥치는 대로 무기를 반출하여 갔다고 하는데, 이때 탈취당한 무기는 대포 30문, 기관포 5문, 모젤 레밍톤 알루식 소총(小銃) 24정, 기타 무수한 화승총, 활과 화살 등이었다고 한다.[433] 그리고 일본인들은 7월에 전선을 끊고 하고 회전자를 쓰지 못하게 하는 등 기기창을 못 쓰게 만들어 놓은 것이다. 왜, 일본은 청일전쟁에 앞서 기기창부터 무력하게 못 쓰게 만든 이유는 무엇일까? 기기창은 청나라로부터 전수받은 기술로 만들어진 것이니, 청나라의 소유물부터 제거함으로써 청나라의 조선에 대한 간섭을 배제시키겠

---

432) 카르네프 외 4인, 2003, 앞의 책, 106쪽.
433) 김정기, 1978, 「1880년대 기기국·기기창의 설치」, 『한국학보』 4권 1호, 일지사, 113~114쪽.

다는 의지를 보여준 행위라고 할 수 있겠다.

1883년 음력 5월 23일 기기국이 창설된 지 만 4년 5개월 후 1887년 10월 29일에야 무기 생산 공장인 기기창이 만들어졌다. 그럼, 왜 이렇게 기기창이 만들어지기까지 많은 시간이 걸린 것일까? 첫째는 갑신정변이 1882년 초부터 조선 정부에 의해 추진해 왔던 소규모 병기공장 설치가 늦어지는 것을 강요하는 결정적인 계기가 되었다. 1882년부터 갑신정변 때까지는 청의 권고와 원조하에 계획대로 추진되어 운영 기관인 기기국이 신설되고, 병기 생산 공장 기기창이 건립되어 갔으나, 갑신정변 이후 한 명의 기술자 파견도 없이 모든 권고와 원조 그리고 알선마저 중지되었다. 청의 이해관계와 직결된 조선 전보국의 신설(1885)에는 청의 정부가 10만 냥 차관을 제공하였다.[434] 청나라는 갑신정변으로 조선에서 일본의 세력이 약해진 틈을 타서 조선의 내정간섭을 강화하기 시작하였다. 청나라는 갑신정변의 여파로 언제 확산될지 모르는 대내적인 개화정책에 강력한 탄압책으로 기기창의 설립을 지연시켰던 것이었다. 미국차관 도입도 청나라의 간여로 실패하고 말았다. 청나라와 일본의 불안정한 세력 속에서 조선이 추진하였던 개화정책은 청에 의해 붕괴되었음을 반증한 것이었다.

둘째, 조선 정부의 군비증강책은 갑신정변 이후 소규모 병기 공장의 신속한 설립보다는 외국으로부터의 무기수입에 더 의존하였다. 1883년과 1884년에 인천으로 진출한 독일인의 세창양행과 미국인 월터 데이비스 타운센드(Walter Davis Townsend)가 대표적인 무기수입상들이었다. 이외에도 1883년 제물포에 자리 잡은 영국 이화양행(Messer, Jerdine, Matheson & Co.)과 일본 요코하마(橫濱)에 주재한 프레이자상

---

434) 김정기, 1978, 앞의 논문, 113쪽.

사(Frazar&Co.)도 조선 정부의 무기 구입에 직접 간여하였다. 그럼, 왜 병기공장을 신속히 건립하지 않고 무기수입으로 정책을 바꾼 것일까? 단위당 소총 수입가가 소총 제조비보다 저렴하리라는 추측이다. 소총, 탄환, 화약의 원료인 동(銅), 철(鐵), 납(鉛) 등 기타 화학 약품마저 해외 수입에 의존했던 것은 소총 제조의 비용 상승에 주요한 원인이 된다. 총알까지도 해외 수입에 의존하였던 것이다. 이렇게 되면 병기 공장의 건립과 동시에 공장과 관련된 광산도 균형 있게 개발되어야 했기[435) 때문에 조선으로서는 불가능하였던 것이다.

<그림-25> 카틀링 기관총(Gatling gun)
출처: 나무위키

카르네프는 기기창 세 번째 건물 맞은편의 목조 헛간에서 카틀링 기관총 10점과 7.5㎝의 강철로 된 무기 그루퍼 6개가 모두 망가진 채 버려져 있는[436) 모습을 보았다. 폐쇄된 기기창을 보면서 "남의 나라 일이었지만 그렇게 스산하게 망가진 모습으로 나뒹구는 것을 보니 마음이 아팠다."라고 하였다. 이것은 청나라가 조선이 개화정책을 방해하고 있는 모습에서 안타까움을 느꼈던 것이다. 카르네프가 본 기기창은 완전히 청나라의 속셈과 일본의 야만성으로 약속국가가 당하는 동정심과 청과 일본에 대한 격멸의 감정이 중첩이 되어 있다고 볼 수 있다.

---

435) 김정기, 1978, 앞의 논문, 113쪽.
436) 카르네프 외 4인, 2003, 앞의 책, 106쪽.

## (5) 공주에서 장례풍속을 보다, 점쟁이라는 특별한 직업이 생겨났다

카르네프는 공주에서 배를 타고 금강을 건넜다. 강을 건너는 데는 10여 분 정도 걸렸다. 강 건너 기슭에는 요새가 있었다.

> 굵은 나뭇가지가 무성한 숲 근처의 절벽 아래에 이르렀을 때 우리는 짚으로 싼 물체들이 나무에 매달려 있는 광경을 보게 되었다. 이것은 남자아이들의 시신이라고 하였다. 고을에 가까워지면서 절벽 아래에 짚더미로 덮어 놓은 어른들의 시체가 몇 구 보였다 좀 더 가자 길 가까운 곳에 짚더미 바깥으로 죽은 사람의 발이 나와 있는 모습도 눈에 띄었다. 시체 위에 덮어 놓은 짚더미가 흘러내려 시신의 무릎이 나와 있었던 것이다. 그러나 주민들은 자신들의 집에서 64~85미터 밖에 떨어져 있지 않은 곳에 시체가 놓여 있어도 그 어떤 관심조차 보이지 않았다. 보통 사람이 죽으며 몇 달이 지나서야 시체를 매장한다고 하였다.[437]

카르네프는 마을로 들어오면서 나무에 매달려 있는 시신을 보았다. 그리고 길가에 버려진 사람들의 시체도 보았다. 그 시체들은 짚으로 덮여 있었다. 그러나 마을 주민들은 그 시체에 어떤 관심을 보이지 않고 있음을 알았다. 왜 그들은 시체를 이렇게 짚으로 덮어서 길가에 방치해 두고 몇 달이 지나서야 매장을 하였을까?

부유한 사람들은 시체를 매장하기 전에 점토를 발라 만든 특별한 방, 즉 묘에 옮겨 놓으며 고인의 자손들이 이곳에 고인의 초상화를 놓고 매일 평소와 같이 밥상을 차려 가져다 놓았다. 이러한 일은 1년간 계속되었는데 1년이 지나면 묘 앞에 초를 켜 놓고 이 초를 밤새 태웠다. 그런 다음 밥상을 차려 가져다 놓는 일을 중단하고 초상화를 태웠다. 가난한 백성들은 매장하기 전 짚으로 만든 돗자리에 시체를 싸서 집에서 가까

---

437) 카르네프 외 4인, 2003, 앞의 책, 110쪽.

운 곳에 종종 들 근처에 놓아두는데 어떤 때에는 개들이 시체를 뜯어먹기도 하였다. 그들은 묏자리를 잘 선택하기 위해서 점쟁이를 찾아갔다.438) 이렇게 점쟁이를 찾아가는 이유를 카르네프는 다음과 같이 이야기하였다.

　　살아 있는 사람들의 행복과 고인의 명복을 위해서 적당한 묘지를 찾아야 한다는 미신이 있었기 때문이었다. 묏자리를 잘못 선택하는 경우에는 많은 경비를 들여 고인의 뼈를 파내어서 다른 곳으로 옮겨 묻어야만 하였다. 이런 미신 덕분에 조선에는 수천 명의 점쟁이들이 존재하고 있으며, 점쟁이라는 특별한 직업이 생겨났던 것이다.439)

조선인들이 묏자리를 중요시 생각하는 이유는 '살아 있는 사람들의 행복과 고인의 명복'을 위해서였다. 그래서 사람이 죽어도 바로 장례를 치르지 않고 길바닥에 버려둔 채 몇 개월을 동안 좋은 묏자리를 찾아다녔던 것이다. 이 좋은 묏자리를 찾는데 점쟁이들의 조언이 필요하였던 것이다. 좋은 묏자리를 찾지 않으면 많은 경비를 들여 다시 이장을 해야 했기 때문에 점쟁이들의 조언은 필수적이었다. 이러한 점쟁이들은 묏자리만 정해 주는 것이 아니라, 묘의 깊이도 정해 주었다. 카르네프는 이러한 미신 덕분에 조선에 특별한 직업인 점쟁이가 생겨났고 그 수는 수천 명이 이른다고 보았다.

---

438) 카르네프 외 4인, 2003, 앞의 책, 110쪽.
439) 카르네프 외 4인, 2003, 앞의 책, 110~111쪽.

## 4) 육군 중령 베벨리의 조선 북부지방 여행과 오리엔탈리즘

### (1) 조선으로

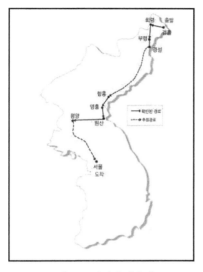

<그림-26> 베벨의 여행 경로
출처: 카르네프 외 4인, 2003, 『러시아 장교
조선 여행기 내가 본 조선, 조선인』, 가야넷,
286쪽.

육군 중령 베벨리는 1889년 여름에 조선을 여행하였다. 베벨리는 5월 18일부터 7월 9일[440]까지 53일간 러시아 국경을 통해 조선으로 넘어와 서울까지 말을 타고 여행을 하였다. 그는 조선에 관한 정보가 터무니없이 부족하고 단편적이었기 때문에 러시아 국경 쪽에서 조선으로 들어오기가 힘들었다. 러시아는 여타 서양 국가들과는 달리 조선과 국경을 접하고 있었기 때문에 해상 무역뿐만 아니라 육로 무역에 관한 규정이 있어야 육로로 자유로운 통행이 가능하였다. 하지만 1884년 조러수호통상조약을 맺을 당시에도 러시아는 육로무역에 관한 규정을 추가로 조약에 명문화해야 한다고 요구하였다. 하지만 청국정부는 러시아의 이러한 요구를 반대하였고, 조선 정부 역시 육로통상에 관한 규정을 조약에 포함시킬 수 없다고 거부하였다.

하지만 러시아는 상선이 없었기 때문에 1884년 조선과 통상조약을 맺은 뒤 두만강 유역의 국경무역에 상당한 위협을 받게 되어 육로통상

---

440) 러시아력이다.

조약이 필요하였다. 러시아는 조선에 대한 러시아의 군사적, 전략적 접근이나 청의 조선에 대한 종주권 행사를 반대하지 않는다는 기본방침 아래 영국 등의 우려를 불식함으로써 1888년 8월 20일에 조러육로통상조약(朝露陸路通商條約)을 체결하였다. 따라서 러시아 국경 관청이 처음으로 제시한 자유로운 조선 여행이 가능하게 되었다. 따라서 베벨리는 그들이 확보한 여행 자유권을 이용하는 것과 또한 타결된 조약들을 실제로 확인해 보기 위해서 이 여행을 기획하였다.

개항기 서양인들의 대부분은 조선에 들어올 때 자국에서 일본 나가사키에 정박하였다가 부산으로 들어오던지, 아니면 중국에 머물다가 인천으로 들어오는 경로를 택하였다. 하지만 러시아인의 경우는 조선과 국경을 맞대고 있기 때문에 굳이 일본이나 중국을 경유할 필요가 없었다. 그리하여 러시아인들은 조선에 들어올 때 직접 국경을 거쳐 육로를 통하는 방법을 택했다. 베벨리는 육로 경로를 선택한 이유가 "나는 처음으로 조선을 공식 방문하는 러시아 관리로서 국경에서 가장 가까운 고을의 행정관청과 교섭하는 것이 이로우리라"441)고 하였다. 베벨리는 육로를 통해 조선으로 들어온 첫 관리가 된 것이었다. 베벨리는 동쪽 지류가 더 짧고 십중팔구 더 편할 터이지만 서쪽 길을 택하기로 하였다. 경흥에서 시작하는 서쪽 지류를 경성까지 행영, 회령, 부령 고을을 지나가는데 행영과 회령에서 만족스러운 합의에 이르렀고, 이는 이후에 조선을 여행할 때 좋은 영향을 미쳤다. 러시아는 중앙정부 차원이 아닌 지방관아 차원에서의 외교실무를 하는 것을 알 수 있었다.

베벨리의 여행 경로는 국경인 경흥으로 들어와서 동해안을 따라 함흥을 거쳐 원산에 도착한 이후 굉장히 독특한 경로를 선택했다. 베벨리는

441) 카르네프 외 4인, 2003, 앞의 책, 289쪽.

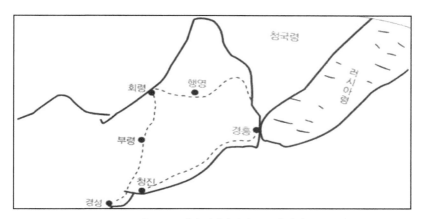

<그림-27> 조선과 러시아의 육로 국경 지대

출처: 카르네프 외 4인, 2003, 『러시아 장교 조선 여행기 내가 본 조선,조선인』, 가야넷, 158쪽.

바로 서울로 향하지 않고 백두대간(즉 관서지방과 관북지방을 가로지르는 태백산맥)을 넘어 평양을 방문한 다음 서울로 향했다. 즉, 국경→함흥→원산→평양→서울 도착이었다. 베벨리는 왜 군이 원산에 서울로 곧장 오는 길을 택하지 않고, 평양을 거쳐 우회하는 길을 택한 것일까? 그것은 원산에서 서울로 곧장 오는 길은 1884년에 다데슈칼리안 공후와 1886년 델로케비치가 이미 지나간 바가 있었기 때문에 베벨리는 아직 시도하지 않았던 평양을 거쳐 우회하는 길을 택했던 것이다. 또한 그는 "그 길은 주민수가 많고 부유한 지방인 평안도의 중심을 지나 이어졌으며, 중국과 한반도의 관계에서 오래전부터 중요한 의미를 지니고 있는 큰길로 이어져"442)있었기 때문이라는 것이었다. 조선인들은 중국에 가기 위해 서울에서 평양을 거쳐 신의주로 가는 길을 이용하였다. 이 길로 무역도 하고 사신도 오가던 길이었다. 따라서 베벨리는 중국과 조선의 무역로를 확인하고 싶었는지도 모르겠다.

---

442) 카르네프 외 4인, 2003, 앞의 책, 298쪽.

## 5) 조러육로통상조약로 인한 무역품 찾기

### (1) 경흥에서, 소 무역품

1889년 아무르 연해 지방의 총독 코르프 남작이 베벨리를 조선에 파견하였다. 베벨리는 "나를 조선과 청국으로 보내어 당면한 아무르 연해주의 정치적 문제와 국경 무역 문제에 대하여 서울과 북경 주재 공사들과 협의하도록"[443]하였다는 것이었다. 베벨리 일행은 통역관과 제2우수리 기병대 소속의 병사 두 명과 짐 실은 말 두 마리를 포함하여 전부 여섯 마리의 말들을 준비하였다. 말들은 노보키에프에서 구입하였다. 그들은 짐 실은 말에게 부담을 덜 주기 위해서 조선산 역마 세 마리도 빌렸다. 그들은 경흥 아래쪽으로 1.5㎞ 떨어진 지점에서 전복되기 쉬운 소형 보트를 타고 두만강을 건넜고, 말들은 짐과 안장을 싣고 강을 걸어서 건너게 하였다. 그들이 건너야 할 강의 폭은 약 320m였다.[444] 따라서 베벨리는 조약체결로 인해 이루어지게 된 무역 관계에 대해서 관심을 가지고 1889년 여름에 조선을 여행하였다. 베벨리의 일행은 5월 18일 러시아 국경에서 육로 국경인 경흥으로 들어왔다.

> 러시아는 1860년에 북경에서 체결된 조약(베이징조약)에 따라 극동 지역에서 조선과 새로운 우방이 되었다. 이 새로운 우방과는 이로부터 24년이 지나고 나서야 직접적인 외교 관계를 맺게 되었다...<중략>...한편으로는 남우수리 지역에 주둔하는 부대에서 조선산 소를 구입해야 할 필요성과, 다른 한편으로는 우리 지역으로 망명한 조선인들로 인하여 오래 전부터, 즉 1863년부터 현재까지 국경을 넘나드는 관계가 지속되어 왔다는 것, 그리고 국경의 길이가 총 15베르스타밖에 되지 않는데 비추어 볼 때 양국 간의 교류는 꽤 깊다고 할 수 있었다.[445]

---

443) 카르네프 외 4인, 2003, 앞의 책, 288쪽.
444) 카르네프 외 4인, 2003, 앞의 책, 290쪽.

1860년 러시아는 청과 베이징 조약을 체결하여 연해주를 획득하면서 두만강을 경계로 조선과 국경을 접하게 되었다. 베벨리는 이렇게 국경이 육로로 접하게 되면서 조선을 우방국으로 생각하였던 것 같다. 하지만 러시아를 비롯하여 서양 국가들과 교섭을 하지 않고 있던 조선은 러시아와 공식적인 교섭은 없었다. 그런데 1870년대 후반 청의 이홍장(李鴻章)은 조선정부에게 러시아의 침략성을 경계해야 한다고 충고했고, 1880년 일본에 제2차 수신사로 파견되었던 김홍집은 주일 청국 공사관 참찬관 황준헌으로부터『조선책략』을 받아왔는데, 그 책의 내용에서도 역시 러시아의 침략성을 경계해야 한다는 것이었다. 하지만 조선은 러시아와 조약을 먼저 체결한 것이 아니라 1882년 5월 미국과 조미수호통상조약을 체결하였다. 그다음 1883년 11월 영국과 독일이 차례로 조선과 수호통상조약을 체결하자 1884년 초 러시아 역시 조선과 조약을 체결하기 위한 협상을 시작하였다.

이 협상을 맡은 천진 주재 러시아 공사 베베르(Karl lvanovich Wäber)는 조선에 외국인 고문으로 파견된 묄렌도르프의 도움을 받아 체결에 성공하였다. 러시아는 육로 무역 규정을 명문화한 조약을 체결하고자 하였으나 조선이 거부하자 일단 육로 통상 조약은 연기시키기로 하고 영국, 독일이 체결한 조약과 동일 내용으로 1860년 베이징 조약 이후 24년 만에 1884년 7월 7일 조러수호통상조약을 체결하였다.

베벨리는 1888년 조러육로통상조약이 꼭 필요하다는 것을 언급하였 있다. 그 이유는 남우수리 지역에 주둔하는 부대에서 조선산 소를 구입해야 할 필요성과 러시아 지역으로 망명하는 조선인이 1863년부터 국경을 넘나들었기에 때문이라는 것이었다. 또한 국경의 길이가 15㎞[446])되

---

445) 카르네프 외 4인, 2003, 앞의 책, 287쪽.

지 않아 양국 간의 교류는 오랜 시간 지속되었기 때문이라는 것이었다.

베벨리는 "조선산 소"의 매매에 관심을 보였다. 그는 "이 계곡에 있는 소는 약 400마리였지만 고르게 분포되어 있는 것은 아니었다. 가구들은 대부분 소를 소유하고 있지 않았으며, 들일을 할 때에는 다른 사람에게서 소를 빌리곤 하였다. 몇몇 사람들만이 서너 마리의 소를 소유하고 있었다. 한 가구당 소유하고 있는 소는 평균 1.14마리였다."[447]라고 자세히 조사하였다. 또한 러시아와 육로 국경을 맞대고 있던 경흥 지방의 소의 현황에 큰 관심을 보였다. "경부(=경흥)에서는 그 수치가 이보다 훨씬 더 낮았다. 8,000 가호에 1,200마리로 한 가구당 0.15마리였다."[448]라고 하였다. 경흥의 소의 대부분은 러시아 남우수리 지방에서 팔리고 있었다.

베벨리는 함경북도에서 남쪽으로 내려가면서 소들의 상태를 조사하였다. 그는 남쪽으로 내려갈수록 소들의 상태가 좋다는 것을 알았다. 서쪽에 있는 평안도 지방과 그 이남 지역에서는 몸집과 힘이 놀랄 만큼 좋은 황소들을 만났다. 그는 소의 무게가 18푸드(=약 2.7가마)까지 나갈 것으로 예상하였다. 그는 조선인들이 소를 매우 정성껏 보살폈다고 하였다. 왜냐하면 소들은 조선인들의 생활에서 매우 중요한 역할을 하고 있었기 때문이었다.

그리고 조선인들은 우유를 먹지 않기 때문에 송아지들이 매우 튼튼하게 자랄 수 있었기[449] 때문에 소들이 몸집도 크고 힘이 세다고 생각하였

---

446) 베벨리는 15베르스타라고 표기하고 있다. 베르스타는 러시아의 거리 단위
    인데, 1베르스타는 1.067 ㎞로, 거의 1㎞와 비슷하다.
447) 카르네프 외 4인, 2003, 앞의 책, 307쪽.
448) 카르네프 외 4인, 2003, 앞의 책, 307쪽.
449) 카르네프 외 4인, 2003, 앞의 책 310~311쪽.

다. 그리고 그가 "조선의 소"를 눈여겨본 이유가 러시아까지의 이동 때문이었다. 이제 조러육로장정으로 육로로 이동이 가능했기 때문에 조선의 도로 사정상 이용이 가능한 것은 말보다는 소였던 것이었다. 특히 조선의 함경북도 지역은 돌이 너무 많아 노면의 상태가 좋지 못했기 때문에 말들의 편차의 제철들이 돌로 인해 마모가 쉽게 되어 걸을 수 없었던 것이었다. 하지만 소들은 편차의 제철을 사용하지 않고 걸었고 양쪽에 5푸드(=약 0.7가마)씩 총 10푸드의 짐을 싣고도 그다지 힘들이지 않고 산이나 절벽을 빠르게 넘을 수 있었다.

그리고 그는 사람이 소를 타고 가는 광경도 보았고, 다리가 긴 소들은 걷은 속도가 매우 빨랐다[450]고 하였다. 베벨리는 함경북도의 교통로에 소가 가장 적당하다고 생각하였고, 소에 다른 무역품 즉, 수수나 귀리 같은 농작물도 함께 가져갈 수 있으니 무역품으로 소가 적당하고 생각하였다.

또한 베벨리는 "이른바 대북 군사 대로라 불리는 길은 본국의 국경에서 두 갈래로 갈라져 경상(=경성)에서 가까운 140베르스타 지점에서 다시 합쳐졌다. 동쪽 지류는 T자 기둥 모양의 원류에서 시작되어 해안에서 가까운 곳에 진로를 잡고 있었는데, 이곳은 남우수리 지방으로 가축 떼를 몰고 가는 데 중요한 대로로 이용되었다."[451]라고 하였다. 베벨리는 조선산 소가 러시아 우수리로 가는 경로까지 파악하고 있었던 것이다.

베벨리는 조선인들이 러시아 국경과 가까운 가슈케비치 만에 새로운 무역 기지를 건설하게 되었음을 크게 부각시키고 있었다.

---

450) 카르네프 외 4인, 2003, 앞의 책, 311쪽.
451) 카르네프 외 4인, 2003, 앞의 책, 289쪽.

육로무역을 위한 지역으로 정해진 곳은 전에 하구에서 20베르스타 거리에 있던 곳이었으며, 그곳은 이미 오래전에 하구에서 35베르스타가 떨어진 청국 국경의 맞은편에 있던 그경부(＝경흥)로 이전되었다. 그 때문에 그곳은 우리와의 육로 무역 지역이 될 수가 없었다.[452]

러시아에서 말하는 육로 무역을 위한 지역은 바로 경부(＝경흥)였다. 하지만 두만강 하구에서 20리까지는 조·러 국경이지만, 그 20리 이내의 지역은 청국의 영토라는 것이었다. <그림-28>에서 보면 경흥부의 위치가 조선 초기부터 원래 (A) 지점에 위치하고 있었다. 하지만 1834년 2월 두만강의 침식현상으로 북쪽 30리의 무이진(撫夷鎭) (B) 관아(府衙)가 옮겨져서 무이진으로 바뀌었다가 1860년 2월에 다시 경흥부로 환원되었다.(A) 그 뒤 1871년 2월 또 침식현상으로 관아가 무이진으로 이전하여(B) 다시 무이진으로 된 후 이름이 고읍(古邑)으로 바뀌었다.[453] 그래서 경흥은 오래전에 청국 국경 맞은편 즉 (B)로 이전을 한 관계로 러시아와 육로 무역이 될 수 없었다.

그런데 베벨리는 "현재 조선의 조정은 때때로 옛 이름인 경흥이라고 불리는 그 경부(＝경흥)를 새로운 장소인 가슈케비치 만으로 옮기려고

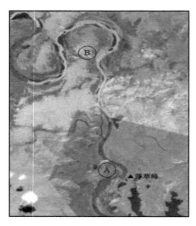

<그림-28> 경흥부의 위치
출처: 한동훈, 2010,
「조러육로통상장정(1888)체결과정 연구」,
고려대학교 석사학위논문, 29쪽.

---

452) 카르네프 외 4인, 2003, 앞의 책, 326쪽.
453) 한동훈, 2010, 「조러육로통상장정(1888)체결과정 연구」, 고려대학교 석사학위논문, 29쪽.

하고 있다."라고 하였다. 조선도 조러육로통상장정이 체결되자 조선인들이 러시아 국경과 가장 가까운 가슈케비치 만의 북쪽에 새로운 무역 지역을 개설하였다. 그곳에서는 청국의 땅을 거치지 않고 러시아와 직접 무역을 할 수 있었다. 경흥의 이전 문제는 러시아 쪽에서도 희망하는 바였기 때문에 기꺼이 진행되었다.[454]

### (2) 함경북부 지역에서, 농작물 무역품 찾기

베벨리는 조선 땅을 첫걸음을 내디뎌 서울까지 여행을 하는 동안 조선인의 굶주린 모습을 보게 되었다. 조선의 땅값은 비쌌다. 그는 '만일 흙으로 된 지붕에서 파종된 수수가 자라고 있는 것을 직접 보지 못하였다면, 그리고 이런 지붕의 종가에서 들려오는 굶주린 여인네들의 통곡소리와 아이들의 외침소리를 직접 듣지 못하였다면 이 모든 것들을 믿기 어려웠을 것이다.'[455]라고 하였다. 조선인들은 조그마한 땅이라도 있으면 식량을 얻기 위하여 애썼다. 하물며 땅값이 비쌌기 때문에 흙으로 된 지붕을 경작지로 이용하여 식량을 구하고 있는 모습을 보았다.

> 조선인들이 땅에서 식량을 얻기 위하여 기울이는 노력은 실로 대단하였다. 그들은 쟁기질을 하기 위하여 전답을 미리 손보는 과정에서는 우선 많은 잔돌들을 골라내어 작은 더미로 쌓아두는데, 멀리서 이것을 보면 6~10제샤치나 간격의 흰점으로 보였다. 이 잔돌들은 길가 곳곳에 끝없는 담을 이루면서 쌓여 있었다.[456]

---

454) 카르네프 외 4인, 2003, 앞의 책, 326쪽.
455) 카르네프 외 4인, 2003, 앞의 책, 308쪽.
456) 카르네프 외 4인, 2003, 앞의 책, 309쪽.

베벨리가 여행하였던 지역은 조선의 북부 지역이었다. 조선의 북부 지역은 좁은 계곡과 농사를 짓기에 그리 좋은 조건이 아니었다. 함흥과 평안도의 남쪽을 제외하고는 거칠고 척박하고 돌이 많았다. 따라서 조선인들이 농사를 지을 땅이 부족하였고, 조그마한 땅이라도 있으면 농사를 지을 수 있게 개간하여 식량을 생산하려고 하였다. 또한 그는, '열 명으로 구성되는 한 가구당 3~4제샤치나 밖에 안 되는 매우 빈약한 경작지가 분배되어 있다는 것은 주민이 밀집되어 있다.'[457]고 하였다.

> 수수가 풍작일 경우에는 러시아의 토지 단위인 제샤치나[458]당 40푸드(= 약 6가마)가 좀 넘는 하루갈이당 12푸드(=약 1.8가마)였다. 수확량에 따라 다소 다르긴 하였지만, 해마다 8,000~1만 2,000푸드(=약 1,184~1,776가마)씩 남 우수리로 보내지는 귀리는 북쪽 지방에서 경작되었다.[459]

이렇게 척박한 땅에서 수수와 귀리가 경작되고 있었다. 수수는 흙으로 된 지붕에서도 자라고 있었기 때문에 흙만 있으면 잘 자라는 식물이었다. 그리고 귀리 또한 1년에 1,184~1,777가마가 러시아 남우수리로 판매되고 있음을 조사하였다. 그럼, 함경북부의 거칠고 척박하고 돌이 많아 농사를 지을 땅이 부족한 곳에서 수수와 귀리 등의 곡식류가 러시아로 판매가 될 만큼 수확량을 얻을 수 있었던 이유는 무엇이었을까?

첫째, 길을 제외한 모든 곳이 경작지였다. 그리고 그는 백성들이 바다, 강 다른 곳에서보다 땅에서 가장 많은 식량을 얻고 있다는 사실을 알았다. 그는 "전혀 과장 없이 말할 수 있는 것은 조선 땅에서 첫걸음을 내

---

457) 카르네프 외 4인, 2003, 앞의 책, 307쪽.
458) 옛날 러시아의 토지 면적 단위, 1,092헥타르(1헥타르는 1만㎡).
459) 카르네프 외 4인, 2003, 앞의 책, 308쪽.

디뎌 서울까지 1,020베르스타의 거리를 가는 동안 길은 내내 전답 사이로 나 있었다는 점이다."460)라고 하였다. 조선인들은 경작이 가능하고 생각되는 토지는 끊임없이 모두 개간하여 경작하였다. 계곡도 마찬가지였고, 45도로 경사진 험준한 절벽까지도 경작하였다.

둘째, 토지의 관리로 비옥한 토양을 가지고 있었다는 것이다. 베벨리는 외견상 토양이 밝은 회색빛의 밤색을 띠고 있어 토지 관리가 잘 되고 있어 토양이 비옥하다는 사실도 알 수 있었다.461) 함경북도 전 국토가 길을 제외한 모든 곳이 경작지로 활용하고 있었고, 그리고 토지 관리도 잘 되어 토양도 비옥하여 수수와 귀리가 수확량이 많다는 사실을 알 수 있었다.

셋째, 윤작법이었다. 베벨리는 조선인들이 수수-콩, 수수-보리 등으로 알려져 있는 윤작법을 지키면서 해마다 같은 전답에 파종하고 있다는 사실도 알았다. 그래서 그는 한 전답에서 여러 곡류들이 동시에 파종되는 것을 쉽게 볼 수 있었다. 경작은 수수 다음에 콩, 그리고 다시 수수 등의 순으로 이루어져 있었다. 그리고 그는 조선인들에게서 "쌀은 두 번 연이어 파종한 다음 한 해는 땅을 쉬게 해야 하지만, 토지가 부족하기 때문에 땅을 쉬게 하는 대신 수수를 심는다"462)는 이야기도 들었다. 그래서 수수의 수확량이 많다는 사실도 알았다.

넷째, 잡초 제거였다. 함경북도 지방에는 풀이 자랄 만한 곳도 없었다. 만일 긴요하게 쓰여야 할 땅에서 풀이 자라는 경우 이것은 곡식에 해롭기 때문에 모두 뽑아버렸다. 따라서 목초지도 드물었다. 따라서 말들

---

460) 카르네프 외 4인, 2003, 앞의 책, 308쪽.
461) 카르네프 외 4인, 2003, 앞의 책, 308쪽.
462) 카르네프 외 4인, 2003, 앞의 책, 309쪽.

에게 풀 한 포기조차 먹일 곳이 없었다. 따라서 이 지역에 사람들은 가축을 기를 수도 없었다. 그는 "러시아 농부들이라면 이런 토양에 곡식을 뿌린다는 것은 아예 생각지도 못하였을 것이다."[463]라고 하면서 조선인들의 척박한 땅 개간 능력의 우수성을 말하고 있었으며, 수확량을 늘리고 있는 방법도 상세히 조사하였음을 알 수 있다.

또한 함경북도 이외에 돌이 없는 행복한 땅 함흥과 평안도의 남쪽, 즉 반도의 서쪽 지역의 토지에서는 목면, 담배 농장들도 있음을 조사하였다. 남쪽으로 이동하면서 귀리 재배 지역이 끝나고 보리가 재배되기 시작함을 알았다. 이렇게 베벨리는 러시아에서 육로로 조선으로 넘어오면서 함경북도 지방의 농작물을 자세히 조사하였다. 왜, 함경북도 농작물을 조사한 것일까? 함경북도는 러시아와 가장 가까이 인접한 지역이므로 이곳의 농작물을 운송하는 것이 이익이 되기 때문에 다른 지역보다 함경북도 농작물을 자세하고 철저하게 조사하여 러시아의 무역품으로 생각하였던 것이다.

### (3) 함경북도에서, 광산채권굴 획득을 위한 사전 답사

베벨리는 경성, 명천, 길주 부근에 광대하고 질 좋은 석탄층들이 있다는 사실을 알고 있었다. 그는 주민들과 조선의 조정에서 그 사실을 잘 알고 있다고 하였다. 이 탄층에서 확실히 이익을 얻을 수 있음을 간파한 조선의 조정은 이 탄층을 채취하기 위하여 자금을 찾고 있었다. 그는 조선 조정은 만일 어느 외국 자본가가 위험을 무릅쓰고 자신의 자본으로 탄층을 채취하겠다고 나서면 기꺼이 그에게 개발권을 양도할 것으로 추측

---

463) 카르네프 외 4인, 2003, 앞의 책, 309쪽.

하였다.464) 베벨리는 조선의 광산에 관심을 보이며 자신이 생각한 것들이 사실인지를 파악하기 위하여 사전 답사를 온 것이었다. 또한 그는 "경성 지역의 석탄층은 유명하였는데, 해안에서 가까운 곳에 위치해 있다는 이점도 있었다."465)라고 하면서 아주 긍정적으로 광산채굴권을 획득하기를 기대하였다.

> 1889년 여름에 블라디보스토크의 행상청에 석탄을 제공하기로 한 조선에서 관리를 파견해 왔다. 돈이 몹시 필요했던 조선의 조정은 현재 외국 기업들이 제안할 수 있는 모든 특혜 조건에 동의하려는 듯하였다. 조선의 조정은 자기 자본금으로 탄층을 개발하기에는 아직은 돈이 모자랐고 실력도 모자랐다. 본국의 국경에서 15베르스타 거리에 있는 아오지 마을 근처에서는 석탄이 노천에서 채취되고 있었고 길에서도 눈에 띄었다. 주민들은 부족한 나무 연료 대신 큰 도움이 되는 이 연료를 사용하는 법을 알고 있었다.466)

베벨리는 1889년 여름에 조선이 러시아 블라디보스토크의 행상청에 석탄을 제공하기로 하였다는 것이었다. 그리고 조선 정부는 광산의 탄층을 개발할 자금과 기술력을 보유하지 못해 외국 기업의 모든 특혜 조건들을 동의하려고 한다는 것이었다. 그는 "532베르스타 거리에 있는 마지막 채광장들에는 매우 광범위한 일거리가 제공되고 있었는데, 함흥 관찰사가 독점 판매권을 가지고 있었고, 석탄과 유사한 금광의 경영은 5년 전 조정의 허가가 내려져 외국 기업도 허가를 받을 수 있었다."467)라고 하면서 금광 경영에 외국인 기업도 참여할 수 있음을 말하면서 러시

---

464) 카르네프 외 4인, 2003, 앞의 책, 321쪽.
465) 카르네프 외 4인, 2003, 앞의 책, 321쪽.
466) 카르네프 외 4인, 2003, 앞의 책, 321~322쪽.
467) 카르네프 외 4인, 2003, 앞의 책, 322쪽.

아도 참여하고 싶은 속내를 내비치고 있었다.

　그리고 베벨리는 석탄 이외에도 구리, 철, 은광석, 대리석, 수정 등의 천연자원에 대한 조사도 함께 하였다. 구리는 해안의 여러 지역들, 특히 도로와 가까운 곳에서 가공되었다고 하였다. 그리고 조선인들의 일상생활에 매우 유용하게 쓰이는 놋그릇은 원산에서 12베르스타 거리에 있는 용둔 고을에서 생산되었다고 하였다. 또한 그는 철은 길주 지역에서 생산되었으며 질이 좋았다고 하였다. 그러나 철을 정련(精鍊)하는 기술이 매우 서툴렀고, 이런 철로는 농기구를 만들었다는 것이었다. 은광석은 해안가의 많은 지역에서 생산되는 것으로 알려져 있었는데, 단천의 은광석이 가장 좋다고 하였다. 각양각색의 대리석 또한 주민들에게 알려져 있었지만, 대리석장은 이용되지 않고 있었다고 하였다. 그리고 수정은 단천에서 많이 났다고 하였다.468)

　베벨리는 함경북도에 매장되어 있는 천연자원에 대한 조사를 하였다. 각각의 천연자원들이 생산이 많이 되는 곳과 질 좋은 제품인지까지 파악하고 있었다. 또한 생산되는 장소를 파악하여 운송의 이점을 파악하기도 하였다. 베벨리는 "고립되어 있는 나라를 일으켜 세울 수 있는 유일한 가능성은 땅속에 묻혀 있는 다양한 천연자원을 채취하고 가공하는 것과 관계 있다는 법칙을 완전히 인식한 조선의 조정은 현재 조심스럽게 이 광물들을 수익성 높고 정당하게 채취할 방법을 모색하고 있다."469) 고 하면서 광산채굴권 획득의 속내를 비추고 있었다.

---

468) 카르네프 외 4인, 2003, 앞의 책, 322~323쪽.
469) 카르네프 외 4인, 2003, 앞의 책, 323쪽.

## (4) 함흥에서 만세교를 보며, 대북 군사로를 무역로로 이용

<그림-29> 성천강(城川江)을 가로지르는 함흥
만세교
출처: 『朝鮮風俗風景寫眞帖』(朝鮮風俗硏究會,1920),
서울역사아카이브.

베벨리는 우기 때 수압으로 휩쓸려 내려가는 부실한 조선의 다리를 보았다. 아직 다리를 건설할 수 있는 기술도 없었고, 또한 산에 나무가 없었기 때문에 값이 매우 비싼 작은 통나무로 다리를 만들 수도 없는 조선의 현실을 마주하였다. 그런데 1년 중 여름을 제외한 다른 계절에는 어디에서나 도보로 강을 건널 수 있었고, 또한 보행자들이 더욱 편리하도록 강에 임시 가교를 세우기도 하였다. 다리를 놓는 방법은, 우선 짚을 엮어 깐 다음 그곳에 흙을 얇게 뿌렸다. 그러나 작은 통나무로 만든 다리들은 보기가 어려웠다. 산에는 나무가 없었고 또한 통나무는 값이 매우 비쌌기 때문이었다. 베벨리는 함흥에 있는 당천강(＝성천강) 다리에 대해서 언급하였다.

　　이 다리는 만세교라 불리는데, 매우 투박한 구조로 이루어졌고, 말뚝에 의존하고 있었다. 그러나 매우 견고하였고 난간은 없었으며 길이 650보, 폭 2사젠 크기의 통나무로 만들어져 있었다. 조선인들은 이 다리의 아름다움과 장엄함을 노래한 시를 자랑스럽게 읊기도 하였다.[470]

---

470) 카르네프 외 4인, 2003, 앞의 책, 296쪽.

베벨리는 성천강의 다리가 '대북 군사로'471)라고 하였다. 그는 이 대로를 길이라고 부르려면 처음부터 끝까지 건설하여 다듬어야 한다고 강조하였다. 그는 "교통로가 그 나라의 문화 수준을 나타내 준다는 것은 의심할 여지가 없다. 이 나라의 문화 수준 역시 교통로로 정확히 판단할 수 있었다."472)라고 하였다. 그는 "조선은 문명국에 있게 마련인 교통기관과 편한 길을 찾는다는 것은 매우 이상한 그런 곳이었다."고 기록하였다. 또한 조선의 자연 자체가 여행하는데 결코 유리한 조건을 갖춘 것이 아니라는 점과 도로를 건설하자면 막대한 지식과 자금과 노동력이 필요할 것이라고 하였다.

베벨리는 조선의 다리에 대해서 "조선의 다리 구조는 매우 단순하여 외관상 특별히 평가할 만한 것이 못 되었다."473)고 하였다. 왜냐하면 우기 때에는 대부분의 다리들이 수압을 견디지 못하기 때문에 사람들은 다리의 원자재를 보호하기 위하여 고의로 부수거나 파괴하였기 때문이고 때로는 나그네들에게 강을 건너는 뱃삯을 받기 위하여 일부러 다리를 파괴하는 일도 있었기 때문이었다. 또한 그는 말에 편자를 꼼꼼히 박았고, 예비로 제철을 24개를 빌렸다. 하지만 원산에서 48개의 제철을 사용하여 35일간 600베르스타 거리를 여행하는 동안 말발굽이 모두 망가졌다고 하였다. 이것은 노면의 상태가 좋지 못했기 때문이었다. 베벨리가 쓴 일지의 한 부분을 인용해 보면 "와! 성천강이다. 도중에 많은 어려움이 있었다. 산, 돌 그리고 돌"474)이라고 하여 그가 조선의 여행에서 가장 힘들어했던 것은 "돌"이었다. 말들이 편차의 제철들도 주로 젖은 돌

---

471) 카르네프 외 4인, 2003, 앞의 책, 296쪽.
472) 카르네프 외 4인, 2003, 앞의 책, 297쪽.
473) 카르네프 외 4인, 2003, 앞의 책, 296쪽.
474) 카르네프 외 4인, 2003, 앞의 책, 300쪽.

과 조약돌로 된 길을 가는 동안 마모되었던 것이다. 이렇게 베벨리는 조선의 길이나 다리 등 교통로에 대해서 부정적으로 평가하고 있었다. 그는 조선의 교통로는 조선의 문화 수준이 형편없음을 나타내고 있음을 말하였다. 따라서 그는 조선을 오리엔탈리즘의 시각에서 바라보고 있었던 것이다.

> 조선이 고립되어 있는 것은 여러 역사적, 풍속적인 이유들 때문이기도 하겠지만, 다른 무엇보다도 이 나라의 자연조건이 고립의 원인으로 작용하고 있다고 생각한다. 문화와 문명이 꽃피려면 이 모든 것을 발생시키고 성장시켜 융성하게 해 줄 수 있는 좋은 조건의 자연이 있어야만 한다. 그러나 이곳에서는 이 모든 자연 조건이 드세어서 그러한 여건이 충족되지 못하고 있다.[475]

베벨리는 "산들, 절벽들, 돌들, 잔돌 등 이런 모든 것이 이곳의 자연이며, 조선을 고립시키는 첫 번째 원인이 되었다."[476]라고 하였다. 문호를 개방하지 않고 쇄국정책을 하는 것이 "자연조건"을 원인으로 들고 있었다. 즉 자연조건이 변하지 않는 한 조선은 문화와 문명을 일으킬 수 없다는 것이었다. 그런데 문화와 문명은 인간의 지식, 기술, 능력으로 일으켜지는 것이지 자연조건으로 일으켜지는 것은 아니다. 또한 자연조건은 쉽사리 바뀔 수 없는 조건이기 때문에 베벨리가 이렇게 말한 것은 조선은 근대화를 이룰 수 없다는 오리엔탈리즘의 생각이었다.

자연적 조건으로 바다로 둘러싸여 고립되어 있던 섬나라 일본도 에도 막부가 성립된 뒤 쇄국정책을 펴다가 미국 페리 제독의 무력시위로 1854년에 미·일 화친조약을 맺고, 뒤이어 1858년에 미·일 수호통상조약

---

475) 카르네프 외 4인, 2003, 앞의 책, 300~301쪽.
476) 카르네프 외 4인, 2003, 앞의 책, 301쪽.

을 맺으면서 나라의 문호를 개방하였다. 중국은 18세기부터 증가한 아편의 수입량으로 인해 여러 차례 아편 금지령을 내렸지만 통하지 않았다. 임칙서가 아편을 몰수하는 등 강경하게 아편 무역 금지조치를 행했고, 이에 영국 의회가 자본가들의 뜻에 따라 원정군을 파견하면서 아편전쟁이 시작되었다. 영국의 군사력에 속수무책으로 당한 중국은 1842년 8월 영국함대의 갑판에서 영국과 청나라 사이에 '남경 조약'이 체결되면서 문호를 개방하였다. 이렇게 지리적으로 중국과 국경을 맞대고 있었던 조선은 일찍 문호를 개방한 중국으로부터 많은 문화를 받아들이고 있었다. 문화와 문명을 일으키는 것은 인간의 창조성, 지성, 예술, 기술, 사회적 조직 등이 결합하여 복합적인 형태로 나타나는 것이다. 그런데 험악한 자연조건으로 문화와 문명을 일으키지 못한다는 것은 조선을 오리엔탈리즘의 시각에서 바라보았기 때문이라고 여겨진다.

육군 대령 카르네프는 1895년 11월에 조선에 왔다. 그는 러시아의 자국 이익과 관련한 부동항 확보를 위해 조선이 청나라와 일본 사이에서 어떠한 현실에 놓여 있었는지를 직접 눈으로 보기 위해 조선을 여행하였다. 그는 군인으로 조선과 일본사이 있었던 임진왜란에 상당한 관심을 보였다. 그리고 일본에 의해 명성황후가 죽은 국상을 치르고 있는 모습을 보았으며, 단발령으로 백성들이 의병을 일으킨 사건도 보았다. 전라도에서는 아직 남아 있는 동학농민운동도 경험하였다. 이렇게 조선의 중부와 남부를 돌면서 조선에 남아 있는 일본의 세력과 청나라의 세력을 실질적으로 파악하고 있었다. 카르네프는 아관파천에 직접 참여하면서 러시아가 조선에서 세력을 확장할 수 있는 기회를 탐색하였다.

육군 중령 베벨리는 1889년 여름에 조선을 여행하였다. 그는 1888년 8월 20일에 조러육로통상조약(朝露陸路通商條約)을 체결되고 난 뒤 그들이 확보한 여행 자유권을 이용하는 것과 또한 타결된 조약들을 실제로 확인해 보기 위해서 조선을 여행하였다. 그는 러시아와 국경이 맞닿아 있는 함경북도 지방에서 무역품을 찾기에 집중하였다. 함경북도 지방에서 가져갈 수 있는 소와 수수와 귀리 같은 농작물을 집중적으로 조사하였고, 또한 이것을 육로 이동시킬 무역기지의 이동과 교통로도 상세히 조사하였다. 그리고 자국의 이권을 위해 광산채굴권을 획득하기 위한 사전 답사도 실시하였다.

# Ⅳ. 왕실과 연대한 서양 의사의 조선투어

# 1. 엘러스의 투어와 '여성 해방'

## 1) 페르시아에서 서울로 오다

<그림-30> 애니 엘러스
출처: Wiki

애니 엘러스(Annie J.Ellers: 이하 엘러스)는 한국에 온 첫 번째 여성 의료선교사였다. 그녀는 1860년 8월 31일 미국 미시간주 버오크(Burr Oak)에서 태어났다. 그녀의 아버지는 장로교회 목사였다. 그녀는 일리노이주 록포드(RockFord)에 있는 록포드 대학을 다녔고, 1881년 졸업했다. 1882년 보스턴시립병원 간호사양성학교에 입학하여 1884년에 졸업하였다.

그리고 1884년 보스턴 의과대학에 입학하였다. 의과대학 재학 중인 1885년 가을 페르시아에서 휴가를 맞아 고향에 온 한 선교사를 만났다. 그 선교사는 테헤란에서 여학교를 맡아 교육 선교를 하고 있었다. 그녀로 인해 엘러스는 페르시아로 가서 의료

선교하는 것에 대하여 진지하게 생각하게 되었다. 그 선교사가 속한 선교회는 여성 병원을 설립하고 있었기 때문에 앞으로 여의사가 필요하였다. 그 선교사는 그녀에게 장차 페르시아에 가서 새로 지어질 병원에서 의료 선교를 할 것을 권했다.

1886년 봄 엘러스는 미국 북장로회 선교부에 페르시아 의료 선교사로 지원을 했고, 다음 해에 페르시아 테헤란의 여성병원 책임을 맡은 의사로 의료선교를 나갈 수 있도록 허락을 받았다. 그녀는 페르시아에 대한 자료를 연구하며 그 나라 여성들에게 도움이 될 일들을 준비하고 있었다.[477] 그때 엘러스는 미국 북장로회 해외선교부 엘린우드(W.W.Ellinwood)로부터 연락받았다. 조선으로 의료선교를 가 줄 수 있느냐는 요청이었다. 그녀로서는 전혀 생각하고 있지 않았던 뜻밖의 요청이었다. 그뿐만 아니라 아직 아무런 준비가 되어 있지 않았기 때문에 이 요청을 거절하였다.

그러나 얼마 후 또다시 엘린우드로부터 조선으로 가 주기를 거듭 부탁하는 전신이 왔었다. 그 당시 조선의 상황이 다급하므로 일단 그녀가 조선으로 떠나면 곧 여성병원을 책임질 여의사를 뒤따라 파송하고, 또 2년 동안만 조선에 있는 병원에서 의료 실습을 하면서 동시에 의료선교를 한 후에 돌아오면 의사 학위를 받게 해주겠다는 제의를 받았다. 엘러스는 엘린우드의 거듭된 부탁에 많은 망설임 끝에 마침내 조선으로 가기로 결정하였다.

1886년 5월 22일 엘러스는 조선으로 출발하였다. 그녀가 타고 조선으로 올 '시티 오브 피킨(City of Pekin)'이라는 배에는 육영공원 교사로

---

477) Annie Ellers Bunker, 2019, 「Personal Recollections of Early Days, 1935.6」, 『애니 엘러스』, 홍성사, 128쪽.

초빙된 벙커(D.A.Bunker), 헐버트(H.B.Hulbert), 길모어(G.W.Gilmoer) 그리고 길모어 부인이 함께 타고 있었다. 그들을 태운 배는 21일의 항해 끝에 6월 12일 일본의 요코하마에 도착하였다. 6월 26일 그들은 후세이 선장이 지휘하는 쓰루가 마루호를 타고 부산으로 향했다. 부산에 잠시 정박했던 배는 다시 제물포를 향해 갔다. 파도가 일었고 배는 느릿느릿 나아갔고 그들은 심한 배 멀미에 시달렸다. 그들은 마침내 7월 3일 제물 포의 항구에서 3마일 떨어진 곳에 닻을 내렸다. 7월 4일 그들은 아침 일 찍 일어났다. 부르고 소리치고 더욱이 말다툼이 오가는 한복판에서 그 들을 태운 배는 육지로 가까이 다가가서 정박하였다. 그들은 드디어 배 에서 내렸다.

엘러스는 제물포에 도착한 후 조랑말을 타기도 하고 걷기도 하면서 서울 정동의 알렌의 집에 도착하였다.

> 우리는 배에서 이미 미리 준비해 온 점심을 먹기 위해 한 집에 멈추었다. 그러나 아아, 우리에겐 물이 없었다. 커피도 차도 물론 없었다. 우리는 물을 마시지 말라는 경고를 받아오고 있었다.…<중략>…나는 바람소리와 울음소리가 무엇인지 물었 다. 돌아온 대답은 "콜레라, 콜레라는 마시는 물을 조심해야 해요" 집에서 반 쯤 되는 지점에서 질그릇 항아리에서 나온 물을 마신 것을 생각했다.[478]

엘러스는 제물포에 도착한 후 서울로 오는 도중에 준비해 온 점심을 먹었지만, 물이 없었고 물을 함부로 마시는 말라는 경고를 받았던 상황 이었다. 그런데 그들은 점심을 먹었던 그 집 가까운 곳에서 샘을 발견했 고 갈증을 해소할 수 있었다. 그런데 그 당시 조선에서는 매일 콜레라로

---

478) Annie Ellers Bunker, 2019, 「Personal Recollections of Early Days, 1935.6」, 앞의 책, 134~135쪽.

300~400명씩 죽어가고 있는 상황이었다. 엘러스가 조선에 도착했을 때는 콜레라로 인해 많은 사람들이 죽어가고 있는 어두운 상황에 놓여 있었고 그녀는 그것을 현장에서 듣고 보고 있었다. 그녀가 서울로 가는 길은 콜레라의 공포 속에서 가야 하는 힘겨운 여정이었다.

## 2) 명성황후와의 만남과 이별

### (1) 만남

알렌은 엘러스가 조선에 도착하자마자 왕궁으로 데리고 가서 왕궁 사람들을 소개시킬 생각이었다. 알렌은 통역자를 구했더라면 도착한 4일째 되는 7월 8일에 왕비를 만나러 가려고 하였다. 마침 왕비가 손가락이 베었기도 하였다. 그러나 아직 그녀의 옷이 도착하지 않고 있었다. 옷이 도착하자 그녀는 왕비를 비롯한 왕궁의 여자들을 진료하러 갔다.

> 2년 만기가 지나고 나면 돌아가서 이것을 토대로 학위를 딸 수 있는 것으로 되어 있었습니다. 저는 지금까지의 훈련과정 외에도 2년간의 의학강의와 실습을 해왔습니다....<중략>...선교회의 어떤 분이 조선인을 안심시키기 위해서는 저에게 의사 호칭을 사용하는 것이 현명하리라 여겨서 이제 저의 호칭이 닥터 엘러스(Dr.Ellers)로 불리고 있습니다. 예전에 알렌 선생님의 문제에 관한 편지에 제가 간단히 애니 엘러스라고 서명했는데 알렌 선생님께서 의사라는 호칭을 쓰라고 권하셨기에 제가 의사 호칭을 사용했습니다.[479)]

알렌은 1886년 3월 29일 조선 정부의 후원으로 우리나라 최초의 의학교인 제중원 의학교를 설립하였다. 교수진으로는 알렌이 화학을, 헤

---

479) 김혜경, 이희천 엮음, 2019, 「1886. 7.25 애니 엘러스」, 『애니 엘러스』, 홍성사, 38쪽.

론이 의학을, 언더우드가 영어를 맡아 가르쳤다. 엘러스는 2년간 조선에서 알렌과 헤론을 지도 교수로 의학 강의도 듣고 실습을 하면서 병원에서 일을 돕는 조건으로 학위가 없이 조선에 건너온 것이었다. 하지만 알렌은 그녀가 학위가 없는 것을 알면서도 왕궁 사람들에게 여의사라고 소개했고, 그녀에게도 그렇게 해 달라고 부탁을 했던 것이었다.

조선에 와서 엘러스는 본의 아니게 학위 없이 의사로 불리게 되었다. 그녀는 어쩔 수 없이 그렇게 된 것에 대해 불편해 하였다. 그녀는 조선에서 선교 상황을 이해할 수 없는 것은 아니었지만 자신의 위치가 이상해지자 선교본부에 그녀 자신이 조선에 여의사로 온 것이 아니고 의사를 도우러 온 것이며, 의료실습 과정과 의학강의를 듣고 돌아간 이후에 의사 학위를 받을 목적으로 왔다는 것을 다시 확인시켰다. 그녀는 곧 여의사가 파송되어 와서 그 여의사가 여성병원 책임을 맡고 그녀가 그 옆에서 공부하게 되기를 기다렸다. 그녀는 계속 여의사 파송을 요청했으나, 후임 여의사는 오지 않았다.

알렌이 엘러스를 왕비에게 데리고 가는 데에 어려움이 있었다. 왕궁에 있는 조선의 한의사들은 자신들의 입지가 좁아질 것을 우려해서 서양 의사들이 진료하는 일을 반대했기 때문이었다. 하지만 왕비는 낫지 않고 계속 아팠다. 알렌은 엘러스가 왕비를 치료하기 위해 입궐을 허락해 주지 않으면 의약품을 보내지 않겠다고 하였다. 그러자 왕궁에서는 알렌과 엘러스의 입궐을 허락하였다.

첫 만남에서 왕비는 저에게 조선을 어떻게 좋아했느냐고 물으며 제가 조선을 많이 좋아하기를 바란다고 말했습니다. 또한 그녀는 저의 조국과 기후가 많이 다르지만 제가 잘 지내기를 바란다고 말했습니다. 저는 편하게 인도되었습니다. 제가 방에 들어갔을 때, 장롱에 기대어 있는 숙녀와, 한편에는 시녀가 서 있었으며, 남자가 서 있었고, 명성황후의 주변 도처에 사람들이 앉아 있는 것을 보았습니다. 저는 왕비 옆자리로 인도되어서 그녀를 진찰하고 난 후 밖으로 나가고, 밖에 있던 알렌이 들어와서 앉아 있던 남자들을 진찰했습니다....<중략>...그녀는 여섯 사람이 드는 아주 좋은 가마를 주었고, 저는 왕비의 부름을 받아 왕궁에 갈 때 그것을 사용했습니다. 또한 저에게 다른 선물도 주었습니다.[480]

명성황후는 서양에서 온 엘러스에게 호감과 호의를 베풀면서 그녀가 조선을 좋아하기를 희망한다고 말하였다. 또한 명성황후는 그녀가 온 것이 매우 기뻐하며 자신의 옆에서 오랜 시간 이야기를 나누기를 바랬다. 또 명성황후는 자신이 왕궁 뜰에서 타고 돌아다닐 때 사용하였던 가마도 그녀에게 주었다. 이 외에도 많은 선물을 주었다. 명성황후는 이렇게 서양에서 온 이들에게 세상 이야기를 물었고, 그들의 조언을 받아들이기도 하면서 세상이 돌아가는 정세를 파악하였다.

나의 본직은 의사로서 황후의 옥체를 시술하게 된 것은 그때나 지금이나 나로서는 무한한 영광으로 생각할 수밖에 없습니다. 명성황후께서는 남자를 능가하실만치 기개가 ○○하시어 그야말로 여걸이셨습니다. ...<중략>...몹시 인정이 많으셔서 나를 대할 때마다 나의 몸을 어루만지시며 말씀을 하셨습니다. 그리고 며칠만 입시를 아니하여도 보시고 싶으시다고 어사를 보내실 때 참으로 감사히 생각하였습니다. 우리 부처가 결혼할 때는 나에게는 순금 완환을 친히 주셨습니다. 내가 40년간 한시도 내 몸에서 떠나지 않은 내 왼팔뚝에 끼워있는 것은 즉 하사된 그것입니다. 나는 죽을 때에도 그것만은 끼고 죽으려 합니다.[481]

엘러스는 명성황후의 주치의가 된 것을 영광으로 생각하고 있었다.

480) 김혜경, 이희천 엮음, 2019, 「1886. 8. 18. 애니 엘러스」, 앞의 책, 47~48쪽.
481) 김혜경, 이희천 엮음, 2019, 「1926. 4. 25. 애니 엘러스」, 앞의 책, 53쪽.

그리고 그녀는 명성황후가 특별한 여인이었고 강한 의지와 매우 친절하면서도 위대한 힘이 있는 성격으로 깊은 인상을 받았다. 며칠만 안 봐도 보고 싶다고 연락을 취하는 명성황후의 태도에서 엘러스에 대한 각별한 애정을 엿볼 수 있었다. 그래서 명성황후는 엘러스가 결혼 때에 순금 팔찌를 줌으로써 정을 표시하기도 하였다. 엘러스 또한 명성황후가 준 순금 팔찌를 한평생 착용하였으며 죽을 때에도 끼고 죽고 싶을 만큼 명성황후에 대한 커다란 존경심이 있었던 것으로 보여진다.

### (2) 그리고 이별- 천추 대변의 기별

명성황후는 엘러스를 항상 곁에 두고 싶어 할 정도로 엘러스를 아꼈고, 엘러스 또한 명성황후의 주치의로 명성황후가 준 선물을 죽음까지 가져가고 싶어 할 정도로 두 사람의 사이가 각별했음을 알 수 있었다. 엘러스는 명성황후의 주치의로 인연을 맺은 지 약 9년이 되던 해 1895년 10월 8일 명성황후가 일본인의 손에 시해되는 사건이 일어났다. 이때 명성황후를 존경에 하던 엘러스의 마음은 어떠했을까?

> 1895년 10월 8일의 대변은 그때 나의 가슴을 몹시 아프게 하였습니다. 바로 대변이 있기 2주 전인 9월 25일 나는 입시하여 배알하였으나 좀 분망하신 일이 있으시다 하여 오래 모시지 못하고 어전을 물러나올 때 민비께서는 긴장하시던 옥안을 놓치시고 흠연히 손을 내어 내 손을 힘껏 쥐시며 수일간 또 들어오라고 소안으로 나를 보내실 때 나는 그것이 민비를 뵙는 최후의 순간이었음을 꿈에나 생각하였겠습니까? 아아 슬퍼요 끝없이 슬퍼요. 2주일 후 믿으려 해도 믿어지지 않는 천추의 대변을 기별로 들은 것은 지금 생각만 하여도 온 몸이 떨립니다. 대변 후 나는 마지막 봉사로 황후 빈전을 지키게 되었습니다. 그리고 인산 당일에도 참례하여 영구가 대지에 안정되는 것까지 보았습니다.[482]

엘러스와 명성황후는 절친 사이로 명성황후가 시해되기 2주 전에도 만났던 사이였다. 만나고 나오면서도 손을 꼭 쥐면 수일간에 다시 만날 것을 약속한 사이였는데, 명성황후가 시해를 당했던 것이다. 명성황후는 시해 2주 전 엘러스를 만날 당시에 긴장하고 있었음을 알 수 있다. 명성황후는 자신의 안위의 위협을 느꼈던 것이다.

엘러스는 끝없이 슬퍼했으며 마지막까지 빈소를 지키며 명성황후를 추모하였다. 그녀는 명성황후의 죽음을 "천추의 대변의 기별"이라고 하였다. 명성황후의 죽음이 엘러스에게는 평생 자신의 뼈에 사무칠 정도로 깊고 슬픈 죽음이었다. 그녀는 한나라 왕비의 주치의로 친분을 맺어 절친한 사이였던 왕비가 죽는 현장이 있었고 그 슬픔을 오롯이 느끼고 있었다.

### 3) 여성 선교의 파레시아 : 여성에게도 구원의 희망을 주자.

#### (1) 고아원 여자아이 교육

엘러스는 조선으로 오기 전 페르시아로 가기를 원했다. 1886년 봄 그녀는 미국 북장로회 선교부에 페르시아 의료 선교사로 지원을 했고, 다음 해에 페르시아 테헤란의 여성병원 책임을 맡은 의사로 의료선교를 나갈 수 있도록 허락을 받았다. 그녀는 페르시아에 대한 자료를 연구하며 그 나라 여성들에게 도움이 될 일들을 준비하고 있었다. 그러나 북장로회 해외선교부에서는 엘러스를 조선으로 파견하였다. 그녀는 여러 선교활동 중에서도 여성에 관한 선교활동에 관심을 가졌다.

엘러스가 조선에 도착한 지 5일째 되는 날인 7월 10일 자 서신을 보면,

---

482) 김혜경, 이희천 엮음, 2019, 「1926. 4. 25. 애니 엘러스」, 앞의 책, 54쪽.

여기서 시작될 제 일은 매우 즐거울 것 같습니다. 고통을 당하고 있는 여성들의
짐을 조금이나마 덜어줄 수 있기를 원합니다.[483]

엘러스는 조선에서 자신이 할 일에 대해 기대감에 차 있는 것을 볼 수
있었다. 여러 가지 선교 중에서도 그녀는 여성을 도울 수 있는 선교를 원
하고 있는 것을 알 수 있었다. 그녀의 파레시아는 여성을 돕는 것에 있었
다. 그래서 그녀는 여성을 위한 병원을 세우고 이끌어나가는 일과 알렌
과 헤론이 아픈 상류층 귀부인들을 돌볼 때 자문역할을 맡아주는 일에
대해 자신감을 보이고 있었다.[484] 그리고 그녀는 고아원에 있는 여자아
이들의 교육에 관심을 가지기 시작하였다.

고아원에 있는 여자아이들을 위해 해야 할 일이 많습니다. 고국에 편지를 보내
고아원 부지에 있는 현 건물을 수리하기 위해 돈을 좀 보내달라고 해서 받았으며 헤
론 부인과 다른 여러 사람들이 편지를 보내와 만일 여자아이들을 위한 사역이 시작
되면 자기네들도 돕겠다고 했습니다. 일을 시작할 수 있도록 허락받기를 원하고 있
습니다. 제가 혹 여섯 명이라도 돌보게 된다면 이 여섯 명이 저희 일에 영향력을 행
사해서 마침내는 제한받지 않고 일하는 데까지 나아가게 될 것입니다. 이처럼 저는
이 일에 골몰해 왔으며 많은 기도를 했고 저는 선생님의 답변을 간절히 기다릴 것입
니다. 저는 이 문제를 두고 생각하고 기도해 왔으며 그런 노력으로 그 자체의 가치
를 지닌 일이 될 것으로 확신합니다.[485]

엘러스가 오기 전인 1886년 5월 11일에 고아원이 개원되었다. 언더
우드 고아원에는 여자 아이들이 있었다. 이 중에서 여섯 명 정도가 배움

---

483) 김혜경, 이회천 엮음, 2019, 「1886. 7. 10. 애니 엘러스」, 앞의 책, 136쪽.
484) 김혜경, 이회천 엮음, 2019, 「1886. 7. 25. 애니 엘러스」, 앞의 책, 138쪽.
485) 김혜경, 이회천 엮음, 2019, 「1887. 1. 23. 애니 엘러스」, 앞의 책, 63~64쪽.

을 받을 정도의 나이가 되었다. 엘러스는 이 여자아이들을 데리고 여학교를 하고 싶어 하였다. 여학교를 시작하기 위해 그녀는 미국의 친지들에게 편지를 보내서 기금을 받아놓고 있었다. 그녀는 선교본부에 자신의 뜻을 보내고 자신의 요청이 받아들여지기를 간절히 바랐다. 그러나 같이 선교활동을 하는 동료들은 그녀가 여학교 교사가 되는 반대하였다.

먼저 언더우드는 그녀가 가정을 갖게 되면 여학교에 많은 시간을 낼 수 없을 것이라고 여겼다. 그는 선교본부에서 파송시켜 줄 여선교사로는 여학교를 위해서 전적으로 맡을 미혼 여선교사이어야 하며 과부나 중년 여성으로 경험이 많은 부인이면 더 좋을 것이라 요청했다. 헤론도 언더우드와 마찬가지로 엘러스가 여학교에서 가르치는 것에 대해 부정적이었다. 결혼한 상태에서 여학교를 전담하여 가르치는 것이 어렵다고 보았기 때문이었다. 그러나 헤론에게는 다른 의도가 있었다. 자신의 부인에게 여학교를 맡게 할 계획이었다. 헤론 부인은 집에서 여자아이들을 가르치고 있었다.

알렌도 엘러스가 여학교에서 여학생들을 가르치는 것을 반대했다. 제중원의 여성병원에 반드시 그녀가 필요했기 때문이었다. 알렌은 그녀가 결혼 후에도 병원에서 일해 줄 것을 원했다. 이러한 상황 속에서 1887년 3월 헤론 부인은 언더우드 고아원에 있던 여섯 명의 소녀를 데리고 여학교를 시작하였다. 엘러스가 여학교를 시작하고 싶어 했던 바로 그 소녀들이었다. 엘러스가 배제된 상태였다. 이러한 상황에 의해 엘러스의 파레시아인 여학생을 가르치는 일은 쉽게 이루지지 못하였다.

## (2) 정동여학교 설립

엘러스는 함께 입국해서 육영공원 교사로 근무하고 있는 벙커와 1887년 1월에 약혼을 하였다. 그러나 결혼식은 여의사가 조선에 파송되어 온 후에 하기로 하였다. 결혼을 하게 되면 제중원과 왕궁에서 여성들에 대한 진료 둘 다 잘할 수 없게 될 수 있었기 때문이었다. 그녀는 조선으로 올 때는 조선에서 결혼할 생각이 없었다. 그녀는 조선에서 2년간 머물면서 의학실습을 하고 다시 본국으로 돌아가 의과대학을 마치고 학위를 받을 계획이었다. 그리고 페르시아로 선교를 떠나려고 하였다.

그러나 엘러스가 조선에 도착할 때부터 파송될 때 제시되었던 모든 약속은 지켜지지 않았다. 의학공부도 이루어지지 않고, 뒤이어 바로 여의사도 파송되지 않았다. 더군다나 본의 아니게 알렌에 의해서 왕궁에 학위를 가진 의사로 소개되어 불편한 심경에 놓이게 되었다. 그녀는 즉시 본국으로 돌아가고자 했지만, 자신이 맡고 있던 왕궁과 제중원에서 하는 의료 활동을 두고 그대로 돌아갈 수 없었다. 여의사 파송을 간절하게 요청했지만 오지 않았다.

엘러스는 어쩔 수 없이 조선에 계속 머물러 있어야 했고 낯설고 의지할 곳 없는 조선에서 그녀는 혼자 지내는 것이 너무 힘들었다. 그래서 그녀는 마침내 벙커와 결혼을 하였다. 결혼을 함으로써 애초에 조선에 온 목적인 의학공부를 해서 본국으로 돌아가 의사 학위를 받는 것과 이후 페르시아로 선교를 떠나는 것은 포기하게 된 것이었다. 그녀는 조선으로 파송될 당시의 꿈을 접고 조선에 계속 남아서 선교활동을 이어 나갔다.

엘러스의 결혼 선물로 명성황후는 엘러스를 왕궁으로 불러 금으로 만든 팔찌를 주었고, 결혼 후 살 집에 대해 물었다. 그녀는 결혼을 한 후에 집에서 여자아이들을 가르치기를 희망한다고 말했다. 엘러스는 1887년 7월 5일 화요일 저녁 결혼식을 하였다. 서울에서 열린 외국인 첫 결혼식이었다. 그녀는 고종으로부터 하사 받은 주택에서 여학교를 시작할 예정이었다.

> 저희 집은 너무 외딴곳에 있어서 저희가 무엇을 하고 있는지 아무도 볼 수 없으며 저희 또한 다른 사람을 볼 수 없습니다. 또한 저의 집은 뒤편으로 문이 나 있습니다. 저는 여자들 그리고 소녀들과 일하고 싶습니다.[486]

엘러스는 자신의 집에서 여학생들을 가르치기를 간절히 원했다. 여학교 설립을 열망하던 엘러스는 1887년 6월 고종으로부터 하사 받은 정동길 22번지 부근의 주택에 학교를 마련하고 여학생들 가르치기 시작하였다. 그것이 바로 정동여학교의 시작이다. 그리고 1888년 3월 12일 미국 북장로회 선교부는 엘러스가 그녀의 주택에서 가르치는 여학교를 선교부에 정식으로 등록시켰다. 마침내 그녀의 파레시아가 조선에서 이루어진 셈이었다.

조선인 보모가 함께 기숙하며 학생들을 데리고 있었다. 엘러스는 매일 자신의 집에서 15세의 여학생 두 명의 학생들을 가르쳤다. 이것이 장로회 최초의 여학교인 정동 여학교였다. 엘러스는 의사직을 사임하고 모든 시간을 여학교를 운영하는데 사용하였다. 정동여학교는 엘러스 개인의 의지와 노력으로 시작되어 선교부에 등록되고 지원을 받기 전까지 그녀 개인에 의해 유지되었다. 그녀는 선교부에 등록되어 시작된 여학교 일에 애정을 갖고 전력을 다하였다.

---

486) 김혜경, 이희천 엮음, 2019, 「1888. 1. 15. 애니 엘러스」, 앞의 책, 76쪽.

지난 주간에 학생들을 매일 가르쳤는데 저는 이 사역이 참 맘에 듭니다. 저의 급여에 대해 한 말씀드리고 싶습니다. 저는 앞으로는 이 사역에 대해 어떠한 보수도 받고 싶지 않습니다. 제가 바라는 것은 단지 이 일에 수반되어 지불되는 비용만 충당되는 것입니다. ...<중략>...현재 가르치고 있는 여학생들의 수가 더 많아져서 담당 선생님이 오실 때 가르칠 수 있었으면 합니다.[487]

　엘러스는 위 서신에서 보듯이 선교부가 학교에 필요한 경비만 충당해 준다면, 자신은 월급을 받지 않겠다고 하였다. 월급을 받지 않고 그 월급이 여학교에 사용되기를 바랐던 것이다. 그만큼 그녀는 여학생을 가르치는 것에 진심이었기 때문에 최선을 다했다.

　1889년 12월에 미국 북장로회 선교부는 여학교 건물을 세웠다. 알렌이 입국해서 살던 주택이며, 엘러스가 입국해서 결혼하기 전까지 살던 곳이었다. 정동여학당 제2교사가 마련된 것이다. 정동 여학당은 1895년 10월 20일 종로구 연지동으로 이사하였고, 이 터는 덕수궁으로 편입되었다.

　1894년 벙커 부부는 그동안 살던 정동길 22 주택을 떠나 정동길 46(현, 정동제일교회 내 부근)으로 이사하였다. 엘러스는 배재학당에서 근무하게 되었다. 그녀는 그 밖에 동대문 교회 동대문 부인 성경학원과 동대문구역 전도사업도 함께 하였다. 그리고 그녀는 감옥에 수감된 사람들의 전도 활동을 하였다. 한 번은 세 명의 여자 죄수들과 이야기를 나누고 음식을 먹고 기도도 드렸다. 엘러스는 여성과 소녀들을 위하여 많은 선교 활동을 하였다.

　고통을 당하고 있는 여성들의 짐을 조금이나마 덜어줄 수 있기를 원합니다. 이 모든 일들이 우리 주님의 성령과 자비로 이루어지길, 그리고 그 분에게 영

---

487) 김혜경, 이희천 엮음, 2019, 「1888. 3. 19. 애니 엘러스」, 앞의 책, 78쪽.

광과 존귀를 돌릴 수 있기를 기도합니다.[488]

엘러스는 감옥에서 고통을 당하고 있는 여성들을 돕고 있었다. 그래서 여학생들의 교육에 열의를 다하였고 그녀의 인생 후반기에는 조선 Y.W.C.A의 창설에 협력하여 5,000엔의 창립기금을 희사하기도 하였다. 1926년 7월 4일 남편 벙커가 목사직을 75세의 만기로 정년을 마치고 그와 함께 미국 캘리포니아로 돌아갔다. 미국으로 돌아간 뒤 6년 만인 1932년 11월 26일 벙커가 별세하자 그녀는 그의 유언에 따라 유해를 가지고 한국에 와서 양화진에 안장하였다. 이후 그녀는 다시 내한하여 죽첨정(서대문)에 살았다. 그리고 다시 미국으로 가기 전 가지고 있던 부동산을 팔아 배재학교와 Y.W.C.A인 여자기독교 청년회, 대전 영아관, 공주 영명학교 등에 기부하였다.[489]

엘러스는 미국에서 조선으로 파견되기 전부터 여성의 권리에 상당한 관심을 보이고 있었다. 그녀가 의사로서 여성의 권리에 관심을 보인 것은 여성병원을 설립하는 것이었고, 교육자로서 여성의 권리에 관심을 보인 것은 여학교 설립이었다. 1886년 엘러스가 조선에 명성황후의 시의로 왔지만, 애초의 약속과는 달리 후임자 여의사가 파견되지 않음으로써 의사를 포기하고 결국 교육자의 길로 전환하게 되었던 것이다.

그녀가 조선에 왔을 때에는 소녀들을 위한 교육은 거의 이루어지지 않고 있었다. 여자들은 자신들의 멍에를 받아들이고 스스로 열등하다고

---

488) 김혜경, 이희천 엮음, 2019, 「1886. 7. 10. 애니 엘러스」, 앞의 책, 113쪽.
489) 그 내역은 다음과 같다. 기독교조선감리회 총리원에 1,000원, 배재고등보통학교에 장학금으로5,000원, 여자기독교청년회 5,000원, 공주영아관 4,000원, 공주실수학교 1,500원, 일본감리회여자 사회사업부 5,000원, 동대문교회 300원, 용두리교회 100원, 왕십리교회 100원이다. 「의료선교사, 애 니 엘러스 자신의 집까지 팔아 YWCA회관 마련에 보태」, 『국민일보』, 2015년 12월 21일.

간주하며 자신들의 운명을 감수하고 있었다. 여자들은 결혼 후에는 헌신적으로 복종하는 아내로서 남성의 명성과 평안을 뒷바라지하기 위해 온 힘을 기울였다. 그 때문에 소녀들은 밥 짓기, 바느질하기, 청소하기 등의 가사 일에 전념하였다. 그러나 그로부터 20여 년이 지난 1930년대 중반 무렵 조선의 소녀들은 많이 변했다. 여자 학교가 곳곳에 있었으며 여성에 대한 선교가 활발히 이루어져 기도하는 여자들이 많이 생겨났다. 엘러스는 여성도 남성처럼 지식과 문화의 수준이 높아야 나라와 민족이 번영하다고 여겼다.

　엘러스는 남편 벙커가 별세한 후 귀국하였다가 조선이 그리워 다시 돌아왔다. 그녀는 그레이 하우스에 기거하면서 여자기독교 청년회관 건설운동에 전력을 하였다. 그녀는 1938년 10월 8일 오전 9시에 정동정(貞洞町)에서 향년 77세 나이로 사망하였다.[490]

## 2. 릴리어스 호튼의 투어와 '선교'

### 1) 서울로 오다: 낯설고 더럽다

<그림-31> 릴리어스 호튼 언더우드
출처: 위키피디아

　릴리어스 호튼 언더우드(Lillias Horton Underwood : 이하 릴리어스 호튼)는 1888년부터 약 15년간 조선에서 미국인 의사로 명성황후 개인 주치의로 일하면서 장로교 선교사로 활동하였다. 그녀는 1851년 미국 뉴욕주의 알바니에서 제임스 맨더빌 호튼과 마틸다 맥퍼슨 호튼의 딸로 태어났다. 그녀

---

490) 「벙커 女史 永眠」, 『동아일보』, 1938년 10월 9일.

의 아버지는 사업가였다. 그녀는 1889년 런던 태생의 선교사 호레이스 그랜트 언더우드(Horace Grant Underwood;원두우(元杜尤))와 결혼했다. 그들에는 아들 호레이스 호튼 언더우드(Horace Horton Underwood; 원한경(元漢慶))가 있었는데, 그 아들 역시 한국에서 선교사가 되었다.

미국은 20세기 초반까지 백인의 나라라는 정체성을 고수해 오기는 했지만 1609년 영국인들이 버지니아 해변에 도착해 그곳에 살던 원주민 인디언들과 만났을 때부터 수백 년 동안 다인종, 다문화 사회였다. 영국, 독일, 스칸디나비아 등 이민자가 지속적으로 유입되었고, 1880년부터는 동유럽 이민자들이 급증하여 이들에 대한 통합이 중요한 다문화적 이슈로 대두되었다. 릴리어스 호튼은 다양한 인종들의 이주로 인해 자연스럽게 다문화적 이슈를 접하게 되었다. 릴리어스 호튼의 조상 일부는 네덜란드 개혁교회의 전통을 지닌 네덜란드계였다. 릴리어스 호튼의 상호문화적 감수성 형성에는 네덜란드계 다문화적 혈통의 영향도 작용했을 것이다.[491)]

릴리어스 호튼은 1887년 시카고 여자 의과 대학에서 의학 학위를 받았으며 시카고 병원에서 인턴십을 하였다. 그녀는 1888년 장로교 선교위원회의 요청으로 1북장로교 파송 의료 선교사로 조선에 입국하였다. 그때 그녀의 나이 37살이었다. 릴리어스 호튼은 1888년 3월 25일에 제물포 항구에 내렸다. 그녀는 제물포 항구에서 내려서 처음 본 조선인의 모습을 다음과 같이 표현하였다.

거칠고 검은 그들의 긴 머리털은 빗질을 하지 않아 엉망진창이었는데 더러는 한

---

491) 이성희, 2023, 「릴리어스 호튼 언더우드의 서울 사람 되기」, 『문화교류와 다문화교육』 제12권 제2 호, 한국국제문화교류학회, 256쪽.

가닥으로 땋아 내리기도 했으나 거의가 머리 꼭대기에 되는 대로 매듭을 묶어 놓았다. 목과 얼굴 언저리에 흘러내린 머리카락들은 흉측하고 지저분해 보였다.[492]

릴리어스 호튼이 본 조선인의 첫인상은 긴 머리카락을 상투하고 있는 모습이었으며, 그 모습이 단정하거나 깨끗하지 못한 모습이었다. 그녀는 조선인의 생김새는 몽고족으로 생각했고, 입고 있는 옷 말고는 중국인이나 일본인들과 그다지 다를 바가 없었으나, 대체로 그들보다는 키가 컸다고 생각하였다. 그리고 조선인들의 옷은 때 묻은 흰 빛깔로서 짧고 헐렁한 저고리와 길고 불룩한 바지로 되어 있었는데, 가난한 사람들이 입는 이 옷은 한 달에 두 번꼴로도 갈아입지 않는 것[493]이라고 생각하였다. 그녀는 이러한 조선인들을 보면서 선교 사업의 파레시아를 생각하면서 가슴 벅차하며 그 일이 결코 헛되이 되지 않도록 기도를 하였다. 릴리어스 호튼은 그녀가 제물포항에서 만났던 조선인이 조선에서 맨 밑바닥 계층의 사람들이었다는 것, 그들의 옷은 매우 가난한 사람들의 옷이었다는 것, 그리고 제물포는 특히 3월에는 조선에서 가장 살벌하고 볼품없는 곳일 거라고 생각하였다.[494]

제물포에 내린 이튿날, 릴리어스 호튼은 제물포에서 서울까지 28마일을 가마꾼 넷이 메는 가마를 타고 갔다. 오후 4시 무렵에 서울 근처에 도착하였다. 그녀는 다행히 아직 닫히지 않은 성문에 들어가면서 서울의 거리를 보았다.

이 성문을 들어서면서 우리는 지붕을 짚으로 이거나 기와로 인 나지막한 흙집들

---

492) 릴리어스 호튼 언더우드, 2008, 앞의 책, 17쪽.
493) 릴리어스 호튼 언더우드, 2008, 앞의 책, 17~18쪽.
494) 릴리어스 호튼 언더우드, 2008, 앞의 책, 18쪽.

이 양쪽으로 늘어선 좁고 지저분한 거리를 보았다. 흔히 이 도시는 마치 거대한 버섯 단지처럼 보인다고 하는 말이 있는데, 그것은 조선에는 일층보다 높이 지은 집이 한 채도 없기 때문이다.[495]

릴리어스 호튼은 서울의 집들은 나지막하고, 짚으로 된 초가지붕들을 보면서 버섯 같다고 생각하였다. 서울의 거리가 지저분하다고 생각하였다. 그리고 그녀는 조선인들의 가난한 집은 아주 형편없이 초라한 미국 사람의 집과 비슷하다고 하였다. 그러나 런던이나 뉴욕의 극빈자들과 견주어 볼 때에 서울에는 헐벗거나 굶주린 채로 다닌 사람은 거의 없다[496]고 말했다. 그녀는 조선인들은 가난하지만 거지는 없다는 것이었다. 런던이나 뉴욕의 극빈자들은 인간의 가장 기본적인 의식(衣食)이 해결이 안 되어 생존권에 위협을 받는 반면, 조선인들은 생존권에 위협을 받는 그러한 가난이 아니라, 표면상 드러나는 더러움과 초라함을 이야기하였다.

## 2) 체험적 다크투어 : 현장 속에서

### (1) 신혼여행, 여인숙의 더러움과 불편함

릴리어스 호튼은 서울에 도착한 지 며칠 뒤에 명성황후가 심부름꾼들을 통해 환영 인사를 전했고, 얼마 지나지 않아 민비를 간호해 달라는 요청을 받았다. 그녀는 조선에 선교 활동과 의료 행위를 위해 조선에 왔다. 그녀는 조선에 도착하자마자 명성황후의 시의가 되었으며 조선 최초의 국립 서양 병원인 광혜원의 부인과 책임자로 일하였다. 그리고 1889년 3월 14일 이미 조선에서 선교 활동을 하고 있던 호레이스 그랜트 언더

---

495) 릴리어스 호튼 언더우드, 2008, 앞의 책, 20쪽.
496) 릴리어스 호튼 언더우드, 2008, 앞의 책, 20쪽.

우드와 서울에서 결혼하여 신혼여행과 선교 여행을 겸해 황해도와 평안도 지방을 순회하였다. 그녀는 가마를 타고 한양에서 의주까지 신혼여행을 떠났다.

1889년 한국에서 결혼한 언더우드 선교사 부부는 신혼여행을 겸한 서북지방 일대의 답사에 나섰다.
사진은 선교여행을 떠나는 언더우드 선교사 부부(왼쪽 세번째와 다섯번째)와 짐꾼들.

<그림-32> 릴리어스 호튼 언더우드의 신혼여행을 떠나면서
출처: 「한글 옷을 입고 온 복음, 조선의 빛이 되다.」, 『자유일보』, 2022.05.20.

언더우드 부부는 정북 쪽으로 방향을 잡아 여행을 떠났다. 정오에 서울과 송도[497] 사이에 있는 한 작은 마을에서 처음으로 멈추었다. 그리고 릴리어스 호튼은 여인숙에 들어가 보았다. 그녀가 서울을 떠나 지방에서 처음 보게 된 여인숙의 인상은 다음과 같았다.

---

497) 개성의 옛 이름

조선의 여인숙은 불결하고 답답하고 악취가 나고, 그리고 불편한 것으로 중국의 여인숙에 뒤지지 않았다....<중략>...기름이 칠해진 종이 위, 좀 더 솔직히 말하면 그냥 땅바닥 위에 깔린 담요는 먼지와 아무 데서나 법석을 떠는 갖가지 해충으로 가득했다. 얼마나 많은 사람들이 이 방에서 똑같이 이질과 천연두, 콜레라, 발진티푸스 따위로 죽었을지는 아예 생각을 안 하는 게 좋을 것 같다. 방은 한 번도 쓸지 않았고 담요는 한 번도 털지 않은 것이었기 때문이다. 그들은 '진짜' 빨래란 걸 아예 모른다. 살균이나 소독이란 것은 그들의 짧은 상상력으로는 마치 달나라 사람의 생활만큼이나 먼 세계의 이야기이다.[498]

릴리어스 호튼은 조선의 첫 여행지에서 본 것도 조선의 여인숙의 더러움과 불편함 속에서 조선의 가난을 보았다. 여인숙은 문에 바른 종이가 거의 때가 타서 까맣게 되어 어둑한 작은 방 안으로 기를 쓰고 들어올 빛이란 한 줄기도 없었고, 가구도 아예 없다시피 해서 불편함을 느꼈다. 또한 한 번도 청소를 하지도 않았고 빨래도 되어 있지 않은 침구를 보면서 온갖 병을 상상하였다. 조선의 가난함은 생존과 관련된 절대빈곤이 아니라 청결과 관련된 생활 수준의 빈곤이었다. 언더우드 부부는 신혼여행에서 조선의 가난함을 몸소 경험하였다.

## (2) 청일전쟁 개전 소식, 총소리에 잠을 깨며

릴리어스 호튼은 잠시 아기를 낳기 위해 미국에 다녀온 후 1893년 가을에 아기를 위해 이사를 하였다. 1894년 7월 조선에서는 청일전쟁이 일어났고 서울은 일본군에게 점령되었다. 릴리어스 호튼은 조선 한복판에서 전쟁의 공포를 경험하였다.

---

498) 릴리어스 호튼 언더우드, 2008, 앞의 책, 62쪽, 64쪽.

어느 날 아침 우리는 총소리에 잠이 깨었다. 그리고는 곧 대궐이 일본군에게 점령되었다는 것을 알게 되었다. 외국인들, 조선 사람들이 모두 크게 흥분했다. 모든 외국 공사관에서는 군함이 머물고 있는 항구의 군대에 우리를 보호하려고 명령을 내렸다. 그러나 막상 위험한 경우에 그런 적은 군대가 힘을 쓸 수 있을지는 알 수 없는 일이었다.[499]

릴리어스 호튼은 전쟁의 총소리에 잠이 깨는 전쟁의 한 중심이 있었다. 외국인들 조선인들 모두 놀랬고, 외국 공사관에서는 항구에 있는 군함의 군대에게 자국민들을 보호하라는 명령을 내렸지만 그녀는 전쟁 속에서 불안감을 느꼈다. 외국인을 보호해 줄 외국 군인은 러시아 해병대 쉰 명, 미국 해병대 마흔 명, 영국 해병대 마흔 명, 그리고 독일 해병대 아홉 명이 전부였다. 조선 사람들도 신분의 높낮이를 가릴 것 없이 엄청난 공포에 빠졌다. 많은 양반들은 자기 집에서 도망쳐 나와서 온갖 구실을 다 붙여 외국 공사관이나 시골로 피난을 떠났다.

평민들은 '떼를 지어서 시골로' 떠났다. 가게란 가게는 모두 문을 닫았고, 도시는 마치 돌림병이 번진 것처럼 보였다. 입을 꾹 다물고 잔뜩 두려움에 질린 표정으로 급히 발걸음을 옮기는 남자, 여자와 가마, 조랑말의 무거운 행렬이 중앙 도로를 지나 성문 밖으로 끊임없이 흘러나갔다. 어린애들의 애처로운 모습도 숱하게 보였다. 부모들이 매정하게 버렸거나 사람들 속에서 부모를 잃어버린 아이들이 눈물로 얼룩진 얼굴을 하고 혼자서 종종걸음을 치고 있었다. 어떤 아이들은 여자들의 등에 업히거나 치마 끝에 매달려 갔다. 남자들은 소중한 물건을 어깨로 져 나르고 있었고, 겁에 질린 부자나 마나님들을 태운 가마의 가마꾼들은 사람

---

499) 릴리어스 호튼 언더우드, 2008, 앞의 책, 142쪽.

들 사이를 이리저리 휘젓고 나갔다. 높은 사람이든 천한 사람이든 부자든 가난뱅이든 그들 나라의 오랜 적인 무서운 일본인들에게서 서둘러 도망을 치고 있었다.[500]

하지만 릴리어스 호튼은 피난을 가지 않았다. 원주민 기독교인들 때문에라도 남아 있기로 이미 결정을 보았다. 그녀는 청일전쟁 속에서 공포를 고스란히 견디고 있었다. 조선은 전쟁 속에서 신분의 차이, 경제적 차이가 다 무너지고 파멸에 이르고 있었다. 청나라가 전쟁에서 진 뒤 10월 초 평양의 간 어느 선교사의 말을 릴리어스 호튼은 다음과 같이 인용하였다.

"사람과 말과 소의 송장이 헤아릴 수 없을 만큼 많이 널려 있어서 어느 쪽으로 가거나 언제나 그 송장들을 넘어가야 했고, 공기의 더러움이란 말로 할 수 없을 정도였다." 또 다른 사람은 이렇게 적었다. "어느 곳에서 나는 송장을 스무 구도 더 헤아렸는데, 총에 맞아 엎어진 채, 말 그대로 하나씩 쌓여 있었다.......또 다른 곳은 만주군 기병대가 일본 보병대의 매복 장소로 뛰어들었다가 살육을 당한 곳으로, 참으로 끔찍했다. 사람과 말의 송장 수백 구가 자빠졌던 상태 그대로 누워 있었는데, 그야말로 '길이가 수 마일에 넓이가 몇 야드나 되는 송장더미였다.' 전쟁이 끝난 지 3주일이 지난 때였건만 송장들은 거기에 그냥 편안히 누워 있었다."[501]

릴리어스 호튼은 어느 선교사가 적어 놓은 평양의 상황에서 더욱더 전쟁의 비참함을 느꼈다. 청일전쟁은 1894년 봄 전라도에서 제1차 동학농민군이 봉기하자 조선 정부는 5월 7일 홍계훈(洪啓薰)을 양호초토사(兩湖招討使)로 임명하고 이 봉기를 진압하도록 명하였다. 그러나 동학

---

500) 릴리어스 호튼 언더우드, 2008, 앞의 책, 143쪽.
501) 릴리어스 호튼 언더우드, 2008, 앞의 책, 146쪽.

농민군은 장성에서 관군을 격파하고 5월 31일에는 전주까지 함락시켰다. 6월 2일 전주가 함락되었다는 보고를 받은 조선 정부는 자력으로는 농민군을 진압할 수 없다고 판단하고 임오군란 진압 시 전례에 따라 청국의 주차조선총리교섭통상사의(駐箚朝鮮總理交涉通商事宜) 위안스카이(袁世凱)에게 원병을 요청하였다.

위안스카이를 통해 파병 요청을 받은 청국의 직례총독 겸 북양대신(直隷總督兼北洋大臣) 이홍장(李鴻章)은 6월 6일, 톈진조약(天津條約)에 의거하여 일본에 파병 사실을 통고하고 직례제독 예즈차오(葉志超)와 딩루창(丁汝昌) 휘하의 군사 2,800명을 충청도 아산에 급파하였다. 일본 정부는 조선이 청국에 파병을 요청하였다는 보고를 받고 제5사단 오시마 요시마사(大島義昌) 소장 휘하의 혼성 여단을 조선에 파견하기로 결정하였다. 6월 9일 오시마가 거느린 일본군은 인천에 상륙하여 곧바로 서울로 진군하였다. 그 뒤 6월 하순까지 8,000여 명의 일본군이 경인(京仁) 간에 집결하였다.

조선 정부는 일본이 독단으로 대규모 군인을 파병한 데 당황하고 이에 항의하고, 즉시 철병할 것을 요청하였다. 더욱이, 6월 11일 정부군과 동학농민군 사이에 전주화약(全州和約)이 성립되었기 때문에 외국군이 간섭할 구실이 없어진 상황이었다. 하지만 일본은 청국에 '제1차 절교서(絶交書)'를 보냄과 동시에 단독으로 조선의 '내정개혁'을 강행하기로 결정하였다. 또한 일본은 영국과 영일신조약(英日新條約)을 체결하고 영국의 간접적인 지원을 얻어 개전을 서둘렀다. 청일전쟁은 7월 23일 일본군이 경복궁을 공격함으로써 시작되었다.

이리하여 조선은 청나라와 일본의 전쟁에 전쟁터가 되었다. 따라서 전쟁이 지나간 평양의 상황은 조선 사람, 말, 소 등의 생명이 무참히 죽어 길거리에 늘어져 있었다. 그곳에는 조선인뿐만 아니라 만주군 기병대도 끔찍하게 죽어 있었다. 전쟁으로 죽은 사람들의 시체가 길이 수 마일, 넓이 몇 야드로 그 수를 헤아릴 수 없을 정도였다. 따라서, 조선에서는 그 많은 시체를 처리하지 못하고 3주나 방치하고 있었던 것이다.

### (3) 을미사변, 기독교 이미지 쇄신할 좋은 기회

1895년 10월 8일에 명성황후가 시해당하는 을미사변이 일어났다. 릴리어스 호튼은 을미사변이 일어나고 있는 대궐 옆에서 이 상황을 지켜보고 있었다.

> 1895년 10월 8일 아침에 우리는 대궐에서 나는 총소리를 들었다. 그때는 평화로운 때였기 때문에 그 소리가 틀림없이 불길한 징조임을 알 수 있었다. 확실한 것은 아무것도 알 수가 없었고 모든 것이 혼란스러웠다. 다만 일본 군대가 새벽 세 시에 대원군을 호위하고 대궐에 도착하여, 다이 장군(미국인) 휘하의 원주민 근위병을 물리치고 지금 대궐문을 지키고 있다는 것만 알 수 있었다. 그러나 오후까지는 아무것도 더 알 수가 없었다. 오후에 한 조선 양반을 만나자, 그는 기절할 듯이 놀란 얼굴로 지금 막 왕비가 살해되었다는 보고를 받았다고 말했다.[502]

릴리어스 호튼은 명성황후가 시해당하는 1895년 10월 8일 아침에 대궐에서 나는 총소리를 들으면서 불길함을 느꼈고, 오후에 조선인 양반을 통해 왕비가 살해되었음을 알았다. 그녀는 한 나라의 왕비가 죽음을 당하는 현장에서 참담함과 공포를 몸소 체험한 것이다. 그녀가 본 당시의 명성황후의 모습은 "중전마마는 총명한 외교관이었으나 늘 그의 적

---

502) 릴리어스 호튼 언더우드, 2008, 앞의 책, 185쪽.

들에게 시달리고 있었다."503) 라고 하였다. 명성황후는 청일전쟁이 끝나고 나서 서양의 다른 나라와 외교관계를 가지려고 하였다. 그렇지만 일본의 간섭이 심했던 것이다. 일본인들은 전쟁이 끝난 뒤에 조선이 독립국임을 선언했지만 실제로는 조선을 일종의 보호국으로 생각하여 명성황후가 나라 안팎에 펼치는 정책을 감독하고 간섭하였다. 또한 조선 정부의 많은 관료들이 일본인들, 또는 일본을 지지하는 사람들로 채워졌고, 조선 군대가 거의 일본 관리의 훈련을 받았으며 그 명령을 따랐다. 이렇게 일본이 조선의 내정간섭이 심해지고 있는 상황에서 명성황후의 외교정책은 자신의 안위를 위협하는 행위가 되었다.

릴리어스 호튼은 을미사변의 원인을 두 가지로 파악하였다.

> 왕비의 애국심과 총명함을 보고 일본인들은 조선을 일본화하려는 자기들의 계획에 절대로 복종하지 않는 사람 하나와 마주쳐야 한다는 것을 깨닫고는 나랏일에 그가 참여하는 것을 반대했다. 그리고 우리가 들은 말에 따르면, 그들은 이런 명령에 절대 복종한다는 다짐을 왕비에게서 강제로 받아냈다. 물로 이 다짐은 지켜지지 않았고, 왕비는 여전히 혼란을 일으켜 그들의 계획에 큰 장애가 되었다. 마침내 일본 공사관의 인사에 결정적인 변화가 일어났다. 일본 정부의 이름으로 그때까지 줄곧 왕비에게 일본의 지지와 보호를 약속해 오던 이노우에 공사가 본국으로 소환되었다. 미우라 공사가 그 자리를 맡았는데 그는 전임 공사와는 전혀 성향이 다른 인물이었다. 미우라 공사는 아주 독실한 불교 신자였으며 일본의 이익을 위해서라면 어떤 나라에 대해서도 물불을 가리지 않을 사람이었다.504)

릴리어스 호튼은 명성황후가 일본에 의해 시해된 이유를 첫째, 일본인들은 명성황후에게 일본에게 절대적으로 복종한다는 다짐을 강제로

---

503) 릴리어스 호튼 언더우드, 2008, 앞의 책, 184쪽.
504) 릴리어스 호튼 언더우드, 2008, 앞의 책, 184～185쪽.

받아냈음에도 불구하고 명성황후를 믿지 못했다는 것이다. 왜냐하면 명성황후가 똑똑하고 애국심도 있었기 때문에 일본이 조선을 식민지 하려는 계획에 절대로 복종하지 않을 것임을 알고 있었다는 것이다. 그래서 일본의 계획에 방해가 되었기 때문에 살해했다고 판단하였다. 둘째, 일본 공사가 바뀌었다는 것이다. 줄곧 명성황후에게 일본의 지지와 보호를 약속해 오던 이노우에 가오루(井上馨) 공사가 일본으로 건너가고 이노우에 공사와는 전혀 성향이 다른 미우라 고로(三浦梧楼) 공사가 오면서 일본이 조선을 식민지화하는데 장애물이었던 명성황후를 살해했다고 생각하였다.

이노우에는 1876년 특명부 전권 대사로 조일수호조규 체결을 담당하였으며, 1885년 12월 세워진 제1차 이토 내각에서 초대 외무대신을 맡았다. 1887년 불명예 퇴진을 하였지만, 이후에도 꾸준히 내각에 참여하면서 구로다 내각에서 농상무 대신, 제2차 이토 내각에서는 내무 대신을 맡았다. 그러다가 1894년 청일전쟁이 일어나자 내무 대신을 사임하고 조선 공사로 부임하였다. 1894년 10월 김학우암살사건이 일어났다. 그런데 이노우에는 4개월이 지나서 관련 인물의 일부 심문자료를 입수하면서 사건의 주모자를 이준용(李埈鎔)이라고 확정하였다. 이준용은 홍선대원군이 그리 사랑하고 아꼈던 그의 장손이었다. 이준용의 체포 이후 이노우에는 사건의 배후자가 대원군이고 주모자가 이준용이라고 일본외무성에 보고하였다. 특별법원 판결 이후에 이노우에는 감학우암살사건의 주모와 배후를 모두 대원군이라고 지목하였다.[505] 줄곧 명성황

---

505) 김영수, 2022, 「1894년 갑오개혁 이후 주한 일본공사 이노우에의 개입과 대원군의 정치적 몰락-이 준용역모사건과 김학우암살사건을 중심으로-」, 『사림』 제81호, 수선사학회, 244쪽.

후에게 지지와 보호를 약속해 오던 이노우에가 이러한 주모자와 배후를 모두 대원군이라고 지목한 것은 대원군의 정치적 영향력을 완전히 제거하여 명성황후에게 권력의 힘을 실려주기 위한 이노우에의 의도가 숨겨져 있다고 추측할 수 있다.

당시 명성황후의 외교정책은 러시아의 힘을 빌려 조선의 내정에 깊이 관여해 왔던 일본 세력을 제거하려고 하였다. 조선왕실과 러시아 공사 베베르가 비밀 접촉을 하자, 당황한 일본은 조선 주재 일본 공사 이노우에를 일본으로 소환하고 대신에 예비역 육군 중장 미우라를 파견하였다. 미우라는 조선에서 러시아 세력을 몰아내기 위하여 은밀히 공사관 서기관 스기무라 후카시(杉村濬)를 통하여 명성황후 살해를 계획하였다. 동시에 사람을 시켜 흥선대원군과도 밀서를 주고받으면서 거사를 준비하였던 것이다.

그렇다면, 명성황후는 미리 피신했을 수도 있었을 텐데 그렇게 하지 않은 이유는 무엇일까? 릴리어스 호튼은 다음과 같이 이야기하였다.

임금의 둘째 아들인 의화군506)은 왕비에게 아직 파수꾼이 지키고 있지 않은 작은 문으로 자기와 함께 도망치자고 간청했다. 변장을 하고 그 문을 빠져나가 성안에 있는 그의 친구들에게로 가자는 것이었다. 그러나 중전마마는 외국인들이 대궐을 점령한 것이 틀림없는 이런 공포 속에 나이가 너무 많아 움직일 수 없는 대비를 홀로 남겨 놓고 갈 수는 없다고 점잖게 거절하였다. 게다가 그는 이노우에 공사가 자기에게 했던 다짐 곧 절대로 안전을 보장하겠노라던 그 다짐을 아무 의심 없이 믿었고, 더구나 정병하라는 신하가 무슨 일이 일어나도 두 분 전하는 절대로 안전하다고 다짐을 했다. 이 남자는 근본이 천한 사람인데, 왕비의 덕으로 출세를 하고 많은 은혜를 입은 사람이었다. 그래서 왕비는 그에게 퍽 의지하고 있었다. 그는 왕비에

---

506) 고종의 다섯째 아들이다. 릴리어스 호튼은 둘째 아들로 잘못 알았다.

게 숨지 말라고 진언을 해 놓고는 그의 움직임을 소상히 파악했다. 의리라고는 눈곱만큼도 없는 그 자는 이미 암살자들의 하수인이 되었다.[507]

　을미사변이 일어나기 전 의화군이 명성황후에게 함께 피신하자고 청했지만 명성황후는 다음과 같은 이유로 피신을 가지 않았다. 첫째, 대비마마를 잘 섬겨야 된다는 궁궐의 법도 때문이었다. 자신이 피신을 가면 나이가 많은 대비마마가 홀로 남게 된다는 것이었다. 외국인들이 대궐을 점령한 공포의 상황속에 대비마마를 홀로 남겨 둘 수 없다는 것이었다. 둘째, 이노우에 공사가 명성황후에게 안전을 보장하겠다는 말을 믿었던 것이다. 하지만 이노우에 공사는 일본으로 건너간 상태였고, 미우라 공사가 오면서 이노우에 공사가 한 약속은 지켜지지 못하게 된 것이었다. 셋째, 친일파 정병하라는 신하 때문이었다. 정병하는 명성황후에게 숨지 말라고 하면서 그녀의 움직임을 소상히 파악하고 있었다. 명성황후는 무척 불안했지만 그에게 많은 은혜를 베풀어 그를 출세시켜 주었기 때문에 그를 믿고 그냥 남아 있기로 한 것이었다. 그러다가 일본인 암살자들이 명성황후를 찾으려 밀어닥쳤을 때에야 숨으려고 했으나 그 때는 숨기에는 너무 늦은 것이었다.

　릴리어스 호튼은 명성황후의 시해에 대한 숱한 소식들을 들으면서 갈피를 잡을 수 없었다. 그때 외국인 두 사람 곧 러시아 사람인 사바틴과 미국인 다이 장군이 시해 당시 일어난 일을 거의 모두 목격했던 사람들인데 이 두 사람은 다음과 같이 서로 맞아떨어지는 말을 하였다. 릴리어스 호튼은 그들에게서 들은 일본인 암살자들이 명성황후를 시해하는 과정을 다음과 같이 서술하였다.

---

507) 릴리어스 호튼 언더우드, 2008, 앞의 책, 186~187쪽.

그들은 먹이를 찾아 미친 듯이 야만적인 사냥질을 시작했다. 사람이라기보다는 차라리 들짐승 같은 그들은 대궐의 여자들을 붙들어 머리채를 잡고 질질 끌면서 두들겨 팼다. 왕비가 어디 있는지 대라고 하는 것이었다. 사바틴씨도 그들에서 질문을 받았으며 죽인다는 위협도 받았다. 일본군의 제복을 입은 '소시'508)와 장교들은 임금이 서 계신 방을 지나갔다. 임금은 그들의 관심을 왕비에게서 다른 데로 돌리려고 애를 썼다. "일본인 하나가 임금의 어깨를 잡고 밀어제쳤다. 궁내부 대신 이경직은 전하의 눈앞에서 일본인에게 죽임을 당했다. 세자 저하도 일본인에게 붙들렸다. 그들은 저하의 모자를 찢어발기고 머리채를 끌어당겼다. '소시'는 왕비가 어디 있는지를 대라고 하면서 칼로 저하를 위협했다." 마침내 그들은 가련한 왕비를 찾아내서는 칼로 찔러 죽였다. 그런 뒤에 왕비의 시체를 덮어 두었다가 궁녀들을 데려와서 갑자기 그것을 보여주었다. 그러자 그들은 공포에 질려 "중전마마! 중전마마"하고 소리쳤다. 이것으로 충분했다. 이런 계략으로써 이 암살자들은 자기들이 찾던 사람을 제대로 쓰러뜨렸다는 것을 알게 되었다. 그 뒤에 곧 거기서 그다지 멀지 않은 작은 숲으로 시체들을 옮겼고 그 위에 등유를 부었다. 그리고 불을 붙였고 뼈 몇 줌만이 남았다.509)

릴리어스 호튼은 명성황후 시해 과정을 당시 현장에 있었던 사바틴씨와 미국인 다이 장군에게서 상세히 들었다. 일본인 암살자들의 명성황후 시해를 야만적인 사냥질에 비유하였다. 한 나라의 왕비를 시해하는 것은 야만적인 행동이었다. 그들의 목표는 오로지 명성황후였다. 고종을 밀치고 대신을 죽이고, 세자를 잡아들였다. 그들은 명성황후의 얼굴을 알지 못했지만, 궁녀들의 통곡 소리에 명성황후를 제대로 살해했다는 사실을 알았다.

명성황후가 시해된 후에 갖가지 소문들이 떠돌았다. 명성황후가 무사

---

508) 壯士(そうし), 일본 메이지 유신기에 자유민권 사상을 외치면서 폭력을 일삼던 무리.
509) 릴리어스 호튼 언더우드, 2008, 앞의 책, 187~189쪽.

히 피신을 하여 어디에 숨어 계신다. 일본인들이 잠깐 데려갔을 뿐이니 다시 모셔 올 수 있다는 등의 이야기들이었다.510) 이런 소문들은 조선인들이 자신들의 왕비가 외국인에게 죽임을 당했다는 것을 믿기 어려워 나온 이야기들이었을 것이다.

왕비가 죽임을 당하고, 반정부 세력이 내각을 구성하는 암흑한 시기에 릴리어스 호튼을 포함한 외국인들은 어떻게 했을까?

명성황후가 죽고 난 뒤에 군인들과 암살자가 흩어지지도 전에 일본 미우라 공사는 대궐에 들어와서 임금을 뵙기를 청했다. 그는 고종에게 3장의 문서를 내놓으며 서명을 해 달라고 하였다. 첫 번째 문서는 이제부터는 일본 정부를 지지하는 김홍집 내각이 나랏일을 관장한다는 것이었고, 두 번째 문서는 이재면511)이 궁내부 대신이 되어야 하며, 세 번째 문서는 그 부서에 협판 한 사람을 임명한다는 것이었다. 간밤의 사건에 무척 겁을 먹은 데다 적의 손아귀에서 무력하기만 했던 고종은 이 세 문서에 모두 서명을 하고 말았다. 그 뒤에 곧 국방과 경찰을 관장하는 책임자들이 친일파들로 바뀌었고, 심지어는 고종의 개인 시종들까지 모두 왕실의 친일파 손에 들어가게 되었다.512)

릴리어스 호튼은 러시아 공사 웨벨씨와 미합중국 대리 대사 알렌 박사에게서 그 당시의 상황을 들을 수 있었다. 그들은 총소리를 듣고 대궐에 도착했을 때 일본 공사는 아직 거기에 있었다.

가련한 임금은 거의 지쳐 쓰러질 지경으로 충격을 받은 상태였다. 간밤의 끔찍한 경험, 그가 우상처럼 여기는 왕비의 무참한 죽음을 겪은 뒤의 그의 모습은 차마

---

510) 릴리어스 호튼 언더우드, 2008, 앞의 책, 189쪽.
511) 흥선 대원군의 큰 아들 곧 고종의 형.
512) 릴리어스 호튼 언더우드, 2008, 앞의 책, 193쪽.

볼 수 없을 정도였다. 수천 명이나 되는 왕실의 친지들과 측근들, 관리들, 군인들, 시종들 그리고 대궐 주변에 오락가락하는 사람들은 모두 엄청난 공포에 휩싸였다. 그들은 저마다 대궐을 빠져나가려고 미친 듯이 서둘렀고 궁중에 소속된 사람임을 표시하는 제복이나 그 밖에 여러 가지 것들을 주저 없이 찢어 버렸다. 미국 공사관과 러시아 공사관, 영국 공사관에는 조선인 매국노 일당의 손아귀에서 도망쳐 피난처를 구하려는 사람들이 끊이지 않았다. 외국 공사들은 왕비의 잔인한 암살에 깊은 분노와 아울러 임금에 대한 동정을 표시했다.[513)]

릴리어스 호튼은 왕비를 잃은 고종에게 연민과 동정을 느꼈다. 일본군이 궁궐에 침입하여 명성황후를 시해하는 상황 속에서 궁궐 내외에 있던 사람들도 엄청난 공포에 휩싸였음을 알 수 있다. 이러한 사람들이 피난처로 찾았던 곳이 외국 공사관이었다. 외국 공사관은 외국의 공사가 주재지에서 사무를 보는 공관이면서 치외 법권이 인정되는 곳이다. 따라서 일본의 무력을 피할 수 있는 안전한 공간이었다. 그리고 외국공사들도 조선인 못지않게 명성황후의 비참한 죽음에 깊은 분노를 느끼고 아울러 황후를 잃어버린 고종에 동정을 표시하였던 것이다.

명성황후 사건이 일어나고 얼마 동안 외국 공사들은 날마다 대궐을 방문하였다. 왜 그들은 매일 궁궐을 방문하여 고종을 만나려고 했을까? 그들은 친일파 내각 정부를 인정하기를 거부했으며, 고종의 소망과 정책이 무엇인지를 알려면 그를 개인적으로 만나야 한다고 생각하는 것 같았다. 또 고종을 손아귀에 쥔 사람들의 의중이 무엇인지 확실히 알 수가 없다고 생각했기 때문에 정보를 얻기를 바랐고, 행여나 왕실의 남은 식구들에게 다시 폭력을 휘두를 계획이 있지 않나 늘 살피려 했던 것 같다.[514)]

---

513) 릴리어스 호튼 언더우드, 2008, 앞의 책, 194쪽.

고종은 친일파 내각의 감시를 받고 있었다. 내각의 엄중한 감시를 받은 상황 속에서 외국 공사들은 고종을 만날 수 있었다. 고종은 그들의 눈을 피해 언더우드의 손바닥에다 은밀한 전갈을 적은 쪽지를 전해 주곤 했다.515) 이런 경우를 볼 때 고종은 당시 측근이나 아무도 믿을 수 없는 상황에서 외국 공사들에게 의지하고 있음을 알 수 있었다. 이렇게 외국 공사들이 고종의 가까이에서 고종의 의중을 살피고, 일본인들의 행동을 주시하는 이유는 무엇이었을까? 그들도 일본의 행동이 야만적이고 옳지 못했음을 생각하였고, 명성황후의 죽음에 분노를 일으켰다. 그래서 고종을 돕고 싶었던 것이다.

고종은 언제나 독살의 공포를 느끼고 있었는데, 그 이유를 릴리어스 호튼은 다음과 같이 서술하였다.

> 비양심적이고 비정상적인 그의 아버지 대원군이 다른 아들에게서 난 손자를 임금 자리에 앉히려고 갖은 애를 쓰고 있었고, 또 임금을 둘러싸고 있는 숱한 공모자들은 이제는 목숨이 걸린 위험한 지경에까지 이르러 자기들의 이해와 관련된 것이라면 무슨 일이든 저지를 사람임을 이미 입증했기 때문이다.516)

릴리어스 호튼은 명성황후 시해 사건에 대원군이 개입하였다고 보았다. 그녀는 대원군을 "이 노인은 정권에 대한 욕심이 아주 많은 빈틈이 없고 교활한 사람이었다. 그는 절대로 남에게 정권을 넘겨줄 사람이 아니었다."517)라고 생각하였고, "어느 날 아침에 그 노인은 왕비의 쿠데타

---

514) 릴리어스 호튼 언더우드, 2008, 앞의 책, 194쪽.
515) 릴리어스 호튼 언더우드, 2008, 앞의 책, 195쪽.
516) 릴리어스 호튼 언더우드, 2008, 앞의 책, 195쪽.
517) 릴리어스 호튼 언더우드, 2008, 앞의 책, 47쪽.

로 자신이 이미 면직되었으며 왕비의 친구들과 사촌 형제들로 새로운 내각이 짜인 것을 알게 되었다. 그는 분노를 억누르지 못하고 그때부터 며느리를 파멸시킬 준비를 했다.”[518] 라고 하면서 홍선대원군을 노인으로 칭하고 있고 홍선대원군이 면직되고, 민씨 내각이 조직된 것에 화가 난 홍선대원군은 명성황후 시해 사건에 동조했음을 강조하였다.

고종은 이러한 홍선대원군이 고종 자신도 독살할지 모른다고 생각하였다. 고종은 독살의 공포를 느끼며 한동안 자기가 보는 앞에서 깐 깡통 연유나 날달걀 요리 말고는 아무것도 먹지 않았다. 이 소식을 들은 릴리어스 호튼은 고종에게 음식을 만들어 보냈다.

> 이 소식을 듣고 우리는 보잘것없으나마 우리의 동정심을 나타낼 기회를 얻은 것을 기뻐하면서 한 유럽 공사관의 부인과 내가 교대로 특별히 음식을 만들어 임금에게 보냈다. 이 음식들은 영양가도 풍부했을 뿐만 아니라 맛도 좋았다. 이 음식들은 놋그릇에 담아 예일 자물쇠[519]로 잠가 보냈다. 공사관과 대궐 사이의 연락과 통역 일을 맡고 있던 언더우드 씨는 어떤 때는 하루에 두 번씩 열쇠를 가져다 임금에게 건네주었다.…<중략>…그것은 자그마한 봉사에 지나지 않는 일이었다. 그러나 우리에게 충성심을 요구할 권리가 있는 그분에게, 그토록 기가 막힌 모욕을 당했던 그분에게 무언가를 해 줄 수 있다는 것이 얼마쯤 위안이 되었다.[520]

릴리어스 호튼은 생명의 위험과 명성황후를 잃은 충격에 빠져 있던 고종에게 위로를 할 수 있는 기회를 얻은 것을 기뻐하며 음식을 만들어 보냈다. 음식을 열쇠로 잠그고 자신의 남편인 언더우드가 가져다 드리는 방식으로 철저한 보안으로 고종의 안위를 보존하게 하였다. 이렇게

---

518) 릴리어스 호튼 언더우드, 2008, 앞의 책, 47~48쪽.
519) 미국인 예일이 발명한 원통형 자물쇠.
520) 릴리어스 호튼 언더우드, 2008, 앞의 책, 195~196쪽.

고종을 위해 무언가를 해 줄 수 있다는 것이 자신에게 위안이 되었다고 하였다. 릴리어스 호튼은 궁궐에 들어가 명성황후랑 이야기도 나누고, 자신의 결혼식 때 많은 선물을 준 명성황후와 친분이 있었던 사이로 명성황후의 죽음 상당한 충격을 안겨 주었을 것이다. 이러한 충격은 고종을 보필함으로써 자신에게도 얼마쯤의 위안이 되었다. 그녀는 이렇게 암흑적인 시기에 이러한 공포와 충격을 피하려고 하지 않고 고종의 옆에서 암울한 시기를 극복하고 있었다. 명성황후의 죽음에서 공포와 절망감을 느끼지만, 그 속에 매몰되지 않고 스스로 극복하고 있는 모습을 볼 수 있었다.

> 선교사들은 밤이면 밤마다 두 사람씩 남아서 영원한 평화(그때의 가여운 조선에는 그것이 얼마 남아 있지도 않았지만)를 약속하는 복음을 설교했다. 우리 아낙들은 남편들이 대궐에서 파수를 보고 있는 동안 집에서 외롭게 불침번을 서면서, 대궐 쪽에서 무슨 불길한 소리가 들리지 않는지 잔뜩 촉각을 세우고 있었다. 남편들이나 우리나 모두 이 봉사가 즐거웠다. 우리는 우리가 가장 높은 사람에게서부터 가장 낮은 사람들에 이르기까지 모든 사람들의 친구임을, 또 정의로운 지배자임을 입증하는 것이 기뻤다. 특히 우리가 기뻤던 것은 복음의 전파를 금지하는 법령에 복종하기를 거부함으로써 불충자로 불렸던 사람들이 이제는 임금에게 가장 충성하는 사람들임을 보여줄 수 있었기 때문이다.[521]

릴리어스 호튼은 조선의 평화가 얼마 남지 않았음을 알고 있었다. 조선의 암흑기를 겪으면서 그들은 그들의 기독교를 전파할 수 있었다. 따라서 공포와 절망감 속에서도 자기가 하고자 하는 선교를 펼칠 수 있었던 것이 즐거움으로 느꼈다. 그리고 기독교 전파를 금지했던 곳에서 자

---

521) 릴리어스 호튼 언더우드, 2008, 앞의 책, 196~197쪽.

신들이 고종에게 위안과 위로를 전하면서 기독교인들이 불충자가 아님을 보여줄 수 있는 기회를 가졌던 것이다. 따라서, 릴리어스 호튼을 비롯한 외국인 선교사들은 조선의 암흑기를 겪으면서 두려움을 느꼈지만, 오히려 그 속에서 자신들의 파레시아를 펼칠 수 있는 기회를 가져 조선의 절망스러운 상황 속에서 외국인 선교사는 기독교를 전파할 수 있었고, 자신들의 이미지를 쇄신할 수 있는 기회를 얻은 것이었다.

그리고, 릴리어스 호튼은 고종의 아들 의화군을 자신의 집으로 피신할 수 있게 도왔다. 이 집은 미국의 재산으로 되어 있었으므로 이곳이라면 붙잡히지 않고 안전하게 지낼 수 있었기 때문이었다. 이렇게 "가짜 정부"522)와 충돌하면서까지 고종을 도우려고 했던 이유를 다음과 같이 서술하였다.

> 만일에 정부가 잘못되었다면 올바른 마음을 지닌 사람들은 그 정부를 반대해야 하며, 또 그런 정부에 저항하는 정당하고 합법적인 주권자의 벗들을 음모꾼들과 배신자들의 무리로부터 보호하여 폭력과 죽임을 당하지 않도록 지키는 것이 우리의 임무라고 믿게 되었으니 그것은 아마 우리 선조들의 혁명 정신 때문이었을 것이다.523)

릴리어스 호튼은 친일파가 세운 정부를 가짜 정부라고 생각하고 그 정부가 잘못되었다고 하였다. 그래서 의화군을 자신의 집에서 보호하는 것은 음모꾼과 배신자들의 무리로부터 보호하여 폭력과 죽임을 당하지 않게 하기 위함임을 밝혔다. 이러한 생각은 자신의 선조들의 혁명 정신

---

522) 릴리어스 호튼 언더우드, 2008, 앞의 책, 197쪽. 릴리어스 호튼은 친일파에 의해 세워진 정부를 가짜 정부라고 부르고 있다.
523) 릴리어스 호튼 언더우드, 2008, 앞의 책, 197~198쪽.

때문이라고 하였는데 이것은 미국독립혁명을 말하는 것으로 추측된다. 미국 독립혁명은 1775년부터 1783년까지 8년간 벌어진 대영제국과 13개 식민지 사이의 전쟁이었다. 전쟁의 결과 13개 식민지가 미국이라는 신생국으로 독립하였다. 이러한 혁명 정신을 이어받아 그녀는 가짜정부한테 맞서고 있었던 것이다.

고종은 친일 정부에 의해 감시당하고 있었다. 고종의 가장 충성스러운 신하들은 그를 구출할 계획을 세웠다. 수많은 조선인들이 고종을 구출할 갖가지 계획을 세우고 릴리어스 호튼의 남편인 언더우드를 찾아갔다. 그들은 언더우드에게 조언과 도움을 구했다. 그러나 그는 반역 정부에 대한 그들의 반대에 동감을 표시하고 자기도 그 정부를 인정하지 않는다는 뜻을 거리낌 없이 말했으나 그들의 계획에는 어떤 것에도 동의하지 않았다.[524] 언더우드 외 서양인 선교사들은 조선의 암울한 시기를 함께 분노하고 동정하면서 위로했지만, 조선인들처럼 적극적으로 행동은 취하지 않았다. 그들은 기독교를 조선에 전하는 것이 파레시아였기 때문에 선교사들의 이미지 쇄신이 중요했던 것이다. 그래서 조선의 암흑기를 이용해 고종을 곁에서 보필하고 위로하면서 기독교를 전파시킬 기회를 보고 있었던 것이다.


### (4) 콜레라, 1895년 7월 8월 전염병이 서울을 쑥대밭으로

1895년 7월과 8월에 콜레라가 조선을 휩쓸었다. 이 시기는 청일전쟁이 일어났던 시기였다. 1895년 6월이 되면서 만주 지역으로부터 의주를 통해서, 그리고 동해안 바다를 통해 콜레라가 전파되어 확산되기 시작

---

524) 릴리어스 호튼 언더우드, 2008, 앞의 책, 199쪽.

하였다. 이로 인해 의주, 평양, 안악, 원산, 아산, 경성, 대구 등에서 다시 제2의 피난 행렬이 시작되었다. 이때 조선 전역에서 30만이 콜레라로 사망하였다고 한다.[525] 릴리어스 호튼은 콜레라 전염병이 만연한 조선의 상황을 지켜보면서 다음과 같이 이야기하였다.

> 조선 사람들은 거의가 다 병원에 오려고 하지 않았다. 그들을 병원에 끌고 가는 건 위험한 일이기도 하다. 그들은 자기 집에서조차 외국인 의사의 진료를 받으려 하지 않았으며 우리가 조선 약품을 써도 그 점은 마찬가지였다. 그러나 아아, 그 병은 너무나 맹렬해서 온갖 과학의 힘으로도 어쩔 수 없을 정도였다. 그것은 여태껏 내가 본 일들에서 가장 절망적이고 무시무시한 일이었으며, 약이란 것도 그저 최후의 순간을 조금 늦추어 주는 것밖에는 아무 쓸모도 없는 경우가 종종 있었다.[526]

조선 지역에 콜레라는 무시무시한 기세로 퍼지기 시작했고, 아침까지만 해도 멀쩡하던 사람들이 낮에 송장이 되기도 했으며 한 집안에서 몇 식구가 같은 날 죽기도 하였다. 이웃에서 이웃으로 병이 번져 날마다 환자가 불어났다. 그 위세는 도저히 걷잡을 수도 없고 한치의 어김도 없으며 그야말로 무시무시했다.[527] 릴리어스 호튼은 전염병이 돌고 있는 상황 속에서도 조선인들이 병원에 오지 않고, 또 외국인에게 진료를 받지 않으려고 하였다는 것이다. 그녀는 콜레라에 대한 약이 없기 때문에 그녀가 본 일들 중에서 가장 절망적이고 무시무시한 상황이라고 하였다. 그녀는 자신의 아들 원한경도 앓아누워 있는 상태에서 병원에 하루 걸러 한 번씩 밤에만 와서 일을 하던 상황이었다.

---

525) 차경애, 2008, 「청일전쟁(淸日戰爭) 당시 조선 전쟁터의 실상(實相)」, 『한국문화연구』 14호, 이화여자대학교 한국문화연구원, 84쪽.
526) 릴리어스 호튼 언더우드, 2008, 앞의 책, 175쪽.
527) 릴리어스 호튼 언더우드, 2008, 앞의 책, 173쪽.

이러한 상황 속에서 릴리어스 호튼이 일했던 진료소에서 65%가 병세가 회복되었다.528) 그녀는 이러한 치료 실적을 기록할 수 있었던 원인을 세 가지로 말하였다. 첫째, 될 수 있는 대로 빨리 그리고 많이 살롤529)을 썼고 둘째, 환자의 체온이 회복되고 혈액 순환이 좋아질 때까지 환자를 아주 뜨거운 방바닥에 눕혀 놓았으며 셋째, 원주민 기독교인들(저자: 조선인 기독교인을 말함)의 양심적이고 지칠 줄 모르는 간호가 있었던 점530)을 들고 있었다. 그녀는 전염병이 돌고 있는 조선에서 가장 절망적이고 무시무시한 공포를 느끼고 있었다.

릴리어스 호튼의 진료소에서는 환자 172명을 받았고 거기서 62명이 죽었다. 18명의 환자가 도착했을 때에는 그들은 이미 죽었거나 죽어가고 있었다. 또 95명의 환자들이 몸이 뻣뻣하게 굳은 상태로 들어왔는데 그중에 42명이 죽었다. 35명의 환자는 몸이 아주 쇠약한 지경이었고, 그중에서 2명이 죽었다. 4명의 환자는 부분적으로 쇠약하였고, 그중에서 죽은 사람은 없었다. 죽은 사람들중에는 25명은 아무런 반응이 없었고, 2명은 분만 후유증을 앓았고, 1명은 이미 결핵을 앓고 있었고, 3명은 뇌막염이 진전되었고, 1명은 만성 방광염의 후유증을 앓았고, 1명은 만성 신장염을 앓았으며 2명은 살롤이 받지 않았다.531)

그제서야 조선인들 사이에 기독교 병원에만 오면 죽지 않고 살 수 있다는 소문이 돌기 시작하였고, 그곳에서 선교사들을 본 사람들은 다음과 같이 말하였다.

---

528) 릴리어스 호튼 언더우드, 2008, 앞의 책, 179쪽.
529) 페닐살리산실염의 약 이름.
530) 릴리어스 호튼 언더우드, 2008, 앞의 책, 180쪽.
531) 릴리어스 호튼 언더우드, 2008, 앞의 책, 181쪽.

여름날 아침 어둑한 여명 속에서 거리를 급히 걸어가고 있는 언더우드 씨를 본 몇몇 사람들은 이렇게 말했다고 한다. "저기 그리스도의 사람이 가는구나. 저분은 한시도 쉬지 않고 병자들과 함께 밤낮을 일하고 있다네." "무엇 때문에 그러지?"하고 다른 사람들이 물었다. "우리를 사랑하기 때문이야"하는 것이 그 대답이었다. 우리의 봉사 속에서 사람들이 주님을 발견하는 것보다 더 즐거운 보답이 어디 있을까! 그가 구원하려고 하는 그 영혼의 눈앞에 주의 모습이 좀 더 분명히 다가올 수만 있다면 돌림병을 통째로 나쁘다고만 할 수는 없겠다.[532]

릴리어스 호튼은 자신의 아이도 돌림병에 걸리고, 조선인이 전염병에 걸려 사람들이 죽어가는 상황을 지켜보면서 가장 절망적이고 무시무시한 공포를 느꼈다. 하지만 언더우드 부부의 헌신적인 간호와 보살핌으로 환자들을 돌보는 모습에서 조선인들은 선교가 되고 있었다. 그녀는 이러한 절망적인 상황 속에서도 조선인들이 주님을 발견하는 모습에서 즐거움을 느꼈다. 그래서 이 무시무시한 돌림병마저도 통째로 나쁘지 않다고 느낄 정도였다. 이렇게 그녀는 조선인들이 기독교인으로 선교가 되기를 바라는 간절한 바람을 가지고 있었다.

### (5) 명성황후 장례식, 가슴을 치는 슬픔

명성황후는의 시해 사건이 일어난 지 이틀 후인 1895년 10월 10일에 그녀를 폐위시켜 서인(庶人)의 계급으로 강등하는 조칙이 내려졌다. 비록 고종의 명으로 발표한 조칙이나 실제로는 김홍집 내각의 강압에 의해서 이루어진 것이다. 고종은 그동안 친일파나 친일 정부를 피해 러시아 공사관을 피신하고 있다가 독립협회를 비롯한 여론이 대외 의존 자세를 비난하고 조속한 환궁을 요구하였다. 정부의 대신과 각계에서도

---

532) 릴리어스 호튼 언더우드, 2008, 앞의 책, 181~182쪽.

환궁 계획을 추진하였다. 고종은 1년여 만에 1897년 2월 20일 경운궁으로 환궁을 단행하였다.

환궁 후 고종은 독립협회의 진언을 받아들여 그해 10월 12일 황제즉위식을 원구단에서 갖고 국호를 대한(大韓), 연호를 광무(光武)라 고치고 대한제국을 대내외에 선포하였다. 이때 곧바로 죽은 왕비의 계급도 황후로 올려졌다. 이어 1897년 11월 21에 황후의 장례식이 거행되었다. 궁중의 관리들은 모두 정식 상복을 입었고, 백성들은 모두 약식 상복을 입었다. 묘지로 정해진 땅은 동대문 밖으로 궁에서 3, 4마일쯤 떨어진 곳에 있었고, 그 넓이는 몇 에이커나 되었다.[533]

무덤은 높이가 50피트인 자그마한 언덕 꼭대기에 단단한 벽돌로 지었고, 유물을 임시로 보관해 둘 아주 값비싼 사당을 그 언덕 기슭에 세웠으며 거기에서 마지막 의식이 치러졌다. 그리고 장례는 밤에 이루어졌다.[534] 조선의 외부에서는 외국 공사관에 초대장을 보냈다. 상여는 11월 21일 아침 8시 정각에 대궐을 떠났다. 군인 5,000명과 등불을 든 사람 4,000명, 경찰관 650명, 그리고 헤아릴 수 없이 많은 문무백관이 따랐다. 언더우드 부부도 명성황후 장례식에 참석하였다.

> 폐하께서는 장례 행렬에 참석해 달라는 특별 초대를 우리에게 보내 주셨다. 그러나 우리는 조금 뒤에 가는 게 낫겠다고 생각했다. 우리는 우리가 사랑하던 그 벗, 깊은 슬픔을 안겨 준 벗에게는 그런 찬란한 행렬이 어울리지 않는다고 생각하고 그저 수수한 문상을 하기로 했다.[535]

---

533) 명성황후의 무덤은 홍릉으로 원래 서울 청량리에 있었으나 고종이 죽어 경기도 금곡에 묻히게 되자 그곳으로 옮겨갔다.
534) 릴리어스 호튼 언더우드, 2008, 앞의 책, 229쪽.
535) 릴리어스 호튼 언더우드, 2008, 앞의 책, 230쪽.

<그림-33> 명성황후의 국상 장례식
출처: 릴리어스 호튼 언더우드, 2008,『언더우드 부인의 조선 견문록』, 이숲, 230쪽.

　릴리어스 호튼은 조선에 와서 명성황후의 주치의로 절친 사이였다. 그녀는 명성황후를 '사랑하는 벗'이라고 표현하고 있고, 그리고 그녀의 죽음이 깊은 슬픔을 안겨 주었다고 하였다. 정말 깊은 슬픔을 안고 있었기에 릴리어스 호튼은 화려한 장례 절차보다는 그저 수수한 문상으로 명성황후의 명복을 빌었다. 릴리어스 호튼은 장례식장에서 밤을 지내는 것에 대해서 "세상의 소란스러움도 모두 잠든 이 시간에, 즐거웠던 한낮의 요란함도 모두 덮이고 오직 정적과 어둠이 주는 위안과 함께 가슴을 치는 슬픔만이 느껴지는 이 고요하고 성스러운 밤에 장례를 지내는 것은 참으로 어울리는 관습이었다."536)라고 하였다.

　장례식은 여섯 차례에 걸친 기도와 제사, 그리고 마지막 고별 의식을 치른 뒤에 시신을 매장하였다. 새벽 3시에 모든 준비가 끝났다. 왕족을

536) 릴리어스 호튼 언더우드, 2008, 앞의 책, 231쪽.

나타낼 때 쓰는 노란 비단의 아름다운 어용 가마를 왕실 가마꾼들이 들어 올려 먼저 언덕에 거창하게 자리를 잡았다. 그다음에 푸른 비단으로 된 가마가 따랐고, 마지막으로 황후의 상여가 따랐다. 상여 뒤로는 고종과 세자가 따랐다. 그리고 만장과 붉은 등불, 노란 등불을 든 군인들과 시종들의 장중하고도 엄숙한 행렬이 상여를 따랐다. 모든 외교관들과 문상객들이 고종을 뵙고 조의를 표하고 작별 인사를 드림으로써 의식은 아침 8시에 끝났다.[537]

릴리어스 호튼은 자신이 살던 곳을 떠나 낯선 타문화권에서 민비와의 만남은 그녀에게 타문화를 수용할 수 있는 긍정적인 영향을 주었다. 민비는 선교사들에게 매우 호의를 베풀었지만 릴리어스 호튼은 특별한 환대를 받았다. 민비는 릴리어스 호튼에게 혼인 선물로 황금 팔찌 한쌍, 크리스마스 날에는 조선의 수공품들, 많은 달걀, 꿩, 생선, 땅콩, 대추들을 보내주었고, 설날에는 500원도 보내주었다.[538] 릴리어스 호튼은 민비를 '진보, 문명, 그리고 개혁의 친구'이며, '말할 수 없이 너그러운 분이고, 우애 깊고 자상하며, 따뜻한 성품과 지성미가 있으며 우아했다.'[539]라고 서술하였다. 릴리어스 호튼은 이렇게 각별하고 사랑하는 벗이라고 생각했던 명성황후의 장례식에 참여함으로써 슬픔의 현장에 있었다. 그녀는 '가슴을 치는 슬픔'이라는 감정을 느끼면서 명성황후의 죽음을 애도하고 있었다.

---

537) 릴리어스 호튼 언더우드, 2008, 앞의 책, 231~232쪽.
538) 릴리어스 호튼 언더우드, 2008, 앞의 책, 150쪽.
539) 릴리어스 호튼 언더우드, 2008, 앞의 책, 49쪽, 118~119쪽

## (6) 만민공동회 민중집회, 무시무시하고도 감격적인 장면

1896년 7월 2일 서재필은 독립협회를 조직하였다. 이들은 고종의 지지를 받아 중국의 영향에서 벗어나 조선의 독립을 단단히 하려고 하였다. 중국의 사신들을 맞이했던 영은문을 헐어 버리고 그 자리에 독립문을 세웠다. 이 협회는 모든 계층의 사람들과 양반들을 광범위하게 끌어들였고 평민들도 그 회원이 되었다. 이 협회의 진정한 목적은 중국뿐만 아니라 러시아와 일본 같은 외국 세력으로부터 조선의 독립을 지키는 것이었으며, 또 할 수 있다면 외국의 침략을 막고 영향에서 벗어나 백성의 권리와 나라의 자율성을 찾자는 것이었다.

독립협회는 집회를 자주 열었다. 그 집회에서는 공적인 문제들을 자유롭게 토론하였다. 그리고 고급 관리들의 잘못된 행동을 드러내놓고 매섭게 비판했으며, 평판이 나쁜 법률들을 공공연히 날카롭게 비판하였다. 그 밖에도 가혹하고 통렬한 반대 의견이 쏟아지기도 하였다. 독립협회는 거대한 군중집회를 열었다.

1898년 독립협회는 3월 10일 종로에서 만민공동회를 개최하여 국민의 힘으로 제정러시아의 침략 정책을 배제하고 자주독립을 공고히 하기로 하였다. 독립협회가 개최한 3월 10일의 만민공동회에는 서울 시민의 약 17분의 1인 1만여 명의 시민이 자발적으로 운집하여 러시아의 침략 정책을 규탄하였다. 민중 대회에서 시민들은 쌀장수 현덕호를 회장으로 선출하고 백목전(白木廛) 다락 위에서 다수의 시민들이 성토 연설을 하였다. 그들은 러시아의 침략 정책을 규탄하고, 대한제국 정부가 나라의 자주독립을 지키기 위해 러시아의 군사 교관과 재정 고문 철수를 열망한다는 전문(電文)을 러시아 공사와 러시아 외부 대신에게 발송할 것을 요구하는 결의문을 통과시키자고 주장하였다. 연사들의 연설을 들은 만민공동회에 참가한 1만여 명의 민중들은 러시아의 군사교관과 재정 고문의 철환을 만민공동회의 의사로서 결의하였다. 만민공동회라는 독립협회의 새로운 민중 대회는 큰 성공을 거두었다. 1만여 명의 시민이 자발적으로 참석한 가운데 열린 '만민공동회'라는 민중 집회는 한국 사상 처음으로 민중과 연사가 자주독립권 수호를 위한 확고한 결의를 내외에 과시한 것이었다.

10월 28일에서 11월 2일까지 종로에서 만민공동회를 열었다. 가게는 문을 닫고 모든 백성들이 술렁거렸으며, 여자들까지 집회에 참석하였다. 이 집회의 결과로 6개 항의 개혁 원칙을 결의하고 이를 고종에게 헌의(獻議)하였다. 헌의 6조(獻議六條)는 첫째, 일본인에게 의부(依附)하지 말 것 둘째, 외국과의 이권계약(利權契約)을 대신(大臣)이 단독으로 하지 말 것 셋째, 재정을 공정히 하고 예산을 공표할 것 넷째, 중대 범인의 공판과 언론·집회의 자유를 보장할 것 다섯째, 칙임관의 임명은 중의(衆議)에 따를 것 여섯째, 기타 별항의 규칙을 실천할 것이었다.

이 결의에 따라 고종은 헌의 6조를 수정 없이 재가하고 이를 실천할 것을 약속하였다. 그러나 정부관료 수구파 세력은 고종에게 독립협회가 황제를 폐하고 의회개설 운동을 통해 공화정(共和政)을 수립하려 한다고 무고(誣告)하였다. 이에 고종은 독립협회 회원을 체포하고 독립협회의 해산을 명령하였다. 또한 헌의 6조는 폐지되었으며, 정부는 황국협회(皇國協會)라는 어용단체를 조직하였다. 두 단체는 서로 대립하였으며, 이들의 충돌로 혼란이 야기되자 정부는 협회의 해산을 칙령으로 명하였다. 이후 독립협회는 '만민공동회'라는 이름으로 명맥을 유지하다가 1898년 말에 소멸되었다.

릴리어스 호튼은 만민공동회의 모습에 대해 다음과 같이 서술하였다.

그것은 무시무시하고도 감격적인 장면이었다. 그 조용하고 참을성 있는 단호한 시민들의 행렬을 결코 우스꽝스럽게 바라볼 수는 없었다. 수많은 사람들이 그들의 먹을 음식을 날라다 주었고, 어떤 사람은 남들이 지켜보고 있는 가운데 자기들이 밥을 먹고 잠을 잘 자그마한 천막을 치기도 했으며, 또 어떤 사람들은 밥을 먹으러 갔다가 밥만 먹으면 서둘러 제자리로 들어왔다.[540]

릴리어스 호튼은 조선인들의 집회를 보면서 무시무시하고 감격스러운 장면이라고 하였다. 서울 시민의 약 17분의 1인 1만여 명의 시민이 자발적으로 모여든 모습에 무시무시함을 느꼈던 것이다. 그리고 조용하고 참을성 있는 모습과 서로서로 챙겨주는 모습에 감격한 것으로 보인다. 조선인들은 정권이 혼란스럽고 암울한 시대 속에서 유혈사태를 벌리지 않고, 자신들의 의견을 조용히 관철시키고 있는 모습에서 릴리어스 호튼은 감격했을 것으로 추측할 수 있다. 한국은 개인주의보다는 집단주의 문화권에 더 중점을 두기 때문이었다.[541]

1898년 12월 25일 정부는 독립협회원들이 공화국을 세우고 대통령을 선출할 음모를 꾸몄다는 혐의로 그들을 체포하였다. 민회 금압령을 내려 무력으로 민회활동을 탄압, 금지시킴으로써 독립협회의 활동은 사실상 중단되고 말았다. 릴리어스 호튼은 독립협회가 추진한 근대화 운

---

540) 릴리어스 호튼 언더우드, 2008, 앞의 책, 237쪽.
541) 홉스테드의 연구에 따르면 총 53개국 중 미국은 개인주의 지수 91로 개인주의 지수 1순위이다. 이에 비해 한국은 개인주의 지수 18로 43순위이다. 네덜란드의 조직 심리학자인 홉스테드(Geert Hofstede)는 문화의 결과(Culture's Consequence, 1981)와 세계 문화와 조직(Culture andOrganization, 1991)에서 전 세계 50개 국가와 3개 문화권의 자료를 분석하여 일하는 방식, 문화, 조직 문화를 연구했다. 이성희, 2023, 「릴리어스 호튼 언더우드(Lillias Horton Underwood)의 서울 사람 되기 : 언더우드 부인의 조선 견문록(Fifteen Years Among the Top-Knots, 1904)을 중심으로」, 『문화교류와 다문화교육』 Vol.12 No.2, 한국국제문화교류학회, 265~266쪽.

동이 실패한 이유에 대해서 "그들에게 햄프턴, 크롬웰, 워싱턴 또는 롤 런드 같은 사람이 하나만 있었더라면 그런 역사는 다시 되풀이되었을 것이다. 그러나 역시, 수많은 사람들의 각오 곧 크롬웰이나 워싱턴의 뒤 를 따랐던 사람들의 결연한 의지와 불굴의 정신이 필요했던 만큼이나, 두려움 없이 올바른 길을 걷는 지도자도 필요했던 것이다."[542]라고 하 였다. 그녀는 결연의 의지와 불굴의 정신을 가지고 있는 백성들이 있었 더라도 그것을 이끌어 줄 지도자가 없었기 때문에 독립협회가 추진한 근대화 운동은 실패하였다고 판단하였다.

### (7) 러일전쟁의 목격, 일본정부가 일본국민의 눈치를 보고⋯

1903년 릴리어스 호튼은 조선에 있으면서 전쟁이 발발할 기미를 느 끼고 있었다.

> 10월에 조선에 있는 일본 상인들은 미결제 금액을 거두어들이기 시작했고 그때 부터 조선 사람들은 긴장 속에서 시시각각 전쟁을 기다리고 있었다. 그 전쟁은 어떤 경우이거나 재앙과 손실밖에는 가져다줄 것이 없었으며, 그들은 거기에서 덜 비참 하고 덜 치욕적이고 덜 불행하게 되기를 바랄 뿐이었다. 그들의 나라는 바야흐로 전 쟁으로 부서질 참이었으며 눈앞에는 황폐와 약탈과 피비린내가 어둡게 어른거렸 다. ...<중략>...그리고 이제는 모든 외국인을 들어 엎어 버릴 폭동이 일어날 듯한 불안이 감돌았다. 몹시 흥분되고 두려웠다.[543]

조선에서는 러일전쟁이 일어날 전조현상이 일어나고 있었다. 일본 상 인들은 미결제 금액을 거두어들였고, 조선 사람들은 긴장 속에서 전쟁

---

542) 릴리어스 호튼 언더우드, 2008, 앞의 책, 240쪽.
543) 릴리어스 호튼 언더우드, 2008, 앞의 책, 285～286쪽.

이 언제 일어날지 두려워하고 있었다. 전쟁이 아직 일어나지도 않았지만 릴리어스 호튼은 전쟁이 일어난 상황처럼 불안과 공포를 느꼈다. 조선 정부도 러일전쟁이 일어날 것을 알아채고 중립을 선언하였는데, 릴리어스 호튼은 이러한 조선정부의 정책을 "자기 방어적이고 모든 일을 피하려고만 드는 외교적인 허약함과 동양적 전통을 그대로 드러내는 것"[544], "일본을 몰아내려는 허세"[545]라고 보았다. 조선이 중립을 선언하였는데도 일본인들은 다른 시각에 조선인들을 체포하였다고 발표하였기 때문이었다.

1903년 말에 이르면 이미 전쟁은 피할 수 없다는 것이 분명해지자 고종은 다시 을미사변의 트라우마로 괴로움을 겪기 시작하였다. 고종은 일본인의 사실상 포로가 되었으며 권력을 행사할 모든 기회를 박탈당했다. 하지만 상황이 곧 바뀌어 최후의 승리는 러시아 측에 돌아갈 것을 믿고 있으며 계속해서 러시아 군대에 협조하겠다는 것이 그의 판단이었다. 관료들이 이미 친일로 돌아선 상황에서 고종 홀로 친러시아 노선을 걸은 것은 일본에 대한 고종의 적개심 때문이었을 것이다. 1904년 1월 21일, 드디어 한국 정부는 국외중립을 선언하였다.[546]

그것도 일본의 통신망을 피하고자 북경 주차 프랑스 공사관을 통해 발표하였다. 영국·프랑스·독일·덴마크·청국·이탈리아는 이를 승인하였다. 하지만 전쟁에서 일본이 승리하면서 그 선언도 무위(無爲)로 돌아갔다. 한국은 중립의 두 가지 필요조건, 곧 열강의 확고한 보장과 강인한 자기 지탱력이라고 하는 두 가지 조건이 충족되어야만 가능하다는 사실을 모른 채

---

544) 릴리어스 호튼 언더우드, 2008, 앞의 책, 287쪽.
545) 릴리어스 호튼 언더우드, 2008, 앞의 책, 287쪽.
546) 신복룡, 2020, 「러일전쟁의 한 단면 - 그것은 어떻게 대한제국의 망국과 연관되었나?」, 『한국정치 외교사논총』 제42집 1호, 한국정치외교사학회, 123쪽.

무책임한 주변의 외국 공사들의 잘못된 조언을 따른 결과였다.547)

러일전쟁은 1904년 부산과 서울 사이에 15마일 간격으로 일본 군대가 주둔하면서 시작되었다. 조선인의 재산과 인권은 존중될 것이며 어떠한 불평의 원인도 곧 고쳐질 것임을 약속하는 공고문이 도시에 나붙었고 그때부터 제물포 항구는 폐쇄되었다. 조선 학생들은 이미 그전에 일본에서 불려 들어왔고 이제는 일본 군대가 조선의 남쪽 두 항구에 재빨리 떼를 지어 내리기 시작했다. 곧이어 벌어진 제물포 전투 뒤에 일본인들은 모든 군대를 북쪽 끝까지 주둔시켰고 서울과 부산 사이의 철도도 급히 놓았으며 의주까지의 길도 뚫기 시작하였다.548)

일본은 1904년 2월 4일 대(對)러시아 개전 및 국교단절을 결정하고, 2월 8일에는 육군 선발대가 한국의 인천에 상륙하여 서울로 향하는 한편 중국 뤼순(旅順)의 러시아 함대를 공격하였다. 그리고 2월 9일에는 인천 앞바다에서 일본과 러시아 함대가 격돌하였으며, 10일 러시아와 일본은 각각 선전포고를 하고 전쟁을 시작하였다. 당시 러시아측은 러일전쟁에서 불리한 위치에 있었다. 왜냐하면 전장으로 향하는 길을 시베리아가 가로막고 있어 병력과 물자 보급이 느릴 뿐만 아니라, 러시아 내부적으로는 짜르인 니콜라스 2세의 무능함으로 정권이 불안한 상태였기 때문이었다. 반면 일본은 전쟁 즉시 투입할 수 있는 25만 명의 상비군과 그 두 배의 예비군, 그리고 1902년에 영국과 영일 조약을 맺어 영국의 지원까지 약속받는 등 만반의 준비를 갖추고 있었다.

1904년 2월 8일 저녁, 일본은 먼저 바다를 장악하기 위해 여순항을 기습해 항구에 있던 러시아 전함을 격침시켰다. 이어 일본군은 항구를

---

547) 신복룡, 2020, 앞의 논문, 124쪽.
548) 릴리어스 호튼 언더우드, 2008, 앞의 책, 287쪽.

봉쇄하고 육지부터 점령하였다. 그러나 러시아군의 강한 대응 때문에 5만 2,000여 명의 사상자를 내고서야 일본은 1905년 1월 1일에 여순항을 점령할 수 있었다. 또 요양, 사하, 봉천 등 만주벌판에서도 치열한 전투가 벌어진 가운데 일본의 육군은 한반도를 거쳐 남만주로 진격하여 봉천을 점령하였다. 반면 러시아의 발틱 함대는 여순항 함락 이후에나 극동에 도착하였고 그나마도 1905년 5월 27일 대한해협에서 일본의 도고 함대에게 격침당했다. 그러나 일본의 당초 예상과는 달리 전쟁이 길어지고 막대한 전쟁비용 등으로 전력이 부족하게 되었으며, 러시아 역시 자국의 혁명운동 발발로 민심 수습이 필요하였다.

결국 러시아는 미국의 시어도어 루스벨트 대통령의 중재하에 1905년 9월 5일, 일본과 포츠머스 강화조약을 체결하고 휴전하게 되었다. 이 조약을 계기로 일본은 한반도에서의 우월한 지위를 획득하였고, 러시아는 일본에게 여순·대련의 조차권(租借權)과 남만주의 철도(東淸鐵道)를 양도하였다. 또 사할린 남부를 할양, 북위 50도 이남을 일본령으로 하였으며, 연해주와 캄차카의 어업권을 인정하였다.

러일전쟁이 끝나고 일본은 바로 조선을 식민지로 할 수도 있었을 것이다. 하지만 그렇게 하지 않은 이유는 무엇일까? 릴리어스 호튼은 "조선의 실제적인 독립이 유지되고 일본의 신의가 지켜지기를 바라는 자기 나라의 많은 선량한 국민들에게 깊은 인상을 심어 주고 싶었던 모양이다."[549] 라고 하면서 일본정부가 조선을 식민지하는데 있어서 일본국민의 눈치를 보고 있음을 말하였다.

---

549) 릴리어스 호튼 언더우드, 2008, 앞의 책, 296쪽.

### 3) 응시적 다크투어 : 공포에 쌓인 조선인들을 보다

### (1) 갑신정변, 명성황후와 함께 공포를 느끼다

1884년 12월 4일 김옥균, 박영효를 비롯한 개화당의 간부들이 일본의 힘을 빌려 갑신정변을 일으켰다. 그리하여 사대당의 중심인물인 민비의 측근들을 살해하고 일본의 힘을 얻어 새 정권을 세웠으나 청나라의 개입과 일본의 배신으로 사흘 만에 실패로 돌아갔다. 이 정변의 주역들은 일본으로 망명하였다. 갑신정변 후에 고종과 왕비는 창덕궁에서 경복궁으로 거처를 옮겼다.

> 빼어나게 아름다운 정원으로 둘러싸인 대궐은 다시는 왕비의 차지가 되지 않았다. 중전마마는 그 대궐에서는 잠을 이룰 수가 없다고 했다. 죽임을 당한 친구들이 밤마다 비통하게 울부짖는 소리 때문이라고 했다. 그는 이렇게 울부짖는 소리를 끊임없이 듣는다고 했다. "왜 나를 죽여? 왜 나를 죽여?" 그래서 이제 버려진 방에는 바람 소리만이 윙윙거리고, 아름다운 대리석 층계의 틈새에는 잡초만이 무성하며, 한때 연꽃이 아름다웠던 연못에는 시퍼런 이끼가 두껍게 자라고 있으며, 멋진 정자는 퇴락하여 뱀과 도마뱀들이 돌의자 주위를 맴돌고 있다....<중략>...특별히 지나친 상상을 하거나 긴 얘기를 듣지 않더라도, 이 버려진 황폐한 정경 속에서 그날 밤의 피비린내 나던 공포를 충분히 읽을 수 있고, 나뭇잎을 흔드는 으스스한 바람 소리에서 '귀신이 나오는' 것을 알 수가 있다.[550]

릴리어스 호튼은 1894년 겨울 내내 자주 대궐을 들어가면서 명성황후를 자주 알현하였다. 릴리어스 호튼은 명성황후와의 대화에서 방치된 창덕궁의 모습을 보면서 10년 전의 갑신정변의 공포를 충분히 읽을 수 있었다. 1884년 12월 4일 한밤중에 조선의 급진 개화파들은 암살할 계

---

550) 릴리어스 호튼 언더우드, 2008, 앞의 책, 157~158쪽.

획을 세웠다. 그날 저녁 조선의 우정국 개국을 축하하는 잔치가 열리기로 되어 있었는데 개화당은 이 자리에서 반대파를 제거하기로 하였다. 개화당은 우선 고종과 왕후를 창덕궁으로부터 방어하기 좋은 경우궁(景祐宮)으로 옮기고 군사 지휘권을 가진 수구파 거물 한규직(韓圭稷)·윤태준·이조연(李祖淵) 등과 민씨 수구파 거물인 민태호(閔台鎬)·민영목(閔泳穆) 등을 국왕의 이름으로 불러들여 처단하였다. 그리고 개화당의 배신자인 환관 유재현(柳在賢)도 처단하였다.

개화당의 신정부는 12월 5일 새로운 개혁 정부가 수립되었음을 내외에 공포하였다. 개화당은 동시에 국왕의 이름으로 미국공사·영국총영사·독일영사 등 각국 외교관들을 조치하여 신정부의 수립과 개혁정치의 실시를 알렸다. 개화당의 정변에 놀란 청나라군은 12월 5일 개화당의 지지자로 위장한 심상훈(沈相薰)을 경우궁으로 들여보내 민비와 연락을 취하도록 하고 그들의 계획을 전하도록 하였다. 이로써 청군의 계획을 알게 된 왕후는 경우궁이 좁아 불편하다는 핑계를 대며 창덕궁으로 환궁을 적극 주장하자 국왕도 이를 지지하였다.

김옥균은 창덕궁은 너무 넓어 개화당의 소수 병력으로 방어에 극히 불리한 점을 들어 반대 의사를 분명히 하였지만, 고종의 명에 거역할 수 없어 경우궁 옆의 이재원의 집인 계동궁(桂洞宮)으로 국왕과 왕후의 거처를 옮겼다. 이곳은 경우궁보다 넓었으나, 개화당의 소수 병력으로도 창덕궁보다는 방어가 유리한 곳이었다. 그런데 왕후는 계속해서 창덕궁 환궁을 요구하였고 국왕은 또한 왕후를 적극 지지했음에도 불구하고, 김옥균은 끝까지 방어에 불리하다는 이유를 들어 단호히 이를 거절하였다.

그러나 일본 공사 다케조에는 일본군 병력이면 청군의 공격도 물리칠 수 있다고 장담하면서 이를 받아들였다. 결국 12월 5일 오후 5시 국왕과 왕후의 거처는 창덕궁으로 옮겨졌다.

정변을 일으켜 새로운 정부를 수립한 개화당은 그들의 새로운 개혁 정치의 지침인 혁신 정강을 제정, 공포하였다. 갑신정변의 혁신 정강은 고종이 계동궁에서 창덕궁으로 옮긴 12월 5일 저녁에 승정원을 진선문(進善門) 안방에 설치하고, 김옥균의 주도하에 좌의정 이재원, 우의정 홍영식, 서리독판교섭통상사무 서광범, 병조판서 이재완, 좌우영사 박영효, 호조참판 김옥균, 도승지 박영교 등 신정부의 주요 대신급들이 협의하여 결정하였다. 여기서 결의된 것을 홍영식이 고종에게 상주하였다.

창덕궁의 넓은 지역에서 개화당 50명의 장사와 사관생도로 편성된 내위만으로는 정면에 부딪힌 1,500명의 청군을 도저히 대항할 수 없어 갑신정변은 청군의 무력 공격에 패배함으로써 개화당의 집권은 '3일 천하(三日天下)'로 끝나게 되었다.

김옥균·박영효·서광범·서재필·변수(邊樹) 등 9명은 일본으로 망명하고, 홍영식·박영교와 사관생도 7명은 고종을 호위하면서 청군에게 피살되었다. 그 뒤 국내에 남은 개화당들은 민비 수구파에 의하여 철저히 색출되어 수십 명이 피살되고 개화당은 몰락하였다. 1894년 4월 갑신정변이 일어난 지 10년이 지났지만 망명자들은 그대로 일본에 있었다. 적어도 모든 것이 잊혀진 것은 아니었다. 조선 정부의 지시를 받은 홍종우는 일본으로 건너가 김옥균과 박영효를 암살하려다가 뜻을 이루지 못하고, 김옥균이 상하이로 가자 그곳까지 따라가 마침내 1894년에 상하이 동화 양행 호텔에서 그를 암살하였다. 1894년 4월 12일 중국군함은 암살자 홍종우와 희생자 김옥균을 실어다 제물포에 내려놓았다. 김옥균의 시신은 조선에 도착한 뒤에 갈가리 찢겨 팔도로 보내졌다.

릴리어스 호튼이 조선에 오기 4년 전의 일이지만, 이러한 상황을 지켜보면서 "이런 끔찍한 행위, 정부의 명예에 먹칠을 하는 이런 일에 치를 떨고 한탄을 했다."[551]라고 갑신정변을 회고하였다. 릴리어스 호튼은 갑신정변을 직접 현장에서 겪지는 않았지만, 민비와의 대화, 덩굴과 잡초들만이 빽빽하게 들어차 있던 궁궐 모습, 그리고 10년이 지난 후에도 아직도 진행되고 있는 갑신정변에 대한 최후의 모습을 지켜보면서 조선의 존폐가 위협을 당했던 갑신정변의 치열했던 비극을 느꼈던 것이다.

### (3) 단발령, 효의 시작

김홍집 내각은 을미사변 이후 내정개혁에 주력하였는데, 1895년 음력 11월 15일을 건양원년(建陽元年) 1월 1일로 기하여 양력을 채용하는 동시에 전국에 단발령을 내렸다. 일본의 강요로 고종이 먼저 서양식으로 머리를 깎았으며, 내부대신(內部大臣) 유길준(兪吉濬)은 고시(告示)를 내려 관리들로 하여금 가위를 들고 거리나 성문 등에서 강제로 백성들의 머리를 깎게 하였다.

릴리어스 호튼은 조선의 상투 문화를 어떻게 생각하고 있었을까?

조선 사람들에게 가장 소중하고, 굳게 뿌리내린 보편적인 관습과 미신은 머리카락을 땋고, 돌돌 말아서 동곳을 꽂아 상투를 트는 것이다. 이것은 마치 머리칼로 된 주춧돌처럼 조선의 사회와 정치, 종교의 중심을 이룬다. 중국인들의 변발은 그 중요성에서 이것과 견줄 바가 아니다. 사실 변발은 노예의 신분을 나타내거나 본디는 정복자에게 정복당했음을 나타내는 것이기 때문이다. 그러나 상투는 그렇지 않다. 이 풍습은 역사가 수백 년이나 되는 것으로서 고대의 역사 기록과 그림들, 시가와 설화들에 따르면, 이 민족이 생겨났던 그때로까지 거슬러 올라가는 것이다.[552]

---

551) 릴리어스 호튼 언더우드, 2008, 앞의 책, 158쪽.
552) 릴리어스 호튼 언더우드, 2008, 앞의 책, 209쪽.

릴리어스 호튼은 조선의 상투 문화는 가장 소중하고 굳게 뿌리내린 보편적인 관습이며, 이것이 조선 사회와 정치, 종교의 중심을 이룬다고 생각하였다. 조선의 상투와 중국인의 변발은 확실한 차이가 있다는 것이다. 중국의 변발은 노예신분이나 정복당함을 의미한다고 하였다. 하지만 조선은 상류사회부터 하층민까지 모든 신분에서 상투를 하고 있고, 또 이 상투는 조상에 대한 존경이며 신체발부 수지부모(身體髮膚受之父母)라 하여 몸은 부모님에게서 받은 것이므로 소중히 여겨야 한다는 생각과 함께 이것이 효의 시작이라 생각하고 있었으므로 중국의 변발과는 차이가 있었다.

한 소년이 약혼을 하거나 혼인을 할 때가 되면 아주 엄숙한 의식을 치르는데 이것이 관례이다. 관례는 남자가 스무 살이 되면 치르던 어른이 되는 의식으로 유교의 풍습이다. 그러나 조혼을 하는 풍습이 성행하여 관례는 열다섯 살에서 스무 살 사이에 치르고 곧 혼례를 올리거나 아예 혼례와 겸하기도 하였다. 이 의식에서 길게 땋아 늘였던 머리를 상투를 틀어 올리고 갓을 씌웠다.

> 아무리 나이가 많아도 상투를 틀지 않은 사람은 어른 행세를 못하고 존댓말도 듣지 못하며 정중한 대접도 못 받는다. 상투를 튼 뒤에는 아무리 나이가 어려도 집안의 한 남자로서의 권위와 의무가 생기며 조상에게 제사를 드리는 데에도 한몫을 하게 된다. 조상들은 그를 식구의 한 사람, 곧 자기들에게 존경심을 나타내고 또 자기들이 보호하고 축복해야 할 식구의 한 사람으로 인정하게 된다.[553]

릴리어스 호튼은 조선의 상투 문화가 한 남자의 권위와 의무가 생기

---

553) 릴리어스 호튼 언더우드, 2008, 앞의 책, 210쪽.

도록 해준다고 생각하였다. 그리고 상투를 튼 후에야 드디어 조상들은 그를 식구로 인정하여 축복한다고 생각하였다. 따라서 조선의 상투 문화는 조상과 연결시켜 주는 매개라고 생각한 것이었다. 이러한 조선의 상투 문화는 고종이 효시로 단발령이 시행되었다. 1895년 11월 16일 조칙에 "국민들에 앞서 내가 먼저 단발하니 백성들은 내 뜻을 받들어 만국과 병립할 수 있는 대업을 성취케 하라."라는 단발령(斷髮令)이 공식적으로 공포되어 상투를 자르게 하였다.

『조광(早光)』에 단발령에 관한 기사가 있다. "머리를 깎는 것은 위생에 이롭고 일을 하는 데 편리하므로 왕이 정치개혁과 나라의 부강을 도모하시는 이때 먼저 친히 단발을 하여 모범을 보이셨다."라고 한다. 내부대신 유길준(兪吉濬)은 고시(告示)를 내려 관리들로 하여금 집집마다 찾아다니며 상투 베기를 권하였으며, 또 한편으로는 순검을 풀어서 가위를 들고 거리나 성문 등에서 강제로 백성들의 머리를 깎기도 하였다.

유건(儒巾)을 쓴 선비들은 상투를 베는 것은 오랑캐의 풍속이니 단발령을 걷으라는 상소를 올렸으며, 그 밖의 백성들은 죽으면 죽었지 상투는 놓지 못하겠다고 죽기를 무릅쓰고 반대하였다. 민심을 진정시키고 상투를 베는 것의 이해관계가 어떤 것인지를 한 번 더 알리기 위하여 단발령을 내린 다음 해에 고종이 한 번 더 명을 내렸지만 민심을 진정시키지는 못하였다. 완강한 상투 옹호자들은 만일 국법으로 한다면 무서운 반역자로 상투 대신에 목이 베일 사람이 한둘이 아니었다. 황현이 쓴 『매천야록(梅泉野錄)』의 단발령과 관련된 기록에 의하면 상투를 자르지 않으려고 낙향하거나 잘린 상투를 주머니 속에 넣고 통곡하며 성을 나갔다고 한다.

릴리어스 호튼은 이러한 단발령에 대해 다음과 같이 서술하였다.

백정 계급에 이르기까지 조선의 모든 남자들은 머리를 깎아야 했다. 일찍이 성년이 될 때에 겪었던 우아한 의식의 기억들, 명예로운 집안의 전통, 무시무시한 미신, 조상님들의 분노와 불쾌감, 철석같이 지켜 온 오랜 관습, 나약하고 음탕스럽고 천한 중에 대한 혐오감, 이 모든 것들 때문에 머리를 깎는 그 모욕적인 일을 할 수가 없었다. 그들의 긍지와 자존심과 위엄은 모두 빼앗겨 발아래 짓밟혔다.[554]

단발령은 조선 남자들의 직위 신분과 관계없이 시행될 만큼 철저하게 이루어졌다. 릴리어스 호튼은 머리를 자르지 않고 길러 상투를 트는 것은 그들만의 우아한 의식이며, 집안의 전통이고 오래된 관습이라고 생각하였다. 그런데 자신의 의지와는 관계없이 외부의 압력에 의해 머리를 깎는 것은 모욕이며 그들의 자존심과 위엄을 짓밟는 행위라고 여겼던 것이다.

그것은 개인의 자유에 대한 잔인한 공격이었다. 앵글로 색슨인이라면 그런 고통보다는 차라리 죽음을 택할 것이다. 이 무력하고 약한 나라는 그것 때문에 더욱더 가련하고 꼼짝할 수 없게 되었다. 그것은 또 조선 사람을 일본인이나 중국인과 갈라 구분 짓는 특징에 대한 재빠른 일격이었다. 우리는 그것을 조선의 민족 주체성을 말살하고 일본과 동화시키려는 계획의 첫 중요한 부분으로 생각하지 않을 수 없었다.[555]

또한 릴리어스 호튼은 단발령이 개인의 자유에 대한 잔인한 공격이라고 하였다. 그녀의 조상인 앵글로-색슨인(Anglo-Saxons)이라면 자신의 자유를 잃어버리는 것보다는 죽음을 택할 것이라고 이야기하면서 자유의 박탈을 강조하였다. 그리고 단발령을 시행한 이유를 조선 사람을 일본인, 중국인과 쉽게 구별 지을 수 있도록 한 조치라고 생각하였다. 중

---

554) 릴리어스 호튼 언더우드, 2008, 앞의 책, 212쪽.
555) 릴리어스 호튼 언더우드, 2008, 앞의 책, 212쪽.

국, 일본, 조선은 모두 긴 머리를 활용하여 변발을 한다거나, 상투를 하는 식으로 비슷한 모양이었다. 그런데 조선인만 머리를 짧게 잘라버리면 쉽게 조선인임을 구별할 수 있는 것이었다. 그리고 단발령을 함으로써 조선의 민족 주체성을 말살하고 일본에 동화시키는 첫 시도로 생각하였다.

명성황후는 암살당하고, 고종은 실제로 친일파에 의해 감시를 받고 있었다. 조선은 일본인과 친일파들의 명령과 무기의 지배를 받았는데, 단발령으로 인해 이제 양반에서 천민인 백정까지 집집마다 타격을 받아 백성들은 깊은 분노와 저항을 하였다. 릴리어스 호튼은 이러한 위기 상황에 놓인 조선인들을 다음과 같이 말하였다. "그들에게는 지도자가 없었고 무기도 없었으며 조직도 없었다. 그리고 그들은 무엇을 해야 할지 몰랐다. 그들은 가련하게 짓밟힌 단순한 사람들이었으며, 누구에게 도움을 청해야 할지를 모르는, 자기의 울부짖음을 들어주고 고난의 원인을 막아 줄 사람이 누구인지를 모르는 사람들이었다."556) 라고 하면서 조선의 참담하고 비참한 현실 속에서 무엇을 할지 모르는 가련한 조선인의 모습을 말하고 있었다.

### (4) 아관파천, 친일정권의 몰락이라 다행이다

1896년 2월 11일 새벽 친러세력과 러시아 공사가 공모하여 극비밀리에 고종과 세자는 궁녀의 가마를 타고 경복궁 영추문(迎秋門)을 빠져나와 러시아 공사관으로 피신을 하였다. 을미사변으로 대일 감정이 몹시 악화되어 곳곳에서 의병이 일어나자 러시아 공사 베베르가 공사관 보호

---

556) 릴리어스 호튼 언더우드, 2008, 앞의 책, 213쪽.

라는 명목으로 수군 120여 명을 무장시켜 서울에 주둔시켰다. 릴리어스 호튼은 고종 가까이에 있는 한 사람에게서 아관파천에 대한 이야기를 들었다.

> 가마 하나에 나인이 한 사람씩 임금과 세자 앞에 막아 앉아서는 누가 들여다보지 못하도록 했다. 성문의 파수꾼들에게는 따뜻한 음식과 독한 술을 잔뜩 먹여서 완전히 매수를 해 놓았기 때문에 그 소중한 짐을 실은 가마가 지나갈 때에 보지도 못하고 훼방도 놓지 않았다.[557]

1895년 을미사변이 일어난 후 일본과 친일세력으로부터 경복궁에 감금당한 고종은 명성황후처럼 자신도 언제 죽임을 당할지도 모른다는 공포와 신변의 위협을 느꼈고 경복궁을 수시로 탈출하려 하였다. 고종의 경복궁 탈출 첫 시도는 1895년 11월 28일에 미국 공사관으로 피신하려고 하였다. 그러나 이진호의 밀고로 실패하고 말았으니, 이것이 춘생문 사건이다. 이때는 이범진, 이재순 등의 친미파 고관들과 미국 공사관의 협조를 얻어서 피신할 계획이었다. 여기에는 영국인 호러스 그랜트 언더우드와 러시아 대사인 카를 이바노비치 베베르도 도움을 주는 등 그야말로 다국적인 시도였으나 친위대장인 이진호가 배신하며 실패하였다.

두 번째 시도가 바로 이 아관파천이다. 친러파 이범진(李範晉)은 이완용(李完用)·이윤용(李允用) 및 러시아 공사 베베르 등과 고종의 파천 계획을 모의하였다. 그들은 궁녀 김씨와 고종이 총애하던 엄상궁(후의 嚴妃)을 통해 고종에게 접근하였다. 대원군과 친일파가 고종의 폐위를 공모하고 있으니 왕실의 안전을 위해 잠시 러시아 공사관으로 파천할 것

---

557) 릴리어스 호튼 언더우드, 2008, 앞의 책, 218쪽.

을 종용하였다. 이에 을미사변 이래 불안과 공포에 싸여 있던 고종은 그들의 계획에 동의하고 말았다.

1896년 2월 2일, 니콜라이 2세가 조선왕실 보호를 위한 러시아 해군 파견을 승인하자 인천항에 입항한 어드미럴 코르닐로프호에서 2월 10일, 중무장한 러시아 수병들이 상륙해 공사관을 경비를 강화하였다. 다음날인 2월 11일, 궁궐의 나인과, 러시아 해군의 호위 하에 고종과 순종이 러시아 제국 공사관으로 피신을 하였다. 이는 각지에서 봉기한 을미의병을 진압하기 위해 김홍집 내각의 조선군은 물론 일본군까지 지방으로 내려가 수도가 빈 상태에서 이범진과 이완용 등의 친러파와 러시아 공사 베베르 등이 사전에 치밀하게 준비한 결과였다.

릴리어스 호튼은 아관파천에 대해 다음과 같이 서술하였다.

> 이것은 왕위를 뺏으려는 자들의 몰락을 뜻했다. 임금이 사라짐으로써 권위와 권력에 대한 그들의 모든 권한도 사라진 것이었다. 또 그것은 조선 문제에 관한 일본의 영향력이 당분간 끝났다는 것, 그리고 이 나라는 거의 러시아의 손안에 떨어졌다는 것을 뜻했다. 이 일은 오로지 '일본의 특권을 확립하려' 했던 각료들의 멀리 못 본 정책 때문에 일어났다.[558]

왕위를 뺏으려는 자들의 몰락은 친일정권의 몰락을 의미한다. 릴리어스 호튼은 고종이 사라지니 친일정권의 권한도 사라졌다는 것이다. 조선의 정권이 친일 정권에서 러시아로 정권이 넘어갔음을 의미한다. 파천 직후 고종의 체포 명령이 내려지고 총리대신 김홍집과 농상공부대신 정병하(鄭秉夏)가 군중들에 의해 격살되었다. 그리고 내부대신 유길준

---

558) 릴리어스 호튼 언더우드, 2008, 앞의 책, 218쪽.

(兪吉濬)을 비롯한 10여 명의 고관들은 일본 군영으로 도피한 뒤 일본으로 망명하였다. 탁지부 대신 어윤중(魚允中)은 도피 중에 백성에게 살해되었고, 외부대신 김윤식(金允植)은 제주도로 유배되었다.

이와 같이, 친일 정권이 무너지자 그동안 은신 중이었던 친러·친미파 인물들을 대거 등용되어 친러내각을 구성하였다. 그 결과 법부대신과 경무사를 겸임하게 된 이범진을 비롯하여 이완용·이윤용·박정양(朴定陽)·조병직(趙秉稷)·윤용구(尹用求)·이재정(李在正)·안경수(安駉壽)·권재형(權在衡)·윤치호(尹致昊)·이상재(李商在)·고영희(高永喜) 등의 인사가 요직에 임명되었다. 친러내각은 친일파를 국적(國賊)으로 단죄하는 한편, 단발령의 실시를 보류하고 의병을 회유하며 공세를 탕감하는 등 인심 수습에 나섰다. 그리고 갑오·을미의 개혁 사업을 폐지하였다. 그 밖에 23부(府)였던 지방 제도를 한성부(漢城府)와 13도로 개편하였고, 호구 조사도 재정비하였다. 한편 의정부로 환원한 신내각은 국내에 있던 일본인 고문관과 교관을 파면시키고 대신 러시아인 고문과 사관으로 대신 초청하였으며, 러시아 학교를 설립하는 등 러시아의 영향력이 한층 강화되었다.

일본은 아관파천으로 인해 큰 타격을 받았으나 러시아와의 무력 대결이 시기상조라 판단하고 협상 정책을 추진하기로 하였다. 일본은 먼저 아관파천에 대한 열강의 태도를 타진하였다. 그러나 열강은 조선의 내정에 대해 불간섭을 표명하였으므로 어쩔 수 없이 러시아와 불리한 외교 교섭을 벌이게 되었다. 그리하여 일본외상대리 사이온지 킨모치(四園寺公望)와 러시아 공사 히트로보(Hitro Vo)는 조선의 현실을 시인하고 앞으로 공동보조를 취한다는 타협안에 합의하였다. 그리고 같은 해 5월 14일 자로 제1차 러일협정인 전문 4개 조의 베베르·고무라(小村壽太

郎) 각서가 체결되었다. 각서의 골자는 일본이 아관파천과 친러정권을 인정하고 을미사변에 대한 일본의 책임을 시인함과 동시에 일본군 병력의 감원·철수 및 동일한 사항의 러시아군 적용 등 러시아 측에 유리한 내용이었다.

그 뒤 일본은 다시 야마가타(山縣有朋)를 니콜라이 2세(Nikolai II)의 대관식에 파견하여, 러시아 외상 로바노프(Rovanov)와 타협을 모색하게 하였다. 같은 해 5월 28일부터 6월 9일까지 진행된 비밀 회담을 통해 양국 대표는 조선 문제에 대한 공동 간섭을 내용으로 하는 로바노프·야마가타 의정서를 체결하였다. 4개 조의 공개 조관과 2개 조의 비밀 조관으로 구성된 밀약의 골자는 일본이 제안한 39도선 국토 분할안을 취소하는 대신, 향후 필요한 경우 러·일 양국이 조선을 공동 점거할 수 있다는 데 합의하였다.

이러한 러·일의 비밀 교섭을 알지 못한 조선의 관민은 러시아의 침투를 오히려 환영하는 입장이었다. 그리하여 고종이 러시아 공사관에 머무르는 1년 동안 조선 정부의 인사와 정책은 러시아 공사와 친러파에 의하여 좌우되었다. 그리고 경원·종성 광산 채굴권, 인천 월미도 저탄소 설치권, 압록강 유역과 울릉도 삼림 채벌권 등의 경제적 이권을 러시아에 탈취당하였다. 이 밖에도 러시아는 알렉시예프(Alexiev,K.)를 조선 정부의 탁지부 고문으로 앉히고 조선의 재정을 마음대로 휘둘렀다. 그리고 러시아 황제 대관식 때 로바노프·민영환(閔泳煥) 비밀회담에서 러시아 측은 5개 조의 원조를 약속하는 조건으로 조선에게 17개 조의 이권을 요구하기도 하였다. 러시아뿐만 아니라 열강도 경제적 이권 쟁탈에 열중하였다. 열강은 아관파천에 대해서는 정치적 불간섭주의를 표명하였지만 경제적 이권에는 기회균등을 요구하여 전차·철도부설권, 삼림 채

벌권, 금광·광산 채굴권 등 시설 투자와 자원 개발에 관한 각종 이권을 획득하였다. 일본은 열강으로부터 전매하는 방법으로 이권 쟁탈에 참가하였다.

그 결과 조선의 국가 재정이 더욱 어려워지면서 국운은 크게 기울어졌다. 고종의 러시아 공사관 체류 기간이 길어지면서 이와 같이 국가의 주권과 이권이 손상되자 국내외적으로 고종의 환궁을 요구하는 여론이 높아졌다. 고종은 파천초에 조칙을 내려 경복궁이 아닌 경운궁(현재의 덕수궁)으로 환궁할 것을 약속하였다. 그것은 경운궁이 수리중인 관계로 환궁 시기를 늦출 수 있었을 뿐만 아니라 경운궁 부근에 있는 구미 공사관의 보호를 받기 위함이었다. 독립협회를 비롯한 여론은 정부의 대외 의존 자세를 비난하고 조속한 환궁을 요구하였다. 정부의 대신과 각계 요로에서도 환궁 계획을 추진하였다. 그러나 그때마다 친러파들의 방해공작 때문에 실패하고 말았다.

그러나 전국의 유생들이 상소 운동을 개시하고 장안의 시전(市廛)들이 철시를 단행할 조짐을 보이는 등 여론이 더욱 거세어지자, 고종은 환궁을 결심하고 파천 1년 만인 1897년 2월 20일 경운궁으로 환궁을 단행하였다. 환궁 후에 고종은 독립협회의 진언을 받아들여 그해 10월 12일 황제즉위식을 원구단에서 갖고 국호를 대한, 연호를 광무(光武)라 고치고 대한제국을 대내외에 선포하였다.

> 9월로 다가온 임금의 탄신일을 앞두고 내 남편은 이날이 기독교인들의 충성을 표시하고 기독교를 널리 알릴 수 있는 그 어느 때보다도 좋은 기회가 될 것으로 생각했다.559)

---

559) 릴리어스 호튼 언더우드, 2008, 앞의 책, 218쪽.

고종이 러시아 공사관으로 피신하고 있는 상황에서 언더우드는 고종의 생일을 축하하기 위한 기독교인의 예배를 열려고 생각하였다. 언더우드 부부는 독립문 근처의 커다란 정부 청사를 사용할 허가를 받아냈는데 그곳은 천 명 이상 수용할 수가 있는 장소였다. 그곳에 연단을 세우고 건물에는 빙 둘러 깃발을 꽂았으며 대신들과 몇몇 뛰어난 조선 사람들, 그리고 외국 선교사들 중에서 연사도 구했다. 언더우드는 소책자들을 준비하느라고 밤을 꼬박 새우기도 하였다. 감리교 선교회의 출판부에서는 그 특별한 행사를 위해 책을 수천 권 찍어냈고, 또 찬송가도 찍어냈다.

한 나라의 왕후가 외국인에게 암살을 당하고, 정권이 일본인에게 갔다가 러시아로 넘어간 상황 속에서 이렇게 절망스럽고 국가의 존폐위기를 맞이하고 있었다. 그러나 조선의 암울한 시대에 이곳에서 거주하고 있는 외국인 의사 겸 선교사들은 조선의 위기를 자신들의 파레시아를 실현하는 기회로 활용하고 있음을 알 수 있다. 조선의 위기 상황을 극복하기 위해 조선인들과 함께 적극적으로 문제를 해결하는 것은 외면하고 소극적으로 자신들의 파레시아인 기독교를 전파할 기회만 엿보고 있었다.

### (5) 한일의정서, 종잇조각 이상의 무슨 가치

1904년 러일전쟁에서 승리한 일본은 1905년 7월 가쓰라-태프트 밀약을 통해 미국으로부터 일본의 한국에 대한 종주권을 인정받았으며, 8월에는 제2차 영일동맹조약을 통해 영국으로부터도 한국에 대한 지도 감리 및 보호의 권리를 인정받았다. 같은 해 9월 5일 포츠머스조약을 통해 한반도에서 가장 강력한 경쟁자였던 러시아로부터도 마침내 한국에 대한 지도·감리 및 보호의 권리를 승인받았다. 열강들로부터 한국의 보호국화에 대한 승인을 얻어낸 일제는 이어서 한국에 보호조약을 강요하기 시작하였다. 1904년 2월 23일 일본군 1개 사단이 서울에 진주하며 위협을 가하는 가운데 '한국 정부는 시정 개선에 대해 일제의 충고를 허용한다'는 한일의정서를 강압적으로 체결하고 내정 간섭의 길을 열었다.

릴리어스 호튼은 한일의정서에 대해 다음과 같이 서술하였다.

> 2월 23일에 조선이 실제로는 일본과 동맹을 맺음으로써 조선과 일본 사이에 조약이 체결되었다. 조선은 일본에게 만주까지의 도로를 사용할 권한을 주고, 전쟁을 예방하기 위하여 모든 편의를 제공한다는 것이었다. 한편으로, 일본은 조선의 독립과 황실의 안전을 보장하였다. 일본을 친구로 받아들이면 그들이 조선의 독립을 보존해 줄 거라고 정말 믿었던 조선인들도 많기는 했으나 조선의 처지에서는 이것을 어쩔 수 없이 받아들인 일이었다.[560]

릴리어스 호튼은 한일의정서가 조선의 처지에서는 어쩔 수 없이 받아들인 조약으로 강압적으로 체결되었음을 의미하였다. 그녀는 "내켜하지 않는 조선인들과 무력을 등에 지고 억지로 맺은 그런 조약이란 것이 대체 종잇조각 이상의 무슨 가치가 있을지"[561] 라고 하면서 조약의 불평등과 무력에 의해 강압으로 체결되었음을 강조하고 있었다.

### 4) 전도 열망의 파레시아: 중국을 포교하는데 조선을 수단으로 삼다

### (1) 평양, 기독교를 포교할 지부 세울 자리 탐색을 위한 여행

언더우드 부부는 평양에 머물면서 움직이거나 무슨 일을 하기에 아예 불가능하였다. 왜냐하면 그들을 엿보는 눈초리가 너무나 많았기 때문이

---

560) 릴리어스 호튼 언더우드, 2008, 앞의 책, 287～288쪽.
561) 릴리어스 호튼 언더우드, 2008, 앞의 책, 288쪽.

고, 누군가 한 사람이 외국 여자를 보게 되면 곧 사람들이 떼를 지어 몰려들었기 때문이었다. 그런데도 불구하고 릴리어스 호튼은 평양을 떠나기 전에 언더우드를 따라 성문 밖의 아주 근사한 곳을 한 번 가보았다. 언더우드는 그곳을 '지부를 세울 좋은 장소'562)라고 소개하였다. 그들은 의사지만 조선에 선교사로 왔기 때문에 기독교를 포교할 지부를 세울 자리를 여행하면서 보고 다녔다. 조선에 기독교를 포교하는 것이 그들이 바라는 것이었다. 그리고 그들은 "여기서 우리는 친구들을 사귀었는데, 그들이 우리 주님의 품으로 들어오기를 바랐다."563)라고 언급하고 있는 것으로 보아 조선인들이 기독교인이 되길 바라고 있었다. 왜 그들은 조선인들을 기독교인으로 포교하려고 하였을까?

> 선교사가 식단을 짜고 시골 원님에게 저녁을 대접하고 하는 일이 보잘것없이 보일지는 모르나, 거기에는 설교의 차원을 넘어서는 이유가 있다. 선교사는 무엇보다 먼저 사람들의 마음을 사야 한다. 친구로서 가깝게 사귀게 되면 마침내 그들은 우리의 가장 열렬한 청중이 된다. 그렇게 되면 그들은 선교사가 가르치는 것을 누구보다 앞장서서 지지하고 받아들이게 된다.564)

릴리어스 호튼은 선교를 하기 위해서는 먼저 사람들의 마음을 얻어야 된다고 생각했고, 그러기 위해서는 보잘것없는 일도 해야 된다고 생각하였다. 그렇게 사람들의 마음을 얻게 되면 그들은 누구보다도 앞장서서 선교사를 지지할 것이라고 생각하였다. 그녀는 의사 겸 선교사로서 조선인들의 지지를 받고 싶었던 것이다. 조선인들의 지지를 받아 기독

---

562) 릴리어스 호튼 언더우드, 2008, 앞의 책, 71쪽.
563) 릴리어스 호튼 언더우드, 2008, 앞의 책, 105쪽.
564) 릴리어스 호튼 언더우드, 2008, 앞의 책, 106쪽.

교를 적극적으로 포교할 수 있는 밑바탕을 마련하고자 하였다. 그것이 서양에서 동양으로 넘어온 그녀의 속내였던 것이다.

### (2) 포교활동, 중국을 하느님의 나라로 만드는 데 조선이 튼튼한 기둥

언더우드 부부는 1900년 9월 26일 황해도 지역의 진남포 항구에 도착하였다. 언더우드 부부는 황해도 일대를 돌면서 선교활동을 하였다. 그들이 도착하자마자 사람들은 그들을 만나러 몰려들었다. 릴리어스 호튼은 몇몇 여자들 집으로 찾아가서 매우 재미있는 경험을 했고, 또 신자 한 명이 비신자 몇 명과 얘기를 나누는 방식이 아주 영리하고 실제적인 것을 보고 감화를 받기도 하였다. 어떤 사람이 술의 노예였는데, 그리스도의 은총으로 술을 끊은 이야기라든지, 50년 이상 도박 중독자였는데 예수님으로 인해 도박을 끊은 이야기 등565)에 기독교가 백성들 사이에 전파되고 있음을 알 수 있었다.

조선 사회는 유교문화를 받아들여 제사를 지내야 하며 또 계급의식이 너무나 뿌리 깊게 박혀 있어 기독교 전파가 쉽지 않은 사회였다. 만일 그들이 조상 숭배를 게을리 한다면 그의 친구나 친척들은 그를 나쁜 사람으로 여길 것이고 그 조상의 영혼은 온갖 불행과 질병을 가지고 잔인하게 그들을 따라다닐 것이라고 생각하고 있던 사회였다. 하지만 언더우드는 그들을 자신들의 집으로 초청하여 종교적인 문제를 얘기하자고 하였다. 놀랍게도 이 초대는 열렬한 반응을 얻어 큰 방 두 개에 지체 높은 조선 사람들이 가득 찼고, 그들은 호기심에 가득 차 있었다.

---

565) 릴리어스 호튼 언더우드, 2008, 앞의 책, 244～245쪽.

왕족들도 있었고 장군도 있었고 대신들도 있었다. 모두가 계급이 높고 신분이 높은 남자들이었다. 그들은 매우 주의 깊게 이야기를 들었고 많은 이들이 사려 깊은 질문들을 했다. 그것은 언더우드씨를 도와 신도들을 맞고 함께 이야기를 나누었던 선교사들의 말에 그들이 진정으로 깊은 관심을 갖고 있다는 표시였다. 어떤 사람들은 책에 대해서 물었고, 이 문제에 대해 사사로이 얘기하려고 많은 사람들이 거듭 찾아오곤 했다. 모임은 일요일 오후마다 열렸고 그리스도의 삶을 보여주는 장면들을 환등기로 비춰 주었다.[566]

조선은 전통적 문화가 뿌리 깊이 자리 잡은 사회적 문화적인 환경 속에서 있어서 기독교를 전파시키는 것이 무척 어려운 일이었다. 그럼에도 불구하고 언더우드 부부와 선교사들은 포기하지 않고 노력하였다. 그들은 조선의 상위계층을 집으로 초대해서 종교에 대한 이야기를 나누었으며 그들이 관심을 가지고 귀를 기울였다는 것이다.

그럼, 왜 언더우드 부부와 선교사들은 조선에 기독교를 전파하려는 파레시아를 가지게 되었을까?

조선은 중국과 지리적으로 아주 가깝고 또 조선 사람들은 중국인들과 성격이 비슷하고 공통점이 많기 때문에 우리는 그 큰 나라를 하느님의 나라로 만드는 데 조선이 튼튼한 기둥이 되기를 바란다.[567]

릴리어스 호튼은 정치적으로 불안하고, 전염병이 돌고, 반란이 일어나는 이러한 암울한 시대를 겪고 있는 조선에서 그들의 파레시아인 기독교를 전파하는 이유는 중국의 큰 나라를 포교하기 위한 조선을 기둥으로 쓰기 위함을 밝혔다. 즉 조선의 기독교 포교는 중국을 포교하기 위

---

566) 릴리어스 호튼 언더우드, 2008, 앞의 책, 259쪽.
567) 릴리어스 호튼 언더우드, 2008, 앞의 책, 276쪽.

한 수단이었던 것이다.

릴리어스 호튼은 1888년 3월 조선에 도착하였다. 이 시기에 이미 조선에서는 일본과 러시아의 제국주의 세력과 청나라의 힘이 팽팽히 맞서고 있었다. 그 밖에도 서구 열강이 저마다 갖가지 이권을 노리고 밀려들고 있었다. 릴리어스 호튼은 조선에 15년간 거주하면서 조선의 19세기 갑오개혁, 청일전쟁, 을미사변, 단발령 시행, 아관파천, 독립협회 만민공동회 사건, 고종황제 즉위, 러일전쟁, 의병 봉기, 을사늑약 체결 등과 같은 근대사의 어두운 사건들이 그녀의 바로 주위에서 일어났고 그녀의 삶에 영향을 끼쳤다. 그런 만큼 긴장감이 감도는 땅에 발을 디딘 그녀는 조선의 혼란기 시절에 와서 조선의 기울어져 가는 것을 느꼈던 것이다.

이런 중에 릴리어스 호튼의 파레시아는 그녀가 유일한 진리로 믿었던 기독교의 '복음'을 전파하는 것이었고, 그녀의 삶은 오로지 이 목적에 집중되어 있었다. 그녀는 조선의 혼란기 속에서 두려움과 공포를 느꼈지만, 자신이 선교를 이룰 희망도 보았다. 어쩌면 두려움과 공포에 놓여 있는 백성에게 기독교의 '복음'을 전파하는 것이 기회라고도 생각하였다. 또한 조선에 기독교의 복음을 전파하는 것이 대륙 중국에 기독교 복음을 전파하기 위한 발판으로 삼고 있음을 알 수 있었다.

## 3. 분쉬의 투어와 '생존로'

### 1) 조선으로

독일인 의사 리하르트 분쉬(Richard Wunsch: 이하 분쉬)는 1901년 서울에 와서 만 3년 6개월 고종의 시의(侍醫)로 일하면서 민간인들을 위해서도 의료봉사를 한 인물이다. 분쉬는 1869년 독일 슐레지엔(Schlesien) 지방의

<그림-34> 리하르트 분쉬
(Richard Wunsch)
출처: 한국베링거인겔하임

히르슈베르크(Hirschberg)에서 제지공장을 경영하던 공장주의 아들로 태어났다. 분쉬는 독일 그라이프스발트(Greifswald) 대학에서 1894년에 의학박사 학위를 받은 뒤 모교 병원의 외과에서 일하였다. 이 무렵 그는 결핵에 걸려 요양 차 스위스로 가게 되었는데, 이곳의 여러 사설 요양원에서 보조의사로 지냈다. 이곳에서 분쉬는 후에 그의 아내가 된 마리 숄(Marie Scholl)을 사귀었다.

그러다 베를린으로 직장을 옮겨 당시 저명한 외과의였던 피르호(Virchow) 교수 아래서 수련의로 일하면서 수술기법을 배운 뒤 1899년에는 영국으로 건너가 런던에 있는 독일 병원에서 한동안 일하였다. 1900년 4월부터 1년간은 프로이센의 쾨니스베르크에서 일하였다. 1901년 중반 분쉬는 런던에서 병원을 개업하기로 하고 필요한 시험을 준비하던 중 에르빈 밸츠(Erwin Bälz 1849~1913) 박사를 알게 되었다. 밸츠 박사는 일본 황실의 시의이자 도쿄대학의 교수로 재직하고 있었다. 이 무렵 분쉬는 그라이프스발트 대학의 스승이었던 외과의 헬페리히(Helferich) 교수의 추천과 도쿄 대학에서 내과 교수로 재직하고 있던 벨츠(Bälz) 박사의 주선으로 고종의 시의로서 한국에 오게 되었다.[568]

그럼, 분쉬는 왜 조선으로 오려고 마음먹은 것일까? 그는 여자 친구인 숄 양에게 보내는 편지에 "여기서는 금전적으로 쪼들리는 데다 일은 어

568) 리하르트 분쉬, 1999, 『고종의 독일인 의사 분쉬』, 학고재, 7쪽.

렵고 진급도 느려 고생이지만, 한국에 가면 적어도 생계는 해결되리라 생각해서 궁리 끝에 그렇게 결정을 내렸습니다."569) 라고 하였다. 그가 한국으로 온 궁극적인 목적은 생계를 해결하기 위하여 온 것이었다. 그는 한국의 수도 서울에서 30만 인구 가운데 유일한 유럽인 의사가 된다는 사실을 알고 있었고, 또한 시의로서 공적인 활동 외에도 개인 자격으로 개업을 할 수 있을 것이다570)라고 생각하였다. 분쉬는 한국으로 출발하기 전부터 개인적으로 개업을 하여 돈을 벌기 위한 계획을 갖고 있었음을 알 수 있었다. 그가 조선으로 오기 직전에 런던에서 개업의(開業醫)로서 일하고 있었다. 하지만 잘되지 않아 경제적으로 궁핍한 생활을 하고 있었다. 그는 "내가 아직도 마음속으로 바라는 바는 몇 년 뒤 언젠가는 런던에서 시작한 일로 되돌아가는 것입니다."571)라고 하였다. 그는 조선에서 돈을 벌어 다시 런던으로 가서 개업의를 하고 싶었던 것이다.

한국에 오기로 마음먹은 분쉬는 1901년 6월 1일 함부르크에서 고종황제의 독일 주재 명예 영사인 마이어(Hermann Konstantin Eduard Meyer 1841~1926)와 계약을 체결하고 조선으로 올 준비를 하였다. 계약기간은 3년으로 체결되었다. 마이어는 당시 한국에서 세창양행이라는 대형 무역상사를 소유하고 있었다. 그리고 1901년 8월 7일 독일 주재 한국 공사를 만났고, 브레멘 등에서 각종 의료 기구와 약품을 구입하는 등 한국 생활에 필요한 일들을 준비하였다. 준비를 마친 분쉬는 1901년 9월 3일 한국 총대리인인 볼터(Carl Wolter)와 함께 이탈리아 제노바(Genova)항에서 출발하여 중국을 거쳐 1901년 11월 2일 제물포에 도착

---

569) 리하르트 분쉬, 1999, 앞의 책, 15쪽.
570) 리하르트 분쉬, 1999, 앞의 책, 15쪽.
571) 리하르트 분쉬, 1999, 앞의 책, 19쪽.

하였다. 여행에 동행한 볼터 역시 세창양행의 직원이었다. 분쉬는 11월 2일 일요일에 제물포에 도착해서 월요일까지 머물렀다. 이유인즉, 영사가 일본 천황의 생일 축하연 때문에 분주한 데다 서울에서 기거할 거처가 아직 마련되어 있지 않았기 때문이었다.572) 그래서 그는 호텔에 머물면서 폭음소리와 함께 가을 하늘에 불꽃이 터지고 있는 모습을 보았다. 11월 3일이 일본 천황의 생일이었기 때문에 일본 천황을 위한 축하 불꽃놀이였다.

분쉬는 한국에 도착하자마자, 일본의 간섭에 놓여 있는 한국의 상황을 눈으로 목격하였던 것이다. 그리고 분쉬는 "이틀 동안 여기 있으면서 갖가지 경험을 해보니 이곳에서 근무한다는 것이 순조롭지만은 않을 것 같습니다. 아마도 일본 사람들이 제 행동을 제약하리라 짐작됩니다."573) 라고 하였다. 그가 조선에 도착한 시기는 일제가 1895년 청일전쟁에서 승리한 이후 조선에서 자신들의 권력을 확장하면서 조선의 내정간섭이 심했던 시기였다. 따라서 분쉬는 자신의 행동에 일본인들의 간섭과 제지가 있으리라 짐작하였다.

## 2) 서울의 첫인상, 독일의 1848년 3월 혁명 시기와 비슷

분쉬가 서울에서 그의 남동생 후고(Hugo)에게 보낸 엽서에서 서울의 첫인상을 다음과 같이 기록하였다.

서울의 길거리 청소는 견공(犬公)들에게 맡겨놓은 상태다. 곳곳에 널린 대변을 개들이 먹어 치우니, 길의 청결 여부는 견공의 식욕에 달려 있다고 할 것이다. 그리

---

572) 리하르트 분쉬, 1999, 앞의 책, 29쪽.
573) 리하르트 분쉬, 1999, 앞의 책, 32쪽.

고 한국 사람들은 지독히 게으르고 굼뜨며 황제를 알현하는데, 일주일이나 걸렸는데 경험이 있는 유럽인들에 의하면 일주일 기다리는 것은 아무것도 아니라고 한다.[574]

분쉬는 서울의 첫인상은 불청결과 행정처리의 지연이었다. 서울의 길거리는 대변으로 가득했고 그것을 개들이 먹음으로써 길거리 청소가 된다고 할 정도로 청결하지 못하다고 하였다. 또한 그는 고종을 알현하는데 시간이 많이 걸림에 대해 답답해 하고 있었다. 분쉬는 서울에 도착하여 깨끗하지 못한 거리, 행정처리의 지연, 일본의 간섭 아래에 놓여 있는 상황까지 경험하였다.

> 이곳에서는 범법행위를 하지 않았는데도 옥살이를 하는 일이 종종 있습니다. 이 모든 일이 비방이나 밀고로 일어난답니다. 어떤 녀석이 이런 짓을 해서 상관에게 잘 보이려고 하기 때문에 옥살이가 끝이 없습니다. 그들은 혹한에 난방도 되지 않는 감옥에서 이미 3주 이상 옥살이를 하고 있는데, 작년에만도 하룻밤에 17명이, 그 전해에는 40여 명이 한꺼번에 얼어 죽은 적이 있다고 하니 이들이 얼어 죽지 않고 출옥한다 하더라도 중병을 앓게 될 것입니다. 이런 일은 어떻게 할 수도 없습니다. 지금 이곳 상황은 독일의 1848년 3월 혁명 시기와 흡사합니다.[575]

1901년 조선의 상황은 법을 어기지 않아도 감옥에 가는 경우가 있었다. 이것은 비방과 밀고에 의해 일어난 일들이었다. 그는 그들이 추위와 고통 속에서 옥살이를 하고 죽어가는 모습을 보면서 독일의 1848년 3월 혁명 시기와 비슷하게 느끼고 있었다. 독일에서는 1847년 경제 위기로 수공업과 산업이 마비 상태에 빠졌고, 기아와 물가 폭등으로 그해 겨울은 특히 힘든 시기였다. 독일에서는 자유주의와 민중의 빈곤으로 혁명

---

574) 리하르트 분쉬, 1999, 앞의 책, 33쪽.
575) 리하르트 분쉬, 1999, 앞의 책, 35~36쪽.

의 열기가 확산되어 가고 있던 1848년 2월 27일, 파리로부터 날아든 2월 혁명의 소식은 혁명의 불씨에 불을 댕기는 역할을 하였다. 독일연방의 중심지인 빈과 베를린에서 봉기가 터져 나왔다. 조선의 고종이 항상 생명의 위협을 느끼고, 모든 행정기구가 불안정하고, 신용도 없고, 고관에 줄을 대어 아졸들이 극악무도한 방법으로 부당이익을 취하는 모습에서 독일 3월 혁명을 떠올리게 된 것이었다.

### 3) 체험적 다크투어 : 외국인 본위의 행정을 유도하다

#### (1) 덕수궁 중화전 화재사건 현장, 기울어져 가는 조선의 모습을 바라보며⋯

분쉬는 1904년 4월 15일 편지에 중화전 화재사건에 대해 서술하였다.

> 어젯밤 이곳 상황은 조금 불안했습니다. 황궁이 몽땅 불에 타 내려앉았다. 그 건물은 목조건물인 데다 바람이 불자 웅장한 건물 덩어리가 온통 따닥따닥 소리를 내며 타올라 불바다가 돼버렸답니다. 황제는 일본군과 한국군의 보호를 받으며 이른바 도서관이라는 육중한 건물로 피신했습니다. 불은 어젯밤 9시 30분에 났습니다....<중략>...공사와 무관, 어느 장교와 저는 화재 현장으로 달려갔습니다.... <중략>...그래서 우리는 궁전 가까이에 있는 언덕 위로 올라가 불타는 궁전을 자세히 바라보았습니다. 강풍이 몰아쳤지만 일본 소방대와 일본 군인, 미국 군인과 프랑스 수비대들이 궁벽 안에서 불길을 잡으려 애썼습니다....<중략>...어떻게 해서 불이 났는지 지금까지 아무도 모릅니다. 어쨌든 궁중 안에서 불이 나기 시작했는데, 그곳은 황제의 처소와 상당히 가까운 장소였습니다.[576]

덕수궁 중화전은 정전으로 왕의 즉위식, 조례, 외국 사신 접견 등 주요한 국가적 의식을 치르는 곳으로 고종이 대한제국을 선포한 이후 궁

---

576) 리하르트 분쉬, 1999, 앞의 책, 111~113쪽.

궐의 정전으로 1902년에 완공되었다. 처음 중화전을 세웠을 때는 경복궁 근정전과 마찬가지로 2층 건물이었다. 화재로 소실된 것을 1906년 중건하는 과정에서 규모가 축소되어 단층으로 지어졌다. 분쉬는 1904년 4월 14일 고종 황제의 황궁이 불타는 현장에 서 있었다. 이때의 화재로 인하여 공들여 건설했던 황궁의 대부분이 소실되었다. 분쉬는 황궁이 불타는 모습을 바라보면서 고종의 처소와 상당히 가까운 장소였음을 깨닫고 고종의 안위를 생각한 것이었다. 분쉬는 한 나라의 중심부인 황궁이 불타는 모습 속에서 무엇을 생각하고 있었을까? 분쉬는 궁전이 가까이 보이는 언덕 위에서 불타는 황궁을 보면서 기울어져 가는 조선의 모습을 지켜보고 있었을 것이다.

화재 이후 대대적인 중건을 통해 다시 궁궐의 모습을 만들어 나갔으나, 1907년 고종이 강제로 퇴위당하고 뒤이어 황제로 즉위한 순종은 창덕궁으로 옮겨가면서 경운궁은 황궁의 기능을 상실하고 퇴위당한 고종의 거처가 덕수궁이 되었다.

<그림-35> 불타기 전 중화전
출처:
https://blog.naver.com/good7101910/222052751533

<그림-36> 현재 중화전
출처:
https://blog.naver.com/good7101910/222052751533

## (2) 순명효황후의 장례식, 장례식은 독특하다

분쉬는 순종의 비 순명효황후의 장례식에도 참석하였다.

> 황태자비의 장례식은 아무런 돌발 사고 없이 거행되었습니다. 장례식은 독특했답니다. 일본군 1개 보병대가 우리를 경호해 주었습니다. 외교관들과 궁중의 관리들이 초대받아 황제에게 조의를 표했습니다. 황제는 환관들이 둘러싸고 있어 빠져나오지도 못하고 도시 근교에 있는 묘지에도 가지 못했습니다.[577]

순명효황후는 1904년 11월 5일 사망하였다. 분쉬는 사망 이유를 원인이 밝혀지지 않은 수종(水腫)[578]으로 말하였다. 또한 그는 70여 명의 의사들이 그녀를 치료했는데, 다들 황태자비가 임신을 했다고 주장하면서 황실에 아부만 하였다[579]고 하였다. 장례식은 1905년 1월 3일에 치러졌다. 분쉬는 조선의 장례식 현장에서 조선의 장례문화를 지켜보았다.

순명효황후는 1897년 10월 14일 조선이 황제국임을 선포하고 국체가 대한제국으로 바뀌게 되면서 그녀는 황태자비로 책봉되었다.[580] 11세에 세자빈으로 책봉되어 22년간 궁중생활을 마감하고 33세의 나이로 사망하게 되었던 것이다. 순명효왕후의 국장은 궁내부 산하 장례원에서 주도하였다. 장례원은 1895년에 설치된 궁내부 관제 중 하나로서 궁중의 의례 및 제사, 종묘·사직, 전·궁, 능·원·묘에 관한 사무, 종실에 관한 사무를 맡아 처리하게 되었다.[581] 황태자비의 시호는 '순열(純烈)', 전호는

---

577) 리하르트 분쉬, 1999, 앞의 책, 146쪽.
578) 몸 안에 수습(水濕)이 고여 얼굴과 눈, 팔다리, 가슴과 배, 심지어 온몸이 붓는 질환.
579) 리하르트 분쉬, 1999, 앞의 책, 226쪽.
580) 『승정원일기』, 고종 34년 음력 9월 19일.
581) 『고종실록』 권33, 고종 32년 양력 4월 2일.

'의효(懿孝)', 원호는 '유강(裕康)'으로 정하였다.582)

왜 분쉬는 순명효황후의 장례식이 독특하다고 했을까? 일본군 1개의 보병대가 장례식 절차를 경호한 것이 아니라 장례식에 참여한 서양인들을 경호한 것이었다. 이것은 일본이 조선의 장례보다는 서양 열강을 의식하고 있음을 알 수 있었다. 또한 순종은 환관들에 둘러싸여 묘지에도 참석하지 못한 모습에서 독특하다고 하였다. 황태자비의 장례식조차도 일본의 세력에 의해 움직이고 있었고, 순종조차도 묘지에 참석하지 못하는 모습이 "독특하다"라고 표현하였지만, 이 독특함에는 장례조차도 주체적으로 치를 수 없는 안타까운 조선의 모습을 독특하다고 표현한 것이 아닌가 추측해 볼 수 있다.

### (3) 러일전쟁 발발, 병원건립의 파레시아를 꿈꾸다

분쉬는 고종의 궁중시의(宮中侍醫)로 일하면서도 민간의료 활동에 관심을 가졌다. 분쉬는 조선 의료계에 대해서 다음과 같이 서술하였다.

> 한국인을 상대로 한 의료사업이 커지고 있다는 소식 외에도 초기 단계인 한국 의료학교에 관해서 몇 말씀드리겠습니다. 우선 의료학교에서 일본어나 한국어만 사용하니 한심합니다. 학문이래야 뻔한 수준이죠. 게다가 국민의 신앙심에 어긋난다고 하여 해부를 금지하고 있으니 의학이 발전할 리가 없으며 해부학의 기초가 전혀 없는 상태입니다.583)

분쉬는 조선 의학은 해부학의 기초도 없어 발전이 되지 못한 상태라

---

582) 『고종실록』 권44, 고종 41년 양력 11월 10일. 시호는 얼마 후 '순명(純明)'으로 개정되었다.(『고종 실록』 권44, 고종 41년 양력 11월 22일.)
583) 리하르트 분쉬, 1999, 앞의 책, 49쪽.

고 하였다. 이에 그는 조선에서 의료사업을 구상하였다. 그래서 분쉬는 조선에 개인병원을 차리기를 염원하였다. "제 자본으로 병원을 연다면 확실히 더 좋겠지만 지금은 그럴 만한 돈이 없고, 녹슨 한국 정부 기구의 도움을 받아야 하므로 당분간 기다려야 합니다."584)에서 알 수 있듯이 분쉬는 자신이 가진 돈이 없기 때문에 한국정부의 지원을 받으려고 하였다. 하지만 그는 한국 정부를 '녹슨 한국 정부'라고 한 것은 정치적으로 일본의 간섭 아래에 있고, 재정적으로 좋지 않아 침체되거나 무너져 가고 있는 조선으로 인식하고 있음을 알 수 있다.

그러나 분쉬는 그의 아버지에게 보는 편지에 "어떤 사업을 시작하려면 사업자금이 필요하다는 사실을 이제야 깨달았습니다. 여기서 운영자금 한 푼 없이 시작하기 했는데 일이 쉽지 않습니다"585)라고 하였는데, 여기서 그는 의료 사업을 시작했음을 알 수 있다. 우선 그는 자신이 살고 있는 집에 병원을 차렸다. "의사가 살 집 치고는 분수에 넘치는 저택입니다. 이제 수술실과 진찰실을 꾸몄고, 정원 안에 자리 잡은 한옥에 환자를 두 사람이나 입원시켜 놓았습니다."586)라는 글에서 자신의 집에 병원의 시설을 갖추었다. "제 개인병원은 상황이 점점 좋아지고 있습니다."587)에서도 알 수 있듯이 자신의 집에 차린 개인병원 사업의 상황은 점점 나아지고 있었다.

그러나 분쉬는 개인병원의 상황이 나아짐에도 불구하고 병원을 짓고 싶어 하는 파레시아를 가지고 있었다. 분쉬는 1902년 3월 18일 식사를 하고 달빛 아래서 산책을 하다가 정원 풀밭에 앉아 병원설립이 성공리

---

584) 리하르트 분쉬, 1999. 앞의 책, 53쪽.
585) 리하르트 분쉬, 1999. 앞의 책, 50쪽.
586) 리하르트 분쉬, 1999, 앞의 책, 54쪽.
587) 리하르트 분쉬, 1999, 앞의 책, 65쪽.

에 이루어지도록 하나님께 기도를 하기도 하였다. 그의 계획은 병상이 90~100개 정도 되는 병원을 설립할 계획인데, 거기에 필요한 조수와 건물 외에도 보조금으로 300엔을 받을 생각을 하고 있었다.[588] 이처럼 분쉬는 산책을 하다가도 하나님께 기도를 할 정도록 병원을 설립하는 것이 간절하였다. 그리고 1902년 7월 13일 분쉬는 밸덕이 일하는 영국 병원을 방문하였다.

> 모든 것이 아주 정결하고 질서정연해서 깜짝 놀랐다....<중략>...한 간호원이 융커(Junker) 기구를 이용해 마취를 아주 잘 시켰다. 밸덕씨는 간호원을 세 명이나 데리고 있어서 모든 일이 정확히 처리되었다. 나는 부러운 마음을 누른 채 병원을 나왔다.[589]

분쉬는 밸덕이 운영하는 영국 병원을 방문하여 깨끗하고 잘 정돈된 모습에 놀랐다. 그리고 숙련된 간호사를 데리고 모든 일이 정확하게 처리되고 있는 모습에도 부러워하였다. 분쉬는 개인적인 병원을 가지고 싶은 속내를 가지고 있었기 때문에 영국 병원 모습을 더욱더 부러워하였다. 분쉬는 산책을 하다가도 하나님께 개인병원을 갖도록 해 달라고 기도를 할 정도로 간절했지만 다른 나라보다는 꼭 한국에서 가지고 싶어 하였다. 홍콩에 있는 크리크가 전보로 자신의 병원을 분쉬에게 인계하고 싶다고 전해왔지만, 분쉬는 거절하는 편지를 썼을 정도였다. 그리고 "이곳에서도 무언가를 이룰 수 있으리라 희망한다. 비록 그 희망이란 것이 아주 미약한 것이지만"[590]이라고 하면서 한국에서 자신의 바람을

---

588) 리하르트 분쉬, 1999, 앞의 책, 171쪽.
589) 리하르트 분쉬, 1999, 앞의 책, 189쪽.
590) 리하르트 분쉬, 1999, 앞의 책, 198쪽.

이루고 싶어하였다. 왜, 그는 한국에서 자신의 바람을 이루고 싶어 하였을까? 그는 "저를 포함한 모든 외국인이 이 나라의 비옥하고 독특한 아름다움을 지닌, 그림같이 아름다운 경치에 매혹되어 있으니까요……"591)라고 하였다. 그는 한국에 온 3개월 동안은 이곳에 온 것을 후회하였지만, 그 이후 한국의 아름다운 자연 경관에 매력을 느낀 것으로 보인다.

> 훌륭한 병원을 지으려고 몇 달 전부터 이 나라 대신을 비롯하여 영향력을 행사할 수 있는 인사들을 만나고 궁중 나인(內人)들을 조찬에 초대하는 등 힘을 썼지만, 그 사이에 생긴 처참한 정치 상황 때문에 물거품이 되고 말았습니다. 정치만 없다면 얼마나 아름답고 살기 좋은 고장일까요! 하지만 여러 나라가 질시하고 경쟁을 부추겨 모든 것을 망쳐놓았습니다.592)

위의 글은 분쉬가 1902년 4월 9일 자신의 부모님에게 쓴 편지이다. 분쉬는 서양의 의료기술이 발달하지 않은 조선에 병원을 세우고 싶은 희망을 가지고 탁지부 대신 이용익과 병원설립 계획에 관한 이야기를 나누었다.593) 분쉬는 병원을 세우기 위해 조선에 영향력 있는 대신들과 궁중 나인들과 만나는 등 힘을 썼지만, 조선의 정치적 상황으로 인해 무산되었던 것이다.

처참한 정치상황은 무엇일까? 분쉬가 이 편지를 쓴 1902년의 처참한 정치상황은 1895년 청일전쟁에서 일본이 승리한 이후 일본은 제국주의적인 형태를 보이며 조선에 영향력을 행사하고 있었던 시기였다. 그가

---

591) 리하르트 분쉬, 1999, 앞의 책, 51쪽.
592) 리하르트 분쉬, 1999, 앞의 책, 65~66쪽.
593) 리하르트 분쉬, 1999, 앞의 책, 175쪽.

한국에 머물렀던 1901~1905년은 고종이 대한제국 선포를 후의 광무개혁기에 해당된다. 고종은 광무개혁으로 근대화를 추진하려고 하였으나 일본 제국주의 지속적인 방해를 받았다. 이러한 상황 속에서 분쉬의 계획도 이루어지지 않았다.

하지만 분쉬는 "저는 처음부터 다시 시작하려고 합니다."[594]라고 하면서 포기하지 않고 다시 병원을 세우는 계획을 세웠다. 분쉬는 도교에서 지내던 벨츠 교수가 조선에 오면 벨츠 교수와 함께 고종 황제에게 다시 한번 병원 설립 계획을 얘기하면 일이 관철될 수 있을 것이라는 희망을 가지기도 하였다. 분쉬는 러시아 차르의 특사인 베베르에게서 병원 기금으로 4,000엔을 기부받기도 하였다.[595]

그럼, 왜 베베르는 병원기금을 지원하였을까? 베베르는 1882년 한국 정부와 조약체결을 협상하라는 훈령을 받고 한국으로 출발하여 1884년 조러수호통상조약을 직접 체결하였다. 이를 계기로 베베르는 초대 서울 주재 러시아 공사에 임명되어 1885년부터 1897년까지 업무를 수행하였다. 그리고 그는 다시 1902년 고종 즉위 40주년을 기념하기 위하여 러시아 대표로 서울을 방문하였다.

베베르는 '1898년 전후 한국에 대한 보고서'를 1903년 4월에 작성하여 본국정부에 보고하였다. 이 보고서에 의하면 1900년대 한국정부의 개혁 실패와 총체적인 부패를 상세히 기록하고 있었다. 한국이 정치뿐만 아니라 사회에서도 후퇴하는 매우 슬픈 광경이었다고 주장하였다. 한국 정부는 권력 남용과 음모, 계략 등의 정치적 혼란이 가중되어 경제적인 부패는 더 심각했으며 이것을 만회하기 위하여 국가는 백성들에게

---

594) 리하르트 분쉬, 1999, 앞의 책, 66쪽.
595) 리하르트 분쉬, 1999, 앞의 책, 91쪽.

최대한의 세금을 강요하고 있다고 하였다. 또한 관직의 교체는 더욱 빈번하게 이루어졌으며 세금이 증가해도 국고는 돈이 없었다. 백성의 상태 개선, 교육기관 설립, 교통 건설 등에 관한 자금이 없었다. 국가의 수입의 상당 부분이 황제의 개인 비용, 궁궐 행사, 묘지 건립, 점쟁이와 무당의 부양 등의 예산에 막대하게 지출되고 있다고 하였다.[596]

또한 그는 한국에서 일본의 영향력도 상세히 기록하였다. 일본은 한국의 독립을 유지할 것이라고 거짓 선전하면서 실제 한국을 정치와 경제적으로 몰락시키고 있었다고 하였다. 또한 일본은 한국에서 지배적인 영향력을 행사하였고 기회가 있을 때마다 한국의 독립을 침해하고 있다고 하였다. 또한 일본은 자국의 영향력 회복과 강화를 위해 한국을 재정적으로 예속시키고 완전히 몰락시키려고 하였다고 보고하였다.[597]

이러한 상황에서 베베르는 한국의 총체적인 부패와 일본의 한국 식민지화 과정을 목격하면서 한 줄기 희망을 보았다. 그것은 일본의 한국 침략에 자각하고 저항하는 백성들이었다. 베베르는 러시아가 한국을 지원하여 일본의 한국 지배 가능성을 막아야 한다고 주장하였다. 그는 러시아가 청국의 만주와 한국의 북부를 수호하기 위해서 러시아의 군비를 강화해야 한다고 본국 정부에 보고하였다. 또한 베베르는 일본이 한국 점령에 성공하고 러시아와 국경선을 접한다면 남우수리와 만주에서 러시아의 이해관계를 심각하게 고민해야 한다고 주장하였다.[598]

따라서 베베르가 병원기금을 기부했던 이유도 조선이 어떻게라도 자

---

596) 김영수, 2016, 「서울주재 러시아공사 베베르의 외교활동과 한국정책-1898년 이전과 이후 한국의변화를 중심으로-」, 『서울과 역사』 제94호, 서울역사편찬원, 30~31쪽.

597) 김영수, 2016, 앞의 논문, 32쪽.

598) 김영수, 2016, 앞의 논문, 33~34쪽.

럼하여 일본의 식민지가 되는 것을 막기 위한 최소한의 노력이지 않았을까 추측해 볼 수 있다. 즉 이것은 조선이 일본의 식민지가 되면 자국과의 이해관계가 힘들어짐을 알았기 때문이었다. 즉, 병원 기금의 기부는 조선을 위한 것이 아니라 최종적으로는 러시아 자국을 위함임을 알 수 있다.

> 또 토지를 사들였는데 거기다가 작은 병원을 세우고 싶습니다. 지난달처럼 병원이 잘된다면 외국인을 위한 개인진료소를 차리는 일도 생각해 볼 만합니다. 이곳의 교통이 점점 복잡해져 매입한 토지는 생각했던 대로 아주 유리한 장소입니다. 빠른 시일 안에 대지 뒤편을 따라 전찻길이 놓일 것이며, 지금 건설 중인 서울-의주 구간의 정거장도 가까운 곳에 생기게 됩니다. 또 나중에는 의주에서 바로 시베리아 철도로 연결되며, 여기서 기차를 타면 베를린까지 16~18일이면 닿을 수 있습니다.[599)

분쉬는 조선인을 위한 병원이 아닌 조선에 와 있는 외국인을 위한 병원을 차리고 싶어하였다. 그렇다면, 왜 분쉬는 조선인을 위한 병원은 아니었던 것일까? 그는 "한국인 외과환자가 개인진료 시간에 저를 찾아왔습니다. 그는 치료비조로 닭 열 마리와 달걀 100개를 주고 갔답니다."[600] 라고 하였다. 조선인들은 병원에 가서 진료를 받고 진료비 대신으로 달걀이든지, 닭이든지, 참외 같은 먹을 것들을 진료비 대신 주고 갔다. 분쉬는 조선인들이 진료비를 내지 않는 것을 당연하게 여긴다고 생각하였고, 외국인 의사한테서 약 한 병을 선물 받는 것으로 생각하고 있다고 여겼다. 또한 조선인들이 진료 받는 것을 마치 자신들이 자선사업을 베푸는 듯한 태도를 보이는 것으로 생각하였다.[601] 이러한 이유로 분쉬는 조선

---

599) 리하르트 분쉬, 1999, 앞의 책, 95쪽.
600) 리하르트 분쉬, 1999, 앞의 책, 43쪽.
601) 리하르트 분쉬, 1999, 앞의 책, 51쪽.

인을 위한 병원보다는 외국인을 위한 병원을 차리고 싶어 하였다.

그리고 분쉬는 개인진료소를 지을 토지를 매입하면서 그 위치도 고려하였다. 전찻길이 놓일 것을 알고, 서울-의주 구간의 정거장도 고려를 하였으며, 나중에는 의주에서 시베리아 철도로 연결되어 베를린까지 가는 길도 고려하였다. 이렇게 조선으로부터 유럽까지 연결되는 철도로 조선에 외국인들의 방문을 기대하면서 분쉬는 이렇게 목이 좋은 곳에 개인진료소를 지을 계획을 세우며 토지를 매입하였다. 하지만, 분쉬는 개인진료소를 짓을 계획을 세우는 가운데 러일전쟁의 움직임을 느끼고 있었다.

> A) 당분간은 일본과 러시아 사이에 쉽게 전쟁이 날 것 같진 않습니다. 러시아가 전쟁을 시작할 마음이 없는 한 일본도 쉽사리 전쟁을 시작할 수 없을 것입니다. 일본이 영국의 도움과 호의를 잃어버리면 틀림없이 불리해질 테니까요. 그러나 러시아와 일본사이에 긴장이 계속되는 것으로 보아 언젠가 한 번 충돌이 있을 것 같습니다.[602]

> B) 지난주까지는 전쟁이 날지 모른다는 불안감이 사그라들지 않았는데 다행히 진정 되고 있는 것 같습니다. 그렇지만 일본과 러시아의 관계는 앞으로도 순탄치 못할 것입니다. 돌아오는 봄에 무슨 일이 일어날지 궁금합니다.[603]

A)글은 1903년 9월 11일에 B)글은 1903년 10월 14일에 분쉬가 부모님에게 보내는 편지의 내용 중 일부이다. 분쉬는 조선에 기거하면서 전 전쟁이 일어날지 모른다는 불안감을 가지고 있었으며, 이때부터 러일전쟁이 언젠가는 한번 일어날 것으로 예상하고 있었다.

---

602) 리하르트 분쉬, 1999, 앞의 책, 95쪽.
603) 리하르트 분쉬, 1999, 앞의 책, 99쪽.

당시 일본의 한국 파견대 파병은 러·일 간 교섭이 진행 중이던, 즉 정식 전시 군동원령이 하령되기 전인 1903년 12월 12일에 작성된 편성요령에 의한 것이다. 그 파병은 "신속하게 경성에 진입하여 당지의 점령을 확실하게 확보 유지할 것"을 목적으로 한 전략적 파병이었다. 그리고 2월 5일부터 동원령이 하달되고 일본군 주력 야전사단 등은 "먼저 한국 경성 및 그 이남을 군사적으로 점령하기 위해" 한국에 속속 상륙하였다.604) 이러한 분위기 속에서 분쉬는 한국 정부와 군부가 제 역할을 거의 못하고 있어 머지않아 조선이 일본이나 러시아의 침략을 받게 될 것이라고 예상하고 있었다. 분쉬는 한국에서 일본 화폐의 가치가 떨어지고, 투기에 쓰일 곡물이 다량 수입되고 있는 모습에서 전쟁이 눈앞으로 다가오고 있음을 느꼈다. 그리고 신문은 온통 호전적인 붉은 색 구호로 뒤덮여 있었고, 사람들은 언제 총성이 울려 퍼질지 불안감에 휩싸여 있었다.605)

분쉬는 러일전쟁 발발 직전의 분위기를 읽고 있었다. 그는 한국 정부는 틀림없이 우매한 짓을 한 뒤 황제를 보호하려고 러시아에 군대를 요청할 것이라고 예상하였고, 일본이 이미 서너 개 중대를 한국에 주둔시켜 놓은 것을 알고 있었고, 일본인 거주지에 살고 있는 4,000여 명 가운데에는 예비병도 많이 있다는 것을 파악하고 있었다.606) 분쉬는 1904년 1월 5일 부모님께 보내는 편지의 내용에서 전쟁의 불안함을 속에 빠져 있음을 알 수 있었다.

전쟁이 임박했다는 느낌이 강하게 듭니다. 일본과 러시아는 해상에서 서로 대치하고 있습니다. 일본은 한국에 탄약과 군량미를 잔뜩 실어다 놓았습니다. 제물

604) 서민교, 2006, 「러일전쟁 개전의 실상」, 『황해문화』 제51호, 새얼문화재단, 343쪽.
605) 리하르트 분쉬, 1999, 앞의 책, 101쪽.
606) 리하르트 분쉬, 1999, 앞의 책, 101~102쪽.

포항은 전함으로 빽빽합니다. 영국, 미국, 러시아, 일본의 전함들입니다. 독일은 그다지 서두르고 있지는 않습니다. 미국인들은 오늘 벌써 호위병 40명을 전차회사의 본사에 투입했고, 영국인들은 자기네 공사관을 지킬 보초를 배 위에다 대기해 놓았습니다.607)

분쉬는 1904년 1월에 전쟁이 임박해 왔음을 강하게 느끼고 있었다. 일본과 러시아는 해상에서 서로 대치하고 있는 상황이었다. 그는 일본이 한국에 탄약과 군량미를 잔뜩 실어다 놓는 모습에서 전쟁 준비를 하고 있는 모습을 보았다. 그리고 제물포항에 서구 열강들이 긴장한 채 전함을 대기시켜 놓은 것이었다. 미국은 호위병 40명을 전차회사의 본사에 투입해 놓고 있었고, 영국인들도 자신들의 공사관을 지킬 보초를 배 위에다 대기해 놓고 있었던 것이다. 이러한 상황 속에 분쉬는 전쟁의 공포가 느껴지는 현장에 놓여 있게 된 것이었다.

분쉬는 만일 전쟁이 일어나면 즉각 대처하려고 평상복을 입은 노동자처럼 시내를 배회하고 다녔다. 당시 사람들은 서울이 사건의 현장이 되리라고 생각하지 않았다. 오히려 주요 사태가 해상에서 일어날 것으로 생각하였다. 분쉬는 이러한 조선의 전쟁 상황 속에서 한국이 고용한 외국인과 맺은 계약은 어떻게 처리할지 궁금하게 여기고 있었다.608) 분쉬는 전쟁이라는 급박함 속에서 몇 달 내내 날마다 전쟁이 터지지 않을까 우려하며 지냈다. 하지만 나중에는 그러한 상황에 익숙해서 그 일로 마음을 졸이지 않았다.609) 전쟁이란 긴박한 상황 속에 놓여 있어도 그 곳에 익숙해져 더 이상 불안감을 느끼지 않았던 것이다.

---

607) 리하르트 분쉬, 1999, 앞의 책, 102쪽.
608) 리하르트 분쉬, 1999, 앞의 책, 104쪽.
609) 리하르트 분쉬, 1999, 앞의 책, 105쪽.

외국인 장교들이 이곳에 주둔하면서 사교계가 활기를 조금 되찾았습니다. 음악과 연극에 관해 얘기를 나누고, 점심식사와 저녁식사가 준비되어 나옵니다. 사람들은 아무 걱정 없이 유쾌하게 지냅니다. 참 기이한 삶입니다. 개인진료소는 겨우겨우 꾸려가는데 날씨가 좋아서인지 아픈 사람이 없습니다.610)

전쟁이라는 두려움 속에 빠져 있으면, 우울하고 불안하고 긴박감이 느껴질 것 같았지만, 오히려 분위는 외국인 장교들과 사교계에서 어울리며 여유롭게 음악과 연극에 관한 얘기를 나누고, 사람들은 아무 걱정 없이 유쾌하게 지냈다. 전쟁이라는 긴박한 상황 속에 빠져 있어도 개인의 삶까지 어둠과 암흑의 상황으로 빠지는 것은 아니라는 것을 알 수 있다. 1904년 2월 4일 편지에서도 "1월에 추위가 본격적으로 시작되어 일주일 동안 영하 20도까지 내려갔었는데, 지금은 다소 누그러져서 아름다운 봄날을 떠올리며 즐거워하고 있습니다. 봄에는 정원을 완전히 바꾸고, 나무도 많이 옮겨 심을 작정입니다."611) 분위는 1월의 영하 20도의 겨울 속에서 봄을 기다리며 즐거워하고, 봄에 정원을 꾸밀 희망을 가지고 있었다. 긴박하고 두려운 전쟁 속에 놓여 있어도 분위는 희망을 꿈꾸고 있었다.

분위는 1904년 2월 9일 제물포항에서 벌어진 러시아와 일본의 야간 전투에서 울려 나오는 천둥 같은 대포 소리를 들으면서 부모님에게 쓴 편지내용을 살펴보면,

어제부터 적대행위가 시작되었습니다. 일본 수송선이 3,000여 명의 군인을 태우고 전함 7척의 호위를 받으며 어제 오후 제물포에 도착했습니다. 그전에 벌써 일본

---

610) 리하르트 분위, 1999, 앞의 책, 105쪽.
611) 리하르트 분위, 1999, 앞의 책, 105쪽.

전함 3척이 거기와 있었고, 이탈리아 수송선 1척, 영국 수송선 2척, 프랑스 수송선 1 척, 러시아 배 2척, 미국 수송선 1척이 정박해 있었습니다. 일본 함대가 나타나자 출항하던 러시아 수송선은 일본 배들이 추격해 오는 바람에 항구로 되돌아와야 했습니다. 저녁에 일본군 보병 3,000명이 횃불을 밝힌 채 상륙했습니다. 그때 저는 독일공사와 저녁 식사를 하고 있었는데, 그 자리에는 일본 장성과 일본 영사, 일본 공사도 함께 있었습니다. 러시아 공사관 공의 부부와 서기관 부부도 자리를 같이 했습니다. 모두들 전쟁이 임박했다는 사실을 알고 있었지만 분위기는 아주 쾌활했습니다. 물론 이미 시작된 러시아와 일본 간의 전쟁에 대해서 일본인 외에 아는 사람이 없었고, 러시아인은 더더욱 모르고 있었습니다. 이틀 전부터 전신이 두절되었으니까요. 오늘 낮 갑자기 멀리서 들려오던 대포 소리가 한 시간 동안 천지를 진동해 제물포에서 해상전투가 크게 벌어졌다는 걸 짐작으로 알았죠.[612]

위 글에 따르면 러일전쟁은 1904년 2월 8일부터 시작되었음을 알 수 있다. 제물포항에는 일본, 이탈리아, 영국, 프랑스, 러시아, 미국의 전함과 수송선이 정박해 있었다. 분쉬는 이렇게 러시아와 일본이 제물포에서 해상전투가 벌어지고 있는 상황에서도 일본영사, 일본공사, 러시아 공사관 부부들이 함께 식사를 하였고, 좋은 분위기를 이어가고 있었다. 러일전쟁은 1904년 2월 6일 일본이 러일교섭을 중단하고 2월 9일에 인천만 앞에서 일본 함대가 러시아 함대를 격침함으로써 실질적인 전쟁에 돌입하였다. 공식 선전포고는 2월 10일이다. 그러나 이미 그 전날인 2월 8일에 육군 제23여 단장 기코스 야스츠나(木越安綱) 소장이 지휘하는 보병 4개 대대를 근간으로 한 한국 파견대가 인천에 상륙하여 서울 등지로 이동하였다.

일본은 2월 6일 러일교섭을 중단함과 동시에 전신을 두절시키고 전쟁상태에 돌입하였던 것이다. 일본은 전쟁을 극비리 상태에서 진행시켰

---

612) 리하르트 분쉬, 1999, 앞의 책, 105~106쪽.

기 때문에 러시아인들은 더욱더 전쟁이 시작되었음을 모를 수밖에 없었다. 하지만 낮에 제물포 쪽에서 들어온 대포소리로 전투가 시작되었음을 알 수 있었던 것이다. 분쉬는 "이곳에서 불과 몇 마일 떨어진 곳에서 사람이 총탄에 맞거나 얼음같이 차가운 강물 속에서 인생을 끝마치고 있다고 생각하니 정말 끔찍하다고 느꼈고, 이따금 큰 폭음이 들리는 것으로 보아 충돌이 더욱 커졌음"[613]을 추측하기도 하였다. 분쉬는 이렇게 전쟁의 한 복판에서 다크 투어리즘을 생생하게 느끼고 있었다.

분쉬는 한국의 서울 상황을 생생하게 전달하였다. 한국인들은 이러한 전쟁 상황 속에서 모두가 평상시와 다름없이 생활하고 있었고, 은행과 점포도 문을 열었다. 다만 물건값이 모두 올랐다. 반면 일본인들이 거주하고 있는 지역의 거리는 아주 활기차며 집집마다 국기를 게양하고 군인들을 숙박시켰다. 한국인들은 여전히 무심하게 거리를 오가고 있으며 주위에서 무슨 일이 일어나고 있는지 정확히 모르고 있었다. 하지만 궁중에서는 굉장히 초조하고 불안해하며 전전긍긍하고 있었다. 일본 공사는 제물포 전투가 끝난 즉시 황제를 알현하여 안심시켰다. 일본 공사는 적어도 일본 군인들이 보호하고 있는 한 황제에게는 아무 일도 일어나지 않을 것이라고 확언했다. 또, 일본 공사는 서울의 성문에 방을 붙여 백성에게 다음과 같은 사실을 알렸다. 내용인즉, 일본 군인들은 영국군이나 미군들과 아주 달리 모범적으로 행동할 것이므로 일본 군인들이 주둔한다고 해서 불안해할 필요가 없다는 것이었다.[614] 분쉬는 또한 러일전쟁 상황 속에서도 "지금은 모든 일이 순조롭고 평온하며, 일본이 계속 승리하는 한 이런 상태가 유지될 것"[615]이라고 생각하였다.

---

613) 리하르트 분쉬, 1999, 앞의 책, 106~107쪽.
614) 리하르트 분쉬, 1999, 앞의 책, 107~108쪽.

러일전쟁의 주요 전투는 압록강과 요동(遼東) 반도에서 있었다. 그래서 서울 사람들은 전쟁을 피부로 느낄 수 없었던 것이다. 분쉬는 러시아 공사관에 자주 드나들면서 일본 공사관과도 관계를 유지했기 때문에 전쟁의 상황을 그나마 정확하게 파악하고 있었다. 분쉬는 러시아인들이 오만하고 점점 커지는 위험을 오판하고 일본을 경멸하고 있다고 판단하였다. 그리고 일본 사람들은 사소한 일까지 얼마나 극비리에 준비를 했는지를 알게 되었다. 러시아 사람들은 서울에 있는 러시아 공사관에 오는 모든 전보를 일본이 도청한다는 사실을 전혀 몰랐다.616) 분쉬는 러시아 전함 두 척이 제물포항에서 폭파되어 부상당한 러시아군이 병원에 온 것을 보고 나서야 전쟁 상황을 느끼게 되었다.

이러한 전쟁 상황 속에서 분쉬는 전쟁의 소용돌이 속으로 찾아가 부상당한 사람들을 치료했으면 좋겠다는 생각을 하였다.617) 그래서 분쉬는 자신이 알고 있는 의학지식을 일본 적십자사에 제공하기도 하였고, 이토 히로부미에게 개인적으로 청탁도 하였지만, 그는 전쟁터로 갈 수 없었다. 일본인들은 어떤 외국인도 전쟁터로 보내려 하지 않았고, 무관과 기자도 예외가 아니어서 그들 가운데 일부는 도쿄와 서울에 남아 있는 형편이었다.

분쉬는 러일전쟁이 일어나고 있는 상황에서도 그가 꿈꾸는 파레시아는 1904년 9월 18일 숄 양에게 보내는 편지에서 찾아볼 수 있다.

저는 항상 마음속으로 제가 하는 일의 공로를 인정받아 최고로 숙련된 간호원들과 조수, 제반 시설을 갖춘 한국과 일본이 공동으로 설립한 종합병원의 가장 높은

615) 리하르트 분쉬, 1999, 앞의 책, 109쪽.
616) 리하르트 분쉬, 1999, 앞의 책, 115쪽.
617) 리하르트 분쉬, 1999, 앞의 책, 116쪽.

자리에 앉아 있기를 바랍니다. 인술을 생각하는 양심적인 의사에게는 가소로운 일이지만요, 어려움 속에서도 제 일이 좋은 결과를 가져오도록 기원해 주십시오. 그런 기도가 때때로 도움이 되니까요.[618]

분쉬는 한국에서 한국과 일본이 공동으로 설립한 종합병원에서 병원장으로 일할 것을 희망하고 있었다. 이것은 러일전쟁에서 일본이 승리하여 일본이 조선에서 내정간섭과 지배력이 강해질 것을 예상했음을 말해 주고 있는 것이다. 그는 조선이 일본의 손에 넘어가든, 그렇지 않든 간에 병원을 설립하는 것이 최고의 관건이었다. 그렇기에 숄 양에게 좋은 결과가 나오도록 기도까지 부탁하는 모습으로 보아 분쉬가 병원의 설립을 얼마나 간절히 원했는지 알 수 있다. 분쉬는 1904년 9월 11일 편지에서 "이곳에서는 아무 일도 일어나지 않았습니다."[619]라고 하면서 부모님께 자신의 안부를 알렸다. 분쉬는 러일전쟁 상황 속에서 시간이 흘러감에 따라 전쟁의 기운을 느끼지 못하였다. 하지만, 그는 1904년 8월 20일 숄 양에게 보낸 편지에서 전세((戰勢)가 일본의 승리로 흘러가고 있음을 짐작하고 있었다.

여기 있는 일본인들은 정복의 날을 축하하려고 큰 행사를 준비하고 있습니다. 주름진 함석판과 나무로 만든 철갑함이 기차역 옆에 세워져 있고, 그 옆에는 커다란 조명기구가 설치되어 있습니다. 일본군 진지에서는 등불을 들고 축하 행진을 벌일 준비를 하고 있습니다. 일본이 크게 승리했음은 의심할 여지가 없을 것 같습니다.[620]

---

618) 리하르트 분쉬, 1999, 앞의 책, 134쪽.
619) 리하르트 분쉬, 1999, 앞의 책, 133쪽.
620) 리하르트 분쉬, 1999, 앞의 책, 131쪽.

분쉬는 "일본은 마치 심사숙고하여 재빠르고 정확하게 말을 놓는 노련한 장기 명수 같습니다. 반대로 러시아인들은 굼뜬 행동으로 허송세월하고 있답니다. 러시아가 진다는 것은 전 유럽이 수치스러워할 일입니다."[621]라고 하였다. 그는 조선에서 일본이 러시아와 전쟁을 치를 목적으로 가지고 전략적으로 빠르고 정확하게 행동했기 때문에 전쟁에서 승리할 수 있었다고 보았고, 반대로 러시아는 일본의 행보를 눈치채지 못하고 굼뜬 행동으로 전쟁에 졌다는 것이다. 분쉬는 러시아가 같은 유럽으로서 동양의 일본에 진다는 것은 수치스러운 일이라고 하였다. 사이드(Edward W. Said)는 오리엔탈리즘을 "동양을 지배하고 재구성하여 위압하기 위한 서양의 스타일"로 규정하였다. 분쉬는 사이드가 말한 힘의 운영자의 주체적 측면에서 서구 중심주의, 유럽 중심주의의 오리엔탈리즘적 사고에 의해 바라보았다. 분쉬는 유럽의 러시아가 동양의 일본을 지배해야 하는데, 그렇지 못하고 러시아가 패배한 것이 수치스럽다고 한 것이었다.

분쉬는 러일전쟁에서 일본의 승리를 예감하였고, 일본이 전쟁에서 이긴다면 한국 정부에 있는 유럽인들이 귀국할 가능성이 크다고 판단하였다. 그래서 분쉬는 자신도 한국을 떠날 수도 있겠다는 생각에 동양에서 다른 자리를 찾아보려고 하였고, 중국의 톈진이 의사에게는 여건이 더 좋은 도시라고 생각하였지만, 톈진의 생활은 서울의 생활보다 아늑하지 않을 것이며, 그곳의 경치는 아름다운 서울과는 비교가 안 된다[622]고 하면서 서울을 떠나는 것에 아쉬움을 나타내고 있었다. 분쉬는 숄 양에게 보내는 편지에서도 "곧 옷을 갈아입고 말을 풀어 아름다운 가을 저녁을

---

621) 리하르트 분쉬, 1999, 앞의 책, 131~132쪽.
622) 리하르트 분쉬, 1999, 앞의 책, 132쪽.

바람처럼 달려볼까 합니다. 이곳의 저녁이 얼마나 아름다운지 당신은 모르실 겁니다.”[623]라고 하면서 서울의 가을의 아름다움에 흠뻑 빠져 있는 모습을 보였다. 분쉬는 전쟁의 상황 속에서도 전쟁에 대한 두려움이나 공포를 느끼지 못하고 아름다운 경치 속에서 승마를 즐기며 지내고 있었다.[624]

> 전쟁이 끝날 수도 있고, 비록 한국 정부가 더 이상 존속하지 않는다 해도 이곳은 전망이 밝습니다. 외국인 집단거주지가 조금씩 늘어날 것이며, 시간이 지나면 아주 쾌적한 병원도 지을 수 있을 것입니다. 그리고 서울-부산간, 서울-의주간 철도가 완성되면 외국인의 왕래가 틀림없이 늘어날 것입니다. 저는 이곳에서 훌륭하게 병원 업무를 시작할 수 있는 기반을 벌써 닦아놓았습니다.[625]

분쉬는 한국에서 꼭 병원을 설립하고 싶어 하였다. 그는 한국이 일본의 식민지가 되어도 개의치 않았다. 그는 한국에서의 지위와 한국 정부의 지원 때문에 한국에 남으려고 한 것이 아니었다. 그가 한국에 남고 싶었던 이유는 한국의 자연경관 아름다움 때문이었다. 그리고 그는 어느 나라에 병원을 세울 것인가가 중요한 것이 아니라, 어느 위치에 병원을 세울 것인가가 중요하였다. 그는 병원이 세워질 서울 위치의 중요성을 알고 있었다. 서울은 부산, 의주간 철도가 완성이 되면 외국인 왕래가 늘어나 병원사업이 잘되리라 생각한 것이었다.

하지만 러일전쟁이 일본의 승리로 끝나감에 따라 분쉬는 더 이상 한국에 머물기 어렵게 되었다. 한국에 대한 지배력을 확고히 확보한 일본

---

623) 리하르트 분쉬, 1999, 앞의 책, 134쪽.
624) 리하르트 분쉬, 1999, 앞의 책, 135쪽.
625) 리하르트 분쉬, 1999, 앞의 책, 140쪽.

이 열강과 연결된 외국인 의사가 고종의 곁에 있는 것을 달가워할 이유가 없기 때문이었다. 1904년 8월 13일 자 편지에서 자신의 처지를 다음과 같이 서술하였다. "사태가 일본군에게 유리해지고 러시아군이 계속 창피스러운 꼴을 당하면 한국 정부에 고용된 외국인들의 주가는 현저히 떨어질 것입니다. 궁정에서 제 위치가 정치적으로 중요시되기 때문에 (실제로는 거의 중요하지 않지만) 사태가 그렇게 전개될 경우 우리 모두 특히 저를 필두로 이 곳을 떠나야 합니다"626) 결국 분쉬의 예상대로 일본군의 승리가 확정되었다. 하지만 분쉬는 계약이 3년 더 갱신되었으며, 만약 해고당할 경우 그만큼 보수를 주는 조건으로 재계약이 체결되었다. 분쉬는 9개월 정도 휴가를 얻어 독일로 갔다 올 예정이었다. 하지만 고종은 분쉬가 유럽에 갔다 돌아오지 않을 거라 생각하여 휴가를 반대하였지만, 분쉬가 의사를 굽히지 않자 고종도 수긍을 하면서 2,000엔 (4,000마르크)을 현금을 주었다.627) 하지만 분쉬는 계획을 바꾸어 해약금으로 1만 6,800마르크를 받고 분쉬는 1905년 4월 9일 한국을 떠나 일본으로 갈 것을 결정하였다.

왜, 분쉬는 자연경관이 아름다워 결코 떠날 수 없었던 한국을 버리고 일본으로 갈 결심을 했을까? 러일전쟁이 끝난 직후 분쉬는 일본에 가서 하와이를 거쳐 샌프란스시코와 시카고를 지나 뉴욕에서 독일 증기선을 타고 런던으로 갈 생각이었다. 먼저 그가 일본으로 가려는 이유가 조선이 일본의 지배로 넘어가는 모습에서 권력을 가진 일본의 나라로 가고 싶었던 것이다. 분쉬가 부모님께 보낸 1905년 3월 30일 편지에

---

626) 리하르트 분쉬, 1999, 앞의 책, 127쪽.
627) 리하르트 분쉬, 1999, 앞의 책, 148~149쪽.

......별다른 일이 생기지 않는다면 4월 말이나 5월 초순에 일본으로 건너가려고 합니다. 러시아 사람들은 나날이 더 창피한 꼴만 당하고 있습니다. 이제 그들이 한국을 한순간이라도 손아귀에 넣을 가망성은 없습니다. 현재 전국에서 중요한 곳은 모두 일본인들이 확보하고 있는 중입니다. 이주자들이 대규모로 해변에 몰리고 있으며, 한국인들은 벌써 일본인들의 잡일꾼으로 전락했습니다. 그리고 많은 한국 사람들이 하와이나 멕시코로 이민을 가고 있습니다.[628]

별다른 일이 생기지 않는다는 것은 무엇을 의미하는 것일까? 분쉬는 오리엔탈리즘의 사상에 의해 한국이 유럽인 러시아 손에 넘어가기를 바라고 있었던 것이다. 러시아가 한국을 지배할 수 없음을 알면서도 러시아가 한국을 지배하는 별다른 일이 생기기를 바란 것이었다. 하지만 이런 별다른 일은 생기지 않기에 일본으로 건너가려고 마음을 먹었다. 조선의 중요한 곳은 모두 일본인들이 차지하고 한국인들은 일본인들 잡일꾼으로 전락하였고, 그리고 많은 한국 사람들이 이민을 가는 상황속에서 자신도 조선을 떠나 조선에서 권력을 가진 일본으로 가고 싶었을 것이다.

일본으로 가고 싶은 이유 중 또 다른 이유는 고종 때문인 것으로 추측할 수 있다. 분쉬가 뉴욕을 방문하고 싶어 했던 이유가 뉴욕에서 미국 굴지의 생명보험회사인 '에쿼터블(Equitable)'의 수석 비서를 만날 생각이었다. 수석 비서의 부인의 오빠가 분쉬와 친분이 있는 사이였기 때문이었다. 분쉬는 "만약 일본이 한국 황제를 폐위할 경우, 도쿄에서 정기적인 진료를 할 수 있는지"[629]를 그에게 알아보려고 하였다. 분쉬는 조선 왕실의 시의로서 본분을 다하기 위해 조선과 가까운 일본에 머물면서

---

628) 리하르트 분쉬, 1999, 앞의 책, 149~150쪽.
629) 리하르트 분쉬, 1999, 앞의 책, 149쪽.

고종을 진료하고 싶었던 것이었을까?

분쉬는 그의 생각대로 1905년 5월 1일부터 도쿄에서 공사관 공의로 일하기로 하고 1905년 4월 23일 조선을 떠나 일본으로 건너가 독일 영사관 공의 자리나 벨츠 교수 후임 자리 등을 기다리며 2년 가까이 그곳에서 머물렀지만 여의치 않자 유럽으로 돌아갔다. 1908년 독일의 조차지였던 중국 교주(膠州)의 청도(靑島)로 가서 활동하다가 1911년 3월 13일 장티푸스에 걸려 41세의 나이로 이국에서 생을 마감하였다.

1880년대 중반 한국에 서양의학이 도입된 이후 조선인 의사가 배출되기 전까지 조선에서는 많은 외국인 의사들이 활동하였다. 분쉬는 대한제국 성립기에 내한하여 보호국화 직전인 1905년까지 고종의 시의로 활동한 독일의사였다. 분쉬는 1901년 11월 2일에 한국에 도착하여 1905년 5월 1일 조선을 떠날 때까지 약 4년 정도 한국에 거주하는 동안 러일전쟁 속에서 불안함, 공포, 긴장을 경험하였다. 이러한 조선의 정세 속에 분쉬는 의사로서 조선에 개인병원의 설립을 희망한 것이었다.

# V. 결론:

# 늘대의 연민으로 조선이라는
# 어린양을 요리하다

본 저작은 개항기 조선을 여행했던 서양인의 여행기(저서, 일기, 보고서 등)를 통하여 스스로 드러내놓고 밝히지 못했던 그들만의 파레시아(속내＝연민, 동정, 오리엔탈리즘 등)를 드러내는데 집중적인 관심을 두었고, 이상의 분석으로 이들 서양인들이 가졌던 피상적인 조선에 대한 관심과 연민, 그리고 동정심의 이면에 작동하던 다양한 정치적 경제적 수단화, 오리엔탈리즘의 실상을 복원해 보았다.

　사실 개항기 조선은 열강의 이권 쟁탈로 전쟁터였다. 국제적 이해관계 속에서 명성황후가 시해당하는 참혹한 사건도 벌어졌고, 외세의 영향으로 권력이 자주 바뀌는 등 그 어느 시기보다 치열하고 암울한 역사를 이어가던 때였다. 이러한 시기에 조선으로 건너온 서양인들은 조선의 각지를 돌아다니거나 조선의 이러한 일련의 사건들을 몸소 체험하면서 다양한 관심과 생각들을 쏟아내었다. 그들은 낯선 곳 조선에서 느끼는 개인적인 공포와 두려움도 있었지만 그것만이 다가 아니었다.

　그들은 나름의 연민과 사명으로 포장하면서 조선의 각지를 여행하였고, 그 와중에 일부 여행자는 여행을 기회로 삼아 자신의 국가나 개인들이 추구하려는 희망들을 이루려는 욕망을 드러내기도 하였다. 19세기 조선은 갑신정변, 대원군, 고종, 명성황후, 명성황후 시해, 춘생문 사건, 아관파천, 김옥균, 독립협회, 만민공동회, 청일전쟁, 러일전쟁, 을사늑약 등과 같은 근대사의 암울한 사건들이 그들 바로 주위에서 일어났고 그들의 삶에까지 영향을 끼쳤다. 각각 이러한 상황을 수용하는 생각들이 달랐다.

일단 II장에서는 관료나 외교관으로 활약한 묄렌도르프와 칼스, 알렌 등을 분석하였다. 먼저, 묄렌도르프는 비록 조선의 현실이 암울하고 혼란스럽지만, 자신이 조선의 근대화를 위해 미력을 더할 수 있다는 자부심을 가지고 생활하였다. 특히 갑신정변 당시 무척 큰 불안 속에 있었으나 조선인을 열심히 다독이려는 의지가 엿보인다. 하지만 1884년 3월 14일 전환국(典圜局)의 총판(總辦)에 임명되면서 독일계 상사 세창양행에게 전환국 설립에 필요한 기기 공급과 운송에 관한 독점적 권한을 주는 등 자신의 지위를 이용하여 자국(독일)의 이익을 도모하기도 하였다. 이처럼 그의 연민 뒤에는 또 다른 욕망이 자리하고 있었다. 이처럼 그는 피 비린내가 나는 유혈사태 속에서도 침착함을 가지고, 스스로 그 공포감을 극복하면서 차분히 일을 진행하는 스타일이었다.

한편, 칼스는 조선의 길, 둑, 방파제 등이 근대적 시설이 부재한 것에 우려하는 등 조선의 발전에 관심을 보이는 모습도 있었지만, 영국 상사 이화양행과의 교역을 주선하거나, 조선 각지에서 교역 품목을 찾는데 무척 심혈을 기울이는 모습도 보였다. 어쩌면 영국의 통상 확대가 더 큰 사명으로 여겼는지도 모른다. 이어서 알렌은 조선에 도착하자 갑신정변이 발생했고, 그런 공포의 공간에서 죽음이 목전이던 민영익을 치료하면서 왕실과 밀착된 것은 잘 알려진 사실이다. 하지만 알렌은 늘 권총을 차고 다닐 만큼 조선 내 치안을 우려하였고, 자주 허둥지둥하는 태도를 보였다. 갑신정변도 그에게는 폭동일 뿐이었다. 주한미국공사 시절에 그는 미국회사가 운산금광 등을 불하받는데 큰 기여를 했던 바, 알렌 역시 자국의 이익을 먼저 챙기고 있었다.

Ⅲ장에서는 프랑스, 영국, 러시아에서 온 군인들인 쥐베르, 캐번디시, 카르네프, 베벨리 등을 분석하였다. 먼저, 쥐베르는 병인양요에 직접 참여한 인물이었지만 프랑스의 침략이 정당하지 못하다고 여긴 듯하다. 그는 조선 내부의 종교적인 문제를 빌미로 프랑스가 간섭하여 전쟁을 하는 것은 결코 프랑스를 위해서도 이익이 되지 않는다고 보았다. 차라리 통상을 확대하는 길이 우선이라는 것이었다. 영국 장교 알프레드 에드워드 존 캐번디시는 휴가차 조선을 여행하였다. 영국 군인으로서 조선의 임진왜란, 갑신정변 등 조선의 전쟁이나 격동의 역사에 관심을 보였고, 금파원리(金坡院里)의 금광과 사금터를 보고는 조선의 금 수출에 대한 관심도 피력하였다.

한편, 러시아 군사교관 카르네프는 조선이 청나라와 일본 사이에서 조선의 움직임을 염탐하기 위하여 조선을 여행하였다. 조선 중부와 남부를 돌았고 전라도까지 가서 동학농민군과 대치하고 있었던 일본군 모습을 보았고, 그들의 배외적인 모습에 두려움을 가졌다고 한다. 베벨리는 1888년 8월 20일에 조러육로통상조약(朝露陸路通商條約) 체결 이후 조약에 약정한 여행권을 직접 확인하고자 조선을 여행하였다. 그가 특별히 관심을 가진 것은 러시아 국경이 있는 함경북도 지역의 교역품이었다. 특히 소와 수수와 귀리 같은 농작물에 관심을 보였고, 육로로 이동시킬 무역기지의 이동과 교통로도 상세히 조사하였다. 결국 조선 여행은 자신의 개인적인 목적보다는 국가적인 이해가 우선되고 있었던 것은 자명했다. 이들 군인들은 공통적으로 조선에서 발생한 다양한 역사적 전쟁을 상기하고 있었다. 앙리 쥐베르는 전쟁이라는 긴박감 속에서도 사냥을 하는 여유를 보이기도 하였다. 카르네프는 전주에서 동학농민혁명 이야기를 듣고 무기를 소지하는 등 상당한 공포심을 느꼈다. 한결같이 조선은 여전히 가까이 할 수 없는 위험한 곳이었고, 전쟁보다는 활용을 통해서 조선을 요리하고자 하였다.

Ⅳ장에서는 미국에서 온 의사 선교사인 애니 엘러스, 릴리어스 호튼 언더우드, 독일인 의사 리하르트 분쉬 등을 분석하였다. 먼저, 애니 엘러스는 미국에서 조선으로 파견되기 전부터 여성의 권리에 상당한 관심을 가졌다. 그녀가 조선에 왔을 때 조선 여성들의 열악한 처지를 보면서 고아원, 교육기관 등 조선여성의 계몽에 앞장섰고, 그런데 그런 계몽의 이면에는 선교라는 의미가 더해진 것이고, 제국주의 침략 아래서 국망의 길로 가는 조선의 현실에는 그다지 관심을 기울이지 않았다. 오로지 교회의 가치를 선양하기 위한 계몽이 우선적인 과제였다.

한편, 릴리어스 호튼 언더우드는 조선에 21년간 거주하면서 조선의 19세기 갑신정변, 대원군, 고종, 명성황후, 명성황후 시해, 춘생문 사건, 아관파천, 김옥균, 독립협회, 만민공동회, 청일전쟁, 러일전쟁, 을사늑약 등과 같은 근대사의 암울한 사건들과 함께 하였다. 늘 고종과 명성황후 근처에서 그들을 위로하고 기독교 선교에 앞장섰던 인물이었다. 조선인이 전염병에 걸려 사람들이 죽어 나가는 상황을 지켜보면서 조선인이 주님을 믿는 것을 보며 돌림병마저도 나쁘지 않다고 느낄 정도로 기독교 전파를 절실하였다. 독일인 의사 리하르트 분쉬는 1904년 1월 조선에 왔고, 미구에 닥칠 러일전쟁에 우려하였다. 러일전쟁의 상황에서도 외국인 장교들과 사교활동을 하며 여유롭게 지내면서 음악과 연극에 관한 얘기를 나누고, 사람들은 아무 걱정 없이 유쾌하게 지내는 모습을 볼 수 있었다.

이들 개항기 조선을 탐방한 서양인들의 속내를 한마디로 말하자면 암흑 속에서 한 줄 희망의 빛을 보듯이 조선의 이러한 상황들을 잘 활용하여 그들의 잇속을 채우려는 모습이 역력하다는 것이다. 묄렌도르프, 칼스, 알렌은 자신들의 지위를 가지고 자국의 이익을 위한 행보를 계속하였고, 쥐베르는 돈 되는 전쟁을 원했으며 카르네프는 자국 러시아의 명령을 수행을 목적으로 조선의 정세를 파악하기 위해 염탐을 하러 왔다. 베벨리 또한 돈 되는 장사에 혈안이 되었다. 그 어디에도 연민의 수사가 가득했지만 정작 연민은 사적 목적을 합리화하는 미사여구에 불과했던 것이 사실이었다. 한결같이 조그마한 조선을 교두보로 삼아 중국으로 진출하려는 속내를 숨기지 않았다. 조선이 끝이 아니었던 것이고, 조선이 자체로 목적이 아닌 징검다리였을 뿐이었다.

그들은 본래부터 암울하고 혼란스러운 조선으로 들어온 것이 아니었다. 오히려 그들의 목적에 맞춰서 조선을 암울하고 혼란스러운 나라로 이해하였고, 그렇게 기록하고 혼란을 자초한 측면도 있었다. 개항기 조선에 온 서양인들의 일반적인 정서는 바로 그러한 '문제 만들기'와 '야만 키우기' 적인 관점에 매몰되었고, 이는 크게 보면 서구 중심주의, 유럽 중심주의의 오리엔탈리즘적 사고의 소산이었다. 철저한 사적, 국가적 이익이 반영된 여행기 곳곳에는 조선을 혼란의 세계로 만들어야 할 필요가 제기되고 있었다. 그러면서 지속적으로 조선을 '문제 있는 나라'로 재구성하면서 지속적으로 연민의 언술을 쏟아냈고, 마침내 그들만의 이해를 완성하고자 노력하였다. 한결같이 늑대의 연민으로 조선이라는 어린 양을 요리하면서도 긍휼한 수사로 동정하고 있었다.

참고문헌

## &lt;저서&gt;

『매천야록』,『고종실록』,『승정원일기』,『조선고적도보』.

金道泰, 1972,『徐載弼博士自敍傳』, 을유문화사.

김옥균, 박영효, 서재필 저, 2006,『갑신정변 회고록』, 건국대학교 출판부.

김용구, 2009,『거문도와 블라디보스토크』, 서강대학교 출판부.

김재관 편저, 1984,『묄렌도르프: 묄렌도르프를 통해서 보는 구한말 개화기의 한국사
　　　회상』, 현암사.

김종원·이양자, 2009,『조선후기 대외관계 연구』, 한울.

김학준, 2010,『서양인들이 관찰한 후기 조선』, 서강대학교출판부.

김혜경·이희천 엮음, 2019,『애니 엘러스: 한국에 온 첫 여의료 선교사』, 홍성사.

류대영, 2001,『초기 미국 선교사 연구』, 한국기독교역사연구소, 184쪽.

리하르트 분쉬, 1999,『고종의 독일인 의사 분쉬』, 학고재.

릴리어스 호튼 언더우드 저, 김철옮김, 2008,『언더우드 부인의 조선견문록』, 이숲.

묄렌도르프夫婦. 1987,『묄렌도르프문서』, 평민사.

민경배, 1991,『알렌의 宣敎와 近代韓美外交』, 연세대학교출판부.

박대헌, 1996,『서양인이 본 조선』, 호산방.

박일근, 1981,『미국의 개국정책과 한미외교관계』, 일조각.

손영규, 2022,『코리아, 아직도 그대는 내 사랑!: 한국 초기 의료선교사 열전』, 서울:예
　　　영커뮤니케이션.

송병기·박용옥·박한설 공편저, 1970,『韓末近代法令資料集』2, 國會圖書館.

신복룡·김운경 역주, 1999,『묄렌도르프 자전』, 집문당.

安基成, 1984,『韓國近代敎育法制硏究』, 高麗大 民族文化硏究所.

알프레드 에드워드 존 캐번디시, 2008,『백두산으로 가는 길』, 살림.

왕길, 2017,『다크투어리즘 목적지 방문객의 방문동기와 제약요인이 브랜드자산 가치
　　　및 행동의도에 미치는 영향 : 한·중 기념관의 비교』, 강원대학교출판부.

우미영, 2018,『근대 조선의 여행자들-그들의 눈에 비친 조선과 세계』, 역사비평사.

윌리엄 칼스 외, 2019,『영국 외교관의 근대 한국 탐방』, 한국학중앙연구원출판부.

유홍렬, 1981,『한국천주교회사』下, 카톨릭출판사.

윤한택 편역, 2017,『근대동아시아 외교문서 해제』IV중국편, 臺灣中央硏究院近代史

　　　　研究所檔案館, 선인.

李培鎔, 1989, 『韓國近代鑛業侵奪史研究』, 一潮閣.

정교 저, 조광 편, 2004, 『대한계년사』1, 소명출판, 2004.

정미현, 2015, 『릴리어스 호튼 언더우드』, 연세대학교 대학출판문화원.

정신여자고등학교, 2009, 『애니 엘러스 : 한국에 온 첫 여의료선교사』, 정신여자고등
　　　　학교 사료연구위원회.

조지 F. 케넌 저, 유강은 역, 2013, 『미국 외교 50년』, 가람기획.

竹內綱, 1921, 『京釜鐵道經營回顧錄』, 龍門社.

카르네프외 4인, 2003, 『러시아 장교 조선 여행기 내가 본 조선, 조선인』, 가야넷.

프레데리크 그로 외, 2006, 『미셸 푸코 진실의 용기』, 길.

하원호, 2010, 『아관파천기 한러관계 : 근대한러관계연구』, 선인.

Allen, Horace Newton, 1996, 『알렌의 조선 체류기』, 예영커뮤니케이션.

_____, 2004, 『알렌의 日記:舊韓末 激動期 秘史』, 檀國大學校出版部.

_____, 2016, 『알렌의 의료보고서』, 역사공간.

H.쥐베르, CH.마르탱, 1989, 『프랑스 군인 쥐베르가 기록한 병인양요』, 살림.

Hagen 번역, 1915, 『이홍장 총독의 회상록』, 베를린.

Harrington, Fred Harvey, 1993, 『開化期의 韓美關係 : 알렌博士의 活動을 중심으로』,
　　　　一潮閣.

Kʻarŭnepʻŭ, V. P, 1994, 『러시아 첩보장교 대한제국에 오다』, 가야미디어.

N.H. 알렌 저, 김원모 완역, 2017, 『알렌의 일기』, 단국대학교 출판부.

N.H. 알렌 저, 신복룡 역주, 1999, 『조선견문기』, 집문당.

W.R. 칼스 저, 신복룡 역주, 1999, 『조선풍물지』, 집문당.

Wunsch Richard, 1992, 『고종의 독일사의 분쉬박사』, 형설출판사.

_____, 2014, 『대한 제국을 사랑한 독일인 의사 분쉬 : 고종의 궁중 시의 이
　　　　야기』, 코람데오.

## <국내논문>

강슬기, 2022,「1887년 주미공사 파견에 드러난 청의 대조선 정책 변화와 알렌의 대응 -'알렌 문서'를 중심으로 -」,『고문화』Vol.99, 한국대학박물관협회.

강인구, 2001,「러시아인의 한국인식」,『서울학연구』제16호, 서울시립대학교 부설 서울학연구소.

강장희, 1998,「開化期 Mollendorff의 近代的 活動에 관한 一考: 1880년대 開化政策에 관여한 내용을 중심으로」,『論文集』Vol.6 No.2, 목포해양대학교.

고병익 역, 1960,「목린덕의 수기」,『동국사학』, 동국역사문화연구소.

고병익 역, 1963,「穆麟德手記」,『진단학보』24, 진단학회.

고병익, 1964,「穆麟德의 雇聘과 그 背景」,『진단학보』25, 진단학회.

金振珏, 1989,「묄렌도르프의 朝鮮文明開化論」,『歷史敎育』Vol.46, 역사교육연구회.

김귀원, 2004,「구한말 프랑스 문헌에서 군인 및 외교관이 본 한국의 이미지」,『한국프랑스학논집』Vol.46, 한국프랑스학회.

김난영, 2014,「안중근 의사 기념관의 다크투어리즘 활용성에 대한 탐색적 연구」,『평화학연구』Vol.15 No.4, 한국평화통일학회.

김명배, 2020,「일기와 선교편지를 통해 본 알렌과 헤론의 갈등에 관한 재고찰」,『韓國敎會史學會誌』Vol.55,한국교회사학회.

김미옥·김민주, 2010,「빈곤 퇴치를 위한 지속가능한 관광의 새로운 접근 방식」,『여가관광연구』15권, 경기대학교 관광연구소.

김영수, 2016,「서울주재 러시아공사 베베르의 외교활동과 한국정책-1898년 이전과이후 한국의 변화를 중심으로-」,『서울과 역사』제94호, 서울역사편찬원.

김영수, 2022,「1894년 갑오개혁 이후 주한 일본공사 이노우에의 개입과 대원군의 정치적 몰락-이준용역모사건과 김학우암살사건을 중심으로-」,『사림』제81호, 수선사학회.

김우현, 1983,「.G. von Möllendorff의 조선중립화 구상」,『평화연구』제8집, 경북대학교 평화문제연구소.

김원모, 1985,「서광범연구」,『동양학』제15집, 단국대학교동양학연구소.

金源模, 1985,「조선 보빙사의 미국사행(1883) 연구(상)」,『동방학지』49, 연세대 학교 동방학연구소.

金源模, 1986,「조선 보빙사이 미국사행(1883) 연구(하)」,『동방학지』50, 연세대 학교 동방학연구소.

김재성, 2014,「초기 한국 개신교 선교의 역사적 의의 : 알렌의 의료 선교활동을 중심으로」,『국제신학』Vol.16, 국제신학대학원대학교.

김정기, 1978,「1880년대 기기국·기기창의 설치」,『한국학보』4권 1호, 일지사.

김학준, 2009,「서양인들이 관찰한 조선의 모습들(제3회): 청일전쟁 발발 직전으로 부터 조선의 망국까지의 시기」,『한국정치연구』Vol.18 No.3, 서울대학교 한국 정치연구소.

_____, 2009,「특별기고 : 서양인들이 관찰한 조선의 모습들(제2회): 개항으로부터청 일전쟁 발발 직전까지」,『韓國 政治 研究』Vol.18 No.2, 서울대학교 한 국정 치연구소.

김현수, 2023.「디트머의 '전략적 삼각' 이론으로 분석한 영국식 외교정책-유럽 제국주 의 팽창기(1884~1914), 영국의 위기 속 대응-」,『영국연구』Vol.49, 영국사학 회.

김현숙, 2003,「묄렌도르프(Mollendorff)의 외교정책과 경제개발정책의 성격」,『역사 와 담론』Vol.34, 호서사학회.

김현철 외 2인, 2011,「다크 투어리즘을 활용한 문화관광 산업화 방안에 관한 연구 -한 말 호남 의병사 연구」,『벤처창업연구』6권 1호, 한국벤처창업학회.

김희연, 2019,「대한제국기 한성수도 부설권문제-주한미국공사 알렌(HoraceN.Allen) 의 활동을 중심으로」,『한국 근현대사 연구』Vol.88, 한국근현대사학회.

_____, 2022,「주한미국공사 알렌(Horace N. Allen)의 해임과 사탕무당제조사업권추 구」,『역사학연구』Vol.85, 호남사학회.

김희태, 2022,「동학농민혁명군의 나주로의 압송과 처형」,『나주동학농민혁명의 재조 명(나주학총서 2집)』, 나주시.

노대한, 2002,「민영익의 삶과 정치활동」,『한국사상사학』제18집, 한국사상사학회.

李光麟, 1981,「개화사상의 보급」,『한국사』16, 국사편찬위원회.

李泰永, 1983,「Möllendorff와 韓末開化期의 行政改革」,『묄렌도르프』, 정민사.

박일근, 1985,「李鴻章과 穆隣德의 在韓外交活動에 對한 小考」,『중국문제 연구』 Vol.11, 부산대학교.

박재영, 2007,「역사적 스테레오타입 사례연구 : 서세동점기 오페르트(E. J. Oppert) 와

      뮐렌도르프(P. G. von Moellendorff)의 조선이미지」, 『한독사회과학논총』 Vol.17 No.1, 한독사회과학회.

박재우, 2001,「徐光範과 甲申政變」,『人文學研究』vol.4, 관동대학교인문과학연구소.

박정규, 2020,「도미니언: 기독교는 어떻게 서양의 세계관을 지배하게 되었는가」,『서양사론』147호, 한국서양사학회, 2020, 299쪽.

朴贊一, 1983,「뮐렌도르프의 經濟政策槪念 研究序說」,『뮐렌도르프』, 정민사.

박형우, 2014,「알렌의 의료 선교사 지원과 내한 배경」,『한국기독교와 역사』제40호, 한국기독교역사연구소.

박형우·이태훈, 2000,「고종의 시의 독일의사 분쉬(Richard Wunsch)(1869-1911)」,『醫史學』제9권 제2호, 大韓醫史學會.

반윤홍, 1983,「1880年代 西洋顧問官의 開化政策 關與에 대하여-Mollendorff의 경우를 중심으로」,『국사연구』4, 조선대학교 국사연구소.

발터 라이퍼, 1983,「과도기(過渡期)의 학자 및 정치가 뮐렌도르프」,『한독법학』No.4, 한독법률학회.

_____, 1985,「뮐렌도르프가 본 甲申政變」,『한국정치외교사논총』Vol.1, 한국정치외교사학회.

발터 라이휘(Walter Leifer), 1983,「과도기의 학자이며 정치가였던 뮐렌도르프」,『뮐렌도르프』, 정민사.

서민교, 2006,「러일전쟁 개전의 실상」,『황해문화』제51호, 새얼문화재단.

성아사, 2015,「러시아 동방학연구소 소장 뮐렌도르프 방각본소설의 자료적 가치와의의」,『淵民學志』, Vol.23, 연민학회.

소요한, 2014,「조선후기 청(淸) 관계와 개신교 전래」,『한국기독교신학논총』Vol.91, 한국기독교학회.

손신욱 외 2인, 2018,「오버투어리즘에 따른 정책적 대응과 지속가능한 관광산업 발전에 관한 탐색적 연구」,『관광경영연구』86권, 관광경영학회.

송정연, 2015,「릴리아스 호튼 언더우드(L. H. Underwood)의 선교사 정체성」,『신학논단』Vol.80, 연세대학교 신과대학(연합신학대학원).

송지연, 1995,「1880년대 외국인고문관 뮐렌도르프(P.G.Mo̎llendorff)에 대한 일고찰: 그의 이권외교활동을 중심으로」,『研究論叢』28, 이화여자대학교 대학원.

신복룡, 2020,「러일전쟁의 한 단면 - 그것은 어떻게 대한제국의 망국과 연관되었나?」,

『한국정치외교사논총』제42집 1호, 한국정치외교사학회.

愼鏞廈, 1994,「抗日民族運動으로서의 第2次 東學農民戰爭」,『한국독립운동사연구』 Vol.8, 독립기념관 한국독립운동사연구소.

신재의, 2004,「알렌의 의료활동과 제중원의 설립」,『연세의사학』Vol.8 No.1, 연세대 학교 의과대학 의사학과,

심범수, 1997,「모순, 담론과 국가적 의사결정-영국 토지국유화 운동,1880-1910-」, 『영국 연구』창간호, 영국사학회.

沈淑姬, 1982,「東學農民運動에 관한 一研究 : 東學農民軍蜂起의 性格을 中心으로」,『師 大論壇』, 효성여자대학교 사범대학 학도호국단.

심헌용, 2005,「러시아의 극동진출 전략과 국경을 둘러싼 조·러 양국의 대응-녹둔도를 중심으로-」,『군사』56호, 국방부군사편찬연구소.

안수강, 2016,「알렌의 일기를 통해서 본 제중원(濟衆院) 의료선교사역」,『한국기독교 신학논총』Vol.100, 한국기독교학회.

왕길 외 1인, 2018,「다크투어리즘 목적지 방문객의 제약교인과 방문 동기가 브랜드자 산 및 행동의도에 관한 연구」,『호텔경영학연구』27권, 한국호텔외식관광경 영학회.

우철구, 2000,「구미 열강의 통상요구」,『한국사』37, 국사편찬위원회.

윤정란, 2009,「19세기말 조선의 안방을 찾은 미국 여성의 욕망 −여선교사 릴리어스호 튼 언더우드(Lillias Horton Underwood)를 중심으로-」,『史林』Vol.0No.34, 수 선사학회.

李玟源, 1996,「露 · 日의 對立과 高宗의 俄館播遷 - 을미사변 이후의 조선상황을 중 심 으로」,『한국정치외교사논총』제14집, 한국정치외교사학회.

李培鎔, 1982,「舊韓末 英國의 金鑛利權獲得에 대한 諸問題」,『역사학보』96, 역사학회.

이삼성, 2008,「동아시아 제국주의의 시대구분: '제국주의 카르텔'로 본 근대 동아시아 질서」,『국제정치론총』제48집 3호, 한국국제정치학회.

이성희, 2023,「릴리어스 호튼 언더우드의 서울 사람 되기」,『문화교류와 다문화 교육』 제12권 제2호, 한국국제문화교류학회.

이수기, 2018,「1889년 한국을 방문한 러시아 장교 베벨의 한국 인식」,『역사문화연구』 제68집, 한국외국어대학교 역사문화연구소.

이영미, 2017,「을사조약 후 고종의 대미교섭 시도에 대한 알렌의 인식과 대응─『알렌

문서』 발굴 자료를 중심으로 ─」, 『한국 근현대사 연구』Vol.82, 한국근현대
사학회.

_____, 2018, 「1897~1905년 주한미국공사 알렌(Horace N. Allen)의 별장 기획과 조
성, 처분」, 『인천학연구』Vol.29, 인천대학교 인천학연구원.

_____, 2020, 「선교사에서 외교관으로: 알렌(Horace N. Allen 1858~1932)의 삶과 한
국」, 『역사민속학』제58호, 한국역사민속학회.

이영석, 2002, 「Paul Georg von Möllendorff와 한국」, 『독어교육』24, 한국독어독문 학
교육학회.

_____, 2007, 「지역학: 구한말 내한 독일인의 한국 이해 ─오페르트, 묄렌도르프,분쉬
의 경우」, 『독일어문학』Vol.37, 한국독일어문학회.

_____, 2009, 「19세기 말 영국 지식인과 동아시아─유럽중심적 시각의 층위─」, 『대
구사학』95, 대구사학회.

이영아, 2011, 「선교의사 알렌(Horace N. Allen)의 의료 활동과조선인의 몸에 대한 인
식 고찰」, 『醫史學』Vol.20 No.2, 大韓醫史學會.

이은지 외 3인, 2012, 「다크투어리즘 서비스 경험이 방문객의 방문 효과, 만족에 관한
연구」, 『대한경영학회지』, 대한경영학회.

임재찬, 2004, 「병인양요와 조선정부의 강화도 수비전략과 전술」, 『신라학연구』
Vol.8, 위덕대학교 신라학연구소.

장경호, 2018, 「명성황후 시해사건과 춘생문사건 당시 미국의 태도」, 『강원사학』32권,
강원사학회.

장영숙, 2021, 「러일개전의 길과 알렌의 외교적 변신」, 『한일관계사연구』Vol.74, 한일
관계사학회.

전홍찬·한성무, 2020, 「구한말 묄렌도르프의 친러정책: 독일 외교정책과의 연관성 을
중심으로」, 『국제정치연구』Vol.23 No.3, 동아시아국제정치학회.

정미현, 2015, 「한국교회 초기 선교의 한 유형: 릴리어스 호튼 언더우드를 중심으 로」,
『신학논단』80, 연세대학교 신과대학.

_____, 2015, 「릴리어스 호튼 언더우드의 선교 사역과 여성의식」, 『동방학지』
Vol.171, 연세대학교 국학연구원.

정상수, 2012, 「막스 폰 브란트와 독일의 한국 정책」, 『독일연구』제23호, 한국독일사
학회.

鄭在貞, 2001,「日本의 對韓 侵略政策과 京仁鐵道 敷設權의 獲得」,『역사교육』77, 역사
　　교육연구회.

정희선·이명희·송현숙·김희순, 2016,「19세기말 영국 외교관 칼스(W.R.Carles)가수집한
　　한반도 지역정보의 분석」,『문화역사지리』제28권제2호, 한국문화역사지리
　　학회.

조기준, 1973,「開港後의 國內經濟」,『한국사』16, 국사편찬위원회.

조승래, 1997,「18세기말 영국의 토지개혁론」,『서양사론』제55호, 한국서양사학회.

조영준, 2014,「설립 초기 전환국(典圜局)의 운영 실태, 1883~1892)」,『한국학』제37권
　　제1호, 한국학중앙연구원.

차경애, 2008,「청일전쟁(淸日戰爭) 당시 조선 전쟁터의 실상(實相)」,『한국문화연 구』
　　14호, 이화여자대학교 한국문화연구원.

최선아, 2013,「19세기 말 조선에서의 외국인 고문관 활동-묄렌도르프의 활동과 한계
　　성-」,『세계 역사와 문화 연구』Vol.0 No.28, 한국세계문화사학회.

최재건, 2015,「제중원시기의 알렌과 언더우드의 활동」,『연세의사학』Vol.18 No.2, 연
　　세대학교 의과대학 의사학과 의학사연구소.

최종고, 1986,「공개 연구모임 강연 요약 : 묄렌도르프와 한국 선교문제」,『한국기 독
　　교사연구회소식』Vol.8, 한국기독교역사학회.

한국교회사연구소 옮김, 1977,「한불관계자료(1846~1856)」,『교회사연구』제1집, 한
　　국교회사연구.

한규무, 1998,「제너럴셔먼호 사건과 토마스의'순교'문제 검토」,『한국기독교와 역사』
　　제8호, 한국기독교역사연구소.

한숙영·박상곤·허중욱, 2011,「다크 투어리즘에 대한 탐색적 논의」,『관광연구 저널』
　　25, 한국관광연구학회.

한승훈, 2010,「조선의 불평등조약체제 편입에 관여한 영국외교관의 활동과 그 의 의
　　(1882~1884)」,『한국근현대사연구』제52집 53, 한국근현대사학회.

＿＿＿, 2016,「영국의 거문도 점령 과정에 대한 재검토-갑신정변 직후 영국의 간섭정
　　책을 중심으로-」,『영국연구』vol36, 영국사학회.

＿＿＿, 2017,「1880년대 영국외교관의 조선 북부 지역 여행에 담긴 함의 -영국의 경
　　제적 확장과 관련하여」,『사총』Vol.90, 고려대학교 역사연구소.

한지은, 2015,「언더우드가의 여성 선교사들」,『한국학논집』Vol.0 No.60, 계명대학교

한국학연구원.

한철호, 2019,「초대 주미전권공사 朴定陽의 활동과 그 의의」,『한국사학보』77,고려사
학회.

Juljan BIONTINO, 2015,「윤치호의 "죽음"과 장례문화 인식-윤치호 일기』를 중심으로-」,
『민족문화연구』66호, 고려대학교 민족문화연구원.


## <학위논문>

김영제, 1985,「대원군의 양이쇄국정책에 관한 일고찰:병인/신미양요를 중심으로」, 성
균관대학교 석사학위논문.

김정환, 2016,「첨성대의 축조형식에 따른 구조모형화 및 구조해석 방안」, 청주대학교
석사학위논문.

김현숙, 1998,『한국 근대 서양인 고문관 연구:1882~1904』, 이화여자대학교 박사학
위논문.

김희민, 2015,「임진왜란시 진주성·울산성 전투의 교훈분석을 통한 현대전 적용방안 연
구」, 건양대학교 석사학위논문.

김희연, 2022,『주한미국공사 알렌의 이권 획득과 세력권 확보 시도』, 고려대학교박사
학위논문.

박혜수, 2005,「언더우드 부인(L. H. Underwood)의 선교활동 연구: 남편 언더우드에
대한 협력과 이해를 중심으로」, 연세대학교 연합신학대학원 석사학 위논문.

백정원, 2021,『제도 비판의 동시대적 모색에 관한 연구 : M. 푸코의 비판과 파레시아
(parrhesia)를 중심으로』, 이화여자대학교 박사학위논문.

서명석, 2007,「개화기 조미수호통상조약의 고찰」, 동국대학교 석사학위논문.

양교석, 1985,「병인양요에 관한 일연구 : 정족산성 양헌수전첩을 중심으로」, 고려 대
학교 석사학위논문.

오현주, 2010,「릴리아스 호튼(Lillias Horton)의 한국 문화 및 한국 근대화 이해와 선교
활동에 관한 연구」, 계명대학교 석사학위논론.

오홍국, 2003,「대원군의 국방력강화정책 연구」, 연세대학교 교육대학원 석사학위 논문.

윤희창, 2009,「알렌의 의료선교에 관한 연구 : 제중원을 중심으로」, 서울장신대학교
석사학위논문.

이규희, 2013,「기독교적 여성 리더십에 관한 연구: 초기 재한 미국 여선교사들의 리더십 연구」, 아세아연합신학대학교 대학원 석사학위논문.

이영은, 2011,『근대전환기 러시아인의 조선인식』, 성균관대학교 박사학위논문.

이희경, 2001,「조선의 명과의 조공무역에 관한 연구」, 인천대학교 석사학위논문.

전혜리, 2015,「미셸 푸코의 철학적 삶으로서의 파레시아」, 이화여자대학교 석사학위논문.

한동훈, 2010,「조러육로통상장정(1888)체결과정 연구」, 고려대학교 석사학위논문.

## <국외저서 및 논문>

George C. Foulk, 1885, 『Foulk Papers-My dear parents and brothers』, Wachington,D.C: The Library of Congress.

Rosalie von Möllendorff, 1930, 『P.G. von Möllendorff-ein Lebensbild』, Leipzig.

William R. Nester, 1996, 『Power across the Pacific : A Diplomatic History of American Relations with Japan』, London: Macmillan Press.

Michel Foucault, 2001, 『Fearless Speech, Edited by Joseph Pearson』, semiotext(e).

Lowell Dittmer, 1981, 「The Strategic Triangle: An Elementary Game-Theoretical Analysis」, 『World Politics』 33호 no. 4, The Johns Hopkins UniversityPress.

Milles, W., 2002, 「Aushwitz: Museum Interpretation and Darker Tourism」, 『Annalsof Tourism Research』, vol.29, no.4.

Sharpley, R. 2005, 「Travels to the Edge of Darkness: Towards Typology of DarkTourism in the Early 21st Century」, 『Taking Tourism to the Limits: Issues,concepts and Managerial Perspectives』, Oxford: Elsevier.

# 근대 서양인의 조선 다크투어와 욕망의 파레시아

| | |
|---|---|
| 초판 1쇄 인쇄일 | 2024년 5월 23일 |
| 초판 1쇄 발행일 | 2024년 5월 31일 |

| | |
|---|---|
| 지은이 | 이준영 |
| 펴낸이 | 한선희 |
| 편집/디자인 | 정구형 이보은 박재원 |
| 마케팅 | 정진이 김형철 |
| 영업관리 | 정찬용 한선희 |
| 책임편집 | 이보은 |
| 인쇄처 | 으뜸사 |
| 펴낸곳 | 국학자료원 새미(주) |

등록일 2005 03 15 제25100-2005-000008호
경기도 고양시 덕양구 권율대로 656 클래시아더퍼스트 1519호
Tel 02)442-4623 Fax 02)6499-3082
www.kookhak.co.kr
kookhak2010@hanmail.net

| | |
|---|---|
| ISBN | 979-11-6797-163-0 *94910 |
| | 979-11-6797-160-9 (SET) |
| 가격 | 32,000원 |